Institut für Informatik
der Technischen Universität München

Formal fundierte Modellierung von Geschäftsprozessen

Veronika Thurner

Vollständiger Abdruck der von der Fakultät für Informatik der Technischen Universität München zur Erlangung des akademischen Grades eines

Doktors der Naturwissenschaften (Dr. rer. nat.)

genehmigten Dissertation.

Vorsitzender: Univ.-Prof. Dr. M. Bichler
Prüfer der Dissertation:
1. Univ.-Prof. Dr. Dr. h. c. M. Broy
2. Univ.-Prof. Dr. J. Schlichter

Die Dissertation wurde am 08.04.2004 bei der Technischen Universität München eingereicht und durch die Fakultät für Informatik am 22.07.2004 angenommen.

Bibliografische Information Der Deutschen Bibliothek

Die Deutsche Bibliothek verzeichnet diese Publikation in der Deutschen Nationalbibliografie; detaillierte bibliografische Daten sind im Internet über http://dnb.ddb.de abrufbar.

©Copyright Logos Verlag Berlin 2004
Alle Rechte vorbehalten.

ISBN 3-8325-0683-7

Logos Verlag Berlin
Comeniushof, Gubener Str. 47,
10243 Berlin
Tel.: +49 030 42 85 10 90
Fax: +49 030 42 85 10 92
INTERNET: http://www.logos-verlag.de

Wenn Du ein Schiff bauen willst,
fang nicht an,
Holz zusammenzutragen,
Bretter zu schneiden
und Arbeit zu verteilen,
sondern wecke in den Leuten
die Sehnsucht nach dem großen, weiten Meer.
Antoine de Saint-Exupéry

Kurzfassung

Die Softwareentwicklung ist eine der komplexesten Aufgaben, mit denen Systementwickler und -ingenieure heute konfrontiert sind. Von besonderer Bedeutung für den Erfolg eines Softwareentwicklungsprojektes ist dabei die Qualität der Anforderungsdefinition. Insbesondere bei der Entwicklung von betrieblichen Informationssystemen haben sich Geschäftsprozesse als ein essenzielles Mittel für die Erfassung und Beschreibung von Systemanforderungen etabliert.

Die heute verfügbaren Beschreibungstechniken für Geschäftsprozesse sind nur unzureichend formal fundiert. Zum einen fehlt eine Vorgabe von präzisen Konsistenzbedingungen, welche sicherstellen, dass ein Modell in sich stimmig ist. Zum anderen sind viele der verfügbaren Beschreibungstechniken gar nicht oder nur bedingt semantisch fundiert, sodass die Bedeutung der mit diesen Beschreibungstechniken erstellten Modelle nicht eindeutig festgelegt ist. In der Folge entstehen Geschäftsprozessmodelle, die fehlerbehaftet oder in sich widersprüchlich sind und die dem Betrachter einen gewissen Interpretationsspielraum einräumen. Somit bilden diese Modelle keine zufrieden stellende Ausgangsbasis für ein darauf aufsetzendes komplexes Systementwicklungsprojekt.

Gegenstand dieser Arbeit ist die präzise Definition von formal fundierten Beschreibungstechniken für die Modellierung von Geschäftsprozessen. Darauf aufbauend geben wir ein Regelwerk an, das die systematische schrittweise Entwicklung von Geschäftsprozessmodellen ermöglicht.

Zunächst definieren wir Beschreibungstechniken für Geschäftsprozesse, die sowohl anschaulich als auch formal fundiert sind. Sie verbinden grafische und textuelle Elemente und stützen sich auf einer funktionsbasierten Semantik ab. Die Beschreibungstechniken und die Semantik umfassen die Komposition von Geschäftsprozessen zu Geschäftsprozessnetzen sowie ein Verfeinerungskonzept, das die hierarchische Gliederung eines komplexen Geschäftsprozessmodells in verschiedene Abstraktionsebenen ermöglicht.

Darüber hinaus definieren wir auf formale Weise Kriterien für die Wohlgeformtheit von Geschäftsprozessnetzen bzw. Geschäftsprozessmodellen. Diese Kriterien stellen sicher, dass die aus einzelnen Geschäftsprozessen zusammengefügten komplexeren Geschäftsprozessnetze bzw. -modelle in sich konsistent und damit widerspruchsfrei sind. Ergänzend skizzieren wir, wie ein Geschäftsprozessmodell um Aspekte erweitert werden kann, die für die Ausführung des Modells von Bedeutung sind. Dabei stellen wir unter anderem über ein hierarchisch strukturiertes Rollenmodell die Verbindung zu den ausführenden Einheiten einzelner Geschäftsprozessinstanzen her. Ferner erläutern wir den Übergang von den Geschäftsprozessmodellen aus der Anforderungsdefinition zum Entwurf der Systemarchitektur.

Basierend auf den Beschreibungstechniken und den darüber definierten Wohlgeformtheitskriterien geben wir formal fundierte Transformationsregeln an. Diese legen fest, welche Veränderungen der modellierten Geschäftsprozesse, Geschäftsprozessnetze und Geschäftsprozessmodelle als systematische Entwicklungsschritte sinnvoll und erlaubt sind. Jede dieser

Transformationsregeln erhält dabei die syntaktische und gegebenenfalls auch die semantische Korrektheit des modifizierten Modells.

Sowohl die Beschreibungstechniken und die Wohlgeformtheitskriterien als auch die darüber definierten Transformationsregeln geben wir präzise auf formale Weise an. Dadurch wird eine unmittelbare Umsetzung in ein Modellierungswerkzeug möglich, das neben der rein zeichnerischen Hilfestellung auch eine umfassende automatische Konsistenzsicherung der erstellten Modelle unterstützt.

Abstract

Software development is one of the most complex tasks system developers and engineers are confronted with today. For the success of a software development project, the requirements definition's quality is of major importance. Business processes are a well-accepted and essential means for capturing and describing system requirements, especially when developing enterprise information systems.

The description techniques for business processes which are available today are not sufficiently formally founded. For one thing, context conditions are lacking which ensure a model's consistency. For another thing, many description techniques that are available today are not at all or only partly semantically well founded. Therefore, the meaning of models that are documented with these description techniques is ambiguous. As a consequence, business process models are created which are faulty or inconsistent and which can be interpreted to a certain extent. Thus these models are an unsatisfactory basis for a subsequent complex system development project.

The topic of this thesis is the precise definition of formally founded description techniques for business process modeling. Based upon these description techniques we define a set of rules which allows for the systematic step-by-step development of business process models.

Firstly, we define description techniques for business processes which are both intuitive and precise in their meaning. These description techniques combine graphical and textual elements and are well founded by a formal semantics based on mathematical functions. Both description techniques and semantics comprise the composition of business processes into business process nets as well as a refinement concept which allows for the hierarchical structuring of a complex business process model into different levels of abstraction.

In addition, we formally define consistency criteria for business process nets and business process models. These criteria ensure that business process nets or models which are made up of individual business processes are unambiguous. Furthermore, we sketch the extension of business process models by aspects which are relevant for the model's execution. Among other things, we connect actors and business process instances via a role model that is hierarchically structured. As well, we discuss the transition from business process models that were developed during requirements engineering to the design of the system's architecture.

Based on these description techniques and the corresponding consistency conditions, we introduce formally founded transformation rules. These transformation rules determine which modifications of business processes, business process nets and business process models constitute a meaningful step in systematic model development. Furthermore, each transformation rule maintains both the syntactic and, where applicable, the semantic correctness of the model that is modified by the transformation rule.

Description techniques and consistency conditions as well as the corresponding transformation rules are precisely defined in a formal way. Thus their immediate conversion into an appropriate modeling tool becomes possible. Such a modeling tool would not only support the mere drawing of model diagrams, but additionally would provide powerful functionality for automatic consistency checks of business process models.

Danksagung

Ganz herzlich danke ich Prof. Dr. Manfred Broy für seine Anleitung und Unterstützung während der letzten Jahre. Darüber hinaus danke ich ihm für die Möglichkeit, mich mit der vielschichtigen Thematik der Geschäftsprozessmodellierung sowie einer Fülle von anderen Themen aus dem Umfeld der Softwareentwicklung intensiv zu befassen, sowohl auf wissenschaftliche Weise als auch im industriellen Bereich.

Prof. Dr. Johann Schlichter danke ich für die Übernahme des Zweitgutachtens. Beiden Professoren danke ich für das kritische Durchlesen von Vorversionen dieser Arbeit und für ihre wertvollen Kommentare hierzu.

Dank gebührt auch Prof. Dr. Bernhard Rumpe für die ebenso kritischen wie informationsreichen Diskussionen der formalen Aspekte in den Vorversionen dieser Arbeit. Bei diesen Gesprächen habe ich eine Menge gelernt, jedes Mal wieder.

Ein ganz besonderer Dank geht an Michael Arbesmeier für viele Diskussionen zu nachtschlafender Zeit, bei denen er mir durch sein Zuhören ebenso wie durch seinen fachlichen Input beim Sortieren meiner Gedankengänge geholfen hat. Außerdem bedanke ich mich bei ihm für die kritische und sorgfältige Durchsicht des Manuskripts.

Ferner danke ich der Firma ARS Computer & Consulting GmbH, die mich durch die freundliche Bereitstellung der technischen Infrastruktur insbesondere auch während meiner Elternzeit bei der Fortsetzung dieser Arbeit unterstützt hat.

Ebenfalls dankend erwähnen möchte ich hier Phil Habegger, der mir vor vielen Jahren die Disziplin der systematischen Progammentwicklung näher gebracht hat. Seine Programmierkurse an der Elmhurst High School in Fort Wayne, Indiana, waren letztendlich der Anstoß dafür, dass ich später meinen Weg zur Informatik gefunden habe.

Nicht zuletzt danke ich meiner Familie Anna und Jan Thurner und Michael Arbesmeier für die Geduld, das Verständnis und die Unterstützung, die sie mir insbesondere während der Endphase dieser Arbeit entgegengebracht haben. Ohne diese Hilfe wären in den letzten Monaten viele Dinge sehr viel schwieriger gewesen.

Inhaltsverzeichnis

1	**Einführung**	**1**
	1.1 Geschäftsprozessmodellierung in der Softwareentwicklung	3
	1.2 Zielsetzung und Ergebnisse	7
	1.3 Vergleich mit anderen Arbeiten	8
	1.4 Aufbau dieser Arbeit	10
2	**Softwareentwicklung, Business Engineering und Geschäftsprozesse**	**13**
	2.1 Software- und Systementwicklung	15
	2.2 Business Engineering	20
	2.3 Geschäftsprozesse und verwandte Konzepte	27
3	**Beschreibungstechniken für Geschäftsprozesse**	**31**
	3.1 Motivation	32
	3.1.1 Modelle als Mittel der Systembeschreibung	32
	3.1.2 Geschäftsprozesse in der Verhaltensmodellierung	35
	3.2 Einführung anhand eines Beispiels	37
	3.3 Abstrakte Syntax	41
	3.3.1 Geschäftsprozess	42
	3.3.2 Geschäftsprozessnetz	44
	3.3.3 Geschäftsprozessmodell	48
	3.4 Konkrete Syntax	58
	3.4.1 Geschäftsprozess	59
	3.4.2 Geschäftsprozessnetz	65
	3.4.3 Geschäftsprozessmodell	68
	3.5 Semantik	70
	3.5.1 Geschäftsprozess	72

	3.5.2 Geschäftsprozessnetz	78
	3.5.3 Verfeinerung im Geschäftsprozessmodell	81
3.6	Übergang zur Ausführung von Geschäftsprozessen	84
	3.6.1 Verbindung zwischen Prozessmodell und Strukturmodell	85
	3.6.2 Übergang zur Komponentenbeschreibung	91
	3.6.3 Behandlung von Fehlerfällen	100
	3.6.4 Aspekte der Lastverteilung	101
3.7	Zusammenfassung und Vergleich mit anderen Arbeiten	102
	3.7.1 Datenflussorientierte Beschreibungstechniken	104
	3.7.2 Kontrollflussorientierte Beschreibungstechniken	108
	3.7.3 Fazit	117

4 Transformationsregeln über den Beschreibungstechniken 123

4.1	Transformationsregeln für Geschäftsprozesse	130
	4.1.1 Initialisieren eines Geschäftsprozesses	130
	4.1.2 Verfeinerungsregeln für Geschäftsprozesse	131
	4.1.3 Pragmatische Modifikationen von Geschäftsprozessen	136
4.2	Transformationsregeln für Geschäftsprozessnetze	137
	4.2.1 Initialisieren eines Geschäftsprozessnetzes	138
	4.2.2 Verfeinerungsregeln für Geschäftsprozessnetze	139
	4.2.3 Pragmatische Modifikationen von Geschäftsprozessnetzen	149
4.3	Transformationsregeln für Geschäftsprozessmodelle	152
	4.3.1 Initialisieren eines Geschäftsprozessmodells	153
	4.3.2 Verfeinerungsregeln für Geschäftsprozessmodelle	154
	4.3.3 Pragmatische Modifikationen von Geschäftsprozessmodellen	186
4.4	Zusammenfassung	196

5 Zusammenfassung und Ausblick 199

5.1	Ergebnisse	199
5.2	Ausblick	202
	5.2.1 Werkzeugunterstützung	202
	5.2.2 Methodische Vorgehensweise bei der Geschäftsprozessmodellierung	203
	5.2.3 Systematische Einbindung der späteren Systembenutzer	205

A	**Ergänzende Beweise**	**207**
	A.1 Zyklenfreiheit eines Modells äquivalent zur Zyklenfreiheit der Netze im Modell	207
	A.2 Zyklenfreiheit bei struktureller Dekomposition	210
B	**Verzeichnis der grafischen Symbole**	**215**
	B.1 Geschäftsprozessmodellierung	215
	B.2 Daten- und ER-Modellierung	217
C	**Verzeichnis der mathematischen Symbole**	**219**
D	**Glossar**	**225**
	Literaturverzeichnis	229

Kapitel 1

Einführung

> Nur wer sagt, was er möchte,
> bekommt, was er will.
> *George Walther*

In der Wirtschaft ebenso wie im privaten Bereich wird Software immer wichtiger. Zum einen ist Software zunehmender Bestandteil in fast allen technischen Produkten und vielen Dienstleistungen. Zum anderen basieren immer mehr firmeninterne Arbeitsabläufe auf Softwaresystemen, die eine effiziente Abwicklung des Alltagsgeschäftes oft erst ermöglichen [WTB1995, Som1996, JBR1999, BEP+2000].

Mit der zunehmenden Bedeutung von Software steigen gleichzeitig auch die Anforderungen an Softwareprodukte und deren Entwicklung. Durch die rasanten Weiter- und Neuentwicklungen im Hardwaresektor öffnen sich neue Möglichkeiten für den Einsatz von Software. Gleichzeitig werden jedoch die durch Software zu lösenden Aufgaben zunehmend komplexer, während die Qualitätsansprüche steigen. Darüber hinaus müssen Unternehmen ihre Softwareprodukte in immer kürzerer Zeit und zu niedrigeren Kosten entwickeln, um den Erfordernissen des Marktes gerecht zu werden und konkurrenzfähig zu bleiben [JBR1999].

Neben den klassischen betriebswirtschaftlichen Erfolgskenngrößen Zeit, Kosten und Qualität steigt auch die Bedeutung der Flexibilität als Erfolgsfaktor. Während im Industriezeitalter günstige Massenprodukte für Kundenzufriedenheit sorgten, werden im Dienstleistungszeitalter maßgeschneiderte Lösungen und individuelle Services immer wichtiger. Mittlerweile wird aus Kundensicht Flexibilität als entscheidend für die Kundenzufriedenheit bewertet [PRW1996].

Während des Industriezeitalters waren Unternehmen üblicherweise nach Funktionslinien organisiert. Softwaresysteme zur Unterstützung dieser Organisationsformen waren dabei ebenfalls nach den Funktionslinien gegliedert. Betriebliche Informationssysteme wurden lediglich für die lokale Datenverarbeitung innerhalb eines Funktionsbereiches einer Organisationseinheit eingesetzt. Übergreifender Datenaustausch und rechnergestützte Kommunikation und Koordination fanden dagegen kaum statt [FF1997]. Eine weit gehende Arbeitszerlegung, die personelle Trennung von dispositiver und ausführender Arbeit sowie eine räumliche Ausgliederung von planenden, steuernden und kontrollierenden Aufgaben aus der Fertigung bestimmten die Gestaltung der Organisationsstrukturen. Kern des produktiven Geschäftes waren Fertigungsprozesse, welche aufgrund langfristig stabiler Rahmenbedingungen in hohem Maß optimiert und perfektioniert werden konnten. Kurzfristige Änderungen der Fertigungsprozesse waren dabei kaum möglich, wurden vom Markt jedoch auch nicht gefordert [PRW1996].

Die heutigen globalen Märkte dagegen sind geprägt durch Kundenorientierung, kurze Innovationszyklen und den schnellen Wandel von der Industrie- in eine Informations- und Dienstleistungsgesellschaft. In dieser veränderten Situation hängt der Erfolg eines Unternehmens nicht mehr ausschließlich von den hervorgebrachten Produkten und Dienstleistungen ab, sondern vermehrt auch von den Verfahren, mit denen gearbeitet wird. Produkte haben heute nur eine sehr begrenzte Lebensdauer. Es sind daher nicht die Produkte, sondern die Prozesse und der Stil der Arbeitsbewältigung, die heutigen Unternehmen zu anhaltendem Erfolg verhelfen [HC1993]. Konsequent an den Unternehmenszielen, der Wertschöpfung und dem Kundennutzen ausgerichtete Geschäftsprozesse verbessern die Schlagkraft eines Unternehmens nach außen und sichern mittelfristig die Wettbewerbsfähigkeit [Koh1996].

Früher wurden betriebliche Informationssysteme vorwiegend für die lokale Datenverarbeitung innerhalb relativ kleiner Teile einer Organisation eingesetzt. Heute dagegen basiert das Alltagsgeschäft weit gehend auf organisationsübergreifenden Transaktionen. Moderne betriebliche Informationssysteme müssen entsprechend die Koordination übergreifender Arbeitsabläufe unterstützen und die dafür erforderliche Kommunikation zwischen den Prozessbeteiligten ermöglichen. Eine Daten- und Funktionsorientierung, wie sie in früheren Systemen oft Gestaltungsgrundlage war, reicht daher nicht mehr aus. Stattdessen ist eine Orientierung der betrieblichen Informationssysteme an den zu unterstützenden Geschäftsprozessen erforderlich [CKO1992].

Die moderne Informationstechnik schafft vielfältige Möglichkeiten, Einzeltätigkeiten und komplexere Arbeitsabläufe auf neue Weise effizient zu gestalten [Öst1995]. Beispielsweise können standardisierte Routineaufgaben weit gehend automatisiert werden. Standardfälle werden durch die Automatisierung in der Regel schneller und mit gleich bleibend höherer Qualität abgewickelt, als dies bei menschlichen Bearbeitern der Fall wäre. Darüber hinaus wird der menschliche Bearbeiter von stupiden, sich häufig wiederholenden Routinearbeiten weit gehend befreit und gewinnt dadurch mehr Freiraum für verantwortungsvolle kreative Tätigkeiten.

Ferner ermöglicht die fortschreitende Verbreitung und Vernetzung von Rechensystemen gemeinsam mit der zunehmenden Integration der einzelnen Technologien eine übergreifende Integration von Datenbeständen, die den Informationsaustausch zwischen verschiedenen Arbeitsplattformen und Applikationen erlaubt. Durch den elektronischen Datenaustausch werden Informationen weit reichend verfügbar, sowohl innerbetrieblich als auch über Unternehmensgrenzen hinweg. Basierend auf dieser Datenintegration lassen sich die unternehmensinternen Arbeitsabläufe zu durchgängigen Prozessen gestalten, welche die historisch gewachsenen Abteilungs- und Unternehmensgrenzen sprengen und sich stattdessen an der Wertschöpfung und dem Kundennutzen orientieren [Öst1995].

Die integrierte technologische Weiterentwicklung der Bereiche Informatik, Mikroelektronik und Telekommunikation hat darüber hinaus neue Dimensionen des Informations- und Datenaustausches eröffnet. Durch neue Technologien und Kommunikationsdienste können große Mengen von Informationen ohne nennenswerten Zeitverzug weltweit transportiert werden. Wird dieses Potenzial der schnellen und weit reichenden Verfügbarkeit von Informationen zielgerichtet genutzt, können Geschäftsabläufe oft auf dramatische Weise beschleunigt und Durchlaufzeiten erheblich reduziert werden [DL2002].

Aufbauend auf den Potenzialen von Automatisierung, Datenintegration und Zeitersparnis durch Informationsverfügbarkeit können Arbeitsprozesse völlig neu gestaltet werden. Die Informationstechnik überwindet räumliche ebenso wie organisatorische Grenzen. So werden nicht nur unternehmensweit, sondern auch unternehmensübergreifend integrierte Arbeitsabläufe möglich und transparent für alle Beteiligten [Öst1995]. Diese Arbeitsabläufe sind an der Wertschöpfung ausgerichtet. Sie fokussieren die Erstellung der für den Kunden wesentlichen Leistungen und stellen somit eine effektive Unternehmensführung sicher.

Dabei verlieren die klassischen hierarchischen Führungs- und Kontrollstrukturen an Bedeutung. Sie werden durch dezentrale, modulare Organisationsgefüge abgelöst, die den Prozessverläufen angepasst und von Autonomie, Kooperation und indirekter Führung geprägt sind. Eine Verringerung der Hierarchiestufen wiederum führt zu kurzen Kontrollwegen und erlaubt eine direkte und effiziente Prozessverfolgung und -steuerung [HC1993, Öst1995, PRW1996, DL2002]. So wird eine effiziente Unternehmensorganisation mit kurzen Rückkopplungswegen und einem nur geringen Anteil von nicht wertschöpfendem Verwaltungsaufwand ermöglicht.

Die enorme Leistungssteigerung der Informationstechnik sowie die zunehmende Integration der Technologien erlauben neue Formen der Arbeitsorganisation und der Prozessgestaltung [PRW1996]. Dadurch wird eine Reihe von unternehmerischen Veränderungen ermöglicht, welche Kundenorientierung und Flexibilität unterstützen und dadurch dazu beitragen, die Wettbewerbsfähigkeit zu erhalten und zu verbessern. So öffnen sich nicht nur neue Geschäftsmöglichkeiten in Form von Produkten und Dienstleistungen, sondern auch neue Marktsituationen, neue Möglichkeiten der Geschäftsdurchführung und neue Unternehmensformen [Öst1995, PRW1996]. Die Bedeutung der Informationstechnik für das Ermöglichen betrieblicher Veränderungen und Umorganisationen kann gar nicht hoch genug angesetzt werden [JEJ1995].

Die Informationstechnik schafft also ein hohes Potenzial für weit reichende Innovationen, sowohl innerbetrieblich als auch organisationsübergreifend. Umgekehrt ist jedoch auch eine Anpassung bestehender Organisationsgefüge in vielen Fällen geradezu erforderlich, um das mit der Einführung von moderner Informationstechnik verbundene Verbesserungspotenzial voll entfalten zu können. Dieses Potenzial lässt sich optimal nutzen durch die geschäftsprozessorientierte Reorganisation eines Unternehmens in Verbindung mit der Einführung neuer unterstützender Software. Organisationsform, Prozessgestaltung und Software müssen dabei aufeinander abgestimmt sein, um den Nutzen der neuen Technologien und der durchgeführten Veränderungen voll auszuschöpfen [Öst1995]. Nur so kann Informationstechnik zu einem strategisch wichtigen Wettbewerbsvorteil werden [Por1985, Dav1993a, HC1993].

1.1 Geschäftsprozessmodellierung in der Softwareentwicklung

Im Kontext der Entwicklung und Einführung von Softwaresystemen und dabei insbesondere von betrieblichen Informationssystemen gewinnt die Modellierung und Analyse von Geschäftsprozessen zunehmend an Bedeutung. Software wird eingesetzt, um einzelne Tätigkeiten ebenso wie komplexe Arbeitsabläufe zu unterstützen. Dabei soll neben der lokalen Bearbeitungsqualität einzelner Aktivitäten auch das übergreifende Zusammenspiel der verschiedenen Tätigkeiten innerhalb der komplexen Prozesslandschaft von interagierenden Organisationseinheiten verbessert werden. Um eine effektive Softwareunterstützung bereitstellen zu können, müssen folglich die mit Softwarebeteiligung abzuwickelnden Tätigkeiten, Prozesse und ihre Zusammenhänge hinreichend genau bekannt und verstanden sein, unabhängig davon, ob eine individuelle Anwendung entwickelt oder standardisierte Softwarelösungen eingeführt werden sollen [Jae1995]. Die Geschäftsprozessmodellierung erfasst und strukturiert diejenigen

Informationen über die durch Software zu unterstützenden Tätigkeiten und Prozesse, die für eine zielgerichtete Entwicklung erforderlich sind.

In der Praxis sind die strategischen Ziele und die Struktur eines Unternehmens meist wenigstens teilweise in schriftlicher oder elektronischer Form dokumentiert. Eine umfassende und aktuelle Beschreibung der Arbeitsabläufe und der tatsächlichen Abwicklung des Alltagsgeschäftes liegt dagegen nur selten vor. Auskunft über die in einem Unternehmen durchgeführten Arbeitsabläufe können häufig lediglich die daran beteiligten ausführenden Mitarbeiter geben. Dabei sind diesen Mitarbeitern die Arbeitsstrukturen, in denen ihre eigenen Tätigkeiten eingebettet sind, oftmals gar nicht bewusst. Vielmehr müssen diese erst nach und nach herausgearbeitet werden.

Das Konzept der Geschäftsprozesse hat sich als eine gute Grundlage für die dafür erforderliche Kommunikation zwischen den Spezialisten des Anwendungsgebietes und späteren Softwarebenutzern einerseits und den Software- und Unternehmensentwicklern andererseits herausgestellt. Anhand von konkreten Beispielen können die Anwendungsspezialisten über ihre Alltagstätigkeiten berichten. Sie bewegen sich dabei eng entlang ihrer täglichen Arbeitswelt, greifen auf die ihnen geläufigen Fachbegriffe zurück und stützen ihre Beschreibungen mit Hilfe konkreter Datensätze, Leistungen und Informationen aus realen Prozessfällen ab. Für die Anwender ist es also nicht erforderlich, sich in abstrakte Konzepte und die Fachbegriffe der Entwickler einzuarbeiten, die den Anwendern in der Regel zunächst unbekannt sind und meist auch schwer verständlich erscheinen. Die zusammengetragene Fülle konkreter Fallbeispiele wird von den Entwicklern zu grundlegenden Strukturen abstrahiert und in Abstimmung mit den Anwendern zu einer übergreifenden Prozesslandschaft zusammengefügt.

Softwaresysteme unterstützen und übernehmen wenigstens teilweise die Bearbeitung von Aufgaben, die vor Einführung der Software durch menschliche Bearbeiter durchgeführt oder koordiniert wurden. Durch die Einführung neuer Software verändern sich daher immer auch die bestehenden Tätigkeiten der bisherigen Akteure im System, insbesondere also auch das Tätigkeitsbild der menschlichen Bearbeiter. Darüber hinaus verändern sich durch die Softwareeinführung oftmals auch ganze Arbeitsabläufe in ihrer Struktur und der Art ihrer Abwicklung. Damit die Softwareeinführung schnell den erhofften Nutzen bringt und gerade die Anfangsphase nicht durch Startschwierigkeiten und Reibungsverluste überschattet wird, müssen begleitend zur Softwareeinführung die betroffenen Tätigkeiten und Prozesse entsprechend an die neuen Bearbeitungstechniken angepasst werden. Grundlage hierfür bildet ein Geschäftsprozessmodell, das die Unterschiede zwischen den Prozessen vor und nach der Einführung der Software greifbar macht.

Üblicherweise ist mit der Einführung von Softwaresystemen der Wunsch einer möglichst weit gehenden Optimierung der Arbeitsabläufe des Alltagsgeschäftes verbunden. Eine Softwareunterstützung der oftmals historisch gewachsenen bestehenden Geschäftsprozesse birgt jedoch in der Regel nur ein sehr begrenztes Potenzial der Effizienzsteigerung. Ursache ist, dass eine stark an den historischen Prozessen ausgerichtete Softwareunterstützung die bestehenden Arbeitsstrukturen mit all ihren Schwächen automatisiert. Das hohe Potenzial für Quantensprünge in der Effizienzsteigerung liegt jedoch in den völlig neuen Möglichkeiten der Arbeitsgestaltung und -organisation begründet, welche die moderne Informationstechnik bietet. Bei der reinen Softwareunterstützung einer bereits bestehenden, historisch gewachsenen Prozesslandschaft bleibt dieses Potenzial daher meist weit gehend ungenutzt.

Das Verbesserungspotenzial kann jedoch in hohem Maße ausgeschöpft werden, wenn abgestimmt mit der Softwareentwicklung die Arbeitsabläufe im Hinblick auf die Möglichkeiten der modernen Informationstechnik neu gestaltet werden. Eine noch weiterführende Optimierung wird darüber hinaus erreicht, indem die neu gestalteten Prozesse bewusst am Kundennutzen und der Wertschöpfungskette ausgerichtet werden. Damit alte, oft hierarchische und an Funktionslinien ausgerichtete Verwaltungsstrukturen die effiziente Abwicklung der modernisierten Prozessstrukturen nicht behindern, erfordert schließlich eine neu gestaltete Prozesslandschaft häufig auch Veränderungen in der Art und Weise der Unternehmensadministration. Insgesamt ist also eine Reorganisation weiter Teile des Unternehmens und eine darauf abgestimmte Softwareeinführung notwendig, um das Potenzial moderner betrieblicher Informationssysteme voll zu nutzen.

Auch in der umgekehrten Richtung besteht eine starke Verbindung zwischen Business Reengineering und Softwareentwicklung. Die Reorganisation eines Unternehmens und seiner Geschäftsprozesse kann in der Regel nur dann eine Effizienzsteigerung um wenigstens eine Größenordnung bewirken, wenn die neuen Prozesse und Strukturen durch adäquate Software unterstützt werden. Viele der derzeit praktizierten Ansätze zum Business Reengineering fokussieren jedoch lediglich die Reorganisation des Unternehmens. Die Erstellung geeigneter Software wird dabei trotz der vielen Querverbindungen als weit gehend losgelöstes Nachfolgeprojekt betrachtet. Ein glatter Übergang zwischen Business Reengineering und Softwareentwicklung ist deshalb in vielen Projekten nicht gewährleistet. Noch seltener werden Software und Unternehmensgestaltung integriert entwickelt. Als eine Folge davon schlagen viele Business-Reengineering-Projekte letztendlich deswegen fehl, weil keine geeignete Softwareunterstützung für die neuen Unternehmens- und Arbeitsstrukturen verfügbar ist [JEJ1995].

Es besteht somit ein zunehmend intensives Wechselspiel zwischen der Qualität von Geschäftsleistungen einerseits und der Qualität der Gestaltung und Entwicklung von Softwaresystemen andererseits [Con1994]. Zum einen kann die Reorganisation eines Unternehmens ihre Wirkung nur mit Hilfe einer geeigneten Softwareunterstützung voll entfalten. Zum anderen kommen die Möglichkeiten der modernen Informationstechnik nur dann zur Geltung, wenn die unterstützten Arbeitsabläufe diese gebotenen technischen Möglichkeiten auch sinnvoll zu nutzen wissen. Das hohe Verbesserungspotenzial beider Bereiche kann also nur dann zufrieden stellend ausgeschöpft werden, wenn Software und Unternehmensorganisation aufeinander abgestimmt und frühzeitig integriert entwickelt werden [FF1997]. Die Softwareentwicklung und die Reorganisation von Unternehmen und deren Geschäftsprozessen bedingen sich folglich gegenseitig.

Zwischen der Reorganisation eines Unternehmens und der Softwareentwicklung bestehen also intensive Querverbindungen, in deren Kern die Geschäftsprozesse des Unternehmens liegen. Entsprechend überlappen sich teilweise die Aufgaben, die in beiden Bereichen durchzuführen sind. Sowohl im Business Reengineering als auch bei der Entwicklung betrieblicher Informationssysteme ist als Ausgangsbasis ein grundlegendes Verständnis der bestehenden Unternehmensorganisation und ihrer Ablaufstrukturen erforderlich. Eine wenigstens ausschnittsweise Modellierung der Unternehmensstruktur und ihrer wichtigsten Geschäftsprozesse liefert dabei die notwendigen Informationen.

Darauf aufbauend werden zum einen die bestehenden Prozesse und Strukturen auf existierende Schwächen hin untersucht. Zum anderen wird Verbesserungspotenzial aufgezeigt. Dieses Verbesserungspotenzial umfasst neben kleineren Optimierungen der bestehenden Abläufe und ihrer technischen Unterstützung auch weiter reichende Maßnahmen. Beispiele sind eine neue Fokussierung der Geschäftsziele und damit verbunden eine Reorganisation der Geschäftsprozesse, oder eine grundlegende Modernisierung der unterstützenden Informationssysteme zusammen mit den daraus hervorgehenden Prozessveränderungen.

Im Idealfall werden anschließend die Vorstellungen der gewünschten Prozesse und die realisierbaren Möglichkeiten einer informationstechnischen Unterstützung schrittweise miteinander abgeglichen. Dabei ist insbesondere auch den zeitlichen und finanziellen Rahmenbedingungen Rechnung zu tragen, die für das Veränderungs- und Optimierungsprojekt zur Verfügung stehen. Aus den bisherigen Entwicklungsschritten abgeleitet wird schließlich ein Sollkonzept der Geschäftsprozesse erarbeitet. Dieses Modell der Geschäftsprozesse legt neben der Struktur und den Inhalten der Abläufe auch die Aufteilung der Verantwortlichkeiten zwischen menschlichen, maschinellen und softwaretechnischen Akteuren fest. Üblicherweise hat dieses Modell zunächst noch den Charakter eines fundierten Vorentwurfs. Es kann daher im späteren Verlauf der Entwicklung des Softwaresystems und der Unternehmensorganisation weiteren Veränderungen unterworfen sein.

Die Softwareentwicklung betrieblicher Informationssysteme und das Business Reengineering überlappen sich also in einigen essenziellen Bereichen stark. Um einerseits Doppelarbeit zu vermeiden und andererseits die erarbeiteten Ergebnisse im jeweils anderen Aufgabenbereich ohne große Brüche integrieren und weiterverwenden zu können, sollten zwischen den beiden Arbeitsansätzen enge Beziehungen bestehen. Sinnvoll ist es, die eingesetzten Entwicklungsmethoden aufeinander abzustimmen und einheitliche Konzepte zugrunde zu legen. Ferner sollten die gleichen Darstellungstechniken und Beschreibungsmittel verwendet und nach Möglichkeit gemeinsame Entwicklungswerkzeuge eingesetzt werden. So können die erarbeiteten Modelle, welche die gesammelten Informationen dokumentieren, von den Beteiligten des Business Reengineerings und der Softwareentwicklung gleichermaßen verstanden und genutzt werden.

Hierdurch werden die erstellten Modelle zu einer wesentlichen Grundlage für die Kommunikation zwischen Unternehmensentwicklern und IT-Entwicklern auf der einen Seite und den betroffenen Mitarbeitern des Unternehmens und späteren Endanwendern des Softwaresystems auf der anderen Seite. Ferner kann so die weit verbreitete Trennung zwischen dem Geschäftsmodell der Unternehmensentwickler und dem Anforderungsmodell des Softwaresystems aufgehoben werden. Darüber hinaus erleichtern die gemeinsamen Konzepte den Entwicklern von Informationssystemen einerseits und Unternehmensstrukturen andererseits, Einfluss auf die Gestaltung des jeweils anderen Bereiches zu nehmen. So liegt eine Kernaufgabe heutiger IT-Organisationen darin, eine Führungsrolle im Enterprise Engineering zu übernehmen [JEJ1995]. Umgekehrt müssen auch die Unternehmensentwickler bei der Gestaltung der Informationssysteme wegweisend mitwirken, da die Leistungsfähigkeit innovativer Prozessstrukturen nur in Verbindung mit einer adäquaten Softwareunterstützung voll zur Geltung kommt. Da eine integrierte Entwicklung beider Systemaspekte essenziell ist, um das hohe Verbesserungspotenzial der Veränderungsmöglichkeiten voll auszuschöpfen, ist folglich eine intensive Kommunikation auch über die eigentlichen Aufgabengrenzen hinweg erforderlich.

Im Rahmen der Softwareentwicklung sind Geschäftsprozesse also ein Schlüsselkonzept zur Beschreibung des Systemverhaltens. Geschäftsprozesse verknüpfen eine an konkreten Beispielen des Alltagsgeschäftes orientierte Betrachtung der Arbeitsabläufe in einem Unternehmen mit einer stärker strukturierten, schematischen Sichtweise. Sie bilden so eine wichtige Grundlage für die oft schwierige Kommunikation zwischen den Spezialisten des Anwendungsgebietes und den meist fachfremden Systementwicklern. Darüber hinaus stellen sie das Bindeglied zwischen Business Reengineering und Softwareentwicklung dar und ermöglichen so die integrierte Gestaltung von Unternehmensstrukturen und ihrer unterstützenden Software. Geschäftsprozesse sind somit insbesondere für die Erfassung und Definition von Anforderungen an das zu erstellende Softwaresystem ein essenzielles Hilfsmittel. Sie ermöglichen ferner eine Verfolgung einzelner Anforderungen über den gesamten Prozess der Softwareentwicklung hinweg bis hin zum Testen, der Inbetriebnahme und der Nutzung des erstellten Systems.

1.2 Zielsetzung und Ergebnisse

In der Literatur hat sich über die letzten Jahre hinweg eine Vielzahl unterschiedlicher Interpretationen des Begriffs „Geschäftsprozess" entwickelt. Darüber hinaus ist eine Reihe verwandter Konzepte der Verhaltensbeschreibung entstanden, die sich jeweils nur in Nuancen voneinander unterscheiden. Als Grundlage dieser Arbeit werden daher zunächst die verschiedenen Begriffe geklärt, voneinander abgegrenzt und in den Kontext von Softwareentwicklung und Business Engineering eingebettet.

Da die Qualität der Anforderungsdefinition ein entscheidender Faktor für die Qualität eines Softwareproduktes sowie für die erforderlichen Korrekturkosten ist [Dav1993b], wird in Entwicklungsprojekten häufig ein hoher Aufwand auf die frühen Phasen des Entwicklungsprozesses verwendet. Oftmals sind jedoch die erarbeiteten Modelle nicht präzise und eindeutig dokumentiert, sondern lassen bei genauer Betrachtung Spielraum für unterschiedliche Interpretationen. Die Folge sind Missverständnisse und Fehlinterpretationen, die zu Inkonsistenzen in den Modellen und zu Kommunikationsschwierigkeiten zwischen den Entwicklungsbeteiligten führen. Der hohe Aufwand, der in die Erarbeitung der Modelle investiert wird, bringt daher häufig nicht den erhofften Nutzen. Benötigt werden deshalb Beschreibungstechniken für die verschiedenen Systemsichten, die einerseits anschaulich und leicht verständlich sind, andererseits aber auch präzise genug sind, um eine eindeutige und konsistente Systembeschreibung zu ermöglichen.

In dieser Arbeit führen wir Beschreibungstechniken für die Modellierung von Geschäftsprozessen ein, die sowohl präzise auf mathematische Weise beschrieben und mit einer formalen Semantik hinterlegt als auch anschaulich und leicht verständlich sind.

Anhand ihrer abstrakten Syntax definieren wir zunächst die grundlegenden Konzepte Geschäftsprozess, Geschäftsprozessnetz und Geschäftsprozessmodell, welche die Kernelemente unseres Modellierungsansatzes bilden. Ausgangsbasis ist dabei der Geschäftsprozess an sich. Verbinden wir mehrere Geschäftsprozesse durch Kommunikationskanäle, fügen sie sich zu einem komplexeren Geschäftsprozessnetz zusammen. Ein solches Geschäftsprozessnetz lässt sich interpretieren als eine detaillierte Realisierung eines abstrakteren einzelnen Geschäftsprozesses. Wir formulieren diesen Zusammenhang als eine hierarchische Verfeinerungsbeziehung zwischen Geschäftsprozessen und Geschäftsprozessnetzen und erhalten dadurch eine Möglichkeit, Mengen von Geschäftsprozessen und Geschäftsprozessnetzen zu einem hierarchischen Geschäftsprozessmodell zu strukturieren, das in verschiedene Abstraktionsebenen gegliedert ist.

Nicht jede mögliche Kombination von Geschäftsprozessen fügt sich zu einem sinnvollen Geschäftsprozessnetz bzw. Geschäftsprozessmodell zusammen. Basierend auf der abstrakten Syntax unserer Modellierungskonzepte führen wir daher eine Reihe von Konsistenzbedingungen für Geschäftsprozessnetze und Geschäftsprozessmodelle ein, die sicherstellen, dass die dabei erlaubten Kombinationen in sich stimmig sind.

Geschäftsprozessmodelle bilden eine wichtige Grundlage für die Kommunikation zwischen den Spezialisten des Anwendungsgebietes und den Systementwicklern. Typischerweise verfügen die Spezialisten des Anwendungsgebietes über wenig bis gar keine Erfahrung in der Modellierung mit formalen Methoden. Um die Beschreibungstechniken leicht verständlich und auch für die Anwendungsspezialisten gut handhabbar zu gestalten, kapseln wir die Komplexität der auf mathematische Weise definierten abstrakten Syntax unter einer anschaulichen Repräsentation. Diese umfasst eine grafische Notation, die nach Bedarf durch textuelle Elemente ergänzt werden kann.

Als Kommunikationsgrundlage eignet sich ein Geschäftsprozessmodell nur dann, wenn alle beteiligten Personen das Geschäftsprozessmodell verstehen und auf die gleiche Weise interpretieren. Daher hinterlegen wir unsere Beschreibungstechniken mit einer präzise definierten Semantik, die auf mathematischen Funktionen beruht.

Im Rahmen der Systemmodellierung werden nicht lediglich einzelne Aspekte des Systems isoliert für sich betrachtet. Vielmehr bauen die Modelle verschiedener Systemsichten aufeinander auf und ergänzen sich zu einer Gesamtvorstellung des ganzen Systems. Geschäftsprozessmodelle stützen sich insbesondere auf Daten- und Rollenmodelle ab. Die zwischen diesen Modellen bestehenden Querverbindungen werden in dieser Arbeit erläutert.

Ein komplexes Geschäftsprozessmodell entsteht üblicherweise nicht in einem Zug, sondern durch schrittweise Entwicklung, indem einfachere Vorversionen sukzessive detailliert und erweitert werden. Als Grundlage für eine systematische schrittweise Modellentwicklung führen wir Transformationsregeln über den Beschreibungstechniken ein, die festlegen, welche Veränderungen der modellierten Geschäftsprozesse, Geschäftsprozessnetze oder Geschäftsprozessmodelle als systematische Entwicklungsschritte sinnvoll und erlaubt sind. Jede dieser Transformationsregeln stellt dabei sicher, dass die Konsistenz des behandelten Modells unter der Transformationsregel erhalten bleibt.

In der Praxis werden Geschäftsprozessmodelle schnell so komplex und umfangreich, dass sie ohne eine geeignete Werkzeugunterstützung nicht mehr effizient gehandhabt und in sich konsistent gehalten werden können. Grundvoraussetzung für eine Werkzeugunterstützung, die in ihrer Funktionalität über ein reines Zeichenhilfsmittel hinausgeht, ist die präzise und zweifelsfreie Festlegung der Beschreibungstechniken und der darüber möglichen Operationen. Damit die in dieser Arbeit eingeführten Beschreibungstechniken unmittelbar in ein solches Modellierungswerkzeug umgesetzt werden können, definieren wir die abstrakte Syntax, Konsistenzbedingungen, Transformationsregeln und die Semantik präzise auf formale Weise in mathematischer Notation.

Zwischen den in der Wissenschaft erarbeiteten Modellierungsmethoden einerseits und den in Praxisprojekten eingesetzten Techniken und Verfahren andererseits bestehen derzeit vielfach noch große Diskrepanzen. Die theoretischen Arbeiten zielen häufig auf präzise Darstellungsweisen und systematische Strukturen ab. Ihre Ergebnisse werden von potenziellen Anwendern jedoch oft als zu komplex und zu starr für den Einsatz in Praxisprojekten erachtet. Als Folge davon werden viele Praxisprojekte mit ad hoc entwickelten, meist nicht ganz systematischen und insbesondere später schwer nachvollziehbaren Methoden bestritten. Im Gegensatz dazu bringt die vorliegende Arbeit Wissenschaft und Praxis einander näher, indem sie die theoretische Fundierung mit pragmatischen Gesichtspunkten verbindet. Die Grundlage hierfür bilden zum einen wissenschaftliche Arbeiten, zum anderen umfangreiche praktische Erfahrungen bei Industrieprojekten in der Softwareentwicklung und im Business Engineering.

1.3 Vergleich mit anderen Arbeiten

Die Informatik setzt sich bereits seit vielen Jahren mit Prozessen und ihrer Beschreibung auseinander. Insbesondere im Bereich der theoretischen Informatik wurden formale Grundlagen zu Prozessen erarbeitet (siehe beispielsweise Communicating Sequential Processes [Hoa1985] oder Petrinetze [Pet1962]). Der Begriff *Prozess* bezeichnet hier einen möglichen Ablauf eines verteilten Systems. Ein konkreter Prozess wird dabei durch eine Abfolge von atomaren Ereignissen ohne zeitliche Dauer beschrieben. Im Gegensatz dazu stehen bei einem Geschäftsprozess

1.3 Vergleich mit anderen Arbeiten

die einzelnen Arbeitsschritte im Vordergrund, welche durch den Austausch von Informationen und Leistungen in eine logische Reihenfolge gebracht werden.

Die eingesetzten Modellierungstechniken der mehr theoretisch orientierten Ansätze sind mathematisch gut fundiert und präzise. Der Nachteil dieser Techniken liegt jedoch darin, dass sie aufwändig anzuwenden und schwer verständlich sind. Sie sind daher nur bedingt geeignet für den Einsatz in Softwareentwicklungsprojekten, in denen Modelle von großen komplexen Ausschnitten der realen Welt erstellt und als leicht verständliche Kommunikationsgrundlage verwendet werden sollen.

In den letzten Jahren sind vermehrt praxisorientierte Techniken der Softwareentwicklung in den Vordergrund getreten, die sich um Anschaulichkeit und leichte Handhabbarkeit der eingesetzten Modelle und Beschreibungsmittel bemühen. Derzeit am stärksten verbreitet sind die objektorientierten Entwicklungsmethoden, beispielsweise die Object Modeling Technique (OMT [RBP+1991]), Object Oriented Software Engineering (OOSE [Jac1992]), Object Oriented Analysis and Design (OOAD [Boo1994]) und Fusion [CAB+1994], sowie allen voran die aus diesen Ansätzen weiterentwickelte Modellierungssprache UML [BRJ1999, JBR1999, OMG2004].

Die objektorientierten Methoden gehen bei der Systemmodellierung primär von Geschäftsobjekten aus, orientieren sich also vorwiegend an den dinglichen Begriffen der realen Anwendungswelt. Abläufe werden in vielen der Methoden zur Modellierung von Interaktionsfolgen zwischen menschlichem Benutzer und Softwaresystem bei der Erfüllung eines einzelnen Dienstes oder der Durchführung einer bestimmten Tätigkeit eingesetzt, um daraus die Gestaltung der Benutzerschnittstelle abzuleiten. Eine systemglobale Betrachtung übergreifender Geschäftsprozesse erfolgt dagegen bei den meisten dieser Methoden nicht.

Lediglich der Ansatz OOGPM [OWS+2003] zur objektorientierten Geschäftsprozessmodellierung auf der Basis von UML-Notationen geht hier einen Schritt weiter. Ausgehend von der Organisationsstruktur und den Geschäftspartnern eines Unternehmens wird eine Menge von Geschäftsanwendungsfällen erfasst, welche die Interaktionen dieser Akteure mit dem Geschäftssystem beschreiben. Diese Geschäftsanwendungsfälle werden anschließend gruppiert und zu Geschäftsprozessen zusammengefügt, die schließlich insgesamt ein Bild des übergreifenden Systemverhaltens vermitteln.

Neben den objektorientierten Methoden existiert auch eine Reihe praxisnaher Entwicklungstechniken, bei denen Prozesse stärker im Vordergrund stehen. Einige dieser Entwicklungstechniken stellen in ihren Prozessdiagrammen den Datenfluss in den Vordergrund, während andere den Kontrollfluss innerhalb eines Prozesses fokussieren. Datenflussdiagramme in unterschiedlichen Varianten werden beispielsweise in Structured Analysis nach [DeM1979], Structured Systems Analysis [GS1979] oder in GRADE [SNI1995a] verwendet.

Zu den kontrollflussorientierten Darstellungsweisen zählen die verschiedenen Spielarten von Petrinetzen, beispielsweise die Ablaufdiagramme von INCOME [LNO+1989, Jae1996], Vorgangsereignisschemata von SOM [FS1991, FS1996], FUNSOFT-Netze von LEU [DGSZ1994, DG1996] sowie die weit verbreiteten Ereignisgesteuerten Prozessketten von ARIS [Sch1991, Sch2001, Sch2002, IDS2003]. Andere Darstellungsweisen, die sich optisch näher an den bereits erwähnten Datenflussdiagrammen orientieren, sind beispielsweise die Aufgabenketten von PROMET [Öst1995] oder die Geschäftsprozessdiagramme der Business Process Modeling Notation BPMN [BPM2003, OR2004]. Ebenfalls ähnlich aufgebaut sind die Aktivitätsdiagramme der UML [OMG2004]. In der derzeit zur Ratifizierung anstehenden Version 2.0 der UML werden die Aktivitätsdiagramme so erweitert, dass sie auch eine datenflussorientierte Ablaufbeschreibung ermöglichen.

Mit Ausnahme der petrinetzartigen Notationen (insbesondere INCOME und LEU) sind die genannten Beschreibungstechniken weit gehend informell, bemühen sich jedoch jeweils um eine standardisierte Verwendung der syntaktischen Symbole. Im Gegensatz dazu sind die petrinetzartigen Notationen stärker formalisiert. Sie stützen sich auf eine operationelle Semantik ab, die eine Simulation der modellierten Abläufe ermöglicht.

Aufgrund ihrer unzureichenden Formalisierung ist die genaue Bedeutung der meisten heute verbreiteten Beschreibungstechniken nicht präzise und zweifelsfrei festgelegt. Stattdessen bleibt dem Betrachter der mit diesen Beschreibungstechniken erstellten Modelle ein mehr oder weniger großer Interpretationsspielraum. In der Folge sind Kommunikationsschwierigkeiten und Missverständnisse bei der Diskussion dieser Modelle meist unausweichlich. Die Aussagekraft solcher informellen Modelle und damit auch deren praktischer Nutzen für die Dokumentation von Systemeigenschaften ist daher sehr begrenzt.

Für diejenigen Beschreibungstechniken für Geschäftsprozesse, die sich in der Praxis durchgesetzt haben, sind heute entsprechende Modellierungswerkzeuge verfügbar. Alle diese Modellierungswerkzeuge bieten umfangreiche zeichnerische Unterstützung bei der Erstellung der Modelldiagramme. Darüber hinaus erlauben die Entwicklungsumgebungen ARIS und LEU auch die Simulation der modellierten Abläufe.

Diese Simulation der Modelle dient nicht nur der reinen Prozessanalyse, sondern gerade bei ARIS auch sehr stark der Qualitätssicherung der Modelle. Die Ereignisgesteuerten Prozessketten von ARIS bieten zwar eine Fülle von Beschreibungsmöglichkeiten, die jedoch nur bedingt formal fundiert und miteinander integriert sind. Entsprechend ist es nicht möglich, umfangreiche Konsistenzbedingungen für die als Ereignisgesteuerte Prozessketten dokumentierten Modelle auf so präzise Weise anzugeben, dass sie automatisch überprüfbar sind. Da bei großen komplexen Modellen eine manuelle Konsistenzsicherung so gut wie unmöglich ist und eine werkzeuggestützte Konsistenzsicherung wegen der mangelnden Präzision der zugrunde liegenden Beschreibungstechniken nicht möglich ist, treten Inkonsistenzen in den Modellen daher erst bei der Simulation bzw. Ausführung zu Tage.

1.4 Aufbau dieser Arbeit

Die in Abschnitt 1.2 zusammengefasste Aufgabenstellung wird in den nachfolgenden Kapiteln der Arbeit behandelt. Daraus ergibt sich der im Folgenden beschriebene Aufbau dieser Arbeit.

Kapitel 2 gibt einen Überblick über die wesentlichen Aufgabenbereiche und Kernkonzepte der Softwareentwicklung und des Business Engineerings. Eingebettet in diesen Kontext wird der Begriff des Geschäftsprozesses geklärt und von verwandten Konzepten abgegrenzt.

In Kapitel 3 werden Beschreibungstechniken für Geschäftsprozesse eingeführt. Neben der abstrakten Syntax werden grafische und textuelle Elemente der konkreten Notation vorgestellt. Ferner ermöglicht ein Verfeinerungskonzept die Strukturierung von Geschäftsprozessmodellen in verschiedene Abstraktionsebenen. Umfangreiche Konsistenzbedingungen stellen sicher, dass die modellierten Strukturen in sich stimmig sind. Eine auf mathematischen Funktionen basierende Semantik weist den Beschreibungstechniken eine eindeutig festgelegte Bedeutung zu. Des Weiteren werden Querverbindungen zwischen dem Geschäftsprozessmodell und dem Struktur- bzw. Organisationsmodell eines Systems gezogen. Darüber hinaus skizzieren wir Ergänzungen der Beschreibungstechniken, die im Hinblick auf die Ausführung von Geschäftsprozessmodellen sowie für den Übergang von der Anforderungsdefinition zum Systementwurf von Bedeutung sind.

1.4 Aufbau dieser Arbeit

Transformationsregeln über den Beschreibungstechniken werden in Kapitel 4 eingeführt. Sie machen die Beschreibungstechniken auch für die Erstellung großer komplexer Geschäftsprozessnetze und -modelle handhabbar. Zu jeder dieser Transformationsregeln werden dabei auf der Ebene der abstrakten Syntax der Beschreibungstechniken geeignete Vor- und Nachbedingungen angegeben. Diese stellen sicher, dass durch die Anwendung einer solchen Transformationsregel ein Geschäftsprozess wieder zu einem definitionsgemäßen Geschäftsprozess, ein wohlgeformtes Geschäftsprozessnetz zu einem wohlgeformten Geschäftsprozessnetz bzw. ein wohlgeformtes Geschäftsprozessmodell zu einem ebenfalls wohlgeformten Geschäftsprozessmodell verfeinert wird. Ergänzt werden diese Transformationsregeln um zusätzliche Einschränkungen, die gegebenenfalls auch die semantische Korrektheit der modifizierten Geschäftsprozessmodelle aufrechterhalten. Die Transformationsregeln sind dabei so präzise formal fundiert, dass sie unmittelbar in einem entsprechenden Modellierungswerkzeug umgesetzt werden können.

Schließlich werden in Kapitel 5 die Ergebnisse der Arbeit zusammengefasst und kritisch bewertet. Ein Ausblick auf mögliche anschließende Themenstellungen rundet die Arbeit ab.

Kapitel 2

Softwareentwicklung, Business Engineering und Geschäftsprozesse

> If you don't know where you are,
> a map won't help.
>
> *Watts Humphrey*

Sowohl die Softwareentwicklung als auch das Business Engineering umfassen eine Vielzahl von sehr komplexen Aufgaben, wobei sich die beiden Tätigkeitsfelder in wichtigen Bereichen überlappen. Beispielsweise müssen sowohl im Software als auch im Business Engineering bestehende Systeme und Organisationen auf ihre Geschäftsbestandteile und Arbeitsweisen hin untersucht werden. Ferner sind Visionen zukünftiger Arbeitsinhalte zu entwickeln. Schließlich werden Strukturen und Abläufe implementiert, die diese Arbeitsinhalte auf effiziente Weise realisieren und unterstützen. Ein in der Softwareentwicklung ebenso wie im Business Engineering immer wieder auftretendes Schlüsselkonzept stellen die Geschäftsprozesse dar.

Dieses Kapitel bietet einen groben Überblick über die Themenbereiche der Softwareentwicklung und des Business Engineerings. Es dient dabei vorwiegend als Orientierungshilfe für die Einordnung der in der vorliegenden Arbeit behandelten Inhalte.

Der erste Abschnitt gibt eine knappe Einführung in die Softwareentwicklung. Vorgestellt werden die Kernaufgaben, die von der ersten Erfassung noch vager Kundenanforderungen über die Konzeption und Entwicklung eines geeigneten Softwaresystems bis hin zu dessen Einführung und evolutionärer Weiterentwicklung zu bewältigen sind. Ferner werden Vorgehensweisen und Entwicklungstechniken angesprochen, die sich als Hilfsmittel für eine systematische Softwareentwicklung bewährt haben. Darüber hinaus werden einige wichtige Grundbegriffe erklärt, die für das Verständnis der weiteren Arbeit von Bedeutung sind.

Die Einführung betrieblicher Informationssysteme zur Unterstützung von unternehmensweiten Abläufen birgt in sich ein enormes Potenzial zur Steigerung der Effizienz. Um dieses Verbesserungspotenzial effektiv zu nutzen, müssen das Softwaresystem und die betriebliche Aufbau- und Ablauforganisation aufeinander abgestimmt entwickelt und gestaltet werden. Hand in Hand mit der Softwareentwicklung läuft daher insbesondere in umfangreicheren Entwicklungsprojekten eine Reorganisation des Unternehmens, bei der die unternehmensweiten Arbeitsabläufe mit den neuen Erfordernissen und Rahmenbedingungen abgestimmt werden sowie die Unternehmensstruktur entsprechend angepasst wird. Der zweite Abschnitt dieses Kapitels beschreibt deshalb ausgewählte grundlegende Aspekte des Business Engineerings.

Der dritte Abschnitt des vorliegenden Kapitels schließlich befasst sich mit Geschäftsprozessen, dem Kernkonzept dieser Arbeit, sowie anderen eng damit zusammenhängenden Konzepten wie beispielsweise Rollen oder Akteuren, die bei der Beschreibung von Geschäftsprozessen im Kontext von Softwareentwicklung oder Business Engineering von Bedeutung sind.

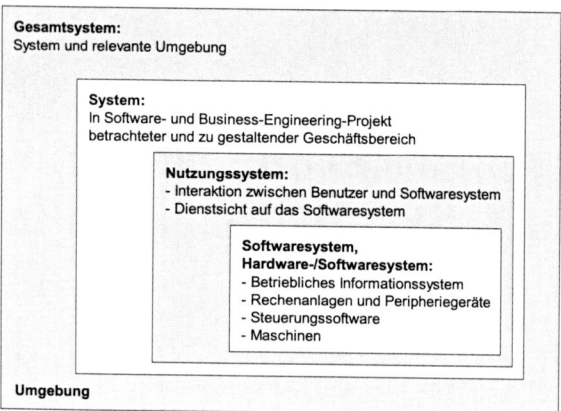

Abbildung 2.1: Abstufung der in dieser Arbeit verwendeten Systembegriffe

Ein in der Softwareentwicklung ebenso wie im Business Engineering häufig verwendetes Schlüsselwort ist der Begriff System, der in der Literatur mit einer Vielzahl verschiedener Bedeutungsnuancen belegt ist. Abbildung 2.1 veranschaulicht die in dieser Arbeit verwendete Abstufung von Systembegriffen.

Als *System* bezeichnen wir im Folgenden denjenigen Ausschnitt des Geschäftsbereiches von einem oder mehreren Unternehmen (bzw. allgemeiner von einer oder mehreren Organisationen), den wir im Hinblick auf die Optimierung seiner Geschäftsprozesse oder die Einführung eines Informations- oder Hardware-/Softwaresystems betrachten und der innerhalb eines konkreten Entwicklungsprojektes gestalterisch beeinflusst werden kann.

Der in dieser Arbeit verwendete Systembegriff entspricht dem Konzept des Anwendungssystems bei [Pae2000]. Das *Hardware-/Softwaresystem* [Pae2000] ist ein Teil des Systems. Die vorliegende Arbeit fokussiert vorwiegend die Entwicklung betrieblicher Informationssysteme, bei der die beteiligte Hardware im Entwicklungsprozess eine eher untergeordnete Rolle spielt, anders als beispielsweise in maschinenintensiven Produktionssystemen. Daher kürzen wir den Begriff Hardware-/Softwaresystem auch vereinfachend mit *Software* ab. Das in [Pae2000] diskutierte *Nutzungssystem*, also die Interaktion zwischen Benutzer und Software bei der Aufgabenerfüllung, wird in dieser Arbeit nur am Rande behandelt.

Um dem umfassenden Blickwinkel der Geschäftsprozesse auf die reale Welt gerecht zu werden, erweitern wir die in [Pae2000] eingeführte Abstufung der verschiedenen Systembegriffe um das *Gesamtsystem*. Das Gesamtsystem umfasst das System und die *Systemumgebung* (im Folgenden auch nur *Umgebung* genannt), mit der das System bei der Umsetzung seiner Geschäftsziele und der Ausführung seiner Aufgaben interagiert, die jedoch nicht der Kontrolle des Systems unterliegt. Die Systemumgebung kann gegebenenfalls mehrere Organisationen umfassen.

Wir betrachten also sowohl den ganzen zu untersuchenden Geschäftsbereich als auch die zu erstellende Software jeweils als unterschiedliche Ausprägungen eines Systems. Entsprechend können wir beide mit Hilfe der gleichen Mittel beschreiben. Dadurch werden die Verbindungen zwischen den verschiedenen Systemebenen deutlich und leicht nachvollziehbar [JEJ1995].

2.1 Software- und Systementwicklung

Die Bedeutung von Software für Produkte und Dienstleistungen ebenso wie für firmeninterne Arbeitsabläufe, aber auch für den privaten Alltags- und Freizeitbereich, nimmt immer mehr zu. Insbesondere im industriellen Bereich ist Software zu einem kritischen Erfolgsfaktor geworden. Zum einen ist sie integraler Bestandteil vieler technischer Produkte oder Dienstleistungen. Zum anderen bilden betriebliche Informationssysteme die Grundlage für eine effiziente Abwicklung vieler unternehmensinterner Arbeitsabläufe [BEP+2000].

Gleichzeitig steigen die Anforderungen an Softwaresysteme rasant. Durch die schnelle Weiterentwicklung der technischen Möglichkeiten werden die durch Software zu lösenden Aufgaben einerseits immer größer und komplexer. Andererseits werden die Lösungen in immer kürzerer Zeit benötigt [JBR1999]. Darüber hinaus steigen insbesondere in sicherheitskritischen Bereichen durch die zunehmende Übertragung von Verantwortung an Softwaresysteme die Anforderungen an Zuverlässigkeit und Korrektheit der Software. Schließlich kommt mit der fortschreitenden Verbreitung von Software auch ihrer Benutzerfreundlichkeit eine immer höhere Bedeutung zu.

In der Praxis können sehr viele Softwareprojekte die gestellten Qualitätsanforderungen nicht zufrieden stellend erfüllen [Dav1993b, Con1994]. Große Projekte unterschätzen häufig den Entwicklungsaufwand, werden teurer und später fertig als geplant und liefern oft nur einen Teil der ursprünglich geforderten Funktionalität. Das Endprodukt ist dabei in vielen Fällen noch mit teilweise gravierenden Fehlern behaftet, nur bedingt benutzerfreundlich und häufig schwer wartbar. In anderen Fällen geht die entwickelte Software weit gehend an den tatsächlichen Bedürfnissen der Anwender vorbei, bringt nicht den gewünschten Nutzen und wird daher nicht eingesetzt [Con1994, SGI2003]. Aus diesem Dilemma heraus wurde bereits in den 60er Jahren der Begriff der *Softwarekrise* geprägt.

Während noch vor wenigen Jahren die Leistungsfähigkeit von Informationssystemen durch die verfügbare Hardware begrenzt wurde, hat sich mit der Zeit die Software zum Engpassfaktor der Informationssysteme entwickelt [DL2002]. Eine Ursache dafür liegt im ständigen Wandel, der stetigen Weiterentwicklung und damit auch der steigenden Komplexität der verfügbaren Technologien einerseits und der von den Unternehmen benötigten Typen von Applikationen andererseits [Boo2002]. Die zu einer erfolgreichen Softwareentwicklung für die neuen Technologien und Anwendungstypen erforderlichen Methoden und Techniken hinken dagegen der technologischen Entwicklung und der Geschäftsveränderung hinterher [Con1994].

Um hier Abhilfe zu schaffen, bemüht sich die noch junge Disziplin der Softwareentwicklung, von den etablierten klassischen Ingenieurdisziplinen zu lernen. Im Maschinenbau oder dem Bauwesen beispielsweise existieren lang erprobte Verfahren und Techniken, die systematisch auf neue Aufgabenstellungen angewendet werden können und zu vorhersagbaren, qualitativ hochwertigen Ergebnissen führen. Im Bereich der Softwareentwicklung sind derartige systematische Verfahren und Techniken erst in der Entstehung begriffen. Der Begriff *Software Engineering* [NR1969] und damit die Vorstellung, dass komplexe Software nur dann zuverlässig in hoher Qualität entwickelt werden kann, wenn sie systematisch in überschaubaren Einzelschritten und unter Verwendung von klaren Techniken und Prinzipien konzipiert, entwickelt, betrieben und gewartet wird, setzt sich jedoch mehr und mehr durch. Trotz intensiver Forschungsarbeiten in diesen Bereichen sind die derzeit verfügbaren Entwicklungsmethoden und -techniken für die ständig ansteigenden Erfordernisse der Softwareentwicklung aber noch nicht zufrieden stellend.

Eine Definition derjenigen Aktivitäten, ihrer Ergebnisse und der jeweils zwischen Aktivitäten bzw. Ergebnissen bestehenden Abhängigkeiten, die erforderlich sind, um schrittweise und systematisch von ersten Benutzeranforderungen zu einem fertigen Softwareprodukt zu gelangen, bezeichnen wir als *Softwareentwicklungsprozess*, im deutschen Sprachraum auch häufig *Vorgehensmodell* genannt [Con1994, JBR1999]. Ein fortschrittlicher Softwareentwicklungsprozess deckt darüber hinaus neben der Entwicklung von Neuprodukten auch die evolutionäre Weiterentwicklung von bestehenden Softwareprodukten ab. Dabei wird eine in sich konsistente Menge von Ergebnissen, auch *Artefakte* des Softwareentwicklungsprozesses genannt, die zusammengenommen das ursprüngliche Softwareprodukt bildet, verändert und erweitert zu einer neuen, wiederum in sich konsistenten Menge von Artefakten, die zusammengenommen das neue Softwareprodukt ausmacht [JBR1999].

Zu den älteren Vorgehensmodellen der Softwareentwicklung zählen das Wasserfallmodell [Roy1970], das V-Prozessmodell [DW2000, BD1992] und das Spiralmodell [Boe1986]. Diesen Modellen ist eine weit gehend starre Abwicklungsstruktur gemeinsam. Neuere Softwareentwicklungsprozesse dagegen gestalten die Reihenfolge, in der die Hauptaktivitäten der Softwareentwicklung durchgeführt werden, flexibler. Zu den neueren Vorgehensmodellen zählen das evolutionäre Vorgehen, Prozessmodelle mit Prototypen und die inkrementelle Softwareentwicklung, wie sie beispielsweise auch von [JBR1999] propagiert wird.

Ein konkretes *Softwareentwicklungsprojekt* transformiert neue Kundenanforderungen, bzw. auch Änderungen in früheren Kundenanforderungen, zu einem neuen bzw. veränderten Softwareprodukt [JBR1999]. Als Leitfaden für die Abwicklung eines Softwareentwicklungsprojektes dient der vorab festgelegte Softwareentwicklungsprozess. Dabei wird der allgemein definierte Softwareentwicklungsprozess auf die individuellen Gegebenheiten und Bedürfnisse des Projektes zugeschnitten. Ein Softwareentwicklungsprozess bildet also eine Schablone, nach deren Muster eine Vielzahl von Projekten abgewickelt werden kann [JBR1999].

Die Softwareentwicklung umfasst eine Reihe stark voneinander abhängiger Kerntätigkeiten, die gemäß dem gewählten Vorgehensmodell und angepasst an projektspezifische Gegebenheiten zeitlich miteinander verzahnt abgewickelt werden. Abbildung 2.2 veranschaulicht diese Kerntätigkeiten, ihre Hauptergebnisse sowie die wichtigsten Abhängigkeiten dazwischen. Die Kerntätigkeiten und ihre wichtigsten Abhängigkeiten bilden zusammen einen Kreislauf, den *Software Life Cycle*. Diese Abhängigkeiten entsprechen jedoch nicht der zeitlichen Reihenfolge, in der die Kerntätigkeiten in einem konkreten Projekt durchgeführt werden. Vielmehr ist die zeitliche Anordnung der Kerntätigkeiten nebenläufig und stark vernetzt.

Zu Beginn eines Softwareentwicklungsprojektes steht die Formulierung eines erkannten Problems und die Zielsetzung, diese Problemstellung durch Software zu lösen. Dabei kann sowohl die Erweiterung oder Veränderung bestehender Software als auch die Erstellung eines neuen Softwareproduktes die Aufgabe sein. Im Rahmen der *Machbarkeitsstudie* wird zunächst untersucht, ob die definierte Zielsetzung unter den gegebenen Rahmenbedingungen überhaupt erfolgreich realisiert werden kann. Die Machbarkeitsstudie bildet die Entscheidungsgrundlage dafür, ob das Projekt durchgeführt wird.

Fällt die Entscheidung für das Projekt, so werden im nächsten Schritt Anforderungen und Zielvorgaben der Projektkunden sowie der späteren Benutzer des Systems gesammelt, analysiert und detailliert. Diese Zielvorgaben werden sukzessive präzisiert und schließlich zu einer

2.1 Software- und Systementwicklung

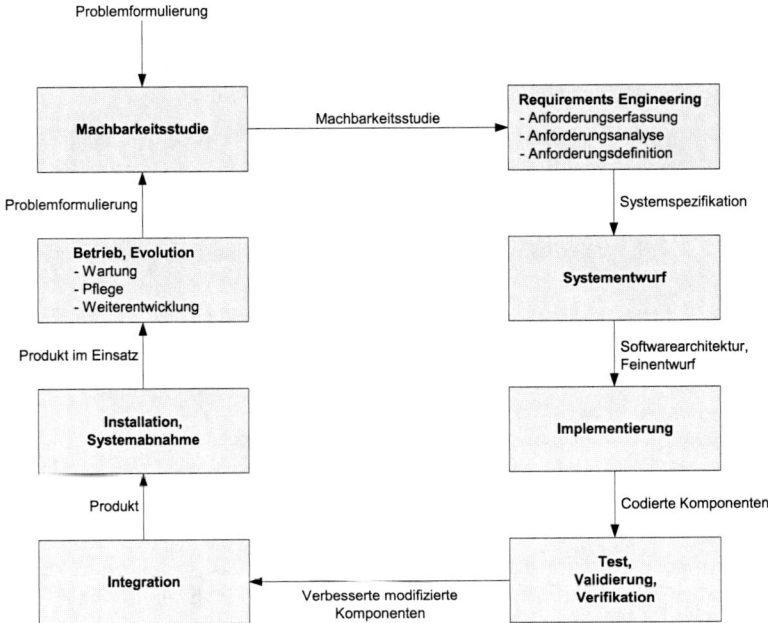

Abbildung 2.2: Kerntätigkeiten und Zwischenergebnisse im Software Life Cycle

Systemspezifikation zusammengefasst, die den geforderten Leistungsumfang des zu erstellenden Systems festlegt. Die drei Einzelschritte *Anforderungserfassung*, *Anforderungsanalyse* und *Anforderungsspezifikation* werden häufig unter dem Begriff *Requirements Engineering* zusammengefasst.

Im *Systementwurf* wird die innere Struktur des zu entwickelnden Softwareproduktes oder Produktteiles festgelegt. Diese Struktur wird auch als *Softwarearchitektur* bezeichnet. Sie gliedert das Softwaresystem in einzelne Komponenten und definiert, auf welche Weise diese Komponenten zusammenwirken, um die Systemspezifikation zu erfüllen. Die Architektur sollte so gewählt werden, dass nachfolgende Änderungen am System elegant und mit überschaubarem Aufwand umgesetzt werden können. Darüber hinaus legt der *Feinentwurf* fest, wie die einzelnen Komponenten der Systemarchitektur zu realisieren sind.

Auf der Grundlage von Softwarearchitektur und Feinentwurf werden bei der *Implementierung* die einzelnen Komponenten in einer Programmiersprache realisiert bzw. Änderungen an bereits bestehenden Komponenten vorgenommen. Mit Hilfe von *Test*, *Validierung* und *Verifikation* werden die einzelnen Komponenten hinsichtlich ihres Leistungsumfangs und ihrer Zuverlässigkeit überprüft und mit der Spezifikation abgeglichen. Falls erforderlich, werden die Komponenten entsprechend nachgebessert.

Hat die Qualitätssicherung die einzelnen Komponenten freigegeben, werden diese durch die *Integration* zu einem lauffähigen Softwaresystem zusammengefügt. Dieses wird abermals auf Zuverlässigkeit und Leistungsumfang überprüft, gegebenenfalls nachgebessert und schließlich als Softwareprodukt freigegeben.

Abschließend wird das Softwareprodukt beim Kunden installiert (*Installation*) und durch den Kunden geprüft. Fordert der Kunde Nachbesserungen am Softwareprodukt, ist das Softwaresystem entsprechend zu überarbeiten. Andernfalls erfolgt die *Systemabnahme*. Das Softwareprodukt wird in Betrieb genommen und auf breiter Ebene genutzt.

In vielen Fällen werden mit dem *Betrieb* des Softwareproduktes bisher unerkannte Fehler sichtbar, die zu beheben sind und die *Wartung* und *Pflege* des Softwareproduktes erforderlich machen. Ferner erweitern sich im Laufe der Nutzung häufig die Wünsche und Anforderungen der Benutzer an das System. Darüber hinaus ist auch das Umfeld des Softwareproduktes einem stetigen Wandel unterworfen, der von Zeit zu Zeit eine Anpassung und *Weiterentwicklung* des Softwareproduktes erforderlich macht. Wartung, Pflege und Weiterentwicklung eines Softwareproduktes fassen wir unter dem Begriff *Evolution* zusammen. Erkannte Fehler, neue Benutzerwünsche oder veränderte Einsatzbedingungen lösen erneut die Formulierung von Problembeschreibung und Zielvorgabe aus, womit eine neue Iteration im Software Life Cycle beginnt.

Ein Softwareentwicklungsprojekt kann nur dann erfolgreich beendet werden, wenn alle Kerntätigkeiten sorgfältig durchgeführt und erfolgreich abgeschlossen werden. Jede einzelne Kerntätigkeit trägt also ihren Teil zum Erfolg des Gesamtprojektes bei. Eine herausragende Bedeutung kommt dabei jedoch dem Requirements Engineering zu.

Im Requirements Engineering werden die Anforderungen an das zu erstellende Softwaresystem ermittelt und der Leistungsumfang festgelegt, den das fertige Softwareprodukt erfüllen soll. Da alle weiteren Kerntätigkeiten des Softwareentwicklungsprozesses auf der Systemspezifikation als Ausgangsbasis aufsetzen, pflanzen sich Fehler in der Spezifikation durch den gesamten Entwicklungsprozess hinweg fort und werden oft erst beim Abnahmetest oder in der Nutzungsphase durch den Kunden aufgedeckt. Wurde der auslösende Fehler bereits in einem frühen Entwicklungsstadium gemacht, zieht sich eine Kette von Folgefehlern durch sämtliche darauf aufbauenden Zwischenergebnisse des Entwicklungsprozesses. Eine Korrektur derartiger Fehler ist daher in der Regel extrem schwierig und aufwändig.

Untersuchungen von Softwareprojekten haben gezeigt, dass etwa die Hälfte aller in einem fertigen Softwareprodukt entdeckten Fehler zurückverfolgt werden können zu Fehlern, die im Requirements Engineering verursacht worden sind. Dem steht die Tatsache gegenüber, dass 54% aller Fehler, die jemals in einem Entwicklungsprojekt identifiziert werden, erst nach der Implementierung und den Komponententests, also während der Integration, der Systemabnahme oder der Nutzungsphase des fertigen Softwareproduktes aufgedeckt werden [Dav1993b]. Durch die lawinenartige Ausbreitung der Folgefehler eines frühzeitig in der Entwicklung unterlaufenen Fehlers sind darüber hinaus die Kosten zur Ermittlung und Korrektur von Fehlern während der Wartung eines bereits genutzten Softwaresystems ca. 100 mal höher als während des Requirements Engineerings [Dav1993b]. Für die erfolgreiche Durchführung eines Softwareentwicklungsprojektes ist daher oft die Qualität des Requirements Engineerings und der daraus resultierenden Systemspezifikation entscheidend.

Das Requirements Engineering ist innerhalb der Softwareentwicklung nicht nur von großer Bedeutung, sondern stellt auch eine sehr schwierige Aufgabe dar. Dies liegt in verschiedenen Aspekten begründet. Zum einen liegt die Essenz des Requirements Engineerings darin, ein diffuses komplexes Problemfeld zu präzisieren, in greifbare Bestandteile zu gliedern und diese verständlich und widerspruchsfrei zu dokumentieren. Dabei zeigt sich die Komplexität beispielsweise durch die hohe Anzahl an Elementen im System und die große Vielfalt von zwischen diesen Elementen bestehenden Beziehungen [Kra1996]. Diese Aufgabe wird zum anderen dadurch erschwert, dass Informationen über dieses Problemfeld in der Regel nicht bereits klar

2.1 Software- und Systementwicklung

formuliert vorliegen, sondern in Zusammenarbeit von Projektkunden, späteren Systembenutzern und Systementwicklern erst erarbeitet werden müssen [Koh1996]. Da sich die beteiligten Personengruppen in ihrem Wissen über das Fach- und Anwendungsgebiet, in dem sich das zu entwickelnde Softwaresystem bewegt, einerseits und über die Softwareentwicklung andererseits meist stark unterscheiden, sind Kommunikationsprobleme und Missverständnisse beim Requirements Engineering an der Tagesordnung.

Die Entwicklung betrieblicher Informationssysteme erfolgt zielgerichtet. Eine zu entwickelnde Software soll das Alltagsgeschäft unterstützen, also für das Geschäft und dessen Kunden Wert erbringen. Dieser Wert ist oft schwer greifbar und zudem einem zeitlichen Wandel unterworfen. Eine angemessen konkrete Vorstellung der mit der Softwareeinführung verbundenen Ziele ist jedoch eine Grundvoraussetzung für die Erfassung korrekter und relevanter Anforderungen an das System. Die Praxiserfahrung zeigt, dass die eigentlichen Anforderungen (also die, deren Erfüllung im fertigen Softwaresystem für den Benutzer von Wert ist) den Anwendern häufig nicht bewusst sind und daher auch nicht als Anforderungen genannt werden. Folglich müssen die gesammelten Anforderungen immer wieder gegen die definierten Ziele der Systemeinführung abgeglichen und die wahren Anforderungen durch Anwender und Systementwickler gemeinsam herauskristallisiert werden [JBR1999].

Des Weiteren wird die Erfassung und Definition der Anforderungen dadurch erschwert, dass zu einem großen System eine Vielzahl von Benutzern und Benutzertypen existiert. Jeder dieser Benutzer kann bis zu einem gewissen Grad über seine eigenen Bedürfnisse im Umgang mit dem System Auskunft geben, hat jedoch meist keinen Einblick in die Tätigkeiten der anderen Systembenutzer [JBR1999]. Darüber hinaus sind auch bei Benutzern mit ähnlichen Tätigkeitsfeldern die genannten Anforderungen von individuellen Vorlieben geprägt, sodass in den gesammelten Anforderungen eine große Variantenvielfalt herrscht [Kaz1998]. Ferner ändern sich die Anforderungen der Benutzer an das System im Lauf der Zeit. Insbesondere bei großen Projekten, die sich über einen längeren Entwicklungszeitraum erstrecken und deren Ergebnis den Wünschen vieler verschiedener Benutzer gerecht werden soll, ist es daher oft schwierig, die essenziellen Anforderungen herauszuarbeiten und in einen sinnvollen Zusammenhang zu stellen.

In der Regel sind die Entwickler nicht auch die späteren Benutzer des zu erstellenden Softwaresystems [JBR1999]. Vielmehr werden die Softwaretechniker in den meisten Entwicklungsprojekten mit Anwendungsgebieten konfrontiert, die ihnen zunächst fachlich fremd sind. Damit ein geplantes System zielgerichtet gestaltet und sinnvolle Anforderungen definiert werden können, ist daher eine intensive Kommunikation und Zusammenarbeit zwischen Spezialisten des Anwendungsgebietes, späteren Softwarebenutzern und Softwareentwicklern unerlässlich. Eine wichtige Grundvoraussetzung für diese fachgebietsübergreifende Zusammenarbeit sind Techniken, die es ermöglichen, Benutzerbedürfnisse und Systemanforderungen klar, widerspruchsfrei und für alle Projektbeteiligten verständlich zu dokumentieren.

Um die hohe Komplexität der Aufgabenstellung einerseits und die Kommunikationsschwierigkeiten andererseits in den Griff zu bekommen, greift die Softwareentwicklung auf Modelle zurück. In anderen Disziplinen, wie beispielsweise der Architektur, sind Modelle ein bewährtes Hilfsmittel, um komplexe Sachverhalte anschaulich darzustellen und zu kommunizieren.

Unter einem *Modell* verstehen wir im Folgenden eine abstrakte Darstellung eines Ausschnittes der realen Welt, die einen großen Teil der unendlichen Vielfalt der realen Welt nicht mit beinhaltet (siehe beispielsweise [Sta1973, CKO1992, BV1996, Kra1996]). Ein Modell spiegelt dabei immer einen bestimmten Blickwinkel und ein bestimmtes Abstraktionsniveau wieder [OMG1998, JBR1999]. Dabei soll ein Modell die für einen bestimmten Verwendungszweck als relevant erachteten Aspekte erfassen und deutlich hervorheben, die hierfür nicht erforderlichen Informationen jedoch unterdrücken. Grundlage für die Entscheidung, welche Details zu modellieren sind und welche nicht, ist also immer der vorab festzulegende Modellierungszweck [RBP+1991]. Modelle helfen, komplexe Systeme vereinfacht darzustellen und dadurch die relevanten Aspekte und Zusammenhänge verständlich zu machen.

Darüber hinaus sind Softwaresysteme meist schwer vorstellbar, weil sie in unserer dreidimensionalen Welt nicht auf greifbare Weise existieren. Da viele Softwaresysteme wenigstens teilweise neu und einzigartig sind und oft keine vergleichbaren Vorläufersysteme bestehen, können die Beteiligten eines Entwicklungsprojektes nicht ausreichend auf Erfahrungen und die Vorstellung von bereits verfügbarer Software zurückgreifen [JBR1999]. Modelle tragen dazu bei, einen anschaulichen Eindruck des entstehenden Softwaresystems zu vermitteln und diffuse abstrakte Vorstellungen zu konkretisieren.

Ferner bilden Modelle eine wichtige Grundlage für die Kommunikation der verschiedenen an der Softwareentwicklung beteiligten Personengruppen. Ein System kann nur dann anforderungsgerecht entwickelt werden, wenn wichtige Systemaspekte allen an der Entwicklung Beteiligten verständlich sind und auch über diese Aspekte kommuniziert werden kann. Menschliche Alltagssprachen wie beispielsweise Deutsch oder Englisch haben sich in der Praxis als ungeeignet erwiesen, da sie ungenau und mehrdeutig sind sowie vielfachen Interpretationsspielraum lassen. Doppeldeutigkeiten und Missverständnisse in der Kommunikation sind oft die Folge. Für Modelle haben sich daher Darstellungsweisen durchgesetzt, die jeweils schematisierte syntaktische Elemente vorgeben und so eine einheitliche Dokumentation von Systemeigenschaften erlauben. Idealerweise gibt darüber hinaus ein semantischer Rahmen eindeutig und präzise vor, wie die syntaktischen Symbole zu interpretieren sind. Durch eine geeignete Kombination von anschaulicher Syntax einerseits und präziser zugrunde liegender Semantik andererseits entstehen Modellierungssprachen, die sowohl den Anwendungsspezialisten und späteren Softwarebenutzern als auch den Systementwicklern gleichermaßen verständlich sind.

Komplexe Prozesse und Arbeitsvorgänge lassen sich nur dann auf optimale Weise neu organisieren und durch Software unterstützen, wenn sie klar verstanden sind. Geschäftsprozessmodelle stellen ein wichtiges Hilfsmittel für die Erfassung und Dokumentation von Arbeitsabläufen dar und bilden somit eine wesentliche Grundlage für zielgerichtete Softwareentwicklung und erfolgreiches Business Engineering. In der Regel leiten die Software- und Unternehmensentwickler den Modellierungsvorgang in einem Unternehmen. Die betroffenen Mitarbeiter, welche die zu modellierenden aktuellen Prozesse ausführen und insbesondere diejenigen Mitarbeiter, welche die neu zu gestaltenden Prozesse umsetzen werden, sollten die Modelle jedoch unbedingt verstehen und an ihrer Entwicklung maßgeblich beteiligt werden [JEJ1995]. Nur so kann erreicht werden, dass die betroffenen Mitarbeiter die neuen Arbeitsstrukturen akzeptieren und sich mit ihnen identifizieren. Die Identifikation mit den Veränderungsmaßnahmen ist wiederum eine Kernvoraussetzung dafür, dass die betroffenen Mitarbeiter die Neuerungen engagiert unterstützen und erfolgreich in die Praxis umsetzen.

2.2 Business Engineering

Die heute existierenden Systeme und Organisationen sind irgendwann in der Vergangenheit zur Durchführung von Geschäften eingerichtet und dabei an den damals aktuellen Gegebenheiten und Bedürfnissen der realen Welt ihrer Entstehungszeit ausgerichtet worden [Dic1995]. Vorherrschende Gestaltungsgrundlage war in den letzten Jahrzehnten das Prinzip der Arbeitsteilung, das vor über 200 Jahren von Adam Smith eingeführt wurde [Smi1776]. Es basiert

2.2 Business Engineering

auf der Grundidee, industrielle Arbeit in möglichst kleine und einfache Einzelaufgaben und -funktionen zu zerlegen.

Der darauf aufsetzende Taylorismus etabliert die Idee, für die Durchführung industrieller Einzeltätigkeiten standardisierte Arbeitsweisen vorzuschreiben und durch geeignete Messungen die Effizienz der Arbeitsabwicklung zu überprüfen [Tay1911]. Ziel ist dabei zum einen, die Bearbeitung der Einzelfunktionen so effizient wie möglich zu gestalten. Zum anderen werden diese optimierten Einzelfunktionen zu ebenfalls möglichst effizienten Arbeitsabläufen zusammengesetzt.

Der Taylorismus stellt eine Vorstufe der heute propagierten Prozessorientierung dar. Er unterscheidet sich jedoch von den Grundprinzipien der heutigen Arbeitsgestaltung dadurch, dass auch den menschlichen Bearbeitern ähnlich wie Maschinen genau festgelegte Arbeitshandlungen vorgegeben werden. Eine wenigstens teilweise Autonomie bei der Arbeitsgestaltung ist dagegen unerwünscht und wird den menschlichen Bearbeitern von den Gestaltern der Prozesse nicht eingeräumt. Die individuelle Kreativität und das daraus entstehende Innovationspotenzial der Bearbeiter bleibt folglich weit gehend ungenutzt [Dav1993a]. Darüber hinaus werden die Einzeltätigkeiten eines Prozesses meist nach funktionsorientierten Gesichtspunkten auf viele verschiedene Bearbeiter verteilt.

Bei den klassischen, funktionsorientierten Strukturen der Arbeitsorganisation gibt es keine Einzelperson oder Gruppe, die einen Prozess in seiner Gesamtheit kennt und für dessen Abwicklung verantwortlich ist. Insbesondere existiert üblicherweise kein Prozessverantwortlicher, der zu jedem Zeitpunkt über den aktuellen Stand der Ausführung eines Ablaufes informiert ist und entsprechende Kundenanfragen ohne großen Aufwand korrekt beantworten kann [HC1993]. Folglich setzen Maßnahmen zur Effizienzsteigerung und Leistungsverbesserung vorwiegend innerhalb der einzelnen Geschäftsfunktionen an. Die Wirkung lokaler Veränderungen auf andere, im Prozess benachbarte Funktionen sowie auf den Prozess als Ganzes bleibt dagegen weit gehend unberücksichtigt [KL1998].

Im postindustriellen Informationszeitalter treten neben der effizienten Arbeitsabwicklung vermehrt auch Flexibilität, Innovationsfähigkeit und die Erfüllung individueller Kundenbedürfnisse in den Vordergrund. Die weit gehend starren, auf eine Vielzahl von Verantwortlichen verteilten Strukturen der funktionsorientierten Arbeitsorganisation werden den Erfordernissen des Marktes heute vielfach nicht mehr gerecht [PRW1996].

Stattdessen werden die einzelnen Arbeitsschritte der betrieblichen Produkt- und Leistungserstellung zu funktionsübergreifenden, ganzheitlichen Abläufen zusammengefügt, die am Bedarf der internen oder externen Kunden sowie an der Wertschöpfung ausgerichtet sind und sich auf die Erfüllung der strategischen Kernziele des Unternehmens konzentrieren (siehe beispielsweise [HC1993, BV1996, KL1998, LPG1998]). Diese neuen Arbeitsabläufe werden unterstützt durch eine prozessorientierte Organisationsstruktur, die klare Verantwortlichkeiten und kurze Kommunikationswege entlang der Prozesse gewährleistet [DL2002].

Der Wandel von einem etablierten organisatorischen Gestaltungsprinzip zu einem anderen konfrontiert eine Unternehmensorganisation mit weit reichenden Veränderungen auf allen Ebenen. Wichtige Dimensionen sind dabei unter anderem die Aufbau- und Ablauforganisation eines Unternehmens, Daten und Geschäftsobjekte, Personal, Firmenkultur und Geschäftspolitik, Managementmethoden und Führungsrichtlinien [Öst1995, AS1995]. Die ganzheitliche Neu- oder Umgestaltung eines Unternehmens bezeichnen wir als *Business Engineering* oder *Business Reengineering*. Allgemein ist das Urziel des Business Engineerings, es einer Organisation zu ermöglichen, erfolgreich zu sein, die Lebens- und Arbeitsqualität sowohl für ihre

Kunden als auch für ihre Mitarbeiter zu verbessern und längerfristig im Konkurrenzkampf des Marktes zu überleben [Dic1995].

Den aktuellen wirtschaftlichen, technischen und gesellschaftlichen Rahmenbedingungen entsprechend haben heutige Maßnahmen des Business Engineerings vorrangig die Transformation eines funktionsorientierten Unternehmens der Industriegesellschaft in ein prozessorientiertes Unternehmen der Informationsgesellschaft zum Ziel (siehe beispielsweise [Öst1995]). Die Optimierung und Neugestaltung von Geschäftsprozessen, auch als *Business Process Reengineering* bezeichnet, bildet daher einen wesentlichen Bestandteil des derzeit in vielen Organisationen praktizierten Business Reengineerings.

Im Rahmen des Wandels von funktionsorientierten zu prozessorientierten Organisationsstrukturen verfolgt das Business Reengineering eine ganze Reihe spezifischer Einzelziele und Gestaltungsgrundsätze. Wegweisend für die gesamte Umgestaltung ist eine Überprüfung und gegebenenfalls Anpassung der strategischen Ziele des Unternehmens. Bedingt durch die sich wandelnden Anforderungen des Marktes verändern sich auch die nachgefragten Leistungen sowie die Möglichkeiten der Leistungserbringung. Um im Umfeld des starken Preis- und Leistungswettbewerbs bestehen zu können, müssen Unternehmen sich auf ihre Schlüsselfähigkeiten konzentrieren. Entsprechend sind die strategischen Ziele im Einklang mit den vorhandenen oder in absehbarer Zeit zu entwickelnden Kernkompetenzen des Unternehmens zu bestimmen. Eine stärkere Spezialisierung und die Straffung der Produktpalette sind häufig die Folge.

Ebenfalls im Vordergrund steht heute vielfach eine verstärkte Kundenorientierung des Unternehmens. Dabei wird die gesamte wertschöpfende Leistungserstellung auf den Kundennutzen hin ausgerichtet. Durchgängige Verantwortlichkeiten und kurze Kommunikationswege entlang der Prozesse verbessern darüber hinaus die Nähe der Leistungserbringer zu ihren Kunden. Des Weiteren werden operative Entscheidungskompetenzen an die Prozessverantwortlichen und -ausführenden übertragen, um die Prozessdurchführung flexibel zu halten und rasche Reaktionen auf sich verändernde Rahmenbedingungen und Marktanforderungen zu ermöglichen [DL2002, Dic1995].

Ferner werden in der Prozessgestaltung die nicht wertschöpfenden Tätigkeiten und Organisationseinheiten so weit wie möglich reduziert. Insbesondere wird der administrative Überbau abgebaut und Entscheidungskompetenz auf die Prozessverantwortlichen übertragen. Durch die Zusammenführung von dispositiver und objektbezogener Arbeit entstehen flache Hierarchiestrukturen aus dezentralen, vernetzten Einheiten, die weit gehend eigenverantwortlich arbeiten, jedoch bei Bedarf miteinander kommunizieren. Die neu gewonnene Kompetenz und Eigenverantwortung motiviert die Prozessdurchführenden zu höherer Produktivität und Qualität in der Arbeitsabwicklung [DL2002, Dic1995, PRW1996].

Um die Leistungsfähigkeit der neu gestalteten Organisation und ihrer Arbeitsprozesse voll auszuschöpfen, werden die Prozesse zielgerichtet technologisch unterstützt, insbesondere durch betriebliche Informationssysteme. Der bestmögliche Nutzen wird dabei erreicht, indem Strategie, Organisationsstruktur, Prozesse und Informationssystem integriert entwickelt und bereits frühzeitig aufeinander abgestimmt werden [Öst1995].

Ähnlich wie die Softwareentwicklung durchläuft auch ein Business-Reengineering-Projekt mehrere stark voneinander abhängige Kerntätigkeiten, die zeitlich nebenläufig und miteinander verzahnt abgewickelt werden. Abbildung 2.3 fasst diese Kerntätigkeiten, ihre Hauptergebnisse und die wichtigsten dazwischen bestehenden Abhängigkeiten zusammen.

Eine Business-Reengineering-Initiative wird zumeist dadurch ausgelöst, dass aufgrund sich verändernder Anforderungen und Rahmenbedingungen einerseits und historisch gewachsener,

2.2 Business Engineering

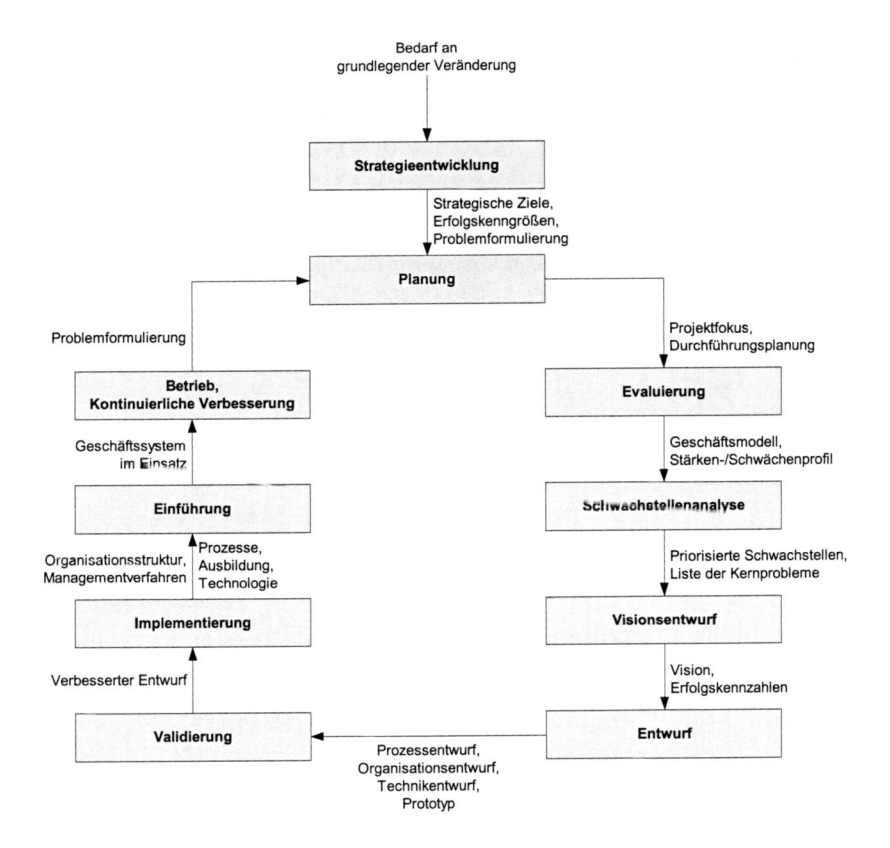

Abbildung 2.3: Kerntätigkeiten und Zwischenergebnisse beim Business Reengineering

zunehmender innerer Verkrustung andererseits das gehobene Management einer Organisation Bedarf für grundlegende Veränderungen erkennt, um den zukünftigen Erfolg und damit den Fortbestand des Unternehmens sicherzustellen. In der *Strategieentwicklung* wird zunächst untersucht, aus welchen Gründen fundamentale Veränderungen des Unternehmens notwendig erscheinen. Insbesondere wird dabei überprüft, ob die bestehende Geschäftsstrategie noch zeitgemäß und den aktuellen Gegebenheiten sowie der bereits absehbaren Entwicklung des Marktes angemessen ist. Darauf aufbauend werden strategische Ziele erarbeitet und messbare Erfolgskenngrößen definiert, mit deren Hilfe der Grad der Umsetzung dieser strategischen Ziele im Business-Reengineering-Projekt dokumentiert wird. Die oft eher abstrakten strategischen Ziele werden ferner zu Problemformulierungen konkretisiert, die kritische Aspekte des bestehenden Unternehmens identifizieren und Ziele für deren Verbesserung abstecken.

Ausgehend von der entwickelten Strategie und den Problemformulierungen wird in der *Planung* der angestrebte Wirkungsbereich des Business-Reengineering-Projektes genauer fokussiert. Zum einen wird das Untersuchungsfeld strukturiert. Zum anderen werden die wesentlichen Leistungen, Geschäftsprozesse, Kunden und Lieferanten des Unternehmens identifiziert. Ferner werden die im Hinblick auf die strategischen Ziele relevanten Hauptbereiche häufiger Fehler ermittelt sowie von Kunden oder von Mitarbeitern wiederholt angesprochene Kritikpunkte erfasst. Ausgerichtet auf die festgelegten strategischen Ziele erfolgt eine grobe Einschätzung des Verbesserungspotenzials. Darüber hinaus werden die zu betrachtenden Unternehmensaspekte priorisiert. Auf dieser Basis wird die Durchführung des Projektes geplant.

Im Rahmen der *Evaluierung* wird das bestehende Unternehmen im Kontext seiner Umgebung analysiert und bewertet. Hierfür wird zunächst ein Geschäftsmodell erstellt, das insbesondere auch die relevanten Geschäftsprozesse des Unternehmens umfasst. Die ausgewählten Prozesse werden detaillierten Messungen unterzogen, vergleichbaren Prozessen anderer Organisationen gegenübergestellt und hinsichtlich ihrer Leistungsfähigkeit bewertet. Die Ergebnisse der Evaluierung werden in einem Stärken-/Schwächenprofil des Unternehmens zusammengefasst.

Wo immer es innerhalb der gegebenen Rahmenbedingungen des Business-Reengineering-Projektes möglich ist, sollten für erkannte Schwächen schnell und unbürokratisch Verbesserungen eingeführt werden, auch wenn diese lediglich Zwischenlösungen darstellen, die möglicherweise später im Rahmen eines integrierten Gesamtkonzeptes wieder verworfen werden. Durch diese frühen Verbesserungen werden zum einen Mitarbeiter entlastet und somit Kapazitäten frei, die für das Reengineering-Projekt eingesetzt werden können. Zum anderen beweisen sie frühzeitig im Projekt das hohe Erfolgspotenzial, das in Veränderungsmaßnahmen steckt. Frühe Verbesserungen tragen daher dazu bei, einen Wandel der Unternehmenskultur einzuleiten in Richtung einer offenen, flexiblen und anpassungsfähigen Organisation, in der kontinuierliche Verbesserung explizit als Wert geschätzt und von allen Mitarbeitern aktiv gefördert wird.

Häufig sind die in der Evaluierung ermittelten Schwächen des Unternehmens lediglich Symptome von tiefer liegenden Problemen. Die *Schwachstellenanalyse* forscht nach den eigentlichen Ursachen der erkannten Defizite. Dabei werden die bemängelten Schwachstellen untersucht, Querverbindungen aufgedeckt und die wesentlichen Kernprobleme identifiziert. Nicht immer liegen diese Kernprobleme im Einflussbereich des Business-Reengineering-Projektes. In diesen Fällen können die eigentlichen Problemursachen in der Regel nicht beseitigt werden. An Stelle von grundlegenden Veränderungen bleibt hier lediglich die Möglichkeit der inkrementellen Verbesserung.

Für die erkannten im Rahmen des Business-Reengineering-Projektes beeinflussbaren Kernprobleme werden Verbesserungsmöglichkeiten identifiziert und im *Visionsentwurf* alternative Lösungsansätze erarbeitet. Die verschiedenen Lösungsmöglichkeiten werden hinsichtlich ihres Verbesserungspotenzials, ihrer Realisierbarkeit und der zu erwartenden Akzeptanz evaluiert. Schließlich wird ein geeigneter Lösungsvorschlag ausgewählt. Er bildet die Vision, die im weiteren Verlauf des Projektes umzusetzen ist. Des Weiteren werden Erfolgskennzahlen zur Bewertung der Lösung festgelegt, damit die angestrebten Veränderungen quantifiziert und somit greifbar gemacht werden können.

Im *Entwurf* wird die ausgewählte Lösungsvision konkretisiert. Dabei werden die im Sinne der Vision wertschöpfenden Prozesse gestaltet und eine prozessorientierte Organisationsstruktur erarbeitet. Ferner wird eine eventuell benötigte technologische Unterstützung der Lösung entworfen und soweit erforderlich als Prototyp realisiert. Um dem Lösungsentwurf möglichst hohe Erfolgschancen einzuräumen, sind unbedingt diejenigen Mitarbeiter des Unternehmens, welche die zu entwickelnde Lösung später im neuen Geschäftssystem umsetzen werden, aktiv in die Gestaltung der Lösung mit einzubeziehen. Zum einen kennen diese Mitarbeiter sehr genau das Alltagsgeschäft und die Arbeitsbedingungen des Unternehmens und sind daher eine wichtige Informationsquelle über das bestehende System und das Ausmaß der darin möglichen Veränderungen. Da diese Mitarbeiter ferner das neue Geschäftssystem im Arbeitsalltag realisieren sollen, ist zum anderen ihre Akzeptanz und Unterstützung des neuen Systems für dessen Erfolg sehr wesentlich. Die notwendige Unterstützung kann in der Regel dadurch

2.2 Business Engineering

gewonnen werden, dass die von den Veränderungen betroffenen Mitarbeiter aktiv das neue Geschäftssystem mit entwerfen.

Bei der *Validierung* werden die verschiedenen Dimensionen des Entwurfs in Pilotprojekten getestet und gegebenenfalls adaptiert, bis sie den Anforderungen der realen Umgebung genügen. Management, ausführende Mitarbeiter und die wichtigsten Kunden der Unternehmensleistungen beteiligen sich dabei maßgeblich an der Überprüfung der entworfenen Lösung. Ferner unterstützen Messungen der definierten Erfolgskennzahlen die objektive Bewertung des zu prüfenden Entwurfs. Im Rahmen der Pilotprojekte wird für die Mitarbeiter erstmals die neue Arbeitsweise greifbar und verständlich. Hält der gegebenenfalls überarbeitete Lösungsentwurf den Anforderungen der Pilotprojekte stand, wird er normalerweise auch von den Mitarbeitern akzeptiert.

Der in den Pilotprojekten erprobte Entwurf wird schließlich in der *Implementierung* weiter ausgearbeitet und realisiert. Die Prozesse werden standardisiert, dokumentiert und mit den erforderlichen Ausführungsrichtlinien versehen. Des Weiteren werden die zur Unterstützung der neuen Prozesse erforderlichen technischen Systeme entwickelt. Ferner wird die neue Organisationsstruktur dokumentiert. Dabei werden Rollen- und Stellenbeschreibungen für die neu definierten Arbeitspositionen erstellt. Darüber hinaus wird die bestehende Qualifikationsverteilung der Mitarbeiter mit den nach der neuen Unternehmensgestalt erforderlichen Kenntnissen abgeglichen und ein Ausbildungsplan erarbeitet. Die Umsetzung dieses Planes in geeignete Schulungen bereitet die Mitarbeiter auf breiter Ebene auf ihre neuen Aufgaben und Tätigkeiten vor. Schließlich werden für die neue Unternehmensstruktur adäquate Managementverfahren erarbeitet, dokumentiert und den Mitarbeitern bekannt gegeben. Diese umfassen unter anderem Ansätze zur Prozessführung, Anreiz- und Belohnungssysteme und Verfahren zur Personalentwicklung. Erst die systematische Ausführung all dieser Dimensionen der Implementierung schafft die Voraussetzung und notwendige Unterstützung für umfassende Veränderungen im Unternehmen.

Die *Einführung* setzt die neue Unternehmensgestalt und die sie unterstützenden Systeme auf breiter Ebene in die Praxis um. Dabei wird gegebenenfalls die neue Technologie in Betrieb genommen. Ferner werden Aufgaben neu verteilt, Verantwortlichkeiten übertragen und die Geschäftsabwicklung auf die neuen Leistungen, Prozesse und Unternehmensstrukturen umgestellt. Sollen weit reichende Veränderungen durchgeführt werden, empfiehlt es sich in der Praxis, das neue Geschäftssystem zunächst für ausgewählte Bereiche und Pilotprojekte einzusetzen. Zum einen kann dadurch mit relativ wenig Aufwand eine letzte Feinabstimmung vorgenommen werden. Zum anderen wird die Funktionstüchtigkeit der erarbeiteten Lösung unter Beweis gestellt. Letzteres ist oft hilfreich, um Widerstände und Unsicherheiten der von den Veränderungen betroffenen Mitarbeiter gegenüber dem neuen System abzubauen. Hierdurch kann die menschliche Unterstützung der ausführenden Mitarbeiter für die geplanten Veränderungen gesichert werden, ohne die das neue Geschäftssystem zum Scheitern verurteilt ist.

Im laufenden *Betrieb* des neuen Geschäftssystems fallen möglicherweise noch einige Aspekte auf, die sich bei der Abwicklung des Alltagsgeschäftes als nicht zufrieden stellend gelöst herausstellen. Darüber hinaus verändern sich langsam, aber stetig, auch die Rahmenbedingungen des Geschäftssystems. Auch eine bei ihrer Einführung weit gehend optimierte Lösung wird daher nach einer gewissen Zeit den Anforderungen der Umgebung ebenso wie unternehmensinternen Bedürfnissen meist nicht mehr gerecht. Um die Leistungsfähigkeit des neuen Geschäftssystems mittelfristig aufrecht zu erhalten ist daher eine *kontinuierliche Verbesserung* des Geschäftssystems erforderlich. In der Regel ist das Potenzial für Maßnahmen der kontinuierlichen Verbesserung eng mit der Abwicklung des Alltagsgeschäftes verknüpft. Vorschläge zu zielgerichteten Veränderungen entstammen daher oftmals der ausführenden Ebene der Unternehmensorganisation. Idealerweise pflegt deshalb die Organisation eine Unternehmenskultur, in der die Bedeutung fortlaufender Verbesserungen allen Mitarbeitern bewusst ist und Verbesserungsvorschläge von den Führungsebenen ernst genommen und konsequent verfolgt werden.

Die fortlaufende inkrementelle Verbesserung eines Geschäftssystems trägt dazu bei, dessen Leistungsfähigkeit über einen längeren Zeitraum hinweg aufrechtzuerhalten. Ändern sich die Rahmenbedingungen, unter denen ein Unternehmen arbeitet, jedoch im Laufe der Zeit gravierend, werden abermals fundamentale Veränderungen des bestehenden Unternehmens erforderlich, um dessen Fortbestand zu sichern. Im Hinblick auf die veränderte Situation überarbeitet die Unternehmensführung die Geschäftsstrategie und leitet eine neue Business-Reengineering-Initiative ein.

Ein wichtiger Grund des Scheiterns von Business-Reengineering-Projekten liegt in der starken Technologieorientierung. Dabei fällt die Entscheidung für neue, meist gerade moderne technische Lösungen, ohne dass vorher durch Analysen belegt wurde, dass diese technischen Veränderungen für das Geschäft einen so weit reichenden Nutzen bringen, dass der für ihre Realisierung zu investierende Aufwand gerechtfertigt ist. Oftmals werden dabei einzelne Tätigkeiten automatisiert und dadurch effizienter ausgeführt. Die Leistungserbringung an sich bleibt jedoch weit gehend unverändert. Insgesamt wird daher auch keine fundamentale Verbesserung der Leistung bewirkt, wie sie eigentlich vom Reengineering angestrebt wird [HC1993, Dic1995]. Dieses Phänomen wird im Umfeld des Business Engineerings als „Paving over Cow Paths", also das „Asphaltieren von Trampelpfaden" bezeichnet [Lew1999].

Ähnliche Situationen treten auf, wenn die Entscheidung für gerade moderne organisatorische Maßnahmen wie beispielsweise Downsizing, Outsourcing oder Abflachung der hierarchischen Strukturen fällt, ohne dass vorher evaluiert wurde, ob dadurch tatsächlich die gewünschten Verbesserungseffekte erzielt werden können. Um fehlgerichtete Veränderungsaktionen zu vermeiden muss daher zunächst systematisch der Kern bestehender Probleme herausgearbeitet und Verbesserungspotenzial aufgezeigt werden. Erst auf dieser Grundlage können zielgerichtet Lösungsvorschläge zur fundamentalen Verbesserung des Unternehmens entwickelt werden [Dic1995].

Des Weiteren entstehen viele schwer wiegende Probleme in Business-Reengineering-Projekten aus so genannten weichen Faktoren. Häufig sind die konkreten Ziele des Reengineering-Projektes nicht klar umrissen. Orientierungslosigkeit der Durchführenden und unrealistische Erwartungen von Betroffenen und Auftraggebern sind die Folge. Da Veränderungen meist auch auf Widerstände stoßen, ist ferner die klare und überzeugende Unterstützung des Reengineering-Projektes durch Führungskräfte auf höchster und mittlerer Ebene in der Organisation erforderlich. Darüber hinaus müssen dem Projekt ausreichende Ressourcen zur Verfügung stehen. Insbesondere ist ein Kernteam erforderlich, das sowohl Fachwissen über das Anwendungsgebiet als auch über die Techniken des Reengineerings in sich vereinigt. Ähnlich wie bei der Softwareentwicklung ist schließlich eine definierte systematische Vorgehensweise erforderlich, um Reengineering-Projekte planen und zuverlässig ihren Erfolg sicherstellen zu können [JEJ1995, Lew1999].

Der wichtigste Faktor für den Erfolg oder Misserfolg eines Business-Reengineering-Projektes sind die Menschen, die von den durch das Projekt initiierten Veränderungen betroffen sind [Lew1999]. Letztendlich sind es die Mitarbeiter, welche die Veränderungsmaßnahmen im Arbeitsalltag umsetzen müssen. Mangelnde Identifikation mit dem neuen Geschäftssystem zieht oft unterschwellige Widerstände gegen die neuen Arbeitsweisen nach sich. In der Folge leidet die Einsatzbereitschaft der Mitarbeiter bei der Bewältigung des Alltagsgeschäftes und damit meist auch die Menge und Qualität der erbrachten Leistung. Dennoch wird in vielen Projekten gerade bei der Prozessgestaltung die Technologie stärker berücksichtigt als die Menschen, die diese Prozesse ausführen und die Technologie dabei zielgerichtet nutzen sollen. Es reicht daher nicht aus, beim Entwurf der neuen Prozesse Medienbrüche zu vermeiden und Durchlaufzeiten zu reduzieren. Vielmehr ist die Arbeitsgestaltung als ein Hauptaspekt des Prozessentwurfs zu berücksichtigen, damit für die einzelnen Mitarbeiter attraktive Tätigkeitsfelder entstehen, die sowohl fachlich interessant sind als auch den sozialen Bedürfnissen gerecht werden [LPG1998]. Benötigt wird also eine ganzheitliche Lösung, welche die vier Komponenten Mensch, Organisation, Technik und Arbeit gleichermaßen berücksichtigt.

2.3 Geschäftsprozesse und verwandte Konzepte

Sowohl in der Entwicklung betrieblicher Informationssysteme als auch im Business Reengineering stellen Geschäftsprozesse ein Schlüsselkonzept dar. Dennoch konnte sich in der Literatur bisher keine allgemein akzeptierte Definition des Begriffs Geschäftsprozess durchsetzen. Stattdessen existiert eine Reihe von Begriffsdefinitionen nebeneinander, die jeweils verschiedene Aspekte des Konzeptes Geschäftsprozess in den Vordergrund stellen sowie einen unterschiedlichen Detaillierungsgrad aufweisen. Im Folgenden greifen wir aus einigen in der Literatur verbreiteten Definitionen die für diese Arbeit relevanten Aspekte heraus.

Ein Geschäftsprozess wird betrachtet als eine Menge oder Folge von Funktionen [SJ1996], Aktivitäten [Dav1993a, HC1993, JEJ1995, FF1997, KL1998], Aufgaben [Öst1995], Transaktionen [FS1993] oder einfach nur Arbeitsschritten [HF1992, JBR1999]. Über dieser Menge wird durch inhaltliche [SJ1996, FF1997] oder auch zeitliche [SJ1996, JBR1999] Abhängigkeiten eine Reihenfolge der Abarbeitung bestimmt. Ein Geschäftsprozess verarbeitet Eingaben und erzeugt als Ausgabe ein Produkt oder eine Leistung [CKO1992, Dav1993a, HC1993, Öst1995, FF1997], die für den Prozesskunden von Wert ist. Im Allgemeinen sind mehrere Individuen oder Organisationseinheiten in Kooperation an der Ausführung eines Geschäftsprozesses beteiligt [War1994, Öst1995, KL1998]. Besondere Bedeutung kommt darüber hinaus dem Prozesskunden zu, für den der Geschäftsprozess seine Leistung oder sein Produkt erarbeitet [Dav1993a, HC1993, JEJ1995, KL1998]. Andere Ansätze sehen dagegen einen Geschäftsprozess als den Leistungsaustausch zwischen betrieblichen Objekten an [FS1993]. Einige Definitionen betonen ferner, dass ein Geschäftsprozess bestimmte Ziele realisiert [HF1992, War1994, KL1998, JBR1999]. Häufig orientieren sich diese Ziele an der Wertschöpfung für den Prozesskunden (siehe beispielsweise [KL1998]). Manche Autoren bezeichnen schließlich vorwiegend solche Abläufe als Geschäftsprozesse, die sich am Kerngeschäft des Unternehmens orientieren und über seine Wettbewerbsfähigkeit entscheiden [vE1993, Öst1995].

Die vorliegende Arbeit versteht einen *Geschäftsprozess* als ein Muster für einen Arbeitsablauf in einem System. Dieses Muster beschreibt, was wie, wann, womit, durch wen und mit welchem Ziel im System gemacht wird. Im Einzelnen wird ein Geschäftsprozess also durch die folgenden Aspekte charakterisiert (in Erweiterung von [CKO1992]):

- *Funktion und Aktivität*
  Aus welchen Funktionen oder Aktivitäten setzt sich der Prozess zusammen?
  Wie werden diese ausgeführt?
- *Kausalität und Reihenfolge*
  Wie hängen die einzelnen Aktivitäten innerhalb eines Prozesses voneinander ab?
  Welche Möglichkeiten der Bearbeitungsreihenfolge ergeben sich daraus?
- *Geschäftsobjekt, Information und Leistung*
  Auf welchen Arten von Informationen, Daten, Objekten und Materialien arbeitet der Geschäftsprozess und seine einzelnen Aktivitäten?
  Welche Produkttypen und Leistungen werden vom Prozess erstellt?
- *Organisation*
  Durch welche Typen von ausführenden Einheiten werden die einzelnen Aktivitäten des Geschäftsprozesses abgewickelt?
  Wer ist Kunde des Prozesses, das heißt für wen ist das vom Prozess erzeugte Ergebnis von Wert?
  Der Begriff Organisation umfasst dabei sowohl Personen oder Personenklassen als auch technische Systeme.
- *Ziel*
  Zur Erfüllung welcher Ziele trägt der Geschäftsprozess bei?

Läuft ein Geschäftsprozess ab, werden die von ihm bearbeiteten Daten- und Geschäftsobjekttypen jeweils mit konkreten Werten sowie die Bearbeiterarten mit Personen oder Akteuren instanziiert. Eine solche Instanz eines Geschäftsprozesses bezeichnen wir als *Geschäftsvorfall*. Beispielsweise legt im System eines Versandhauses die Beschreibung des Geschäftsprozesses *Ware_verkaufen* fest, in welchen Einzelschritten ein Kunde bei diesem Versandhaus eine bestimmte Ware erwerben kann. In einem Geschäftsvorfall, also einer Abwicklung dieses Geschäftsprozesses, konkretisiert sich der Kunde zu *Veronika Thurner* und die Ware zu einem bestimmten Exemplar des Buches *Harry Potter and the Order of the Phoenix*.

Eine Analogie zu den Begriffen Geschäftsprozess und Geschäftsvorfall findet sich im Bereich der Betriebssysteme, in dem Prozesse ebenfalls ein Kernkonzept darstellen. Nach dem Verständnis der Betriebssysteme ist ein *Programm* eine Folge von Befehlen, die ein bestimmtes Verhaltensmuster festlegt. Ein solches Programm kann in einem *Programmablauf* auf konkrete Daten angewendet und abgewickelt werden. Der Ablauf eines Programms wird im Umfeld der Betriebssysteme als *Prozess* bezeichnet, wenn er durch ein Betriebssystem verwaltet wird [Sie1991]. Ein Geschäftsprozess entspricht somit einem Programm, ein Geschäftsvorfall einem Prozess in der Sichtweise der Betriebssysteme.

Ein zum Geschäftsprozess verwandtes Konzept, das sich in der objektorientierten Softwareentwicklung und dabei insbesondere bei der UML [RJB1998, BRJ1999, JBR1999] etabliert hat, ist der Use Case, im deutschen Sprachraum auch als *Anwendungsfall* bezeichnet. Ein *Use Case* beschreibt eine Folge von Interaktionen zwischen Akteuren in einem System, die für einen dieser Akteure einen beobachtbaren Wert erbringt (nach [JBR1999]). Insbesondere werden Use Cases verwendet, um die möglichen Interaktionen zwischen menschlichen Benutzern und einem Informationssystem zu dokumentieren. Ein Use Case entspricht dabei einer logisch zusammenhängenden Folge von Systeminteraktionen, die insgesamt als atomare Operation angesehen, also entweder vollständig oder gar nicht ausgeführt wird [JBR1999].

Use Cases unterscheiden sich von Geschäftsprozessen vorwiegend durch ihre Strukturorientierung. Die Geschäftsprozessmodellierung stellt die ganzheitliche Betrachtung des Systems in

2.3 Geschäftsprozesse und verwandte Konzepte

den Vordergrund, indem sie von Systemzielen und den Aufgaben und Aktivitäten ausgeht, die für das Erreichen dieser Systemziele erforderlich sind. Wie die Durchführung dieser Aufgaben auf verschiedene Akteure im System partitioniert wird, ist dabei zunächst von untergeordneter Rolle. Dagegen fokussieren Use Cases die Interaktion verschiedener Systemkomponenten bei der Bearbeitung einer Aufgabe. Die Use-Case-Modellierung geht also von einer bereits gegebenen Strukturierung des Systems in einzelne Akteure aus.

Ein weiterer Unterschied zwischen Geschäftsprozessen und Use Cases liegt in der Atomarität der letzteren begründet. Ein Geschäftsprozess umfasst in der Regel eine große Vielzahl komplexer Aktivitäten, deren Ausführung sich üblicherweise über einen längeren Zeitraum hinweg erstreckt. Use Cases fokussieren dagegen kleinere Folgen von logisch zusammenhängenden Interaktionen, die ohne Unterbrechung ausgeführt werden. Entsprechend wird ein Geschäftsprozess häufig in mehrere Use Cases aufgespalten. Die ganzheitliche Perspektive der Geschäftsprozesse geht dabei verloren. Insbesondere ist die Reihenfolge der Use Cases und der zwischen ihnen bestehende Nachrichtenfluss meist nicht mehr nachvollziehbar (siehe unter anderem das Beispiel in Abbildung 7.12 in [JBR1999], Seite 146).

Ebenfalls in enger Beziehung zum Konzept des Geschäftsprozesses steht der Begriff *Workflow*, der insbesondere im Umfeld der computergestützten Gruppenarbeit (CSCW, [SLJR1994]) in den letzten Jahren weite Verbreitung erfahren hat. Ein *Workflow* besteht aus Aktivitäten, welche die koordinierte Ausführung einer Reihe von Aufgaben durch unterschiedliche Verarbeitungseinheiten umfassen [RS1995]. Kernelement des Workflows ist die computergestützte Vorgangssteuerung, auch als *Workflow Management* bezeichnet. Unter *Workflow-Management-Systemen* verstehen wir schließlich Informationssysteme, die der Abarbeitung, Steuerung und Verwaltung von Geschäftsprozessen dienen (siehe beispielsweise [Kue1995, Öst1995, BV1996]).

Bereits mehrfach erwähnt wurde bisher der Begriff Akteur. Ein *Akteur* ist eine ausführende Einheit, die Teile eines Geschäftsprozesses abwickelt. Diese ausführende Einheit kann eine Person oder eine Personengruppe, eine Maschine, Software oder eine Kombination dieser Elemente sein.

Eng verwandt mit dem Begriff Akteur ist das abstraktere Konzept der Rolle. Eine *Rolle* umfasst eine Menge von Verhaltensmustern, die sich aus Teilaktivitäten von Geschäftsprozessen zusammensetzt. Mit einer Rolle assoziiert sind Eigenschaften wie Fähigkeiten oder Entscheidungsbefugnisse, die für die Ausführung der entsprechenden Aktivitäten erforderlich sind. Eine Rolle beschreibt also eine Klasse von konkreten Akteuren. Bei der Ausführung eines Geschäftsprozesses nimmt ein konkreter Akteur die mit diesem Geschäftsprozess assoziierte Rolle ein.

Die Zuordnung einer Rolle zu verschiedenen Aktivitäten bündelt die Verantwortlichkeit für die Durchführung dieser Aktivitäten. Durch die Zuweisung einer Rolle zu einem Akteur werden die mit der Rolle verknüpften Verantwortlichkeiten auf diesen Akteur, also die ausführende physische Einheit übertragen. Zwischen Rollen und Akteuren besteht eine n:m-Beziehung. Eine Rolle kann also mehreren Akteuren zugewiesen werden. Umgekehrt kann auch ein Akteur mehrere Rollen innehaben. Die Abgrenzung zwischen menschlichen Benutzern und Informationssystem beziehungsweise zwischen einzelnen Modulen des Informationssystems untereinander erfolgt entsprechend mittels dieser Zuweisung von Rollen zu Akteuren. Beispiel für eine Rolle ist der Kunde im schon erwähnten System des Versandhauses. In einem bestimmten Ablauf konkretisiert sich diese Rolle des Kunden zur Person *Veronika Thurner* als Akteur.

In der Literatur werden die Begriffe Rolle und Akteur nicht einheitlich gebraucht. So verwendet beispielsweise [KL1998] den Begriff Akteur ausschließlich für konkrete menschliche Bearbeiter, während [CKO1992] auch konkrete maschinelle Bearbeiter zu den Akteuren zählt. In der UML bezeichnet der Begriff Akteur dagegen eine Benutzerklasse [JBR1999], wohingegen bei [CKO1992] und [KL1998] Klassen von Benutzern und maschinellen ausführenden Einheiten als Rollen bezeichnet werden.

Kapitel 3

Beschreibungstechniken für Geschäftsprozesse

> Verschiedene Sprachen sind nicht ebenso viele Bezeichnungen einer Sache; es sind verschiedene Ansichten derselben.
>
> *Wilhelm von Humboldt*

Immer wieder wird bei Softwareentwicklungsprojekten nach weit gehend abgeschlossener Entwicklung bei der Einführung und der Nutzung des Systems festgestellt, dass das von den Entwicklern erstellte System nicht den Anforderungen und Bedürfnissen der Kunden oder Systemanwender entspricht [SGI2003].

Eine der Hauptursachen für dieses Problem liegt in der unzureichenden Kommunikation zwischen Kunden und Entwicklern [Pon1996]. Häufig verfügen die verschiedenen Beteiligten des Entwicklungsprozesses über sehr unterschiedliche Informationsbedürfnisse und Fachkenntnisse [CKO1992]. Insbesondere haben die Experten des Anwendungsgebietes oft nur geringe oder gar keine Kenntnisse der Informationstechnik, während dagegen die Systementwickler zu Beginn eines Entwicklungsprojektes üblicherweise keinen Einblick in das Anwendungsgebiet haben, das im Projekt behandelt wird. Ferner verwenden die verschiedenen beteiligten Personengruppen in der Regel spezifische Fachbegriffe, mit denen die anderen Projektmitarbeiter erst vertraut werden müssen, bevor eine zielgerichtete Verständigung möglich ist. Eine Grundvoraussetzung für ein erfolgreiches kundenorientiertes Entwicklungsprojekt ist daher, dass alle Beteiligten projektrelevantes Fachwissen bidirektional miteinander austauschen. Dieses Vorgehen wird auch als *partizipative Systementwicklung* bezeichnet [Kra1996]. Dabei ist es wichtig, unklare Punkte, Informationsbedürfnisse und Unsicherheiten offen auszusprechen und ernsthaft zu behandeln.

Eine weitere häufige Ursache für die Entwicklung nicht anforderungsgerechter Systeme liegt darin, dass sich sowohl aufseiten der Anwendungsexperten als auch aufseiten der Entwickler gewisse implizite Systemvorstellungen formen. In vielen Fällen werden diese impliziten Systemvorstellungen jedoch nicht wirklich bewusst gemacht oder aber als selbstverständlich betrachtet, sodass sie nicht offen ausgesprochen, diskutiert und dokumentiert werden. Implizite Systemvorstellungen, die nicht ausgesprochen und bekannt gemacht werden, sind jedoch nicht greifbar und können folglich von den anderen Projektbeteiligten auch nicht in ihren Überlegungen und ihrer Arbeit mitberücksichtigt werden. Häufig werden diese unterschiedlichen Vorstellungen erst offensichtlich, wenn ein Prototyp oder das fertige Produkt als

Ergebnis der Entwicklersicht bei Tests oder sogar erst bei der Produkteinführung der Kundensicht gegenübergestellt wird. Da insbesondere im letzteren Fall bereits ein hoher Aufwand in die Entwicklung geflossen ist, sind grundlegende Korrekturen in dieser fortgeschrittenen Entwicklungsphase besonders aufwändig.

Ein dritter Grund dafür, dass die Eigenschaften des entwickelten Systems häufig stark von den tatsächlichen Benutzeranforderungen abweichen, ist, dass viele Softwareentwicklungsprojekte heute in einem sehr dynamischen Umfeld angesiedelt sind. Dabei entwickeln sich nicht nur die verfügbaren Technologien ständig weiter, sondern Hand in Hand damit die Bedürfnisse der Nutzer dieser Technologien und entsprechend auch die Anforderungen an Softwaresysteme, die auf diesen Technologien aufbauen bzw. die technische Produkte durchziehen. Prominentes Beispiel hierfür ist die Entwicklung des Internets, auf dessen Basis in nur wenigen Jahren Praktiken des globalen elektronischen Informationsaustausches und der Geschäftsabwicklung entstanden sind, die zuvor kaum vorstellbar waren, heute aber aus dem Alltagsleben vieler Menschen kaum noch wegzudenken sind. In einer derartigen Konstellation ist es entscheidend, einen Entwicklungsprozess zu wählen, der dem dynamischen Umfeld des Entwicklungsprojektes Rechnung trägt und der kurze, überschaubare Entwicklungszyklen ermöglicht. Die Definition von Anforderungen mittels formal fundierten Beschreibungstechniken leistet hier einen wichtigen Beitrag, da sie die Grundlage bildet für eine geeignete Werkzeugunterstützung, mit deren Hilfe nachfolgende Zwischenergebnisse des Entwicklungsprozesses wenigstens teilweise automatisch generiert oder auch getestet werden können.

3.1 Motivation

Eine auch in der Architektur oder den Ingenieurdisziplinen weit verbreitete Möglichkeit, um Kommunikationsschwierigkeiten zu reduzieren und die unterschiedlichen Sichtweisen der verschiedenen Projektbeteiligten sichtbar zu machen, ist die Verwendung von Modellen.

3.1.1 Modelle als Mittel der Systembeschreibung

Viele der heute etablierten Methoden des Requirements Engineerings und der Softwareentwicklung basieren auf einer detaillierten Modellierung wichtiger Systemeigenschaften, wie beispielsweise Struktur, Daten, Interaktion oder Verhalten. Diese Modelle unterstützen zum einen die Kommunikation zwischen Anwendungsexperten und Systementwicklern. Zum anderen dokumentieren sie explizit die Vorstellungen vom zu entwickelnden System auf eine auch später im Entwicklungsprozess noch nachvollziehbare Art und Weise. Die Modelle und Dokumente der Anforderungsdefinition bilden somit auch die Grundlage für den Systementwurf und die Implementierung, welche später im Entwicklungsprozess durchgeführt werden. Folglich hat die Qualität der Anforderungsspezifikation entscheidenden Einfluss auf die Qualität des Softwareproduktes und auf die anfallenden Korrekturkosten [Dav1993b].

In der Praxis größerer Entwicklungsprojekte ist die Erstellung derartiger Modelle und die damit einhergehende Diskussion in der Regel sehr aufwändig. Um dennoch praktikabel zu sein, ist der Aufwand der Modellierung möglichst gering zu halten, dabei aber trotzdem der gewünschte Nutzen zu erzielen. Hieraus ergeben sich einige Anforderungen an die zu entwickelnden Modelle und die für ihre Darstellung verwendeten Beschreibungsmittel.

- *Die konkrete Syntax, das heißt die für den Entwickler sichtbare Form der Beschreibungsmittel, ist klar festgelegt.*

3.1 Motivation

Die Beschreibungstechnik gibt vor, welche Informationen und Eigenschaften in einem Modell überhaupt ausgedrückt werden können. Eine Beschreibungstechnik muss hinreichend ausdrucksmächtig sein, um alle für eine bestimmte Systemsicht relevanten Informationen erfassen und dokumentieren zu können. Eine Beschreibungstechnik muss jedoch auch restriktiv sein und die darstellbaren Sachverhalte einschränken, da sonst in der Praxis leicht Modelle entstehen, die zu viele verschiedenartige Informationen enthalten, daher extrem komplex und schwer verständlich werden oder sogar inkonsistent sind.

- *Die Bedeutung der Beschreibungsmittel und der mit ihnen erstellten Modelle muss eindeutig festgelegt sein.*

Eine Beschreibungstechnik gibt vor, welche Art von Information in einem Modell überhaupt dargestellt werden kann [CKO1992]. Nur durch eine präzise festgelegte Semantik wird eine einheitliche, widerspruchsfreie Interpretation der Modelle durch die verschiedenen Projektbeteiligten überhaupt erst möglich. Damit zu einer Beschreibungstechnik eine derartige präzise Semantik angegeben werden kann, muss die Beschreibungstechnik entsprechend theoretisch fundiert sein.

Viele der in der Praxis etablierten anschaulichen Darstellungsmittel, wie beispielsweise weite Teile der Notation der UML [RJB1998, BRJ1999, OMG2004] oder die Ereignisgesteuerten Prozessketten von ARIS [Sch1991, KNS1992], werden diesem Anspruch nicht ausreichend gerecht, da die für sie definierten Semantiken Schwächen aufweisen (siehe [BHH+1997, Bro2003] hinsichtlich der Semantik der Notationen von UML, [vdADK2002] hinsichtlich der Semantik der Ereignisgesteuerten Prozessketten von ARIS). Diese überwiegend anschaulichen Darstellungsmittel werben oft damit, intuitiv verständlich zu sein. In der Praxis stellt sich jedoch meist heraus, dass die intuitiven Interpretationen durch verschiedene Personen teilweise weit voneinander abweichen [CKO1992]. Oftmals ist den Projektbeteiligten dabei gar nicht bewusst, dass sie die Modelle auf unterschiedliche Art und Weise auslegen, sodass ein Konsens angenommen wird, der in Wirklichkeit gar nicht existiert. Die Diskrepanzen treten häufig erst zu Tage, wenn sehr viel später im Entwicklungsprozess aus den noch interpretierbaren Modellen ein präzises Programm entstanden ist, das jedoch nur einen Teil der Modellinterpretationen widerspiegelt.

Ähnlich problematisch sind Darstellungen in natürlicher Sprache. Da die Bedeutung natürlicher Sprache nicht eindeutig und präzise festgelegt ist, besteht auch hier ein hoher Interpretationsspielraum, der Missverständnisse oder gar Widersprüche nicht ausschließen kann.

- *Die Bedeutung der Beschreibungsmittel und der mit ihnen erstellten Modelle muss allen Projektbeteiligten klar verständlich sein.*

In sehr vielen Systementwicklungsprojekten gehören Spezialisten des Anwendungsgebietes, Kunden, Projektmanager und Systementwickler unterschiedlichen Fachbereichen an. Entsprechend verfügen sie über stark verschiedene Ausbildungs- und Kenntnisstände, was sich unter anderem auch an ihren verschiedenen Denk- und Arbeitsweisen manifestiert. Um dennoch eine effektive Kommunikation über das zu erstellende System zwischen den verschiedenen Projektbeteiligten zu ermöglichen ist es erforderlich, die Bedeutung der Beschreibungsmittel und Modelle für jeden der Beteiligten verständlich darzustellen.

In der Praxis wird man den unterschiedlichen Denkweisen der Personen durch verschiedene Ebenen der Beschreibungsmittel gerecht. Die Anwendungsspezialisten werden dabei nicht mit mathematischen Notationen konfrontiert. Vielmehr arbeiten sie auf einer anschaulich aufbereiteten, oftmals grafischen Darstellung, welche die formalen Aspekte kapselt und die mathematische Beschreibung der Semantik vor dem Anwender verbirgt. Die Entwickler dagegen arbeiten zusätzlich auch auf der formalen, semantiknahen Ebene der Beschreibungstechniken.

Die Semantik der Beschreibungsmittel muss vor Beginn der Modellierung eindeutig geklärt und von den Projektbeteiligten auch verstanden sein. Die Erfahrung zeigt, dass die Klärung der Bedeutung von zunächst nicht präzise definierten Beschreibungstechniken in größeren Projekten mehrere Personenmonate in Anspruch nehmen kann [CKO1992]. Die meist ohnehin sehr straffe Zeitplanung von Entwicklungsprojekten räumt in der Praxis hierfür üblicherweise keine Zeit ein.

- *Heuristiken und Anwendungsregeln beschreiben die systematische Umgangsweise mit den Beschreibungsmitteln.*

Neben einer standardisierten Syntax, welche die genaue Darstellungsweise der Beschreibungsmittel festlegt, und einer präzise definierten Bedeutung der Beschreibungsmittel sind in der Praxis ferner Heuristiken und Anwendungsregeln erforderlich, welche die systematische Art und Weise der Verwendung der Beschreibungsmittel im Entwicklungsprozess beschreiben [Jac1992]. Solche vorgegebenen Regeln reduzieren insbesondere die Anzahl der vom Modellierer zu treffenden Strukturierungs- und Darstellungsentscheidungen. Sie tragen somit dazu bei, dass die entstehenden Modelle möglichst wenig personenabhängig gestaltet werden und erleichtern dadurch auch denjenigen Personen, die diese Modelle nicht selbst erstellt haben, deren Bearbeitung und Nutzung. Insbesondere bei größeren Entwicklungsprojekten, in denen einerseits die Modelle verschiedener Modellierer integriert, andererseits die erstellten Modelle von vielen Personen gelesen und verwendet werden, sind diese pragmatischen Anwendungsregeln von großer Wichtigkeit für die effiziente Arbeit mit Modellen.

- *Die mit Hilfe der Beschreibungsmittel erstellten Modelle müssen knapp, prägnant und übersichtlich die relevanten Aspekte dokumentieren.*

Im Rahmen von umfangreicheren, komplexen Entwicklungsprojekten werden meist sehr viele Modelle erstellt. Damit die erstellten Dokumente trotz ihrer Vielzahl und ihres großen Umfangs von den Projektbeteiligten tatsächlich als Arbeitsgrundlage akzeptiert und verwendet werden, müssen sie einerseits ausführlich genug sein, um alle relevanten Informationen an geeigneter Stelle verständlich zu dokumentieren. Andererseits sind die Modelle so kompakt zu halten, dass sie schnell zu erfassen sind. Modelle, die redundante oder für das Projektziel nicht relevante Informationen enthalten, führen bei den Projektbeteiligten häufig zu einer Ablehnung der Modelldokumentation.

- *Die mit Hilfe der Beschreibungsmittel darzustellenden Modelle müssen einfach und effizient zu erstellen und zu bearbeiten sein.*

In großen Entwicklungsprojekten entfallen bis zu 40% des gesamten Entwicklungsaufwandes auf die Modellierung und Analyse der Anforderungen. Ein großer Teil der Anforderungsanalyse befasst sich wiederum mit der Erstellung und Bearbeitung von Modellen. Eine geeignete Werkzeugunterstützung der Beschreibungsmittel unterstützt deren korrekte und effiziente Verwendung bei der Erstellung und Bearbeitung von Modellen. Sehr hilfreich sind dabei Analysefunktionen des Werkzeuges, die ein Modell beispielsweise auf syntaktische Korrektheit, Vollständigkeit sowie Konsistenz auch gegenüber den Modellen anderer Systemsichten hin überprüfen. Weitere komplexere Analyseaufgaben sind die werkzeugunterstützte Erkennung von Optimierungsmöglichkeiten,

3.1 Motivation

die Prüfung der Erreichbarkeit von Zuständen oder das Aufdecken von Verhaltenswidersprüchen [CKO1992]. Grundvoraussetzungen für eine effektive Werkzeugunterstützung sind die standardisierte Syntax und definierte Semantik der Beschreibungstechnik.

Ein wesentliches Ziel bei der Modellierung von Systemen ist, die Komplexität zu reduzieren und so das System leichter verständlich zu machen. Dies wird dadurch erreicht, dass eine Anzahl von Modellen erstellt wird, welche sich insgesamt zu einer hinreichend genauen und umfassenden Systembeschreibung ergänzen. Jedes einzelne dieser Modelle fokussiert dabei eine bestimmte Systemsicht oder einen Systemausschnitt, also nur eine kleine und begrenzte Menge von Systemeigenschaften.

Bei der Modellierung des Systemverhaltens ist die Dokumentation typischen Systemverhaltens auf exemplarische Weise ein erster wichtiger Vorgehensschritt. Dabei werden einzelne Abläufe von Systemprozessen, auch *Szenarien* genannt, untersucht.

3.1.2 Geschäftsprozesse in der Verhaltensmodellierung

Viele Ansätze zur Verhaltensbeschreibung, die exemplarisches Systemverhalten modellieren, verwenden Szenarien, um die Interaktion von Objekten, Systemkomponenten oder Organisationseinheiten zu dokumentieren (siehe beispielsweise Message Sequence Charts [ITU1999], Interaktionsdiagramme von Booch [Boo1994], die Sequenzdiagramme der UML [BJR1997, OMG2004] oder Prozess-/Objektschemata [FS1991]). Entsprechend werden Szenarien häufig nach strukturellen Gesichtspunkten des Systems angeordnet. Als eine Folge davon ist das Modell des Systemverhaltens mit Strukturaspekten vermischt und wird daher oft von der Systemarchitektur dominiert. Hierdurch wird das Verhaltensmodell um zusätzliche Einschränkungen des Systemverhaltens erweitert, die in der Komponentenstruktur des Systems begründet sind. Sie sind jedoch nicht durch die kausalen Abhängigkeiten zwischen Prozessen und ihrem Nachrichtenaustausch bedingt, welche eigentlich die Ausführungsreihenfolge der Prozesse und den möglichen Grad an Parallelität bestimmen.

Andere Ansätze, wie die Ereignisgesteuerten Prozessketten von ARIS [Sch1991] oder der Prozessbegriff von [Kah1974] beziehen den Systemzustand in ihre Verhaltensmodelle mit ein. Diese integrierte Behandlung verschiedener Systemaspekte in einem einzigen Modell ist für kleinere Beispiele noch gut durchführbar, wird jedoch bei größeren Systemen schnell sehr komplex und schwierig zu handhaben.

Im Gegensatz zu den oben genannten Techniken verfolgen wir in dieser Arbeit einen aufgabenorientierten Ansatz der Verhaltensmodellierung. Ausgehend von den Kernaufgaben des betrachteten Systems entwickeln wir ein Prozessmodell, das die zugrunde liegende Organisation quer zur klassischen funktionsorientierten Organisationsstruktur durchläuft. Darüber hinaus beinhaltet das Prozessmodell auch den relevanten Verhaltenskontext der Systemumgebung. Wie auch schon von [HC1993] propagiert wird, modellieren wir dabei die kausalen Abhängigkeiten der Prozesse, die durch den Austausch von Nachrichten bedingt sind. Jegliche Art von künstlicher Sequenzialisierung, wie sie beispielsweise durch die Zuordnung von Verhalten zu ausführenden Systemkomponenten entsteht, wird dabei bewusst ausgeklammert, da diese bereits Entwurfsentscheidungen vorwegnimmt und die Möglichkeiten der Ablauforganisation unnötig einschränkt.

Die Erfassung und Beschreibung einzelner exemplarischer Systemabläufe stellt ein wichtiges Kernelement unseres methodischen Vorgehens bei der Verhaltensmodellierung dar. Erfahrungsgemäß fällt es den Spezialisten des Anwendungsgebietes verhältnismäßig leicht, ihren

Anteil am Systemverhalten anhand von konkreten Beispielprozessen zu erklären. Folglich ist dieser Ansatz sehr hilfreich, um die Anwendersicht auf das Systemverhalten sowie die entsprechenden Systemanforderungen zu erfassen. Da wir bei der Modellierung von exemplarischen Abläufen ausgehen, enthält unser Prozessmodell zunächst ausschließlich endliche Abläufe ohne Zyklen und ohne Fallunterscheidungen. Um Redundanz zu vermeiden kann es später im Modellierungsvorgehen sinnvoll sein, mehrere ähnliche Prozesse mit Hilfe von Fallunterscheidungen oder Zykluskonstrukten zusammenzufassen. Hierbei erhöht sich jedoch die Komplexität der Darstellung, wodurch die Modelle wiederum schwerer verständlich werden. Im Einzelfall ist abzuwägen, ob diese erhöhte Komplexität für die verschiedenen Projektbeteiligten noch handhabbar ist.

In vielen Softwareentwicklungsprojekten wird in einer späteren Phase das gewünschte Systemverhalten partitioniert und zur Ausführung zwischen den menschlichen Akteuren und dem Informationssystem aufgeteilt. Informationssysteme verfügen über eine eindeutig definierte Ausführungssemantik. Sie sind nicht in der Lage, fehlende oder nicht exakte Informationen vor der Ausführung selbst zu ergänzen oder zu korrigieren und können daher keine unvollständigen oder widersprüchlichen Arbeitsanweisungen ausführen. Informationssysteme benötigen also entsprechend eine präzise, sehr feingranulare Beschreibung des geforderten Verhaltens [CKO1992].

Menschliche Akteure dagegen bevorzugen einen gewissen Interpretations- und Gestaltungsspielraum. Sie benötigen einen auf ihre Expertise und ihren Erfahrungsschatz abgestimmten Detaillierungsgrad der Prozessbeschreibung. Zu detaillierte Verhaltensvorgaben werden häufig als Gängelung empfunden und daher abgelehnt. Der Arbeitsablauf darf also nicht überdefiniert sein, muss jedoch so genau sein, dass personenunabhängig das gewünschte Ergebnis erstellt wird [CKO1992]. Um beiden Anforderungen gerecht zu werden, muss eine Beschreibungstechnik für Systemverhalten daher verschiedene Abstraktions- und Granularitätsebenen auch innerhalb eines einzigen Modells unterstützen.

In diesem Kapitel führen wir Beschreibungstechniken für Geschäftsprozesse ein, mittels denen typisches Systemverhalten unabhängig von organisatorischen oder geografischen Grenzen modelliert werden kann. Diese Beschreibungstechniken dokumentieren die kausalen Abhängigkeiten zwischen Prozessen und ihrer Ausführung, die durch den Austausch von Nachrichten zwischen den Prozessen bedingt sind. Unsere Beschreibungstechniken erlauben die Spezifikation von Systemverhalten ohne künstliche Sequenzialisierungen und beeinträchtigen somit nicht den maximalen Grad an Parallelität bei der Prozessausführung. Vorversionen dieser Beschreibungstechniken wurden bereits in [Thu1997a] und [Thu1998] vorgestellt.

Nach einem einführenden Beispiel stellen wir zunächst das dieser Arbeit zugrunde liegende Prozesskonzept anhand der abstrakten Syntax für Geschäftsprozesse, Geschäftsprozessnetze und Geschäftsprozessmodelle genauer vor. Darauf aufbauend wird eine konkrete Syntax festgelegt. Diese unterstützt die Darstellung der Black-Box- und Glass-Box-Sichten auf Geschäftsprozesse und wird ergänzt durch informelle Annotationen.

Um die Bedeutung der Symbole der konkreten Syntax präzise festzulegen und eine eindeutige Modellierung zu ermöglichen, stützen wir unsere Beschreibungstechniken ferner auf einer formalen Semantik ab. Diese Semantik basiert auf Funktionen und deren Komposition. Diese Art der Semantik spiegelt die durch den Nachrichtenaustausch zwischen Prozessen bedingten kausalen Abhängigkeiten wider. Entsprechend ist sie für eine flexible Modellierung der von uns betrachteten Aspekte besser geeignet als beispielsweise eine auf partiell geordneten Ereignisfolgen basierende Semantik, die eine Sequenzialisierung des Nachrichtenaustausches zwischen Prozessen oder Objekten erzwingt.

3.2 Einführung anhand eines Beispiels 37

Ergänzend zu den eingeführten Beschreibungstechniken diskutieren wir eine Auswahl von Aspekten, die für die simulierte bzw. tatsächliche Ausführung der modellierten Geschäftsprozesse sowie für den Übergang von der Anforderungsdefinition zum Systementwurf von Bedeutung sind. Eine knappe Gegenüberstellung unserer Beschreibungstechnik mit aus der Literatur bekannten Notationen für Geschäftsprozesse rundet das Kapitel ab.

Auf die Handhabung der Beschreibungstechnik gehen wir im nachfolgenden Kapitel 4 ein. Dabei führen wir ein Verfeinerungskonzept ein und stellen Transformationsregeln vor, welche die systematische Bearbeitung von Geschäftsprozessmodellen ermöglichen.

3.2 Einführung anhand eines Beispiels

Um die in dieser Arbeit eingeführten Beschreibungstechniken und die Vorgehensweise bei der Geschäftsprozessmodellierung anschaulich vermitteln zu können, diskutieren wir diese anhand eines Beispiels. Dazu betrachten wir ein Versandhaus und fokussieren zunächst insbesondere die Prozesse rund um den Warenverkauf.

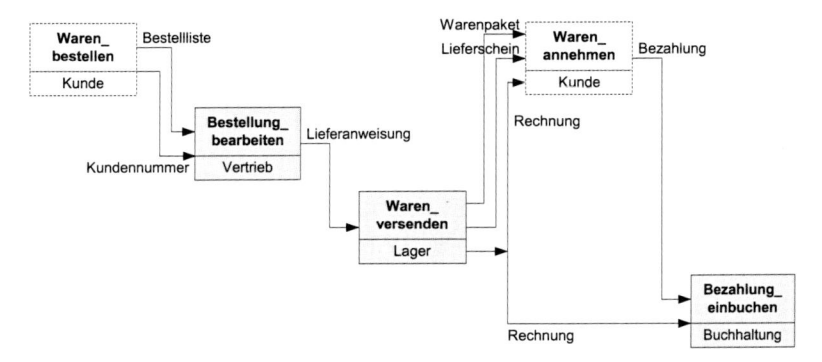

Abbildung 3.1: Beispiel eines einfachen Geschäftsprozessnetzes

Abbildung 3.1 zeigt einen einfachen Geschäftsprozess, der abgewickelt wird, wenn ein Kunde bei dem Versandhaus Waren einkauft. Zunächst bestellt dabei der Kunde die Waren beim Versandhaus. Dort wird die Bestellung bearbeitet; die gewünschten Waren werden an den Kunden verschickt. Der Kunde empfängt die Waren und bezahlt die Rechnung. Schließlich geht das Geld beim Versandhaus ein und wird entsprechend verbucht. Die in Abbildung 3.1 verwendete grafische Notation ist von der Grundidee her angelehnt an die in [DeM1979] eingeführten Datenflussnetze. Ferner sind auch einzelne Konzepte der Modellierungssprache GRAPES V3 [SNI1995b] in die Notation mit eingeflossen.

Das Diagramm in Abbildung 3.1 zeigt mehrere rechteckige Symbole. Jedes dieser Rechtecke repräsentiert eine mehr oder weniger komplexe Tätigkeit bzw. Folge von Tätigkeiten. Wie komplex eine Tätigkeit tatsächlich ist, wird dabei oft erst durch eine eingehende Analyse und weitere Verfeinerung dieser Tätigkeit offensichtlich. Typischerweise entspricht ein *Geschäftsprozess* einer komplexen Folge von Tätigkeiten, während wir eine einfachere Tätigkeit eher als *Aktivität* bezeichnen. In denjenigen Aspekten, die bei der prozessorientierten Verhaltensbeschreibung im Vordergrund stehen (siehe Abschnitt 2.3), stimmen beide Konzepte jedoch im Wesentlichen überein. Daher fassen wir bei der prozessorientierten Verhaltensbeschreibung beide Konzepte zusammen und stellen sie durch das gleiche Symbol, ein Rechteck, dar.

Wir bezeichnen die von einem solchen Rechteck repräsentierte Tätigkeit im Folgenden als Geschäftsprozess oder kurz als Prozess.

Jedes Rechteck aus dem Diagramm in Abbildung 3.1 repräsentiert also einen *Prozess*. Jeder dieser Prozesse dient einem festgelegten Zweck und trägt zur Erfüllung einer bestimmten Aufgabe bei. Innerhalb eines Geschäftsprozessmodells sind die einzelnen Prozesse eindeutig über ihren Identifikator definiert. Der Prozessidentifikator steht im Hauptfeld des Prozesssymbols. Einen Prozess, der vorwiegend in der *Umgebung* des eigentlich betrachteten Kernsystems abläuft, kennzeichnen wir durch eine gestrichelte Umrandung und einen helleren Grauton des Prozesssymbols.

Als Modellierungskonvention sollte der Prozessidentifikator möglichst aussagekräftig sein. Er vermittelt eine Vorstellung davon, welche Tätigkeit durch den Prozess ausgeführt wird und von welchem Typ das wichtigste betroffene Objekt ist. In der Praxis bewährt haben sich entsprechend Bezeichner für Prozesse, die sich aus einem Substantiv (dem wichtigsten betroffenen Objekttyp) und einem Verb (der assoziierten Tätigkeit) zusammensetzen.

Die Modellierung von Prozessen erstreckt sich von der Anforderungsanalyse bis hin zum Entwurf. Im Verlauf der Modellierung werden den Prozessen *Rollen* zugewiesen. Im Beispiel in Abbildung 3.1 kommen die Rollen *Kunde*, *Vertrieb*, *Lager* und *Buchhaltung* vor. Rollen reflektieren vorwiegend pragmatische Aspekte wie den für die Durchführung einer Tätigkeit erforderlichen Kenntnis- und Ausbildungsstand, Autorisierung und Entscheidungsbefugnisse oder die Rechenschaftspflicht gegenüber bestimmten Organisationseinheiten. Mittels dieses Rollenkonzeptes werden anschließend die einzelnen Geschäftsprozesse den Personen oder anderen Akteuren der Organisationsstruktur zur Ausführung zugeordnet. Die mit einem Geschäftsprozess assoziierte Rolle ist im unteren Feld des Prozesssymbols vermerkt. Das Feld bleibt leer und kann in der grafischen Darstellung unterdrückt werden, solange dem Geschäftsprozess noch keine Rolle zugewiesen ist. Das Konzept der Rolle wird in Abschnitt 3.6.1 detailliert diskutiert.

Geschäftsprozesse lassen sich bereits frühzeitig in der Anforderungsanalyse als ein Mittel zur Informationserfassung einsetzen. In diesem frühen Stadium der Systemmodellierung interessieren wir uns noch nicht dafür, *wer wo* und *wie* einen Geschäftsprozess ausführt, da in diesen Aspekten bereits einige Entwurfsentscheidungen enthalten wären. Vielmehr konzentrieren wir uns darauf, *was* ein Geschäftsprozess bewirkt und welche Tätigkeiten ausgeführt werden müssen, um ein bestimmtes Systemziel zu erreichen. Dabei modellieren wir Geschäftsprozesse und ihre kausalen Abhängigkeiten, die durch den Austausch von *Nachrichten*, das heißt Information oder Material, bedingt sind. Andere kausale Abhängigkeiten entstehen durch Synchronisationsbedingungen wie der Freigabe einer durch den Vorgängerprozess belegten Ressource an den Nachfolgerprozess. Sie lassen sich ebenfalls als Nachrichtenaustausch modellieren. Folglich können alle kausalen Abhängigkeiten als Nachrichtenflusskanäle interpretiert werden, die jeweils genau eine, möglicherweise komplexe, Nachricht von einem Prozess an einen anderen übertragen. Solche Nachrichtenflusskanäle bezeichnen wir im Folgenden auch kurz als *Kanäle*.

Kausale Abhängigkeiten und die damit verbundenen Kanäle repräsentieren wir durch Pfeile. Diese Pfeile können mit Nachrichtentypen sowie Kanalidentifikatoren beschriftet sein. Die Nachrichtentypen beschreiben die Art einer Abhängigkeit, indem sie auf zwischen den Geschäftsprozessen ausgetauschte Informationen oder Materialien verweisen. Sie bezeichnen Geschäftsobjekte gemäß deren Erläuterung im Data Dictionary oder Datentypen, die im Datenmodell definiert sind. Aus methodischen Gründen erlauben wir die Modellierung unterspezifizierter kausaler Abhängigkeiten, denen noch kein Nachrichtentyp zugewiesen ist. Ein Pfeil muss daher nicht zwingend mit einem Nachrichtentyp beschriftet sein.

3.2 Einführung anhand eines Beispiels

Ein Kanalidentifikator bezeichnet eine Abhängigkeit eindeutig über das gesamte Modell hinweg. Da die Pfeile, welche die Kanäle in der grafischen Darstellung repräsentieren, im Diagramm durch ihre geometrische Position bereits eindeutig unterscheidbar sind, werden aus Gründen der Übersichtlichkeit die Kanalidentifikatoren in der Grafik häufig nicht explizit dargestellt. So wurde auch in unserem Beispiel die Darstellung der Kanalidentifikatoren unterdrückt.

Die Prozesssymbole in einem Geschäftsprozessdiagramm werden durch die Pfeile zu einem *Prozessnetz* verbunden. Pfeile im Diagramm, die nur an einem Ende mit einem Geschäftsprozess verbunden sind, symbolisieren Abhängigkeiten zwischen dem dargestellten Prozessnetz und seiner Umgebung im betrachteten System (siehe Abbildung 3.2).

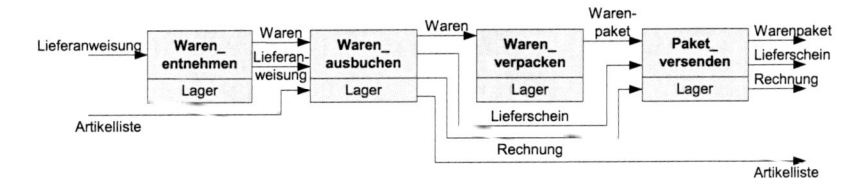

Abbildung 3.2: Umgebungsschnittstelle eines Prozessnetzes

Da wir uns auf die Modellierung von exemplarischem Systemverhalten konzentrieren, stellen wir lediglich zyklenfreie Prozessnetze dar. Ein Geschäftsprozess kann jedoch mehrere eingehende und ausgehende Abhängigkeiten aufweisen. Ferner können zwei Prozesse auch durch mehrere gleich gerichtete Abhängigkeiten verbunden sein. Um die Geschäftsprozessnetze leicht lesbar zu halten empfehlen wir als Modellierungskonvention, alle Abhängigkeitspfeile von links nach rechts auszurichten.

Sollen Synchronisationsbedingungen grafisch vom Nachrichtenaustausch im eigentlichen Sinne unterschieden werden, so zeichnen wir die Synchronisation als Pfeil, der vertikal auf die linke obere bzw. linke untere Ecke des Prozesssymbols trifft. Ein Beispiel ist der mit *Bool* getypte Eingabepfeil des Prozesses *Bestellliste_erfragen* in Abbildung 3.3.

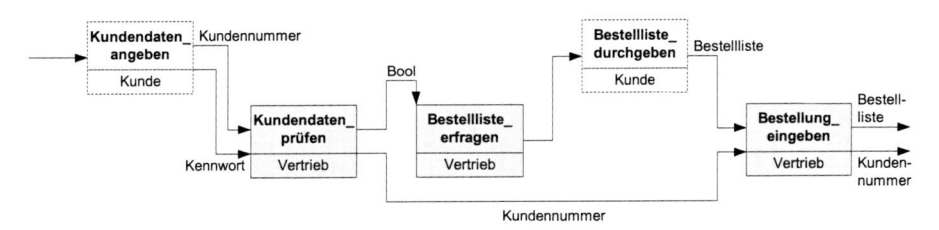

Abbildung 3.3: Synchronisationsbeziehung in einem Prozessnetz

Ein Geschäftsprozessnetz kann als eine detailliertere Darstellung der internen Realisierung eines abstrakten Geschäftsprozesses interpretiert werden. So realisiert beispielsweise das Prozessnetz aus Abbildung 3.1 den Geschäftsprozess aus Abbildung 3.4. Dabei stellt Abbildung 3.4 lediglich die nach außen hin relevanten Eigenschaften des Prozesses dar, nicht jedoch seine interne Realisierung. Wir bezeichnen diese Sichtweise auch als Black-Box-Sicht. Eine Beschreibung der internen Umsetzung eines Prozesses, wie sie beispielsweise durch ein Geschäftsprozessnetz dargestellt sein kann, bezeichnen wir dagegen als die Glass-Box-Sicht des Prozesses. Ein Prozessnetz ist selbst wiederum aus einer Menge von Black-Box-Beschreibungen von Prozessen sowie den dazwischen bestehenden kausalen Abhängigkeiten zusammengesetzt.

Abbildung 3.4: Black-Box-Sicht eines Prozesses

Dieser Mechanismus erlaubt auf einfache Weise eine hierarchische Strukturierung von Geschäftsprozessmodellen in Netze auf verschiedenen Abstraktionsebenen. Dabei können nicht nur einzelne Prozesse zu Geschäftsprozessnetzen zusammengefügt, sondern auch gegebene Geschäftsprozesse in detailliertere Prozessnetze dekomponiert werden.

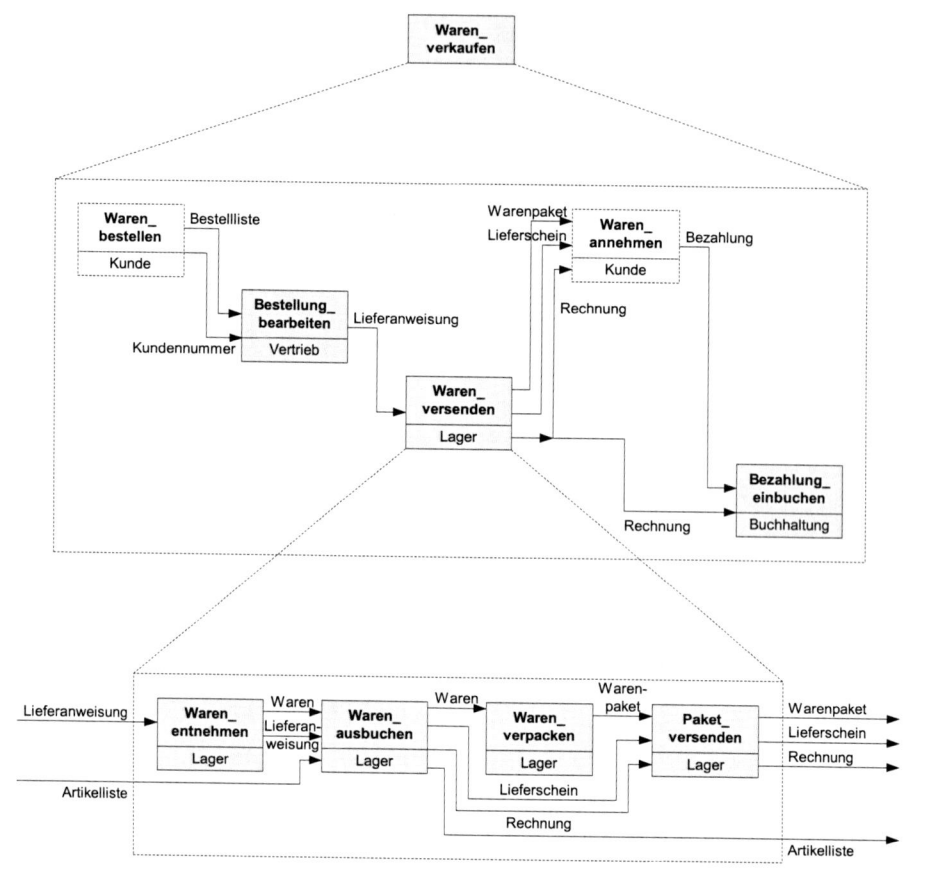

Abbildung 3.5: Prozesse und Expansion zu Netzen in einem Modell

Die Beschreibungstechnik für Geschäftsprozesse umfasst also die Kernkonzepte Geschäftsprozess, Geschäftsprozessnetz und Geschäftsprozessmodell. Ein *Geschäftsprozess* dient einem festgelegten Zweck und leistet einen Beitrag zur Erfüllung einer bestimmten Aufgabe. Durch

3.3 Abstrakte Syntax

Nachrichtenflusskanäle werden Geschäftsprozesse zu *Geschäftsprozessnetzen* verknüpft, die komplexeres Systemverhalten realisieren. Prozesse und Prozessnetze werden schließlich über verschiedene Abstraktionsebenen hinweg hierarchisch strukturiert und bilden zusammen mit dieser Strukturinformation ein *Geschäftsprozessmodell*.

Abbildung 3.5 veranschaulicht die Zusammenhänge zwischen abstrakten Prozessen und ihren verfeinernden Prozessnetzen in einem Geschäftsprozessmodell. Dabei wird der abstrakte Prozess *Waren_verkaufen* dekomponiert zu einem Prozessnetz. Dieses Prozessnetz enthält unter anderem den Prozess *Waren_versenden*, welcher seinerseits zu einem verfeinernden Prozessnetz dekomponiert ist.

3.3 Abstrakte Syntax

In diesem Abschnitt führen wir eine abstrakte Syntax für Geschäftsprozesse, Geschäftsprozessnetze und Geschäftsprozessmodolle ein. Der Einfachheit halber verwenden wir die Begriffe *Geschäftsprozess* und *Prozess* im Folgenden synonym.

Gegeben sei eine Menge $\mathbb{S}$ von *Nachrichtentypen*, auch als *Datensorten* bezeichnet. Diese Nachrichtentypen legen Wertebereiche für die in unseren Modellen verwendeten Nachrichten fest. Ferner bezeichne $\mathbb{P}t$ eine Menge von *Ports*. Über einen Port kann ein Prozess mit seiner Umgebung kommunizieren. Ports stellen somit die Grundelemente der Schnittstelle eines Prozesses dar. Wir assoziieren mit jedem Port $pt \in \mathbb{P}t$ einen Nachrichtentyp $Sort(pt) \in \mathbb{S}$ gemäß

$$Sort : \mathbb{P}t \to \mathbb{S}$$

Da aus methodischen Gründen nicht immer sofort einem Port auch ein passender Nachrichtentyp zugeordnet werden kann, erlauben wir eine Unterspezifikation der Ports ohne Angabe eines Nachrichtentyps. Für einen unterspezifizierten Port pt liefert die Funktion $Sort(pt) = s_{all}$. Dabei bezeichne $s_{all} \in \mathbb{S}$ die *allgemeinste Sorte*, die alle Nachrichten aus $\mathbb{S}$ beinhaltet.

Nachrichtentypen können strukturiert sein. So bildet für die Nachrichtentypen $s_1, \ldots, s_k \in \mathbb{S}$ das Kreuzprodukt

$$s = \bigotimes_{i=1}^{k} s_i \in \mathbb{S}$$

einen komplexen Nachrichtentyp s, der aus $s_1, \ldots, s_k \in \mathbb{S}$ zusammengesetzt ist. Die einzelnen Komponenten des komplexen Nachrichtentyps werden über Selektoren identifiziert

$$s = \{select_1 : s_1; \ldots; select_k : s_k\}$$

Analog werden auch die Ports strukturiert. Ist $pt \in \mathbb{P}t$ ein Port des Nachrichtentyps

$$Sort(pt) = \{select_1 : s_1; \ldots; select_k : s_k\}$$

so interpretieren wir

$$pt.select_i \in \mathbb{P}t \text{ mit } 1 \leq i \leq k$$

als einen Port mit Nachrichtentyp $Sort(pt.select_i) = s_i$.

3.3.1 Geschäftsprozess

Basierend auf den obigen Festlegungen definieren wir die abstrakte Syntax eines *Geschäftsprozesses*.

Definition 3.3.1 Geschäftsprozess
Ein Geschäftsprozess ist ein Tupel $p = (In, Out, B)$, wobei

- *In und Out disjunkte Mengen von Eingabe- bzw. Ausgabeports bezeichnen und*
- *B die Menge der Verhaltensfunktionen beschreibt, welche die Transformation der Eingaben des Geschäftsprozesses in seine Ausgaben festlegen. Die Signatur der Funktionen $b \in B$ ist definiert durch*

$$b : \bigotimes_{pt \in In} Sort(pt) \rightarrow \bigotimes_{pt \in Out} Sort(pt)$$

Durch die Gruppierung von mehreren Ports zu einem einzigen Port mit komplexem Nachrichtentyp lässt sich vereinfachend jeder beliebige Geschäftsprozess darstellen als ein Geschäftsprozess mit genau einem Eingabeport und einem Ausgabeport.

Im Folgenden bezeichne $\mathbb{P}$ die Menge der Geschäftsprozesse. In und Out seien Mengen von Eingabe- bzw. Ausgabeports. Des Weiteren bezeichne $\mathbb{B}$ die Menge der Verhaltensfunktionen. Für einen bestimmten Geschäftsprozess $p \in \mathbb{P}$ seien $In_p \subseteq In$ bzw. $Out_p \subseteq Out$ jeweils die Mengen der Eingabe- bzw. Ausgabeports von p und $B_p \subseteq \mathbb{B}$ die zugehörige Menge der Verhaltensfunktionen. Ferner definieren wir $Pt_p = In_p \cup Out_p$ als die Menge aller Ports des Geschäftsprozesses p.

Prozesse kommunizieren miteinander durch den Austausch von Nachrichten über Eingabe- und Ausgabeports. Die Menge der Eingabe- und Ausgabeports eines Geschäftsprozesses p bildet seine Schnittstelle (In_p, Out_p). Um eine eindeutige Bezeichnung der verschiedenen Ports zu erleichtern fordern wir, dass die Portnamen von Prozessen paarweise disjunkt sind:

$$\forall p_1, p_2 \in \mathbb{P} : p_1 \neq p_2 \Rightarrow Pt_{p_1} \cap Pt_{p_2} = \emptyset$$

Insbesondere zu Beginn des Modellierungsvorgehens ist häufig noch nicht offensichtlich, welcher Nachrichtentyp mit einem bestimmten Port zu assoziieren ist. Aus methodischen Gründen ist es daher sinnvoll, nicht zu fordern, dass jedem Port gleich bei seiner Definition ein Nachrichtentyp zugewiesen wird, da sonst die Modellierung von erst teilweise spezifizierten Prozessen nicht möglich wäre. Durch die Option der Unterspezifikation erlauben wir stattdessen in unserem Modellierungsformalismus, dass neu gewonnene Informationen integriert werden können, auch wenn sie noch unvollständig sind. Entsprechend ist es also möglich, einem Port bei der Geschäftsprozessmodellierung erst dann einen Nachrichtentyp zuzuweisen, wenn im Laufe der systematischen Modellentwicklung ausreichend viele Informationen darüber vorliegen, welche Nachrichten über diesen Port auszutauschen sind.

Eine Verhaltensfunktion $b_p \in B_p$ beschreibt die möglichen Ausgaben eines Geschäftsprozesses p in Abhängigkeit seiner Eingaben. Ziel unserer Verhaltensmodellierung ist es, die relevanten Anteile des Systemverhaltens eindeutig und widerspruchsfrei zu dokumentieren. Entsprechend beschränken wir uns auf deterministische Verhaltensfunktionen b_p und streben an, dass B_p genau eine solche Funktion b_p enthält.

3.3 Abstrakte Syntax

Die Möglichkeit der Unterspezifikation erlaubt es, einen Prozess in das Modell einzufügen, dessen Portmenge noch nicht vollständig bestimmt ist. Aufgrund einer derartigen Unterspezifikation kann das Verhalten eines Prozesses zunächst nichtdeterministisch erscheinen, da lediglich die Einschränkung des Prozessverhaltens auf die bereits bekannten Ports betrachtet wird. Daher beschreiben wir das Verhalten eines unterspezifizierten Prozesses nicht durch eine einzige Funktion, sondern durch eine Menge von Funktionen, die insgesamt alle diejenigen Verhaltensweisen des Prozesses beschreiben, die nach dem aktuellen Kenntnisstand über die Schnittstelle des Prozesses und die interne Prozessrealisierung möglich sind.

Um eine solche Menge von Verhaltensfunktionen auf eine einzige eindeutige Verhaltensfunktion zu konkretisieren, auch wenn erst ein Teil der Prozessschnittstelle bekannt ist, erweitern wir bei Bedarf die Prozessschnittstelle zunächst um geeignete Vorhersagevariablen (vergleichbar mit dem Konzept des Orakels aus [AL1988, Kel1978]). Im Zuge der weiteren Verfeinerung des Prozesses wird auch dessen Schnittstelle sukzessive verfeinert. Dabei werden die als Hilfskonzept eingeführten Vorhersagevariablen nach und nach auf konkrete Ports des Prozesses abgebildet. Diese Vorgehensweise wird in Abschnitt 3.5.1 detailliert beschrieben.

Es gibt verschiedene Möglichkeiten, eine Verhaltensfunktion zu beschreiben. Sie fokussieren jeweils verschiedene Aspekte der Verhaltensfunktion, beispielsweise die Vor- und Nachbedingungen, die hinsichtlich der Funktionsausführung gelten, oder die Zustandsänderung, welche die Ausführung der Verhaltensfunktion auf dem System bewirkt. Darüber hinaus unterscheiden sich die verschiedenen Möglichkeiten der Verhaltensbeschreibung auch hinsichtlich ihrer Präzision. Die einzelnen Techniken sind daher methodisch gesehen für verschiedene Zwecke und in unterschiedlichen Stadien des Entwicklungsprozesses einsetzbar.

Weit verbreitet ist eine erste Beschreibung des Systemverhaltens mittels natürlicher Sprache (siehe beispielsweise das Operation Model Schema der Methode FUSION [CAB+1994]). Eine Verhaltensbeschreibung in natürlicher Sprache orientiert sich in der Regel an der Fachnomenklatur und dem Sprachgebrauch der Anwendungsexperten und ist üblicherweise eher knapp gehalten. Entsprechend sind natürlichsprachige Verhaltensbeschreibungen zwar zunächst leicht intuitiv verständlich, jedoch meist widersprüchlich interpretierbar und nicht präzise. Es bietet sich daher an, natürlichsprachige Verhaltensbeschreibungen frühzeitig im Entwicklungsprozess in denjenigen Phasen einzusetzen, wo einerseits die über das System vorliegende Information ohnehin noch sehr begrenzt ist und andererseits aufgrund der intensiven Kommunikation mit den Anwendungsexperten eine intuitive Verständlichkeit der Beschreibungen von besonderer Bedeutung ist.

Exakt, jedoch für Ungeübte nicht mehr so leicht verständlich ist dagegen eine Verhaltensbeschreibung durch mathematische oder logische Formeln oder mittels Algorithmen. Formale Verhaltensbeschreibungen kommen daher vorwiegend dann zum Einsatz, wenn das Verhalten des Systems oder wenigstens von ausgewählten Teilsystemen den Modellierern bereits weit gehend bekannt ist.

Viele Modellierungsmethoden empfehlen lediglich die Verwendung *einer* dieser Beschreibungsmöglichkeiten innerhalb eines bestimmten Teilmodells. In der Praxis ist es jedoch selten möglich, unmittelbar aus einem meist sehr einfachen natürlichsprachigen Grundmodell ein präzises formales Verhaltensmodell abzuleiten. Vielmehr verbirgt sich hinter diesem Schritt in der Modellentwicklung häufig ein aufwändiger Prozess der Informationserfassung, -strukturierung und -darstellung. Um diesem sukzessiven Informationsgewinn gerecht zu werden und auch Zwischenstände zwischen einem intuitiven Grundmodell und einer umfassenderen und präzisen Verhaltensbeschreibung dokumentieren zu können sind in der Praxis Mischformen beider Ansätze sehr hilfreich.

3.3.2 Geschäftsprozessnetz

Zunächst haben wir einzelne isolierte Geschäftsprozesse betrachtet. Um komplexes Systemverhalten verständlich beschreiben zu können ist es notwendig, einzelne Geschäftsprozesse nach einem festgelegten Schema durch Kommunikationsbeziehungen zu verbinden und so zu einem *Geschäftsprozessnetz* zu komponieren. Eine durch diese Komposition entstehende gerichtete Verbindung zweier Geschäftsprozesse entspricht dabei einer Datenabhängigkeit. Sie symbolisiert, dass der nachfolgende Prozess eine Nachricht des Vorgängerprozesses erhält.

Definition 3.3.2 Geschäftsprozessnetz
Ein Geschäftsprozessnetz ist ein Tupel $n = (P, C, I, O)$, wobei

- $P \subseteq \mathbb{P}$ *eine Menge von Geschäftsprozessen sei,*
- $C \subseteq Out \times In$ *eine Menge von Kanälen beschreibt, welche jeweils einen Ausgabeport eines Prozesses mit einem Eingabeport eines Nachfolgerprozesses verbinden,*
- $I \subseteq In$ *eine Menge von Zielen oder Eingabeports und*
- $O \subseteq Out$ *eine Menge von Quellen oder Ausgabeports bezeichnet.*

Dabei leiten sich die Mengen der in In und Out zusammengefassten Eingabe- und Ausgabeports gemäß den folgenden Definitionen

$$In = \bigcup_{p \in P} In_p \quad \text{und} \quad Out = \bigcup_{p \in P} Out_p$$

aus der Menge der Geschäftsprozesse P des Netzes ab.

C beschreibt die Menge der internen Kanäle, welche die Geschäftsprozesse eines Geschäftsprozessnetzes miteinander verbinden. Ein Kanal repräsentiert eine kausale Abhängigkeit, die durch den Austausch einer Nachricht zwischen den beiden durch den Kanal verbundenen Prozessen bedingt ist. Kausal abhängige Prozesse müssen jedoch nicht notwendigerweise sequenziell ablaufen. Insbesondere kann der Nachfolgerprozess seine Abarbeitung bereits beginnen, bevor die Nachricht des Vorgängerprozesses vollständig über den Kanal bei ihm eingegangen ist. Wir bezeichnen die kausalen Abhängigkeiten daher auch als *Mitte-zu-Mitte-Beziehungen* zwischen Prozessen.

Prozesse, die nicht über Kanäle oder deren transitive Fortsetzung über mehrere Zwischenprozesse hinweg verbunden sind, bezeichnen wir als *voneinander unabhängige Prozesse*. Zwischen voneinander unabhängigen Prozessen besteht kein Nachrichtenaustausch. Entsprechend stehen diese Prozesse in keinem kausalen Zusammenhang zueinander und können somit zeitlich parallel oder in beliebiger Reihenfolge abgewickelt werden.

Die Menge I gibt an, über welche Ports die Umgebung Eingaben an das Netz senden kann. Analog beschreibt O die Menge der Ausgabeports, über die das Geschäftsprozessnetz mit seiner Umgebung kommunizieren kann. Da nach unseren Festlegungen die Portnamen von Prozessen disjunkt sind und ferner für jeden Prozess die Mengen seiner Eingabeports und Ausgabeports disjunkt sind, sind auch die Mengen der Eingabe- und Ausgabeports eines Prozessnetzes disjunkt. Somit gilt

$$I \cap O = \varnothing$$

3.3 Abstrakte Syntax

Im Folgenden bezeichnen wir die Menge der Geschäftsprozessnetze mit $\mathbb{NP}$. $\mathbb{C}$ sei die Menge der Kanäle, die insgesamt über der Menge der Geschäftsprozesse $\mathbb{P}$ möglich sind. Somit gilt $\mathbb{C} \subseteq \mathbb{O}ut \times \mathbb{I}n$. Für ein bestimmtes Geschäftsprozessnetz $n \in \mathbb{NP}$ bezeichne P_n die Menge der Prozesse, die in n enthalten sind. Ferner seien I_n bzw. O_n jeweils die Mengen der Eingabe- bzw. Ausgabeports des Netzes n zu seiner Umgebung. C_n bezeichne die Menge der internen Kanäle von n. Ergänzend seien In_n bzw. Out_n die Mengen aller Eingabe- bzw. Ausgabeports der Prozesse im Netz n und $Pt_n = In_n \cup Out_n$ die Menge aller Ports im Prozessnetz n.

Des Weiteren bezeichnen

$\quad\quad$ *Source*: $\mathbb{C} \longrightarrow \mathbb{I}n\quad$ bzw.
$\quad\quad$ *Sink* $\;$: $\mathbb{C} \longrightarrow \mathbb{O}ut$

die Projektionen eines Kanals aus $\mathbb{C} \subseteq \mathbb{O}ut \times \mathbb{I}n$ auf den entsprechenden Port des Sender- bzw. des Empfängerprozesses. Die Anwendung von *Source* bzw. *Sink* auf eine Menge von Kanälen repräsentiere im Folgenden die punktweise Anwendung der entsprechenden Funktion auf die einzelnen Elemente dieser Menge.

Methodisch gesehen verwenden wir Geschäftsprozessnetze, um exemplarisches Systemverhalten zu modellieren. Ein Geschäftsprozessnetz ist *wohlgeformt*, d. h. stellt von der Struktur her ein in unserem Modellierungskontext sinnvolles Diagramm dar, wenn es die nachfolgenden Bedingungen erfüllt.

(N1) *Eingabeport entweder Umgebungseingabeport oder interner Eingabeport*

$\quad$ In einem Geschäftsprozessnetz ist ein Eingabeport entweder ein interner Port des Netzes oder ein Zielport eines aus der Umgebung des Netzes eingehenden Kanals.

$$Sink(C_n) \cap I_n = \varnothing$$

(N2) *Eindeutige Zuordnung von internen Eingabeports zu genau einem internen Ausgabeport*

$\quad$ Jeder interne Eingabeport eines Geschäftsprozessnetzes ist mit genau einem internen Ausgabeport des Netzes verbunden.

$$\forall\, c_1, c_2 \in C_n : Sink(c_1) = Sink(c_2) \Rightarrow c_1 = c_2$$

Als eine Folge der Bedingungen (N1) und (N2) ist ein Eingabeport entweder genau einem internen Ausgabeport zugeordnet, oder aber ein Eingabeport des gesamten Geschäftsprozessnetzes. Für Ausgabeports dagegen stellen wir keine entsprechende Forderung auf. Stattdessen erlauben wir, dass ein Ausgabeport in einem Geschäftsprozessnetz auch mehrere Eingabeports bedienen kann. Damit kann kontrolliertes Broadcasting modelliert werden (Abbildung 3.6).

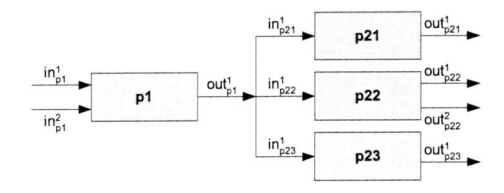

Abbildung 3.6: Broadcasting zwischen Geschäftsprozessen

Dabei kann ein Ausgabeport sowohl die Umgebung des Prozessnetzes als auch über Kanäle aus C_n interne Eingabeports des Netzes bedienen. $Source(C_n)$ und O_n müssen folglich nicht notwendig disjunkt sein.

(N3) *Kompatibilität der Porttypen der Kanäle*

Ausgabe- und Eingabeport eines Kanals sind vom selben Typ, oder einer der beiden Ports ist noch ungetypt und daher auf die allgemeinste Sorte s_{all} initialisiert.

$$\begin{aligned}(pt_{source}, pt_{sink}) \in C_n \Rightarrow Sort(pt_{source}) &= Sort(pt_{sink}) & \vee \\ Sort(pt_{source}) &= s_{all} & \vee \\ Sort(pt_{sink}) &= s_{all} &\end{aligned}$$

(N4) *Zyklenfreiheit des Geschäftsprozessnetzes*

Wir verwenden Geschäftsprozessnetze zur Darstellung exemplarischen Systemverhaltens. Folglich modellieren wir die Wiederholung von Teilprozessen explizit durch Mehrfachangabe. Schleifen oder Rückkopplung schließen wir dagegen von der Modellierung aus, da diese generischen Konzepte der Intuition des exemplarischen Systemverhaltens widersprechen. Entsprechend fordern wir die Zyklenfreiheit der Geschäftsprozessnetze.

Formal ist die Forderung nach Zyklenfreiheit gleichwertig mit der Bedingung, dass die transitive Hülle der auf Prozessverbindungen abstrahierten Kanäle keine Schleife für einen der Prozesse enthält. Sei dazu

$$CP_n = \{(p_{source}, p_{sink}) \in P_n \times P_n \mid \\ \exists c \in C_n : Source(c) \in Out_{p_{source}} \wedge Sink(c) \in In_{p_{sink}}\}$$

die Menge der im Prozessnetz durch Kanäle verbundenen Prozesspaare aus $P_n \times P_n$. CP_n^* bezeichne die transitive Hülle von CP_n. Dann gilt

$$(P_n, C_n, I_n, O_n) \text{ ist zyklenfrei} \Leftrightarrow \forall p \in P_n : (p, p) \notin CP_n^*$$

Methodisch gesehen lässt sich ein komplexes Geschäftsprozessnetz wie folgt erzeugen. Zunächst interpretieren wir einen einzelnen Geschäftsprozess $p = (In_p, Out_p, b_p)$ als ein einfaches Geschäftsprozessnetz $(\{p\}, \varnothing, In_p, Out_p)$ mit genau einem Prozess und einer leeren Menge von Kanälen. Ein komplexes Geschäftsprozessnetz entsteht dann durch die Verbindung einer Menge von Geschäftsprozessnetzen mittels einer Menge von Kanälen (Abbildung 3.7).

Seien dafür NP_{comp} eine Menge von Geschäftsprozessnetzen und C_{comp} eine Menge von Kanälen zwischen diesen Netzen, wobei

$$Source(C_{comp}) \subseteq \bigcup_{\tilde{n} \in NP_{comp}} O_{\tilde{n}} \text{ und}$$
$$Sink(C_{comp}) \subseteq \bigcup_{\tilde{n} \in NP_{comp}} I_{\tilde{n}}$$

gelte. Dann lassen sich NP_{comp} und C_{comp} komponieren zu einem Prozessnetz

$$n = (P_n, C_n, I_n, O_n)$$

3.3 Abstrakte Syntax

Menge von Prozessnetzen

$in^1_{Bestellung\_bearbeiten}$: Bestellliste
$in^2_{Bestellung\_bearbeiten}$: Kundennummer
Bestellung_bearbeiten / Vertrieb
$out^1_{Bestellung\_bearbeiten}$: Lieferanweisung

Bestellung_bearbeiten_Netz = ({Bestellung_bearbeiten},
{ },
{ $in^1_{Bestellung\_bearbeiten}$, $in^2_{Bestellung\_bearbeiten}$ },
{ $out^1_{Bestellung\_bearbeiten}$ })

$in^1_{Waren\_versenden}$: Lieferanweisung
Waren_versenden / Lager
$out^1_{Waren\_versenden}$: Warenpaket
$out^2_{Waren\_versenden}$: Lieferschein
$out^3_{Waren\_versenden}$: Rechnung

Waren_versenden_Netz = ({Waren_versenden},
{ },
{ $in^1_{Waren\_versenden}$ },
{ $out^1_{Waren\_versenden}$, $out^2_{Waren\_versenden}$, $out^3_{Waren\_versenden}$ })

$in^1_{Waren\_annehmen}$: Warenpaket
$in^2_{Waren\_annehmen}$: Lieferschein
$in^3_{Waren\_annehmen}$: Rechnung
Waren_annehmen / Kunde
$out^1_{Waren\_annehmen}$: Bezahlung

Waren_annehmen_Netz = ({Waren_annehmen},
{ },
{ $in^1_{Waren\_annehmen}$, $in^2_{Waren\_annehmen}$, $in^3_{Waren\_annehmen}$ },
{ $out^1_{Waren\_annehmen}$ })

Menge von Kanälen

{($out^1_{Bestellung\_bearbeiten}$, $in^1_{Waren\_versenden}$), ($out^1_{Waren\_versenden}$, $in^1_{Waren\_annehmen}$), ($out^2_{Waren\_versenden}$, $in^2_{Waren\_annehmen}$), ($out^3_{Waren\_versenden}$, $in^3_{Waren\_annehmen}$)}

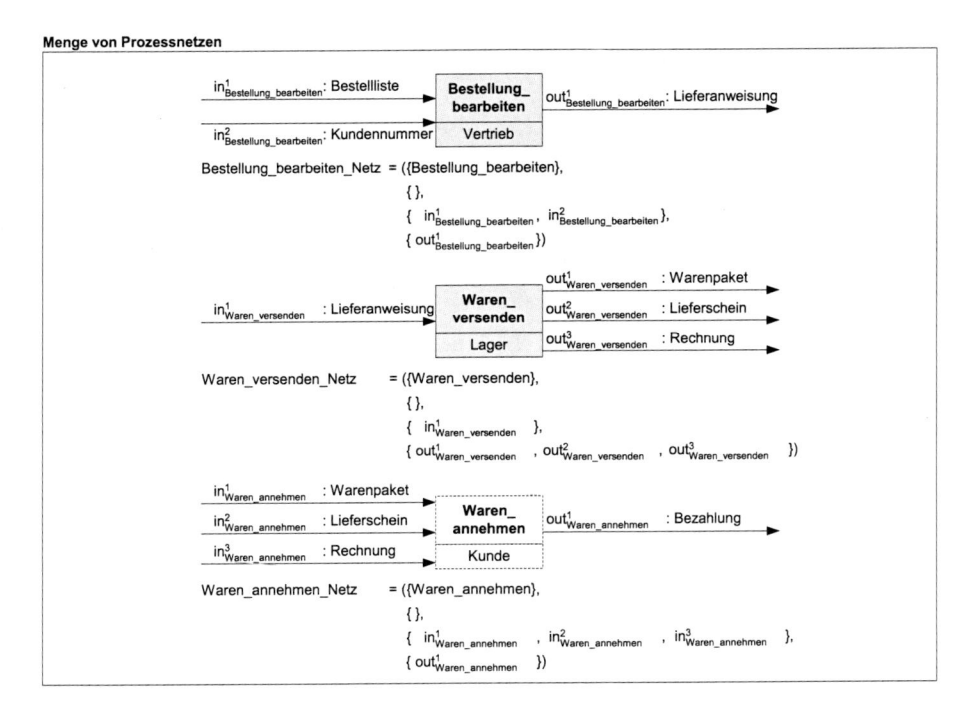

Prozessnetz Waren_verkaufen_1

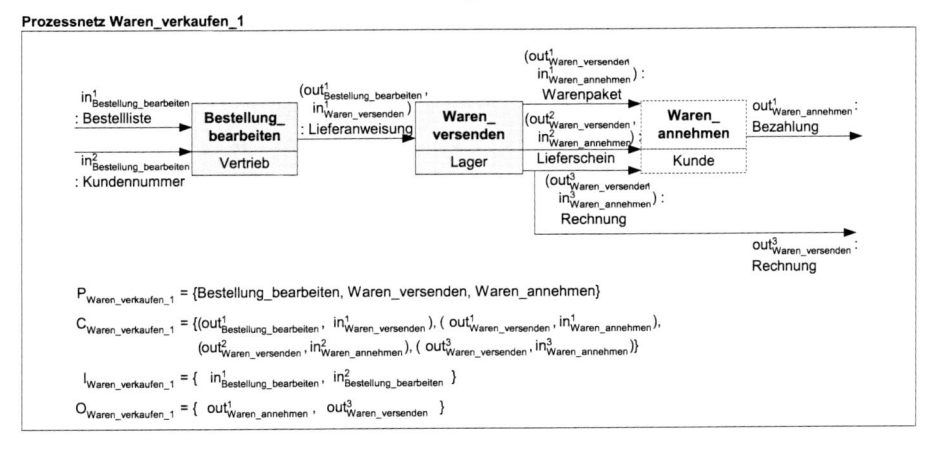

$in^1_{Bestellung\_bearbeiten}$: Bestellliste
$in^2_{Bestellung\_bearbeiten}$: Kundennummer
Bestellung_bearbeiten / Vertrieb
($out^1_{Bestellung\_bearbeiten}$, $in^1_{Waren\_versenden}$) : Lieferanweisung
Waren_versenden / Lager
($out^1_{Waren\_versenden}$, $in^1_{Waren\_annehmen}$) : Warenpaket
($out^2_{Waren\_versenden}$, $in^2_{Waren\_annehmen}$) : Lieferschein
($out^3_{Waren\_versenden}$, $in^3_{Waren\_annehmen}$) : Rechnung
Waren_annehmen / Kunde
$out^1_{Waren\_annehmen}$: Bezahlung
$out^3_{Waren\_versenden}$: Rechnung

$P_{Waren\_verkaufen\_1}$ = {Bestellung_bearbeiten, Waren_versenden, Waren_annehmen}
$C_{Waren\_verkaufen\_1}$ = {($out^1_{Bestellung\_bearbeiten}$, $in^1_{Waren\_versenden}$), ($out^1_{Waren\_versenden}$, $in^1_{Waren\_annehmen}$), ($out^2_{Waren\_versenden}$, $in^2_{Waren\_annehmen}$), ($out^3_{Waren\_versenden}$, $in^3_{Waren\_annehmen}$)}
$I_{Waren\_verkaufen\_1}$ = { $in^1_{Bestellung\_bearbeiten}$, $in^2_{Bestellung\_bearbeiten}$ }
$O_{Waren\_verkaufen\_1}$ = { $out^1_{Waren\_annehmen}$, $out^3_{Waren\_versenden}$ }

Abbildung 3.7: Verbindung einer Menge von Prozessnetzen mit einer Menge von Kanälen

mit

$$
\begin{aligned}
P_n &= \bigcup_{\tilde{n} \in NP_{comp}} P_{\tilde{n}} \\
C_n &= \bigcup_{\tilde{n} \in NP_{comp}} C_{\tilde{n}} \cup C_{comp} \\
I_n &= \bigcup_{\tilde{n} \in NP_{comp}} I_{\tilde{n}} \setminus Sink(C_{comp}) \\
O_n &\subseteq \bigcup_{\tilde{n} \in NP_{comp}} O_{\tilde{n}}
\end{aligned}
$$

Damit das so entstehende komplexe Geschäftsprozessnetz wohlgeformt ist, muss es zusätzlich die bereits beschriebenen Bedingungen erfüllen.

Bei der Prozessmodellierung auf einer sehr hohen Abstraktionsebene ist häufig die Kommunikation zwischen den Prozessen sehr komplex und daher vom Modellierer zunächst oft nur bruchstückhaft verstanden. Da auf dieser Abstraktionsebene in der Regel vorwiegend ein Überblick über die grobe Prozessstruktur von Interesse ist und nicht die Details der Kommunikation, ist es meist nicht sinnvoll, hier den Ports bereits detaillierte Datensorten zuzuordnen.

Zur Modellierung sehr abstrakter Kommunikationsstrukturen führen wir daher das Konzept der *Abhängigkeit* zweier Prozesse ein. Anschaulich erklärt ist ein Prozess p_2 abhängig von einem Prozess p_1, wenn irgendwann während seiner Abarbeitung der Prozess p_1 eine Nachricht erzeugt und an Prozess p_2 weiterleitet. Die genaue Sorte der ausgetauschten Nachricht ist dabei auf der betrachteten Abstraktionsebene zunächst nicht relevant. Eine später im Modellierungsvorgehen durchgeführte Verfeinerung des Prozessmodells auf konkretere Modellierungsebenen gibt dabei häufig Aufschluss über die genaue Struktur und Sortenbelegung der Kommunikationsbeziehungen zwischen den Verfeinerungen der ursprünglichen Prozesse p_1 und p_2.

Aus Gründen der Übersichtlichkeit unterdrücken wir die Portbezeichner meist in der grafischen Darstellung von Prozessnetzen (vergleiche beispielsweise Abbildung 3.1). Zur eindeutigen Unterscheidung der Ports ist die explizite Darstellung von Portnamen hier nur dann erforderlich, wenn ein Prozess über mehrere Eingabe- bzw. Ausgabeports der gleichen Datensorte verfügt, oder aufgrund einer Unterspezifikation mehreren Eingabe- bzw. Ausgabeports noch keine Datensorte zugewiesen ist. In allen anderen Fällen sind die assoziierten Datensorten ausreichend zur eindeutigen Kennzeichnung der Ports eines Prozesses in der grafischen Darstellung.

3.3.3 Geschäftsprozessmodell

Wir setzen Geschäftsprozesse ein, um typische Strukturen exemplarischen Systemverhaltens in Form von Ablaufnetzen zu modellieren. Dabei verfolgen wir verschiedene Sichtweisen, die jeweils unterschiedliche Aspekte eines Prozesses beschreiben. Die *Black-Box-Sicht* beschreibt die Schnittstelle des Prozesses, also die Mengen seiner Ein- und Ausgabeports sowie die damit assoziierten Nachrichtentypen. Für die Beschreibung des mit einem Geschäftsprozess assoziierten Verhaltens, also der Weiterverarbeitung der Eingaben eines Prozesses zu den entsprechenden Ausgaben, bestehen verschiedene Möglichkeiten. In Abschnitt 3.3.1 haben wir bereits die Verhaltensbeschreibung durch Angabe einer Menge von Verhaltensfunktionen B_p diskutiert.

Die *Dekomposition* eines Geschäftsprozesses zu einem Geschäftsprozessnetz erlaubt eine andere Art der Verhaltensbeschreibung. Je nach Betrachtungsweise definiert sie die Zerlegung eines

3.3 Abstrakte Syntax

Geschäftsprozesses in ein Netz von Geschäftsprozessen feinerer Granularität, bzw. die Komposition feingranularer Geschäftsprozesse zu einem Prozessnetz, das einen Geschäftsprozess von gröberer Granularität realisiert. Dabei wird der grobgranulare Geschäftsprozess zerlegt in eine Menge von Geschäftsprozessen einer niedrigeren Abstraktionsebene, die nach einem festgelegten Schema miteinander kommunizieren und insgesamt genommen das Verhalten des grobgranularen Geschäftsprozesses realisieren.

Das Verhalten des grobgranularen, komplexen Geschäftsprozesses leitet sich aus dem Verhalten des verfeinernden Netzes ab. Es kann somit sukzessive auf eine Komposition des Verhaltens von einfacheren Geschäftsprozessen heruntergebrochen werden. Die feinste Ebene dieser Dekomposition wird aus Geschäftsprozessen gebildet, die im Modell nicht weiter zerlegt werden. Daher bezeichnen wir sie auch als *elementare Geschäftsprozesse* oder *Elementaraktivitäten*. Da diese Betrachtungsweise nicht lediglich das nach außen sichtbare Verhalten eines Geschäftsprozesses untersucht, sondern vielmehr dessen interne Struktur beschreibt, bezeichnen wir sie auch als *Glass-Box-Sicht* des Geschäftsprozesses.

Die Glass-Box-Dekomposition eines Prozesses ist einerseits anschaulich, insbesondere bei Verwendung einer geeigneten grafischen Darstellung. Andererseits gibt sie exakt wieder, wie ein komplexer Prozess in einfachere Teilprozesse gegliedert wird und sich dadurch das Verhalten des grobgranularen Geschäftsprozesses durch entsprechende Komposition auf das Verhalten der Prozesse der niedrigeren Abstraktionsebene zurückführen lässt. Um das Verhalten des grobgranularen Prozesses präzise zu beschreiben ist folglich neben der Kompositionsvorschrift auch eine präzise Verhaltensbeschreibung derjenigen elementaren Prozesse erforderlich, aus denen sich der grobgranulare Geschäftsprozess zusammensetzt. In der Praxis wird die Glass-Box-Dekomposition so lange sukzessive durchgeführt, bis die verbleibenden elementaren Prozesse verhältnismäßig einfach und klar verständlich sind und somit ihre präzise und umfassende Verhaltensbeschreibung relativ leicht möglich ist. Die Technik der sukzessiven Glass-Box-Dekomposition eines Geschäftsprozesses in Geschäftsprozessnetze ist daher ein wirkungsvolles Mittel, um systematisch den Übergang von einem groben Grundmodell des Systemverhaltens zu einer präzisen Verhaltensbeschreibung zu dokumentieren.

Durch das Konzept der Glass-Box-Sicht strukturieren wir also die während der Modellierung eines Systems erarbeiteten Mengen von Geschäftsprozessen und Geschäftsprozessnetzen auf verschiedene Abstraktionsebenen. Ein abstrakter Geschäftsprozess $p \in \mathbb{P}$ entspricht dabei einer Black-Box-Sicht des ihn verfeinernden Prozessnetzes $n = (P_n, C_n, I_n, O_n)$. Die Black-Box-Sicht unterdrückt eine Darstellung der internen Verbindungsstruktur und spiegelt gegebenenfalls auch nur eine Einschränkung der Umgebungsschnittstelle von n wider. Für die Schnittstelle von p gilt somit $In_p \subseteq I_n$ und $Out_p \subseteq O_n$.

Ferner leitet sich auch das Verhalten des abstrakten Geschäftsprozesses p von den Verhaltensfunktionen der Geschäftsprozesse aus dem verfeinernden Geschäftsprozessnetz ab. Dabei werden die Verhaltensfunktionen der einzelnen Geschäftsprozesse des Netzes entsprechend der im Netz vorgegebenen internen Kanalstruktur komponiert, ähnlich dem aus der Mathematik bekannten Kompositionsoperator für Funktionen. Ein hierfür geeigneter Kompositionsoperator wurde in [PR1997] vorgestellt. Dieser Kompositionsoperator arbeitet wie wir mit Konstruktoren, die kontrolliertes Broadcasting erlauben. Darüber hinaus lässt er auch die hier nicht notwendige Übertragung von mehreren Nachrichten auf einem Kanal zu.

Die bei der Systemmodellierung entwickelten Geschäftsprozesse und ihre Verbindungskanäle sowie die zwischen ihnen bestehenden Verfeinerungs- und Abstraktionsbeziehungen fassen wir zusammen zu einem *Geschäftsprozessmodell*.

Definition 3.3.3   Geschäftsprozessmodell
Ein Geschäftsprozessmodell ist ein Tupel $m = (P, C, p, Ref, Abs)$. Dabei gilt:

- *P sei die Menge der Geschäftsprozesse im Geschäftsprozessmodell.*
- *$C \subseteq Out \times In$ sei die Menge der Kanäle im Geschäftsprozessmodell. Jeder Kanal dieser Menge verbinde dabei jeweils einen Ausgabeport eines Prozesses im Modell mit einem Eingabeport eines ebenfalls im Modell liegenden Nachfolgerprozesses.*
- *$p \in P$ bezeichne das eindeutig bestimmte abstrakteste Element (die Wurzel) des Geschäftsprozessmodells.*
- *Ref beschreibt die Verfeinerungsbeziehung zwischen Prozessen im Modell. Die Funktion*

    $Ref: \quad P \longrightarrow \mathcal{P}(P)$

    ordnet dabei einem Geschäftsprozess $p \in P$ des Geschäftsprozessmodells die Menge der Prozesse zu, welche die Glass-Box-Sicht von p im Modell realisieren. Ein Prozess mit $Ref(p) = \emptyset$ ist im Modell nicht weiter verfeinert.
- *Abs legt fest, wie sich die Ports der verschiedenen Abstraktionsebenen entsprechen. Die Funktion Abs sei dabei von der Funktionalität*

    $Abs: \quad Pt \longrightarrow Pt \cup \{\bot\}$

    Sie ordnet den Ports eines Prozesses entsprechende Ports des verfeinernden Prozessnetzes als Urbilder zu. Ein Port pt mit $Abs(pt) = \bot$ verfeinert keinen anderen Port im Modell.

Analog zu den entsprechenden Definitionen für Geschäftsprozessnetze leiten sich dabei die Mengen der in *In* und *Out* zusammengefassten Eingabe- und Ausgabeports der Prozesse im Modell gemäß den folgenden Definitionen

$$In = \bigcup_{\tilde{p} \in P} In_{\tilde{p}} \quad \text{und} \quad Out = \bigcup_{\tilde{p} \in P} Out_{\tilde{p}}$$

aus der Menge der Geschäftsprozesse P des Modells ab.

Über die Verfeinerungsbeziehungen geben wir durch die Funktion *Ref* an, welche Prozesse auf der nächstfeineren Detaillierungsebene in der Glass-Box-Sicht einen abstrakten Prozess umsetzen. Für einen Geschäftsprozess $\tilde{p} \in P$ eines Geschäftsprozessmodells (P, C, p, Ref, Abs) enthält $Ref(\tilde{p})$ also alle diejenigen Prozesse, die auf der nächsten detaillierteren Ebene im Prozessmodell die Umsetzung von $\tilde{p}$ beschreiben. $Ref(\tilde{p}) = \emptyset$ gibt an, dass der Prozess $\tilde{p}$ im aktuellen Modell nicht weiter verfeinert ist. In einem Geschäftsprozessmodell nicht weiter verfeinerte Prozesse bezeichnen wir als *elementare Geschäftsprozesse* oder kurz *Elementarprozesse*. Durch die Abstraktions- und Verfeinerungsbeziehungen zwischen den Prozessen des Geschäftsprozessmodells erhält ein wohlgeformtes Geschäftsprozessmodell eine Baumstruktur.

Die Funktion *Ref* stützt sich auf die Funktion zur Abstraktion von Ports *Abs* ab. $Abs(pt') = pt$ ordnet jedem Port pt eines Geschäftsprozesses $\tilde{p} \in P$ im Modell als Urbild einen entsprechenden Port pt' der Umgebungsschnittstelle der Glass-Box-Sicht von $\tilde{p}$ zu. Für einen Port pt', der im Modell keinen Port der höheren Abstraktionsebene verfeinert, gilt $Abs(pt') = \bot$. Da zum Wurzelprozess des Modells keine höhere Abstraktionsebene existiert, gilt entsprechend auch für die Ports des Wurzelprozesses $p \in P$

$$\forall\, pt' \in In_p \cup Out_p \; : \; Abs(pt') = \bot$$

3.3 Abstrakte Syntax

Im Folgenden bezeichnen wir die Menge der Geschäftsprozessmodelle mit $\mathbb{MP}$. Für ein bestimmtes Geschäftsprozessmodell $m \in \mathbb{MP}$ bezeichne

- P_m die Menge der Prozesse in m
- C_m die Menge der Kanäle in m
- p_m das abstrakteste Element des Modells m
- Ref_m die Funktion, welche die Verfeinerungsbeziehungen zwischen den Prozessen im Modell m festlegt
- Abs_m die Funktion, welche die Abstraktionsbeziehungen zwischen den Ports im Modell m festlegt
- In_m die Menge der Eingabeports in m, wobei $In_m = \bigcup_{p \in P_m} In_p$
- Out_m die Menge der Ausgabeports in m, wobei $Out_m = \bigcup_{p \in P_m} Out_p$
- Pt_m die Menge der Ports in m, also $Pt_m = In_m \cup Out_m$

Basierend auf den durch Ref_m und Abs_m für ein Modell festgelegten Verfeinerungs- und Abstraktionsinformationen lässt sich durch die Funktion *GlassBox* dasjenige Prozessnetz ermitteln, das innerhalb eines gegebenen Geschäftsprozessmodells einen bestimmten Prozess p verfeinert. Die Funktion

$$GlassBox: \quad P_m \longrightarrow \mathcal{P}(P_m) \times \mathcal{P}(C_m) \times \mathcal{P}(In_m) \times \mathcal{P}(Out_m)$$

bildet dabei einen im Modell weiter verfeinerten Prozess $p = (In_p, Out_p, B_p)$, mit $Ref_m(p) \neq \emptyset$, auf sein verfeinerndes Prozessnetz $n = (P_n, C_n, I_n, O_n)$ ab, wobei

$$P_n = Ref_m(p)$$
$$C_n = \{c \in C_m \mid Source(c) \in Out_n \land Sink(c) \in In_n\}$$
$$I_n = In_n \setminus Sink(C_n)$$
$$O_n = \{out \in Out_n \mid \nexists c \in C_m \quad : Source(c) = out \lor$$
$$\qquad\qquad\qquad\qquad\quad \exists c \in C_m \setminus C_n : Source(c) = out\}$$

Dabei gelte

$$In_n = \bigcup_{p \in P_n} In_p$$

und

$$Out_n = \bigcup_{p \in P_n} Out_p$$

P_n enthält also alle Prozesse, die gemäß der Verfeinerungsbeziehung Ref_m den Geschäftsprozess p im Geschäftsprozessmodell realisieren. C_n umfasst alle Kanäle, die im Modell zwischen Prozessen aus P_n bestehen. I_n beinhaltet die externen Eingabeports des Netzes n, also alle diejenigen Eingabeports der Prozesse in P_n, die nicht in internen Kanälen gebunden sind. O_n fasst schließlich alle diejenigen Ausgabeports der Prozesse aus P_n zusammen, die entweder nicht durch Kanäle gebunden sind, oder aber durch externe Kanäle mit Prozessen außerhalb des Netzes n verbunden sind.

Wurzelprozess des Geschäftsprozessmodells

$in^1_{Waren\_versenden}$: Lieferanweisung → **Waren_versenden** / Lager → $out^1_{Waren\_versenden}$: Warenpaket, $out^2_{Waren\_versenden}$: Lieferschein, $out^3_{Waren\_versenden}$: Rechnung

Prozessnetz, das den Wurzelprozess verfeinert

$in^1_{Waren\_entnehmen}$: Lieferanweisung → **Waren_entnehmen** / Lager → ($out^1_{Waren\_entnehmen}$, $in^1_{Waren\_ausbuchen}$): Waren → **Waren_ausbuchen** / Lager → ($out^1_{Waren\_ausbuchen}$, $in^1_{Waren\_verpacken}$): Waren → **Waren_verpacken** / Lager → ($out^1_{Waren\_verpacken}$, $in^1_{Paket\_versenden}$): Warenpaket → **Paket_versenden** / Lager → $out^1_{Paket\_versenden}$: Warenpaket, $out^2_{Paket\_versenden}$: Lieferschein, $out^3_{Paket\_versenden}$: Rechnung

$in^3_{Waren\_ausbuchen}$: Artikelliste

($out^2_{Waren\_entnehmen}$, $in^2_{Waren\_ausbuchen}$): Lieferanweisung

($out^2_{Waren\_ausbuchen}$, $in^2_{Paket\_versenden}$): Lieferschein

($out^3_{Waren\_ausbuchen}$, $in^3_{Paket\_versenden}$): Rechnung

$out^3_{Waren\_ausbuchen}$: Artikelliste

Definition des Geschäftsprozessmodells

P = {Waren_versenden, Waren_entnehmen, Waren_ausbuchen, Waren_verpacken, Paket_versenden}

C = { $(out^1_{Waren\_entnehmen}, in^1_{Waren\_ausbuchen})$, $(out^2_{Waren\_entnehmen}, in^2_{Waren\_ausbuchen})$, $(out^1_{Waren\_ausbuchen}, in^1_{Waren\_verpacken})$, $(out^2_{Waren\_ausbuchen}, in^2_{Paket\_versenden})$, $(out^3_{Waren\_ausbuchen}, in^3_{Paket\_versenden})$, $(out^1_{Waren\_verpacken}, in^1_{Paket\_versenden})$ }

p = Waren_versenden

Ref(Waren_versenden) = {Waren_entnehmen, Waren_ausbuchen, Waren_verpacken, Paket_versenden}
Ref(Waren_entnehmen) = Ref(Waren_ausbuchen) = Ref(Waren_verpacken) = Ref(Paket_versenden) = { }

Abs($in^1_{Waren\_entnehmen}$) = $in^1_{Waren\_versenden}$
Abs($out^1_{Paket\_versenden}$) = $out^1_{Waren\_versenden}$
Abs($out^2_{Paket\_versenden}$) = $out^2_{Waren\_versenden}$
Abs($out^3_{Paket\_versenden}$) = $out^3_{Waren\_versenden}$
Abs($out^1_{Waren\_entnehmen}$) = Abs($out^2_{Waren\_entnehmen}$) = Abs($in^1_{Waren\_ausbuchen}$) = Abs($in^2_{Waren\_ausbuchen}$) = Abs($in^3_{Waren\_ausbuchen}$) = $\bot$
Abs($out^1_{Waren\_ausbuchen}$) = Abs($out^2_{Waren\_ausbuchen}$) = Abs($out^3_{Waren\_ausbuchen}$) = Abs($out^4_{Waren\_ausbuchen}$) = Abs($in^4_{Waren\_verpacken}$) = $\bot$
Abs($out^1_{Waren\_verpacken}$) = Abs($in^1_{Paket\_versenden}$) = Abs($in^2_{Paket\_versenden}$) = Abs($in^3_{Paket\_versenden}$) = $\bot$
Abs($in^1_{Waren\_versenden}$) = Abs($out^1_{Waren\_versenden}$) = Abs($out^2_{Waren\_versenden}$) = Abs($out^3_{Waren\_versenden}$) = $\bot$

Baumstruktur des Geschäftsprozessmodells

Waren_versenden
├── Waren_entnehmen
├── Waren_ausbuchen
├── Waren_verpacken
└── Paket_versenden

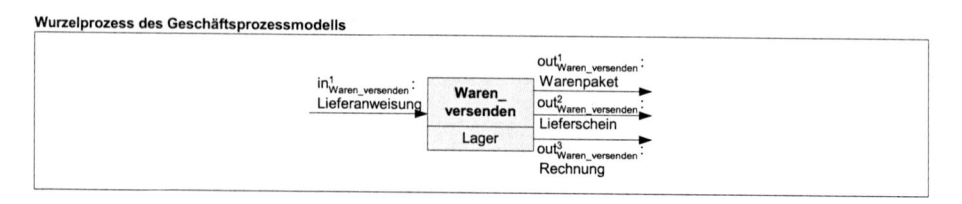

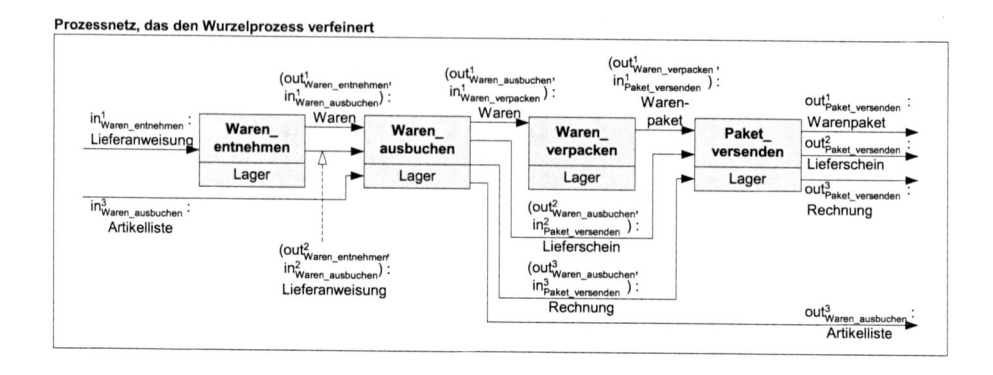

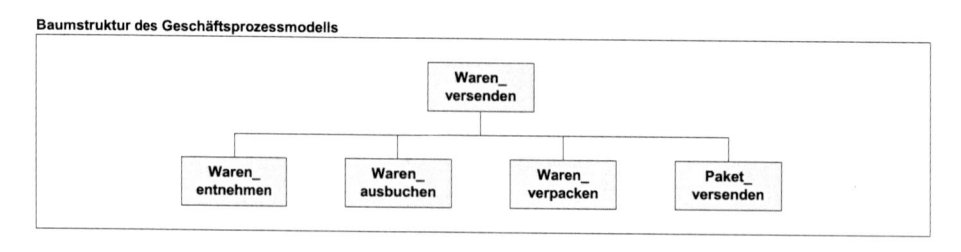

Abbildung 3.8: Beispiel eines Geschäftsprozessmodells

3.3 Abstrakte Syntax

Abbildung 3.8 zeigt ein Beispiel für ein Geschäftsprozessmodell und die darin bestehenden Verfeinerungs- und Abstraktionsbeziehungen. Die zugehörige Funktion *GlassBox* lautet entsprechend

$GlassBox(Waren\_versenden) =$
$= (\{Waren\_entnehmen, Waren\_ausbuchen, Waren\_verpacken, Paket\_versenden\},$
$\{(out^1_{Waren\_entnehmen}, in^1_{Waren\_ausbuchen}), (out^2_{Waren\_entnehmen}, in^2_{Waren\_ausbuchen}),$
$(out^3_{Waren\_entnehmen}, in^3_{Waren\_ausbuchen}), (out^1_{Waren\_ausbuchen}, in^1_{Waren\_verpacken}),$
$(out^2_{Waren\_ausbuchen}, in^2_{Paket\_versenden}), (out^3_{Waren\_ausbuchen}, in^3_{Paket\_versenden}),$
$(out^1_{Waren\_verpacken}, in^1_{Paket\_versenden})\}$
$\{in^1_{Waren\_entnehmen}\},$
$\{out^1_{Paket\_versenden}, out^2_{Paket\_versenden}, out^3_{Paket\_versenden}\})$

$GlassBox(Waren\_entnehmen) = (\varnothing, \varnothing, \varnothing, \varnothing)$
$GlassBox(Waren\_ausbuchen) = (\varnothing, \varnothing, \varnothing, \varnothing)$
$GlassBox(Waren\_verpacken) = (\varnothing, \varnothing, \varnothing, \varnothing)$
$GlassBox(Paket\_versenden) = (\varnothing, \varnothing, \varnothing, \varnothing)$

Für ein *wohlgeformtes Geschäftsprozessmodell* fordern wir die folgenden Eigenschaften.

(M1) *Baumstruktur der Verfeinerungsbeziehung der Prozesse im Geschäftsprozessmodell*

Das Geschäftsprozessmodell m erhält durch die Verfeinerungsbeziehung Ref_m Baumstruktur, mit p_m als Wurzel. Dies ist erfüllt, wenn die Verfeinerungsstruktur zusammenhängend und zyklenfrei ist und jeder Knoten außer der Wurzel genau eine einlaufende Kante besitzt.

Formal lässt sich diese Eigenschaft wie folgt beschreiben. Sei

$Child_{P_m} \subseteq P_m \times P_m$ mit
$(p_{parent}, p_{child}) \in Child_{P_m} \Leftrightarrow p_{child} \in Ref_m(p_{parent})$

die Verfeinerungsrelation zwischen den Prozessen im Prozessmodell. $Child^*_{P_m}$ bezeichne die transitive Hülle von $Child_{P_m}$.

Damit die durch Ref_m implizierte Verfeinerungsstruktur einen Baum mit Wurzel p_m beschreibt, fordern wir die folgenden Eigenschaften.

(a) Die Verfeinerungsstruktur ist zusammenhängend.

$\forall p \in P_m : (p_m, p) \in Child^*_{P_m}$

(b) Die Verfeinerungsstruktur ist zyklenfrei.

$\forall p \in P_m : (p, p) \notin Child^*_{P_m}$

(c) Jeder der Knoten der Verfeinerungsstruktur außer der Wurzel besitzt genau eine einlaufende Kante.

$\forall p \in P_m \setminus \{p_m\} \; \exists_1 \, p_{parent} \in P_m : (p_{parent}, p) \in Child_{P_m}$

(M2) *Portverfeinerung konsistent mit Prozessverfeinerung*

Wird ein Prozess im Modell zu einem Netz von Geschäftsprozessen verfeinert, so muss dieses Netz die Schnittstelle des abstrakten Prozesses vollständig realisieren. Darüber hinaus kann die Definition der Schnittstelle des Prozesses auf der Verfeinerungsebene um weitere Eingaben bzw. Ausgaben ergänzt werden. Diese müssen jedoch nicht notwendigerweise auf den hierarchisch höheren Ebenen nachgetragen werden. In einem wohlgeformten Geschäftsprozessmodell wird also im Allgemeinen die Schnittstelleninformation über die verschiedenen Verfeinerungsebenen hinweg detaillierter. Auf der detailliertesten Abstraktionsebene des Modells können dabei beliebige Schnittstelleninformationen hinzugefügt werden, ohne dass Bottom-up-Schritte zur Anpassung der bestehenden abstrakteren Modellebenen erforderlich sind.

Sei $p \in P_m$ ein beliebiger im Modell weiter verfeinerter Geschäftsprozess, also $Ref_m(p) \neq \emptyset$. Abs_m sei so gewählt, dass jedem Eingabeport von p_m mindestens ein Eingabeport der verfeinernden Glass-Box-Sicht von p_m und jedem Ausgabeport von p_m genau ein Ausgabeport der verfeinernden Glass-Box-Sicht von p_m als Urbild zugeordnet ist. Somit gilt

$$\forall\, p \in P_m \text{ mit } p = (In_p, Out_p, b_p),\; Ref_m(p) \neq \emptyset,$$
$$GlassBox(p) = n = (P_n, C_n, I_n, O_n)\ :$$
$$Abs_m\,|_{I_n}\ :\ I_n\ \longrightarrow\ In_p\ \text{surjektiv}\ \wedge$$
$$Abs_m\,|_{O_n}\ :\ O_n\ \longrightarrow\ Out_p\ \text{surjektiv und injektiv}$$

Das Prozessnetz der verfeinernden Glass-Box-Sicht von p realisiert also mindestens die externe Schnittstelle des abstrakten Prozesses.

Für die Abstraktionsbeziehung zwischen den Ausgabeports fordern wir zusätzlich noch die Eindeutigkeit. Dies entspricht der Intuition, dass der Ausgabeport des abstrakteren Prozesses das Ergebnis eines eindeutig bestimmten Ausgabeports der Glass-Box-Sicht übernehmen soll. Dagegen erlauben wir für einen Eingabeport des abstrakten Prozesses, dass seine Eingabewerte von mehreren Eingabeports des verfeinernden Prozessnetzes weiterverarbeitet werden können. Dadurch erlauben wir, dass eine eingehende Kanalverbindung (pt_{source}, pt_{sink}) eines Prozesses p_{sink} zu einem Broadcast von pt_{source} an mehrere Eingabeports von $GlassBox(p_{sink})$ verfeinert werden kann.

(M3) *Konkretisierung der Sorten bei der Portverfeinerung*

Sei pt ein im Prozessmodell weiter verfeinerter Port. Ist für pt bereits ein Nachrichtentyp definiert, so ist auch dem verfeinernden Port pt' mit $Abs_m(pt') = pt$ diese Sorte zugeordnet. Ist dagegen die Sorte für pt noch nicht festgelegt, so ist die Sorte des verfeinernden Ports pt' entweder undefiniert, oder aber auf eine beliebige Sorte aus $\mathbb{S}$ konkretisiert. Hat pt mehrere Urbilder bezüglich Abs_m, so ist ein solches Urbild entweder selbst ungetypt oder von der gleichen Sorte wie die anderen getypten Urbilder.

Es gilt also

$$\forall\, p \in P_m \text{ mit } p = (In_p, Out_p, b_p),\; Ref_m(p) \neq \emptyset\ :$$
$$\forall\, pt \in Pt_p\ :\quad Sort(pt) = s_{all}\ \vee$$
$$\forall\, pt' \in Abs_m^{-1}(pt)\ :\ Sort(pt') = Sort(pt)\ \wedge$$
$$\forall\, pt \in Pt_p\ \exists\, s \in \mathbb{S}\ \forall\, pt' \in Abs_m^{-1}(pt)\ :$$
$$Sort(pt') = s_{all}\ \vee\ Sort(pt') = s$$

wobei $Abs_m^{-1} : Pt_m \longrightarrow \mathcal{P}(Pt_m)$ die Umkehrung von Abs_m bezeichne.

(M4) *Kompatibilität der Porttypen der Kanäle*

Ausgabe- und Eingabeport eines Kanals sind vom selben Typ, oder einer der beiden

3.3 Abstrakte Syntax

Ports ist noch ungetypt und daher auf die allgemeinste Sorte s_{all} initialisiert.

$$(pt_{source}, pt_{sink}) \in C_m \Rightarrow \begin{array}{lll} Sort(pt_{source}) & = & Sort(pt_{sink}) \quad \vee \\ Sort(pt_{source}) & = & s_{all} \quad \vee \\ Sort(pt_{sink}) & = & s_{all} \end{array}$$

(M5) *Keine vertikalen Kanäle im Modellbaum*

Keiner der Kanäle im Geschäftsprozessmodell verbindet einen Prozess mit einem der ihn (gegebenenfalls auch transitiv) verfeinernden Prozesse.

Ein abstrakter Prozess p sei also nicht durch einen eingehenden oder ausgehenden Kanal mit einem Prozess p' verbunden, der dem verfeinernden Prozessnetz von p angehört. Diese Bedingung soll transitiv über alle Verfeinerungsebenen von p im Modellbaum hinweg gelten. Es existiere also keine Kanalverbindung zwischen p und $Ref_m(p)$, zwischen p und $Ref_m[Ref_m(p)]$, usw.

Um diese Bedingung zu formalisieren, definieren wir zunächst wie folgt drei Hilfsrelationen. Sei

$$Child_{P_m} \subseteq P_m \times P_m \text{ mit}$$
$$(p_{parent}, p_{child}) \in Child_{P_m} \Leftrightarrow p_{child} \in Ref_m(p_{parent})$$

wieder die Verfeinerungsrelation zwischen den Prozessen des Geschäftsprozessmodells. Analog beschreibe

$$Parent_{P_m} \subseteq P_m \times P_m \text{ mit}$$
$$(p_{child}, p_{parent}) \in Parent_{P_m} \Leftrightarrow p_{child} \in Ref_m(p_{parent})$$

die Abstraktionsrelation zwischen den Prozessen des Geschäftsprozessmodells. Es gilt also

$$(p_{parent}, p_{child}) \in Child_{P_m} \Leftrightarrow (p_{child}, p_{parent}) \in Parent_{P_m}$$

Ferner bezeichne

$$CP_{P_m} = \{(p_{source}, p_{sink}) \in P_m \times P_m \mid \\ \exists c \in C_m : Source(c) \in Out_{p_{source}} \wedge Sink(c) \in In_{p_{sink}}\}$$

die Verbindungsrelation über der Menge von Prozessen des Prozessmodells. CP_{P_m} enthalte also alle Paare aus Quell- und Zielport, die im Modell durch einen entsprechenden Kanal verbunden sind.

$Child^*_{P_m}$, $Parent^*_{P_m}$ und $CP^*_{P_m}$ bezeichnen jeweils die transitive Hülle von $Child_{P_m}$, $Parent_{P_m}$ und CP_{P_m}.

Damit das Geschäftsprozessmodell keine vertikal im Modellbaum verlaufenden Kanäle enthält, fordern wir:

$$CP^*_{P_m} \cap (Child^*_{P_m} \cup Parent^*_{P_m}) = \emptyset$$

(M6) *Konsistenz der Kanäle über die Verfeinerungsebenen hinweg*

Für jeden Kanal im Prozessmodell, dessen Start- oder Zielprozess verfeinert ist, existiert ein entsprechender Kanal auf der Verfeinerungsebene.

Sei $c = (pt_{source}, pt_{sink}) \in C_m$ ein beliebiger Kanal im Prozessmodell. Er verbinde die beiden Geschäftsprozesse p_{source} und p_{sink} miteinander. Es gelte also $pt_{source} \in Out_{p_{source}}$ und $pt_{sink} \in In_{p_{sink}}$. Ist p_{source} im Modell weiter verfeinert, so besteht eine entsprechende Kanalverbindung auch zwischen dem verfeinernden Prozessnetz $GlassBox(p_{source})$ und p_{sink}. Ist p_{sink} im Modell weiter verfeinert, so besteht analog eine entsprechende Kanalverbindung auch zwischen p_{source} und $GlassBox(p_{sink})$. Sind sowohl p_{source} als auch p_{sink} im Modell weiter verfeinert, so besteht darüber hinaus auch eine entsprechende Kanalverbindung zwischen $GlassBox(p_{source})$ und $GlassBox(p_{sink})$. Sind einem der Eingabeports pt_{sink} von p_{sink} im Modell mehrere Eingabeports des verfeinernden Prozessnetzes $GlassBox(p_{sink})$ als Urbilder zugeordnet, so besteht eine verfeinernde Kanalverbindung für jedes der Urbilder.

Formal entspricht diese Forderung der Bedingung

$$\forall\, c = (pt_{source}, pt_{sink}) \in C_m,\ pt_{source} \in Out_{p_{source}},\ pt_{sink} \in In_{p_{sink}}\ :$$
$$Ref_m(p_{source}) = P_{n_{source}} \wedge Ref_m(p_{sink}) = \varnothing$$
$$\Rightarrow (pt'_{source}, pt_{sink}) \in C_m \text{ wobei } pt'_{source} = Abs_m^{-1}(pt_{source}) \wedge$$
$$Ref_m(p_{source}) = \varnothing \wedge Ref_m(p_{sink}) = P_{n_{sink}}$$
$$\Rightarrow \forall\, pt'_{sink} \in Abs_m^{-1}(pt_{sink}) : (pt_{source}, pt'_{sink}) \in C_m \quad \wedge$$
$$Ref_m(p_{source}) = P_{n_{source}} \wedge Ref_m(p_{sink}) = P_{n_{sink}}$$
$$\Rightarrow \forall\, pt'_{sink} \in Abs_m^{-1}(pt_{sink}),\ pt'_{source} = Abs_m^{-1}(pt_{source}) :$$
$$(pt_{source}, pt'_{sink}) \in C_m \wedge$$
$$(pt'_{source}, pt_{sink}) \in C_m \wedge$$
$$(pt'_{source}, pt'_{sink}) \in C_m$$

wobei wieder $Abs_m^{-1} : Pt_m \longrightarrow \mathcal{P}(Pt_m)$ die Umkehrung von Abs_m bezeichne.

Zusätzlich zu den bisher genannten Eigenschaften erwarten wir von einem wohlgeformten Geschäftsprozessmodell auch, dass für jedes beliebige wohlgeformte Teilmodell des Geschäftsprozessmodells die Prozesse und Kanäle auf der Blattebene des entsprechenden Teilbaums ein wohlgeformtes Geschäftsprozessnetz bilden. Insbesondere definieren also auch die Blätter des gesamten Modellbaumes ein wohlgeformtes Geschäftsprozessnetz.

Sei $m = (P_m, C_m, p_m, Ref_m, Abs_m)$ ein wohlgeformtes Geschäftsprozessmodell und $sub = (P_{sub}, C_{sub}, p_{sub}, Ref_{sub}, Abs_{sub})$ mit

$P_{sub} \subseteq P_m$ wobei
$\quad \forall\, p \in P_{sub} : Ref_m(p) \subseteq P_{sub} \vee Ref_m(p) \cap P_{sub} = \varnothing$

$C_{sub} \subseteq C_m$ wobei
$\quad \forall\, c \in C_{sub} : Source(c) \in P_{sub} \wedge Sink(c) \in P_{sub}$

$p_{sub} \in P_{sub}$

$Ref_{sub} : P_{sub} \longrightarrow \mathcal{P}(P_{sub})$ wobei
$$Ref_{sub}(p) = \begin{cases} Ref_m(p) & \text{falls } Ref_m(p) \subseteq P_{sub} \\ \varnothing & \text{sonst} \end{cases}$$

$Abs_{sub} : Pt_{sub} \longrightarrow Pt_{sub} \cup \{\bot\}$ wobei
$$Abs_{sub}(pt) = \begin{cases} \bot & \text{falls } Abs_m(pt) \notin In_{p_{sub}} \cup Out_{p_{sub}} \\ Abs_m(pt) & \text{sonst} \end{cases}$$

ein wohlgeformtes Teilmodell von m.

3.3 Abstrakte Syntax

Dann beschreibt $n = (P_n, C_n, I_n, O_n)$ mit

$$P_n = \{p \in P_{sub} \mid Ref_{sub}(p) = \varnothing\}$$
$$C_n = \{c \in C_{sub} \mid Source(c) \in Out_n \land Sink(c) \in In_n\}$$
$$I_n = \bigcup_{p \in P_n} In_p \setminus Sink(C_n)$$
$$O_n = \{out \in \bigcup_{p \in P_n} Out_p \mid \nexists c \in C_{sub} \quad : Source(c) = out \lor$$
$$\exists c \in C_{sub} \setminus C_n : Source(c) = out)\}$$

das zugehörige Geschäftsprozessnetz über die Blattebene von sub.

Für jedes mögliche wohlgeformte Teilmodell des Geschäftsprozessmodells erfülle also das zugehörige Prozessnetz auf der Blattebene des Teilmodells die Bedingungen (N1) bis (N4), die wir in Abschnitt 3.3.2 an ein wohlgeformtes Geschäftsprozessnetz gestellt haben.

In Bedingungen (N1) fordern wir, dass ein Eingabeport entweder ein Umgebungseingabeport oder aber ein interner Eingabeport im Prozessnetz ist

$$Sink(C_n) \cap I_n = \varnothing$$

Durch obige Definition von I_n ist diese Eigenschaft für n automatisch erfüllt.

Bedingung (N2) fordert für ein Geschäftsprozessnetz, dass jeder interne Eingabeport eines Netzes durch einen Kanal des Netzes mit genau einem internen Ausgabeport des Netzes verbunden ist.

$$\forall c_1, c_2 \in C_n : Sink(c_1) = Sink(c_2) \Rightarrow c_1 = c_2$$

Die Eigenschaften, die das gesamte Geschäftsprozessmodell erfüllen muss, damit für jedes Prozessnetz auf der Blattebene eines beliebigen wohlgeformten Teilmodells dieses Geschäftsprozessmodells Bedingung (N2) erfüllt ist, beschreiben wir in Bedingung (M7).

Durch Bedingung (N3) wird sichergestellt, dass Ausgabe- und Eingabeport eines jeden Kanals im Netz entweder vom selben Typ sind, oder aber einer der beiden Ports noch ungetypt und daher auf den allgemeinsten Nachrichtentyp s_{all} initialisiert ist. Diese Eigenschaft wird bereits vollständig von Bedingung (M4) gewährleistet, die wir bereits an ein wohlgeformtes Geschäftsprozessmodell gestellt haben.

Schließlich fordert Bedingung (N4) für ein wohlgeformtes Geschäftsprozessnetz dessen Zyklenfreiheit. Bedingung (M8) formuliert die entsprechende Forderung an ein Modell, die sicherstellt, dass für jedes beliebige Teilmodell des Geschäftsprozessmodells die Prozesse und Kanäle auf der Blattebene dieses Teilmodells ein zyklenfreies Prozessnetz bilden.

(M7) *Belegung der Eingabeports eindeutig je Prozessnetz im Modell*

Für jedes beliebige wohlgeformte Teilmodell eines wohlgeformten Geschäftsprozessmodells bilden die Prozesse und Kanäle auf der Blattebene dieses Teilmodells ein Geschäftsprozessnetz, in dem jeder interne Eingabeport des Netzes über einen Kanal mit genau einem internen Ausgabeport des Netzes verbunden ist.

Da in einem Geschäftsprozessmodell die Kanäle über die Verfeinerungsebenen hinweg konsistent sein müssen, ist es möglich, dass einem Eingabeport im Modell mehrere eingehende Kanäle zugeordnet sind. Innerhalb eines wohlgeformten Geschäftsprozessnetzes im Modell muss die Belegung eines Eingabeports jedoch eindeutig sein. Dies ist gewährleistet, wenn zwischen den verschiedenen Quellports dieser Kanäle hinsichtlich der Funktion Abs_m eine Abstraktionsbeziehung besteht, welche gegebenenfalls auch transitiv sein kann. So ist sichergestellt, dass für jedes beliebige Teilmodell das Geschäftsprozessnetz auf der Blattebene dieses Teilmodells höchstens einen dieser Kanäle enthält.

Formal formuliert sind die internen Eingabeports der Prozessnetze in einem Geschäftsprozessmodell eindeutig belegt, wenn gilt

$$\forall c_1, c_2 \in C_m \ : \ Sink(c_1) = Sink(c_2), \ Source(c_1) \neq Source(c_2) \Rightarrow$$
$$(Source(c_1), Source(c_2)) \in (Abs_m \mid_{Out_m})^* \lor$$
$$(Source(c_2), Source(c_1)) \in (Abs_m \mid_{Out_m})^*$$

Da die Abstraktionsbeziehung Abs_m über der Menge der Ausgabeports des Modells injektiv ist, ist die transitive Hülle von $Abs_m \mid_{Out_m}$ wohldefiniert.

(M8) *Zyklenfreiheit des Geschäftsprozessmodells*

Von einem wohlgeformten Geschäftsprozessmodell fordern wir, dass für jedes beliebige wohlgeformte Teilmodell dieses Geschäftsprozessmodells die Prozesse und Kanäle auf der Blattebene dieses Teilmodells ein zyklenfreies Prozessnetz bilden. Ist Bedingung (M5) erfüllt, so ist diese Forderung gleichbedeutend damit, dass das gesamte Geschäftsprozessmodell zyklenfrei ist. In Anhang A.1 beweisen wir diese Äquivalenzaussage.

Die formale Definition der Zyklenfreiheit eines Geschäftsprozessmodells verläuft analog zu der entsprechenden Eigenschaft (N4) für ein Geschäftsprozessnetz, die in Abschnitt 3.3.1 definiert wurde. Ein Geschäftsprozessmodell ist genau dann zyklenfrei, wenn die transitive Hülle der auf Prozessverbindungen abstrahierten Kanäle des Modells keine Schleife für einen der Prozesse enthält. Sei dazu

$$CP_m = \{(p_{source}, p_{sink}) \in P_m \times P_m \mid$$
$$\exists c \in C_m : Source(c) \in Out_{p_{source}} \land Sink(c) \in In_{p_{sink}}\}$$

die Menge der im Prozessnetz durch Kanäle verbundenen Prozesspaare aus $P_m \times P_m$. CP_m^* bezeichne die transitive Hülle von CP_m. Dann gilt:

$$(P_m, C_m, p_m, Ref_m, Abs_m) \text{ ist zyklenfrei} \Leftrightarrow \forall p \in P_m \ : \ (p, p) \notin CP_m^*$$

3.4 Konkrete Syntax

Zur Darstellung von Geschäftsprozessen, Geschäftsprozessnetzen und Geschäftsprozessmodellen führen wir Notationen ein, die sowohl aus grafischen als auch aus textuellen Elementen aufgebaut sind. Die grafischen Anteile der Notation für Prozesse und Netze sind von der Grundidee her angelehnt an die in [DeM1979] eingeführten Datenflussnetze. Darüber hinaus fließen einzelne Ideen der für die Modellierung von Geschäftsprozessen relevanten Teilmenge der Modellierungssprache GRAPES V3 [SNI1995b] in die Beschreibungstechnik mit ein. Die Verfeinerungsbeziehungen zwischen den Prozessen eines Geschäftsprozessmodells stellen wir grafisch durch Bäume dar.

Die Verhaltensfunktion eines Geschäftsprozesses, bzw. bei unterspezifizierten Prozessen die Menge der Verhaltensfunktionen, sowie die für die Prozessausführung geltenden Vor- und

3.4 Konkrete Syntax

Nachbedingungen beschreiben wir mittels einer informellen Annotation. In dieser informellen Annotation verwenden wir strukturierten Text, prädikatenlogische Formeln, algorithmische Beschreibungen sowie mathematische Ausdrücke. Auch die Portzuordnung bei der Verfeinerung eines Prozesses im Modell dokumentieren wir über eine Annotation, deren Syntax jedoch stärker standardisiert ist.

Im Folgenden beschreiben wir anhand von Beispielen die konkrete Syntax der Darstellungen der einzelnen Aspekte für Geschäftsprozesse, Geschäftsprozessnetze und -modelle.

3.4.1 Geschäftsprozess

Bei der Definition der Black-Box-Sicht eines Geschäftsprozesses geben wir dessen Signatur an, wie sie auf der aktuellen Verfeinerungsebene ersichtlich und relevant ist. Festgelegt werden dabei der Name des Prozesses sowie die Bündel seiner getypten Eingabe- und Ausgabeports.

Abbildung 3.9 zeigt die grafische Darstellung der Black-Box-Definition am Beispiel des Prozesses *Waren_ausbuchen*, der bereits aus Abbildung 3.8 bekannt ist. Dieser Prozess erhält als Eingabeparameter Waren, eine Lieferanweisung und die Artikelliste des Versandhauses. Diese Eingaben werden vom Prozess zu einem entsprechenden Lieferschein und der zugehörigen Rechnung verarbeitet. Ferner gibt der Prozess eine aktualisierte Version der Artikelliste aus. Die eingegangen Waren schließlich werden unverändert weitergegeben.

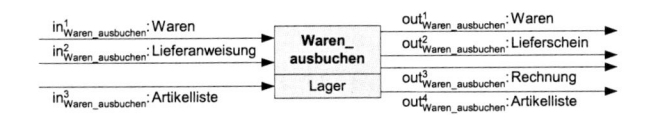

Abbildung 3.9: Black-Box-Definition des Prozesses *Waren_ausbuchen*

Um eine eindeutige Definition des Geschäftsprozesses im Kontext des gesamten Modells zu gewährleisten haben wir bereits gefordert, dass der Prozessidentifikator eindeutig über die Menge der Prozesse $\mathbb{P}$ des gesamten Systems gewählt ist. Ferner sind die Portidentifikatoren eines Prozesses eindeutig über das gesamte System zu wählen. Wir stellen die systemweite Eindeutigkeit der Portidentifikatoren sicher, indem wir die Portidentifikatoren eindeutig bezüglich ihres zugehörigen Prozesses wählen und darüber hinaus Port- und Prozessidentifikator verknüpfen.

Aus methodischen Gründen ist es nicht immer möglich oder sinnvoll, Sorten mit den Ports eines Geschäftsprozesses zu assoziieren. Wir erlauben daher auch die Modellierung ungetypter Ports und damit eine Unterspezifikation der Schnittstelle eines Geschäftsprozesses (siehe Abbildung 3.10).

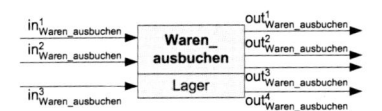

Abbildung 3.10: Prozess *Waren_ausbuchen* mit unterspezifizierter Schnittstelle

Nicht alle Geschäftsprozesse müssen sowohl Eingabeports als auch Ausgabeports aufweisen. Vielmehr erlauben wir auch Prozesse, die keine Eingabe verarbeiten und einen einmaligen

Ergebniswert liefern. Beispielsweise konsumiert der Prozess in Abbildung 3.11 keine Eingabe und erzeugt als Ausgabe den Wert *true*.

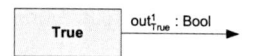

$$\boxed{\text{True}} \xrightarrow{\text{out}^1_{True} : \text{Bool}}$$

Abbildung 3.11: Prozess mit konstanter Ausgabe

Die Verhaltensfunktion eines Geschäftsprozesses, gemäß der aus den Eingabewerten des Geschäftsprozesses seine Ausgabewerte ermittelt werden, beschreiben wir detaillierter als informelle Annotation. Bei unterspezifizierten Prozessen legt diese informelle Annotation dabei nicht eine einzige Verhaltensfunktion fest, sondern eine Menge von Verhaltensfunktionen.

Ferner definieren wir in der informellen Annotation Vor- und Nachbedingungen für die Ausführung des Geschäftsprozesses. Ein Geschäftsprozess kann nur dann ausgeführt werden, wenn seine Vorbedingung **pre** erfüllt ist. Die Vorbedingung ist ein Prädikat über den Eingabeparametern des Geschäftsprozesses. Entsprechend gilt nach der Ausführung eines Geschäftsprozesses dessen Nachbedingung **post**. Die Nachbedingung ist ein Prädikat über den Eingabe- und Ausgabeparametern des Geschäftsprozesses. Die Nachbedingung dokumentiert somit den Effekt, den eine Ausführung des Prozesses auf den Eingabedaten bewirkt. Sie sichert zu, dass die Ausführung eines Geschäftsprozesses auch tatsächlich eine bestimmte Wirkung auf den Daten erzielt hat.

Die Vor- und Nachbedingungen und die Verhaltensfunktion, die in der informellen Annotation angegeben werden, stützen sich auf die Schnittstellendefinition der Black-Box-Sicht des Prozesses ab. Um eine aussagekräftige informelle Annotation festlegen zu können, müssen darüber hinaus die Datenstrukturen der Eingaben und Ausgaben des Prozesses wenigstens in groben Zügen bekannt sein.

Eine frühe, noch weit gehend informelle Version der Black-Box-Annotation des Prozesses *Waren_ausbuchen* wird in Abbildung 3.12 dargestellt. Die Beschreibungen von Verhaltensfunktion, Vor- und Nachbedingung sind noch vorwiegend in textueller Notation, enthalten dabei jedoch bereits einzelne formalere Elemente, die in Pseudocode oder auf mathematische Weise formuliert sind.

Abbildung 3.13 zeigt die Datenstrukturen der Nachrichtentypen, die in der Schnittstellendefinition unseres Beispielprozesses *Waren_ausbuchen* aus Abbildung 3.9 vorkommen. Die Bedeutung der Symbole in der grafischen Definition der Datenstrukturen wird in Anhang B.2 erläutert.

Bei der Beschreibung von Vor- und Nachbedingungen ist zu berücksichtigen, dass unser Modellierungsansatz vom asynchronen Nachrichtenaustausch zwischen den einzelnen Prozessen sowie von verlustfreien Kanälen ausgeht. Bei der Ausführung eines Geschäftsprozesses wird über jeden Port bzw. Kanal maximal eine, möglicherweise komplexe, Nachricht empfangen oder gesendet. Eine komplexe Nachricht kann dabei auch sukzessive in einzelnen Teilen über den entsprechenden Port empfangen bzw. gesendet werden.

Ferner gehen wir von fehlerfrei arbeitenden, *gierigen* Geschäftsprozessen aus. Ein gieriger Prozess berechnet zu jedem Zeitpunkt möglichst viele seiner Ausgaben. Liegt erst ein Teil der Eingaben vor, erzeugt der Prozess gegebenenfalls also lediglich eine Teilbelegung seiner Ausgabeports. Sollen zwischen den Eingaben, der Ausführung bzw. den Ausgaben eines Prozesses Synchronisationsbeziehungen gelten, die von diesen Vorstellungen abweichen, sind diese explizit in den Vor- bzw. Nachbedingungen des Geschäftsprozesses festzulegen.

3.4 Konkrete Syntax

black box business process $Waren\_ausbuchen = \{$

computes Ausbuchen der bereitliegenden Waren aus dem Lagerbestand; erstellen von Lieferschein und Rechnung anhand der eingehenden Lieferanweisung

- Die bereitliegenden Waren werden jeweils aus dem Lagerbestand des entsprechenden Artikels ausgebucht.

$$\begin{aligned}
&\text{for each } Ware\ w \in in^1_{Waren\_ausbuchen}\ \text{do } \{ \\
&\quad \text{select } Artikel\ a\ \text{from } in^3_{Waren\_ausbuchen} \\
&\quad\quad \text{where } a.Artikelnummer = w.Artikelnummer; \\
&\quad a.Lagerbestand = a.Lagerbestand - 1; \\
&\quad a.Reservierung = a.Reservierung - 1; \\
&\}
\end{aligned}$$

- Die Waren selbst werden unverändert weitergeleitet.
- Im Lieferschein werden die Liefernummer, die Bestellnummer, die Lieferposten, der Besteller und der Empfänger der Lieferung so angegeben, wie diese Informationen in der Lieferanweisung festgelegt sind. Die Lieferposten entsprechen dabei den Anweisungsposten der Lieferanweisung.
- In der Rechnung werden ebenfalls die Liefernummer, die Bestellnummer, die Rechnungsposten, der Besteller und der Empfänger der Lieferung so angegeben wie in der Lieferanweisung festgelegt. Die Rechnungsposten entsprechen dabei den Anweisungsposten der Lieferanweisung. Darüber hinaus führt die Rechnung noch zu jedem Rechnungsposten den Artikel- und den Postenpreis auf, sowie den Gesamtpreis der Lieferung.

pre
- Die Artikelnummern identifizieren eindeutig die Artikel in der Artikelliste.
- Zu jedem Anweisungsposten aus der Lieferanweisung existiert genau ein Artikel in der Artikelliste, der die gleiche Artikelnummer hat.

$$\forall Artikelposten\ ap \in in^2_{Waren\_ausbuchen}.Artikelpostenliste$$
$$\exists_1 Artikel\ a \in in^3_{Waren\_ausbuchen} :$$
$$a.Artikelnummer = ap.Artikelnummer$$

- Jede einzelne Ware ist mit der zugehörigen Artikelnummer gekennzeichnet.
- Die bereitliegenden Waren stimmen genau mit den in der Lieferanweisung festgelegten Anweisungsposten überein.
- Die Artikel der Anweisungsposten sind für die Bestellung des Kunden reserviert.

$$\forall Anweisungsposten\ a \in in^2_{Waren\_ausbuchen} : a.Status = \text{„Reserviert"}$$

post
- Die bereitliegenden Waren wurden jeweils aus dem Lagerbestand des zugehörigen Artikels ausgebucht und dabei die Zahl der Reservierungen des Artikels entsprechend reduziert. Ansonsten wurde die Artikelliste nicht weiter verändert.
- Die bereitliegenden Waren werden unverändert weitergegeben.

$$out^1_{Waren\_ausbuchen} = in^1_{Waren\_ausbuchen};$$

- Ein Lieferschein mit den entsprechenden Angaben wurde erzeugt.
- Eine Rechnung mit den entsprechenden Angaben wurde erzeugt.

$\}$

Abbildung 3.12: Informelle Black-Box-Annotation des Prozesses $Waren\_ausbuchen$

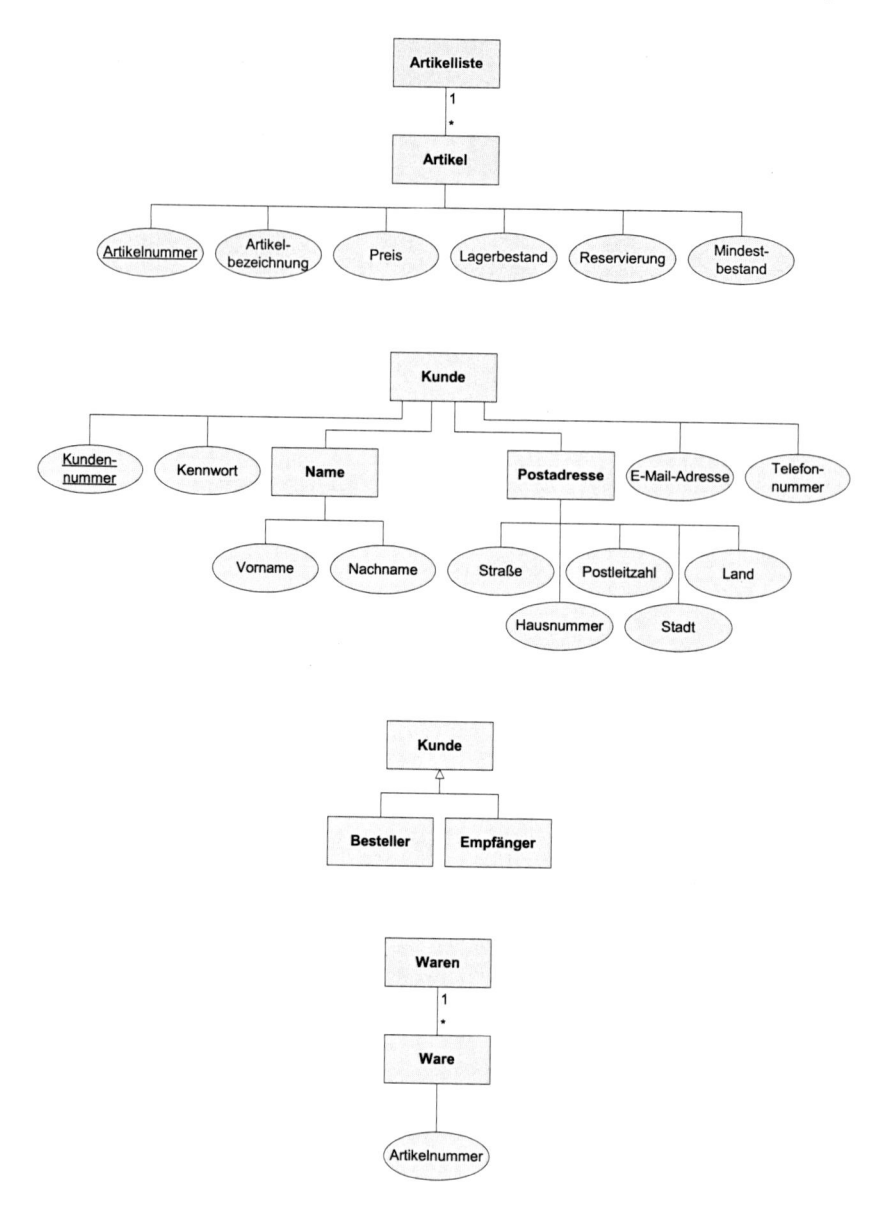

Abbildung 3.13: Datenstrukturen zum Prozess *Waren_ausbuchen*

3.4 Konkrete Syntax

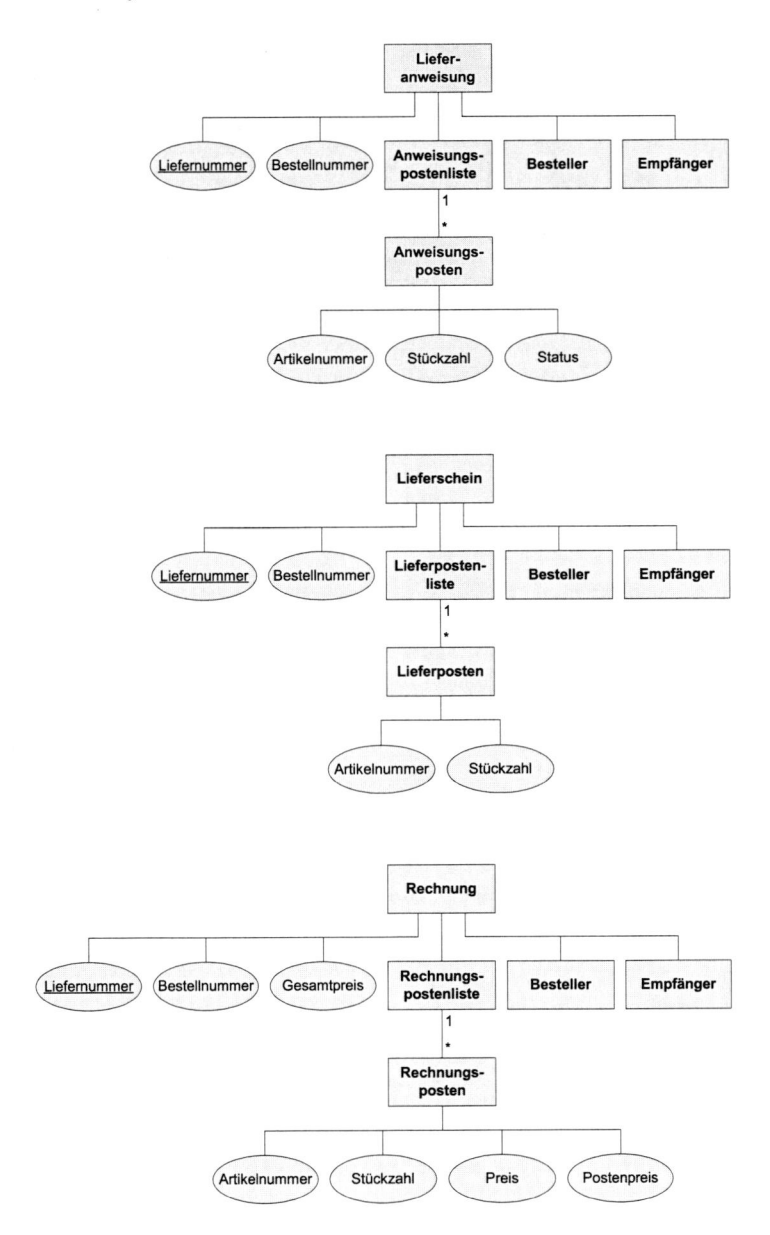

Abbildung 3.13: Datenstrukturen zum Prozess *Waren_ausbuchen* (Fortsetzung)

Durch unsere Annahme, dass Kanäle verlustfrei und Geschäftsprozesse gierig sind und fehlerfrei arbeiten, setzen wir Idealbedingungen für die Prozessabwicklung voraus. Dies ist aus methodischen Gründen auch sinnvoll. Wie bereits erwähnt dokumentieren wir durch ein Geschäftsprozessmodell zunächst auf exemplarische Weise typisches Systemverhalten, welches für das Erreichen der Systemziele wichtig ist. Fehlerfälle und Fehlerbehandlungsverfahren, die häufig auftreten oder die besonders wichtig sind, werden daher ebenfalls explizit als Geschäftsprozesse modelliert. Dagegen können generische Fehlerfälle, wie die Verzögerung oder der Verlust von übertragenen Nachrichten bzw. die unvollständige Ausführung eines Geschäftsprozesses, auf einfache Weise über Timeout-Funktionen abgefangen werden, falls dies in einer bestimmten Modellierungssituation erforderlich ist (siehe Abschnitt 3.6.3).

Erst wenn die wichtigsten grundlegenden Strukturen der Ablauforganisation des Systems verstanden und dokumentiert sind, treten die Aspekte der tatsächlichen Systemausführung bzw. -simulation in den Vordergrund. Hierzu zählen die Häufigkeit, die zeitliche Verteilung und die Ausführungsdauer der Instanzen der einzelnen Geschäftsprozesse. Ebenfalls von großer Bedeutung ist die Verteilung der Geschäftsprozesse und ihrer Einzeltätigkeiten auf die ausführenden Einheiten sowie die Auslastung der Systemressourcen bei der Ausführung des Systems. Aspekte der Systembeschreibung, die über die Struktur der Ablauforganisation des Systems hinausgehen, werden in Abschnitt 3.6 diskutiert.

Die informelle Annotation dokumentiert alle zum aktuellen Zeitpunkt und Stand der Modellierung bekannten Informationen über die Verhaltensfunktion und die Vor- und Nachbedingungen. Insbesondere in den frühen Stadien des Modellierungsvorganges sind die Vorstellungen über die Verhaltensfunktionen und die Vor- und Nachbedingungen noch sehr wenig detailliert. Da es jedoch möglich sein soll, alle bereits über einen Prozess vorhandene Information im Modell zu dokumentieren, erlauben wir zunächst eine informelle, gegebenenfalls auch partielle textuelle Beschreibung in der Black-Box-Annotation.

Im Laufe des Modellierungsvorgehens wird üblicherweise nach und nach Information über das Systemverhalten hinzugewonnen, die Beschreibung der Verhaltensfunktionen entsprechend vervollständigt und präzisiert und dabei auch immer genauer dokumentiert. Hierfür können in der Darstellung zunehmend mathematische Notationen oder gegebenenfalls Pseudocode eingesetzt werden. In den Zwischenphasen der Modellierung kommen also auch Mischformen zum Einsatz, in denen die informelle textuelle Beschreibung mit präziseren Elementen angereichert ist. Wir führen für die Black-Box-Annotation keine speziellen grafischen Symbole ein, da wir hiervon keine angemessene Verbesserung der intuitiven Lesbarkeit und Verständlichkeit erwarten.

In der abschließenden Version des Geschäftsprozessmodells sollten entsprechend die Vor- und Nachbedingungen der Elementarprozesse des Modells als logische Prädikate vorliegen. Die Vorbedingung ist dabei ein Prädikat über den Eingaben des Geschäftsprozesses, die Nachbedingung ein Prädikat über Ein- und Ausgaben. Die Verhaltensfunktionen werden idealerweise in mathematischer Notation oder als Algorithmus in Form von Pseudocode beschrieben. In den Prädikaten und den Verhaltensfunktionen werden die Ein- und Ausgaben des zugehörigen Geschäftsprozesses über die entsprechenden Portnamen parametrisiert. Des Weiteren werden, falls erforderlich, in den Beschreibungen der Verhaltensfunktionen lokale Variablen eingeführt.

Das interne Verhalten eines nicht elementaren Geschäftsprozesses wird durch dessen Dekomposition in sein verfeinerndes Geschäftsprozessnetz dokumentiert. Es braucht daher nicht zusätzlich über eine informelle Annotation beschrieben zu werden.

Bei der Ausführung eines Geschäftsprozesses werden dessen getypte Eingabeports mit konkreten Werten belegt. Die Ausgabewerte des Prozesses werden gemäß der assoziierten Be-

3.4 Konkrete Syntax

rechnungsvorschrift, die in der informellen Annotation ansatzweise beschrieben ist, über den Werten dieser Eingabeparameter ermittelt.

Wie jedes Modell kann auch das Geschäftsprozessmodell immer nur eine Auswahl der Eigenschaften des realen Systems umfassen. Unsere Beschreibungstechnik beschränkt sich auf Prozesse und die durch Nachrichtenaustausch bedingten kausalen Abhängigkeiten als Kernkonzepte. Ergänzende hilfreiche Informationen können als weitere informelle Annotationen gehandhabt und systematisch in das Modell eingebracht werden.

In einem nächsten Schritt werden die einzelnen definierten Geschäftsprozesse zu Geschäftsprozessnetzen komponiert.

3.4.2 Geschäftsprozessnetz

Wir diskutieren in diesem Abschnitt die grafische Darstellung von Geschäftsprozessnetzen anhand einfacher Beispiele. Die nachfolgenden Diagramme fokussieren dabei jeweils unterschiedliche Aspekte der Darstellung.

Wie bereits in Abschnitt 3.3.2 erläutert wurde, setzt sich ein Geschäftsprozessnetz zusammen aus einer Menge von Geschäftsprozessen, deren Verbindungskanälen, einer Menge von Eingabeports von der Umgebung an das Prozessnetz und einer Menge von Ausgabeports des Prozessnetzes an seine Umgebung. Abbildung 3.14 zeigt ein Beispiel eines Prozessnetzes. Jeder der Geschäftsprozesse ist durch einen Identifikator eindeutig im Prozessnetz bestimmt.

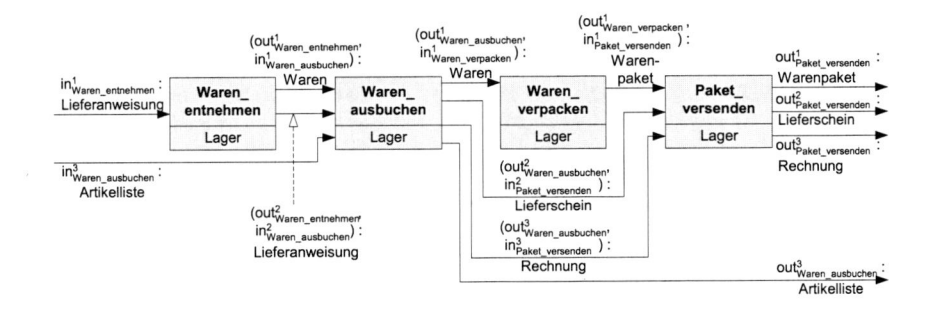

Abbildung 3.14: Beispiel eines Geschäftsprozessnetzes

Ein interner Verbindungskanal in einem Geschäftsprozessnetz repräsentiert eine kausale Abhängigkeit der verbundenen Prozesse. Diese symbolisiert einen einzelnen Nachrichtenaustausch zwischen Quellprozess und Zielprozess des Kanals während einer Abwicklung des Geschäftsprozessnetzes. Klassische Datenflusstechniken wie [DeM1979] verwenden diese Darstellung üblicherweise auch, um eine Beziehung zwischen den Ausführungszeiträumen der einzelnen Prozesse darzustellen. Ist der Vorgängerprozess vollständig abgearbeitet, so versendet er sein Ergebnis an seinen Nachfolgerprozess, dessen Ausführung erst nach Eingang dieses Ergebnisses beginnt. Diese Sichtweise bezeichnen wir daher auch als *Ende-zu-Anfang-Beziehung*. In der Praxis ist diese Interpretation häufig zu restriktiv, insbesondere in einem frühen Stadium der Modellierung oder bei Modellen auf hohem Abstraktionsniveau.

Wir assoziieren daher stattdessen mit einem Verbindungskanal eine *Mitte-zu-Mitte-Beziehung* der verbundenen Prozesse. Das bedeutet, dass irgendwann während der Abwicklung des

Prozessnetzes eine Nachricht vom Quellprozess des Verbindungskanals an dessen Zielprozess gesendet wird. Diese Nachricht kann auch komplex sein, d. h. aus mehreren Einzelteilen bestehen. Die einzelnen Teile der komplexen Nachricht können dabei gegebenenfalls auch zeitlich versetzt vom Vorgänger- an den Nachfolgerprozess gesendet werden.

Eine Mitte-zu-Mitte-Verbindung repräsentiert also einen bestimmten Datenaustausch zwischen den so verbundenen Prozessen. Sie trifft jedoch keine Aussage über die Ausführungszeiträume der beiden Prozesse. Diese von der klassischen Datenflusstechnik abweichende Interpretationsweise kommt vorwiegend bei der Dekomposition der durch den Kanal verbundenen Prozesse zum Tragen. Eine Mitte-zu-Mitte-Verbindung zweier Prozesse lässt sich zu einer komplexeren Kommunikationsbeziehung zwischen den jeweiligen Unterprozessen verfeinern. Bei einer Ende-zu-Anfang-Verbindung ist dies dagegen nur bedingt möglich.

Die internen Verbindungskanäle innerhalb des Geschäftsprozessnetzes sind mit ihren Kanalidentifikatoren und den zugehörigen Nachrichtentypen beschriftet. Ein Kanalidentifikator ist ein Paar, das sich aus den Identifikatoren von Quellport und Zielport des Kanals zusammensetzt. Dabei verbindet ein Kanal immer zwei Ports des gleichen Nachrichtentyps, bzw. einen getypten Port mit einem noch ungetypten Port. Da wir exemplarisches Systemverhalten betrachten, beschränken wir uns bei der Festlegung von Kanälen auf zyklenfreie Strukturen.

Die Struktur und die Sorten der Eingabeports aus der Umgebung an das Netz und der Ausgabeports des Netzes an die Umgebung schließlich ergeben sich aus den Black-Box-Beschreibungen der Geschäftsprozesse im Netz. Alle Ports, die nicht durch netzinterne Kanäle gebunden sind, kommunizieren mit der Umgebung des Prozessnetzes.

Um die grafische Darstellung eines Prozessnetzes übersichtlich und anschaulich zu halten, werden in den Diagrammen die Port- und Kanalidentifikatoren meist nicht dargestellt. Häufig reicht eine Beschriftung der Kanäle durch die assoziierten Datentypen bereits aus, um die Kanäle eindeutig den Ports zuordnen zu können. Verfügt ein Geschäftsprozess jedoch über mehrere Eingabeports des gleichen Nachrichtentyps, so ist für eine eindeutige Zuordnung von Kanälen und Ports der Kanalidentifikator erforderlich. Analoges gilt bei mehreren Ausgabeports des gleichen Nachrichtentyps. Andernfalls kann ein Vertauschen der Portverbindungen zu unerwünschten Ergebnissen bei der Ausführung des Prozessnetzes führen. In Abbildung 3.15 ist beispielsweise beim Prozess *Bestellung_bearbeiten* nicht erkennbar, welcher der beiden eingehenden Datensätze vom Typ *Kunde* als Besteller und welcher als Empfänger verwendet wird.

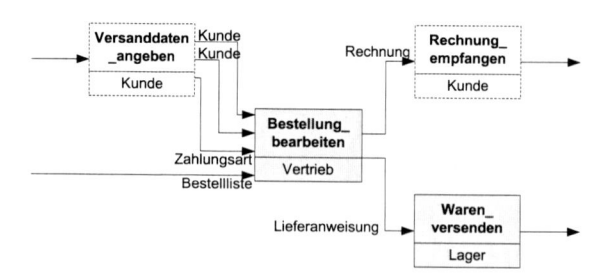

Abbildung 3.15: Unklarheiten bei Ein- und Ausgabe

In einem frühen Stadium des Modellierungsvorgehens oder auf den höheren Abstraktionsebenen eines Prozessmodells existiert häufig nur eine vage Vorstellung von den Abhängigkeiten, die zwischen den einzelnen Geschäftsprozessen eines Prozessnetzes bestehen. Insbesondere

3.4 Konkrete Syntax

ist es nicht immer sofort möglich, eine solche Abhängigkeit auf den Austausch einer Nachricht eines bestimmten Typs zwischen den Prozessen zurückzuführen. Wir erlauben daher die Darstellung von ungetypten und damit unterspezifizierten Kanälen. Anschaulich bedeutet eine solche ungetypte Kanalverbindung zwischen zwei Prozessen, dass irgendwann im Verlauf einer korrekten Abwicklung des Prozessnetzes irgendeine Nachricht vom Quellprozess des Verbindungskanals an dessen Zielprozess gesendet wird.

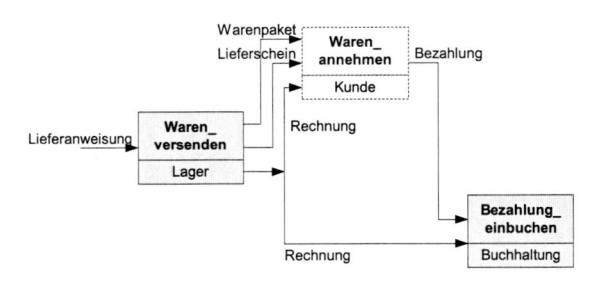

Abbildung 3.16: Broadcasting

Bei der Definition der Verbindungen zwischen den Ports der einzelnen Prozesse erlauben wir, dass ein Ausgabeport eines Prozesses mit mehreren nachfolgenden Eingabeports verbunden wird. Eine an diesem Ausgabeport anliegende Nachricht wird dabei an jeden dieser nachfolgenden Eingabeports versendet. Dieses Versenden einer Nachricht über mehrere verschiedene Kanäle bezeichnen wir als Broadcast. In der grafischen Darstellung symbolisieren wir Broadcasting durch einen verzweigten Kanal. Um die Verzweigung von überkreuzten Kanten im Diagramm zu unterscheiden, markieren wir sie mit einer Pfeilspitze (siehe Abbildung 3.16).

Einige der derzeit etablierten Beschreibungstechniken sehen eigene grafische Elemente für Fallunterscheidungen vor. In den Aktivitätsdiagrammen der UML und den Geschäftsprozessdiagrammen von BPMN beispielsweise werden Fallunterscheidungen durch Rauten symbolisiert. Auch die in dieser Arbeit vorgestellten Beschreibungstechniken erlauben die Modellierung von Fallunterscheidungen bzw. Prozessvarianten, sehen dafür jedoch kein separates grafisches Symbol vor.

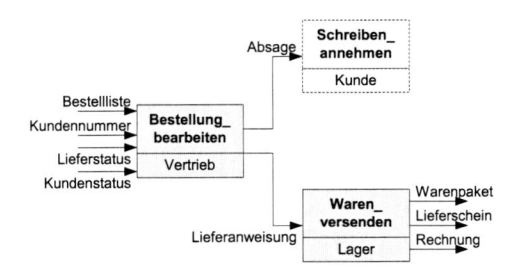

Abbildung 3.17: Fallunterscheidung in einem Geschäftsprozessnetz

Stattdessen wird in unserer Darstellungsweise eine Fallunterscheidung in demjenigen Prozess gekapselt, in welchem sie tatsächlich auch stattfindet. Die Menge der Ausgabeports dieses Prozesses deckt dabei alle möglichen auftretenden Fälle ab. Abhängig von der Wertebelegung der Eingabeports entscheidet die Verhaltensfunktion des Prozesses darüber, ob ein Ausgabeport belegt wird und mit welchem Wert. Führt ein bestimmter Ausgabeport zu einem Strang im Geschäftsprozessnetz, der bei der aktuellen Wertebelegung der Eingabeports nicht zur Ausführung kommen soll, so wird in diesem Fall keine Ausgabenachricht über diesen Ausgabeport versendet.

Abbildung 3.17 veranschaulicht diesen Sachverhalt an einem Beispiel. In Abhängigkeit seiner Eingabewerte erzeugt der Prozess *Bestellung_bearbeiten* entweder eine Absage an den Kunden oder eine Lieferanweisung, die an das Lager weitergeleitet wird. Es erhält also nur einer der beiden Nachfolgerprozesse von *Bestellung_bearbeiten* eine Eingabenachricht.

3.4.3 Geschäftsprozessmodell

Dieser Abschnitt widmet sich der konkreten Syntax von Geschäftsprozessmodellen. Insbesondere beschreiben wir dabei die Darstellung der Beziehungen zwischen abstrakten Prozessen und ihren verfeinernden Prozessnetzen.

Das in Abbildung 3.14 dargestellte Prozessnetz kann als Realisierung des abstrakteren Prozesses *Waren_versenden* aus Abbildung 3.18 angesehen werden.

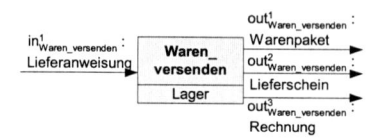

Abbildung 3.18: Abstrakter Geschäftsprozess

In einem entsprechenden Geschäftsprozessmodell spiegelt daher die Baumstruktur des Modells die Dekomposition von *Waren_versenden* auf die einzelnen Prozesse des verfeinernden Netzes wider (Abbildung 3.19). Die Baumdarstellung veranschaulicht die durch die Funktion Ref_m im Geschäftsprozessmodell festgelegte Verfeinerungsbeziehung zwischen den Prozessen.

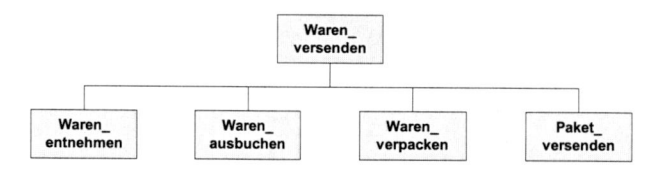

Abbildung 3.19: Baumstruktur eines Geschäftsprozessmodells

Damit das Prozessnetz eine gültige Dekomposition von Prozess *Waren_versenden* und das Geschäftsprozessmodell wohlgeformt ist, muss die Umgebungsschnittstelle des Netzes mindestens die Schnittstelle von Prozess *Waren_versenden* umfassen. Die Zuordnung der Ports eines abstrakten Prozesses zu den Ports des verfeinernden Prozessnetzes erfolgt mittels einer Annotation der Beschreibung der Glass-Box-Sicht des abstrakten Prozesses. Diese Annotation der Glass-Box-Sicht veranschaulicht die durch die Funktion Abs_m im Geschäftsprozessmodell festgelegte Zuordnung zwischen den Ports der verschiedenen Abstraktionsebenen.

Abbildung 3.20 zeigt die Annotation, die den Prozess *Ware_versenden* aus Abbildung 3.18 mit dem Prozessnetz aus Abbildung 3.14 als seiner Glass-Box-Sicht in Verbindung setzt. Das verfeinernde Prozessnetz deckt dabei wie gefordert die Umgebungsschnittstelle des abstrakteren Prozesses vollständig ab. Darüber hinaus verfügt es über jeweils einen zusätzlichen Eingabe- und Ausgabeport.

3.4 Konkrete Syntax

$$\begin{aligned}
\textbf{glass box business process } & Ware\_versenden = \{ \\
\textbf{input ports} \quad & in^1_{Ware\_entnehmen} \rightsquigarrow in^1_{Ware\_versenden} \\
\textbf{output ports} \quad & out^1_{Paket\_versenden} \rightsquigarrow out^1_{Ware\_versenden} \\
& out^2_{Paket\_versenden} \rightsquigarrow out^2_{Ware\_versenden} \\
& out^3_{Paket\_versenden} \rightsquigarrow out^3_{Ware\_versenden} \\
\}
\end{aligned}$$

Abbildung 3.20: Zuordnung von Ports im Geschäftsprozessmodell

Ähnlich wie bei den Diagrammen von Prozessnetzen ist nicht immer eine vollständige Darstellung der Modellinformation für ein anschauliches Modellverständnis erforderlich. Beispielsweise ist in vielen Fällen die Position von Prozessen im Modellbaum zusammen mit den Black-Box- und Glass-Box-Definitionen der Prozesse im Modell ausreichend, um anschaulich die Verbindungen zu abstrakterem Prozess und verfeinernden Prozessen und die damit verbundene Portzuordnung herzustellen. So ist das Beispiel in Abbildung 3.21 nach den Diagrammen bereits anschaulich verständlich, auch wenn die Beziehung zwischen den Umgebungsports der verschiedenen Abstraktionsebenen nicht explizit dargestellt ist.

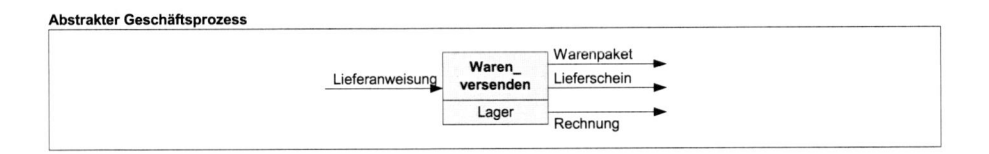

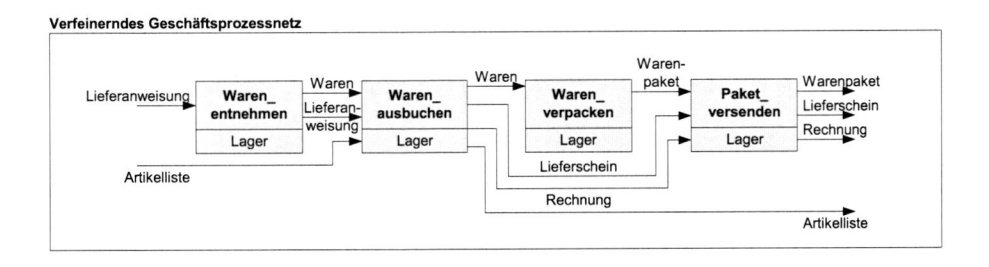

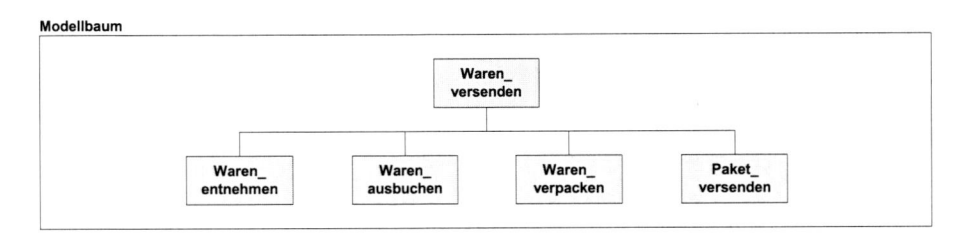

Abbildung 3.21: Vereinfachte Darstellung eines Geschäftsprozessmodells

Die wichtigsten Elemente der grafischen Syntax der hier eingeführten Beschreibungstechniken werden in Anhang B.1 noch einmal zusammengefasst.

3.5 Semantik

Die Semantik der in dieser Arbeit vorgestellten Beschreibungstechniken für Geschäftsprozesse basiert auf Funktionen und ihrer Komposition. Semantisch entspricht ein Prozess einer Menge von Funktionen mit entsprechender Ein-/Ausgabesignatur. Diese Funktionen formalisieren jeweils eine der Berechnungsvorschriften zur Ermittlung der Ausgaben aus den Eingabewerten, wie sie in der informellen Annotation der Black-Box-Definition des Prozesses bereits beschrieben wurden. Für die Definition der Semantik von Prozessnetzen ist die Kompositionalität dieser Funktionen erforderlich. Dabei werden die Funktionen der einzelnen Prozesse im Netz auf geeignete Weise miteinander verknüpft.

Die Komposition der Funktionen zusammen mit der Abstraktion einer Teilmenge der Eingabe- und Ausgabeparameter bildet die Grundlage für eine Formalisierung der Verfeinerung eines Prozesses durch seine Dekomposition in ein Prozessnetz. Dabei wird eine Menge von grobgranularen Funktionen ausgedrückt als eine entsprechende Einschränkung derjenigen Menge von Funktionen, die durch Komposition der Mengen von feingranularen Funktionen des verfeinernden Prozessnetzes im Geschäftsprozessmodell entsteht. Analog zu den Verfeinerungsbeziehungen der Prozesse spiegelt sich also die hierarchische Strukturierung des Prozessmodells auch auf Semantikebene wider.

In der Praxis sind die im Rahmen der Geschäftsprozessmodellierung analysierten Systeme in der Regel sehr groß und oft räumlich verteilt. Eine einheitliche Zeitvorstellung und insbesondere ein systemweit gültiger Zeittakt ist meist nicht vorhanden. Wir stützen unsere Systemmodellierung daher nicht auf die hypothetische Annahme eines systemweit einheitlichen Zeitbegriffs, sondern stellen die durch Nachrichtenaustausch bedingten kausalen Abhängigkeiten zwischen Prozessen in den Vordergrund.

Eine Erweiterung des Modells um Zeitvorstellungen ist jedoch prinzipiell denkbar. Dabei sind beispielsweise zum einen maximale Dauern der Nachrichtenübertragung entlang der Kanäle festzulegen. Zum anderen werden maximale Ausführungszeiten für die einzelnen Prozesse definiert (siehe Abschnitt 3.6.3). Die Zuweisung von Zeitbedingungen zu einzelnen Prozessteilen ist jedoch in der Regel lediglich auf den detaillierteren Modellierungsebenen sinnvoll, da auf den abstrakten Modelebenen die Prozessvorstellung ohnehin meist noch sehr vage ist.

Unserer Modellierung liegt die Vorstellung einer asynchronen Kommunikation zugrunde. Nachrichten können komplex strukturiert sein. Bei der Ausführung eines Prozesses wird über jeden Port bzw. Kanal maximal eine Nachricht empfangen oder gesendet. Beim Broadcast wird eine Kopie der am Ausgabeport anliegenden Nachricht an jeden der Eingabeports von Zielprozessen versendet, die durch Kanäle mit dem Quellport des Broadcasts verbunden sind.

Unser Berechnungsmodell basiert auf der Annahme, dass Geschäftsprozesse *greedy*, also gierig sind. Dies bedeutet, dass ein Geschäftsprozess bereits auf der Grundlage von partiell vorhandenen Eingaben möglichst viele seiner Ausgaben berechnet und dabei zunächst gegebenenfalls nur eine Teilbelegung seiner Ausgänge erzeugt. Es müssen also nicht notwendigerweise an jedem der Eingabeports eines Geschäftsprozesses Werte anliegen, damit dieser mit seiner Ausführung beginnen kann. Vielmehr werden jeweils so viele Teile des Prozessverhaltens wie möglich auf den vorhandenen Eingabewerten ausgeführt.

Abbildung 3.22 veranschaulicht, warum es sinnvoll ist, in der Semantik den Geschäftsprozessen ein Berechnungsmodell zugrunde zu legen, das von gierigen Prozessen ausgeht. Die Abbildung zeigt den abstrakten Prozess *Paket_versenden* und sein verfeinerndes Prozessnetz. In diesem verfeinernden Prozessnetz ist Prozess *Papiere_einschweißen* nicht abhängig

3.5 Semantik

Abstrakter Geschäftsprozess

```
Warenpaket ──→ ┌──────────┐ ──→ Warenpaket
Lieferschein ─→ │  Paket_  │ ──→ Lieferschein
Rechnung ─────→ │ versenden│ ──→ Rechnung
                │  Lager   │
                └──────────┘
```

Verfeinerndes Geschäftsprozessnetz

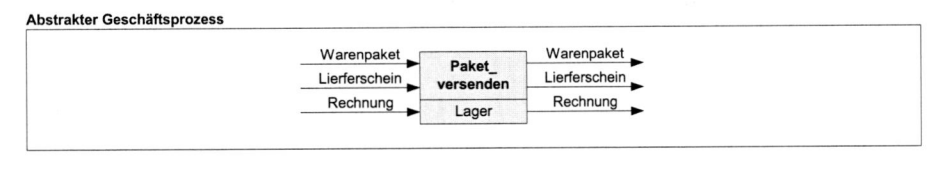

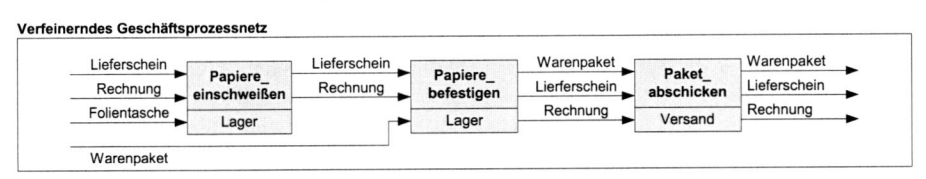

```
Lieferschein ──→ ┌──────────┐ Lieferschein ┌──────────┐ Warenpaket  ┌──────────┐ Warenpaket
Rechnung ──────→ │ Papiere_ │ Rechnung──→  │ Papiere_ │ Lieferschein│  Paket_  │ Lieferschein
Folientasche ──→ │einschweißen│ ────────→  │ befestigen│ Rechnung ──→│ abschicken│ Rechnung
                 │  Lager   │              │  Lager   │             │  Versand │
                 └──────────┘              └──────────┘             └──────────┘
Warenpaket ─────────────────────────────────────────↑
```

Abbildung 3.22: Bedeutung gieriger Prozesse

von der Eingabe *Warenpaket*, die Prozess *Papiere_befestigen* empfängt. Folglich kann Prozess *Papiere_einschweißen* bereits vollständig abgearbeitet werden, auch wenn die mit *Warenpaket* getypte Eingabe des Prozessnetzes noch nicht mit einem entsprechenden Eingabewert belegt ist. Auch der abstrakte Prozess *Paket_versenden* kann entsprechend bereits auf partiellen Eingaben mit der Ausführung beginnen.

Einige andere Ansätze zur Prozessmodellierung definieren ihre Semantik auf der Basis von Event Traces, wie zum Beispiel Hoare [Hoa1985]. Die Technik der Event Traces ist adäquat für die Modellierung von Prozessnetzen, in denen das Auftreten der einzelnen Kommunikationsereignisse partiell geordnet ist. Da unser Berechnungsmodell die Prozessausführung bereits auf partiellen Eingaben unterstützt, kann dagegen bei unserer Interpretation von Prozessnetzen nicht immer alleine aus der Struktur eines Prozessnetzes eine partielle Ordnung der Kommunikationsereignisse abgeleitet werden. Der Vorstellung der gierigen Prozesse ist die funktionsorientierte Semantik daher besser angemessen.

Wie teilweise bereits in Abschnitt 3.3 festgelegt bezeichne im Folgenden

- $\mathbb{S}$ eine Menge von Sorten,
- $\mathbb{Pt}$ eine Menge von Ports,
- $\mathbb{P}$ eine Menge von Prozessen,
- $\mathbb{NP}$ eine Menge von Prozessnetzen,
- $\mathbb{MP}$ eine Menge von Prozessmodellen,
- $\mathbb{B}$ eine Menge von Verhaltensfunktionen und
- $\mathbb{F}$ eine Menge von Semantikfunktionen.

In den nachfolgenden Abschnitten ordnen wir zunächst einzelnen Geschäftsprozessen eine Semantik zu. Darauf aufbauend definieren wir einen Kompositionsoperator, mit dessen Hilfe wir die Semantik von Prozessnetzen einführen. Schließlich stellen wir einen geeigneten Abstraktionsoperator vor und legen darauf aufbauend die Semantik der hierarchischen Verfeinerungsbeziehungen innerhalb eines Geschäftsprozessmodells fest.

3.5.1 Geschäftsprozess

Die Black-Box-Definition eines Geschäftsprozesses legt dessen getypte Schnittstelle und eine Menge von Verhaltensfunktionen fest, die in der informellen Annotation der Black-Box-Definition des Prozesses genauer beschrieben werden. Bei einem vollständig ausspezifizierten Prozess umfasst diese Menge von Verhaltensfunktionen dabei genau eine deterministische Funktion.

Als Semantik ordnen wir einem Prozess p eine Menge von Funktionen F_p zu, deren Funktionalität der getypten Schnittstelle des Prozesses entspricht und welche die Verhaltensfunktionen aus B_p umsetzen. Wir assoziieren also mit einem Prozess $p \in \mathbb{P}$ eine Menge von Funktionen $f_p \in F_p \subseteq \mathbb{F}$ der Funktionalität

$$f_p : \quad s_{in_1} \times \ldots \times s_{in_i} \longrightarrow s_{out_1} \times \ldots \times s_{out_o}$$

Dabei bezeichnen $s_{in_1}, \ldots, s_{in_i} \in \mathbb{S}$ und $s_{out_1}, \ldots, s_{out_o} \in \mathbb{S}$ die Sorten, die mit den Eingabeports $in_1, \ldots, in_i \in Pt_p$ bzw. den Ausgabeports $out_1, \ldots, out_o \in Pt_p$ des Prozesses p assoziiert sind.

Die Funktionen $f_p \in F_p$, die einem Prozess p als Semantik zugeordnet sind, spiegeln genau den aktuellen Entwicklungsstand dieses Prozesses im Geschäftsprozessmodell wider. Ist ein Port in der Schnittstelle des Geschäftsprozesses p noch unterspezifiziert und somit noch nicht getypt, so nehmen wir für diesen Port bei der Funktionsdefinition von f_p die allgemeinste Sorte $s_{all} = \mathbb{S}$ an. Gegebenenfalls kann im Rahmen der Verfeinerung des Geschäftsprozesses im Modell diese Sorte konkretisiert werden. Wird im Laufe des Entwicklungsprozesses die Schnittstelle des Prozesses p im Geschäftsprozessmodell um einen oder mehrere Ports erweitert, so wird analog auch auf der Ebene der Semantik die Signatur der Funktionen $f_p \in F_p$ entsprechend erweitert.

Nach unserem Berechnungsmodell sollen die Funktionen $f_p \in F_p$ so beschaffen sein, dass f_p bereits auf der Grundlage von partiellen Eingaben Teile der Ausgaben berechnen kann. Ferner soll durch Hinzunahme weiterer Eingabeinformationen der Ergebnistupel von f_p weiter determiniert werden. Wir stützen unser Berechnungsmodell auf die Bereichstheorie nach [Win1993] ab.

Hierfür bilde jede der Basissorten $s \in \mathbb{S}$ erweitert um $\bot$ als jeweils schwächstes Element bzgl. der Ordnung $\sqsubseteq$ einen flachen Bereich, sodass

$$\forall x \in s \quad : \quad \bot \sqsubseteq x \text{ und}$$
$$\forall x, y \in s \quad : \quad x \sqsubseteq y \Leftrightarrow x = y \lor x = \bot$$

gilt. $\sqsubseteq$ ist eine Ordnung und damit reflexiv, antisymmetrisch und transitiv. Bzgl. der Ordnung $\sqsubseteq$ ist also das Element $\bot$ schwächer als jedes andere Element x einer Sorte s. Alle anderen Elemente $x, y \in s$ einer Sorte s sind dagegen gleichgewichtig bzgl. der Ordnung $\sqsubseteq$.

Ferner gilt für zusammengesetzte Sorten $s = s_1 \times \ldots \times s_n$ mit $s, s_1, \ldots, s_n \in \mathbb{S}$

$$\forall x_i, y_i \in s_i, i \in \{1, \ldots, n\} \quad :$$
$$(x_1, \ldots, x_n) \sqsubseteq (y_1, \ldots, y_n) \Leftrightarrow \forall i \in \{1, \ldots, n\} \quad : \quad x_i \sqsubseteq y_i$$

Wir betrachten somit das nicht-strikte Kreuzprodukt von Sorten, bei dem bzgl. der Ordnung $\sqsubseteq$ zwei Elemente einer Sorte komponentenweise verglichen werden.

Jede Funktion $f_p \in F_p$ sei vollständig und monoton über den Bereichen der Eingabe- und Ausgabeparameter. Die Vollständigkeit stellt sicher, dass für jede mögliche Wertebelegung der

3.5 Semantik

Eingabeparameter der Funktion ein Ergebnistupel als Ausgabe definiert ist. Die Monotonie sichert zu, dass eine Erweiterung der Eingabeinformationen der Funktion ihr Ergebnis weiter determiniert. f_p ist monoton, wenn

$$\forall\, x,y \in s = s_{in_1} \times \ldots \times s_{in_i} \;:\; x \sqsubseteq y \Rightarrow f_p(x) \sqsubseteq f_p(y)$$

gilt.

Der Rumpf einer Funktion $f_p \in F_p$ definiert die mit dem Prozess p assoziierte Berechnungsvorschrift. Jede Funktion $f_p \in F_p$ setzt dabei genau eine Verhaltensfunktion $b_p \in B_p$ um, konkretisiert und vervollständigt diese mit den Verhaltensvorgaben aus der informellen Annotation der Black-Box-Definition des Geschäftsprozesses und berücksichtigt ferner auch die festgelegten Vor- und Nachbedingungen. Ist ein Geschäftsprozess vollständig spezifiziert und mit genau einer Verhaltensfunktion assoziiert, ist somit auch die Semantik des Prozesses eindeutig bestimmt.

Auf Semantikebene entspricht die Ausführung eines Prozesses genau der Auswertung der assoziierten Funktionen $f_p \in F_p$ auf den konkreten Eingabewerten, die bei Ausführung des Prozesses an dessen Eingabeports anliegen.

In unserem Beispiel wird mit dem Prozess *Waren_ausbuchen* aus Abbildung 3.9 eine Funktion $f_{Waren\_ausbuchen}$ assoziiert, deren Funktionalität

$$f_{Waren\_ausbuchen} :$$
$$Waren \times Lieferanweisung \times Artikelliste \longrightarrow$$
$$Waren \times Lieferschein \times Rechnung \times Artikelliste$$

genau die Ein-/Ausgabesituation des entsprechenden Prozesses widerspiegelt. Der Rumpf der Funktion $f_{Waren\_ausbuchen}$ setzt darüber hinaus die eindeutig bestimmte Verhaltensfunktion des Prozesses *Waren_ausbuchen* um, wie sie bereits in der in Abbildung 3.12 dargestellten informellen Annotation des Prozesses angedeutet wurde. Abbildung 3.23 zeigt die mit unserem Beispielprozess *Waren_ausbuchen* assoziierte Funktion $f_{Waren\_ausbuchen}$.

Bei der Modellierung von Geschäftsprozessen und entsprechend auch bei der Semantikdefinition gehen wir von deterministischen Prozessen aus. Dies ist sinnvoll, weil in einem gut organisierten Geschäftssystem sichergestellt sein sollte, dass ein Geschäftsprozess bei identischen Eingaben immer zu den gleichen Ergebnissen führt. Die Art und Weise der Ergebniserstellung kann dagegen gegebenenfalls den jeweiligen Bearbeitern einer Aufgabe überlassen sein.

Nicht alle für die adäquate Prozessbeschreibung erforderlichen Informationen sind bei der Erstellung eines Geschäftsprozessmodells von Anfang an bekannt. Darüber hinaus sind auch nicht alle Detailinformationen relevant für alle Abstraktionsebenen des Modells.

Aus methodischen Gründen erlauben wir daher insbesondere auf den höheren Abstraktionsebenen des Geschäftsprozessmodells die Unterspezifikation von Prozessen. Bedingt durch diese Unterspezifikation kann das Verhalten eines Prozesses auf einer bestimmten Abstraktionsebene im Geschäftsprozessmodell nichtdeterministisch erscheinen. Dieses Phänomen tritt auf, wenn auf der betrachteten Modellierungsebene eines Prozesses noch nicht alle diejenigen Eingabenachrichten bekannt sind, die das Ergebnis seiner Auswertung beeinflussen, bzw. wenn der Prozess weitere, derzeit noch nicht bekannte Ausgaben erzeugt. In diesem Fall kann der Prozess für die gleiche Belegung seiner Eingabeports unterschiedliche Belegungen seiner Ausgabeports erzeugen.

$f_{Waren\_ausbuchen}$:
$$Waren \times Lieferanweisung \times Artikelliste \longrightarrow Waren \times Lieferschein \times Rechnung \times Artikelliste$$

wobei gilt

$f_{Waren\_ausbuchen}(in^1_{Waren\_ausbuchen}, in^2_{Waren\_ausbuchen}, in^3_{Waren\_ausbuchen}) =$
$= (out^1_{Waren\_ausbuchen}, out^2_{Waren\_ausbuchen}, out^3_{Waren\_ausbuchen}, out^4_{Waren\_ausbuchen})$ mit

// Berechnungsvorschrift für $out^1_{Waren\_ausbuchen}$
    $out^1_{Waren\_ausbuchen} = in^1_{Waren\_ausbuchen}$;

// Berechnungsvorschrift für $out^2_{Waren\_ausbuchen}$
    new l : $Lieferschein$;
    $l.Liefernummer\ \ = in^2_{Waren\_ausbuchen}.Liefernummer$;
    $l.Bestellnummer\ = in^2_{Waren\_ausbuchen}.Bestellnummer$;
    for each $Anweisungsposten\ ap \in in^2_{Waren\_ausbuchen}.Anweisungspostenliste$ do {
        new lp : $Lieferposten$;
        $lp.Artikelnummer\ = ap.Artikelnummer$;
        $lp.Stückzahl\ \ \ \ \ \ = ap.Stückzahl$;
        append $(l.Lieferpostenliste, lp)$;
    }
    $l.Besteller\ \ \ = in^2_{Waren\_ausbuchen}.Besteller$;
    $l.Empfänger = in^2_{Waren\_ausbuchen}.Empfänger$;
    $out^2_{Waren\_ausbuchen} = l$;

// Berechnungsvorschrift für $out^3_{Waren\_ausbuchen}$
    new r : $Rechnung$;
    $r.Liefernummer\ \ = in^2_{Waren\_ausbuchen}.Liefernummer$;
    $r.Bestellnummer = in^2_{Waren\_ausbuchen}.Bestellnummer$;
    $r.Gesamtpreis\ \ \ \ = 0$;
    for each $Anweisungsposten\ ap \in in^2_{Waren\_ausbuchen}.Anweisungspostenliste$ do {
        new rp : $Rechnungsposten$;
        $rp.Artikelnummer = ap.Artikelnummer$;
        $rp.Stückzahl\ \ \ \ \ \ = ap.Stückzahl$;
        select $Artikel\ a$ from $in^3_{Waren\_ausbuchen}$ where $a.Artikelnummer = rp.Artikelnummer$;
        $rp.Preis\ \ \ \ \ \ \ = a.Preis$;
        $rp.Postenpreis = rp.Stückzahl * rp.Preis$
        $r.Gesamtpreis\ = r.Gesamtpreis + rp.Postenpreis$;
        append $(r.Rechnungspostenliste, rp)$;
    }
    $l.Besteller\ \ \ = in^2_{Waren\_ausbuchen}.Besteller$;
    $l.Empfänger = in^2_{Waren\_ausbuchen}.Empfänger$;
    $out^3_{Waren\_ausbuchen} = r$;

// Berechnungsvorschrift für $out^4_{Waren\_ausbuchen}$
    new al : $Artikelliste$;
    $al = in^3_{Waren\_ausbuchen}$;
    for each $Ware\ w \in in^1_{Waren\_ausbuchen}$ do {
        select $Artikel\ a$ from al where $a.Artikelnummer = w.Artikelnummer$;
        $a.Lagerbestand\ = a.Lagerbestand - 1$;
        $a.Reservierung\ = a.Reservierung - 1$;
    }
    $out^4_{Waren\_ausbuchen} = al$;

Abbildung 3.23: Semantikfunktion $f_{Waren\_ausbuchen}$ des Prozesses $Waren\_ausbuchen$

3.5 Semantik

In den frühen Stadien des Modellierungsprozesses sind die Verhaltensfunktionen der Prozesse im Modell meistens noch weit gehend unklar. Daher ist es in diesem Stadium der Modellierung oft noch gar nicht offensichtlich, ob ein bestimmter Prozess noch unterspezifiziert ist oder ob er sich bereits deterministisch verhält. Es ist also gegebenenfalls nicht ohne weiteres deutlich, ob im aktuellen Stand des Modells mit diesem Prozess mehr als eine Verhaltensfunktion assoziiert ist.

Im weiteren Verlauf der Modellierung werden auch die Informationen über die Verhaltensfunktionen der Prozesse sukzessive weiter detailliert, bis sie ausreichend verstanden sind. Die Bedeutung des Begriffs „ausreichend" ist dabei abhängig von der jeweiligen Modellierungsaufgabe. Soll das zu erstellende Geschäftsprozessmodell lediglich einen Überblick über die Struktur der wichtigsten Systemprozesse vermitteln, so ist ein verhältnismäßig grobgranulares Modell ausreichend. Bildet das Geschäftsprozessmodell dagegen die Grundlage für den Entwurf eines zu entwickelnden Softwaresystems, so ist ein erheblich höherer Detaillierungsgrad des Modells erforderlich. Im letzteren Fall werden typischerweise die Verhaltensfunktionen der Elementarprozesse des Geschäftsprozessmodells so weit detailliert, dass sie in Form von Algorithmen dokumentiert werden können. Tritt dabei ein Nichtdeterminismus im Verhalten eines Prozesses zu Tage, so ist dies ein wichtiger Hinweis darauf, dass die Schnittstelle des Prozesses noch unterspezifiziert ist und weiter verfeinert werden muss.

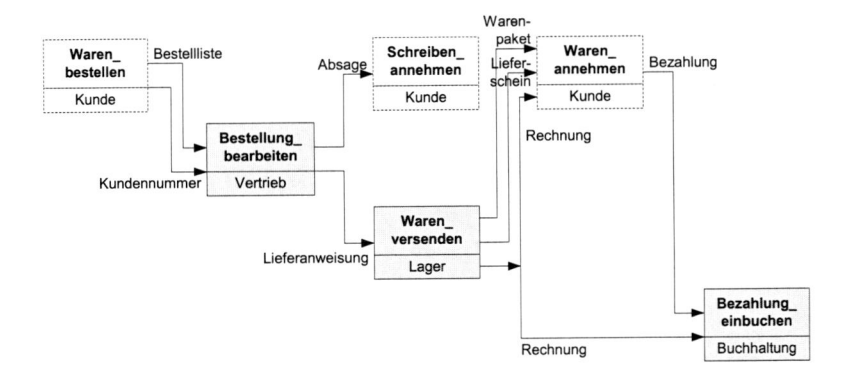

Abbildung 3.24: Geschäftsprozessnetz mit unterspezifiziertem Prozess *Bestellung_bearbeiten*

Abbildung 3.24 veranschaulicht die Unterspezifikation der Schnittstelle eines Prozesses anhand eines Beispiels. Der Prozess *Bestellung_bearbeiten* erhält als Eingaben die Liste der bestellten Artikel sowie die Kundennummer des Auftraggebers. Sind die bestellten Artikel lieferbar, so wird eine Lieferanweisung an das Lager weitergegeben. Falls die bestellten Artikel dagegen nicht lieferbar sind, erhält der Auftraggeber ein entsprechendes Absageschreiben. Sind einige der bestellten Artikel lieferbar und die restlichen bestellten Artikel vergriffen, so wird für die lieferbaren Artikel eine Lieferanweisung an das Lager weitergegeben. Für die vergriffenen Artikel wird ein Absageschreiben erstellt und an den auftraggebenden Kunden versendet. Wird der dem Kunden zugestandene Kreditrahmen durch die Bestellung überschritten, wird ebenfalls ein entsprechendes Absageschreiben erstellt und an den Kunden versendet. Die Ausgabe des Prozesses *Bestellung_bearbeiten* ist also abhängig vom Lieferstatus der bestellten Artikel und dem Status des Kundenkontos des Auftraggebers. Diese Informationen sind in der dargestellten Prozesssicht jedoch nicht explizit als Eingabenachricht des Prozesses mit angegeben.

Derartige mengenwertige Verhaltensbeschreibungen interpretieren wir zunächst als Beschreibungen von nichtdeterministischen Geschäftsprozessen, die zur Laufzeit Wahlfreiheit besitzen. Wird der Prozess jedoch nach und nach verfeinert, so kann die Schnittstelle der verfeinernden Prozessnetze auf den detaillierteren Modellierungsebenen nach und nach ergänzt werden, bis der Nichtdeterminismus aufgelöst ist.

Auch auf den höheren Abstraktionsebenen im Geschäftsprozessmodell können wir eine eindeutige Verhaltensbeschreibung erreichen, auch wenn die dafür erforderlichen Details der Prozessschnittstelle noch nicht alle bekannt oder für die dargestellte Abstraktionsebene nicht relevant sind. Wir erweitern dazu die Eingabeschnittstelle des unterspezifizierten Prozesses um einen ungetypten Eingabeport. Dieser Eingabeport symbolisiert, ähnlich dem Konzept des Orakels bzw. der Prophecy-Variablen aus [AL1988, Kel1978], die für eine deterministische Prozessauswertung noch erforderlichen zusätzlichen Eingabenachrichten. Der unterspezifizierte Prozess wird dadurch genauer definiert und sein Verhalten deterministisch. Ist der unterspezifizierte Prozess im Modell bereits zu einem Prozessnetz verfeinert, so wird dieser neue ungetypte Eingabeport gegebenenfalls zu einem oder mehreren Eingabeports des verfeinernden Prozessnetzes konkretisiert.

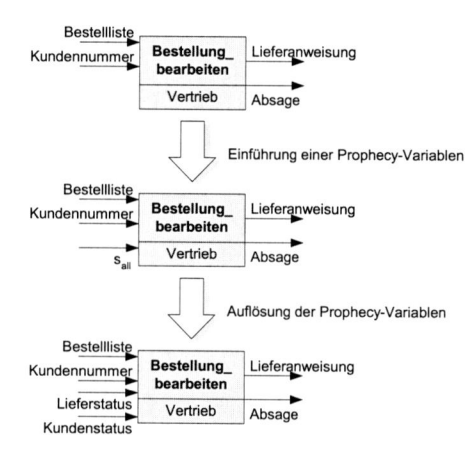

Abbildung 3.25: Auflösung von Unterspezifikation durch Prophecy-Variable

Abbildung 3.25 veranschaulicht die Technik der Prophecy-Variablen am Beispiel des unterspezifizierten Prozesses *Bestellung_bearbeiten* aus Abbildung 3.24. Dieser Prozess konsumiert zwei Eingaben der Nachrichtentypen *Bestellliste* und *Kundennummer* und erzeugt zwei Ausgaben der Nachrichtentypen *Lieferanweisung* oder *Absage*.

Die Abbildungen 3.26 und 3.27 zeigen eine konkrete Belegung der Eingabeparameter des Prozesses *Bestellung_bearbeiten* sowie die beiden möglichen Belegungen der Ausgabeparameter, die diese Eingabewerte bewirken können.

Um diese Unterspezifikation des Verhaltens von *Bestellung_bearbeiten* aufzulösen, erweitern wir zunächst die Schnittstelle des Prozesses um eine Prophecy-Variable in_p. Der Prozess wird dadurch weit genug verfeinert, um die Unterspezifikation des Verhaltens aufzulösen. Die Prophecy-Variable sei vom allgemeinsten Nachrichtentyp s_{all}, kann also mit beliebigen, auch komplexen Datenwerten belegt werden.

3.5 Semantik

Belegungsvariante 1: Lieferanweisung wird ausgegeben, Absage wird nicht ausgegeben

Lieferanweisung l	
l.Liefernummer	= l123;
l.Bestellnummer	= b456;
l.Anweisungspostenliste[1].Artikelnummer	= 0-7475-5100-6;
l.Anweisungspostenliste[1].Stückzahl	= 1;
l.Anweisungspostenliste[1].Status	= lieferbar;
l.Anweisungspostenliste[2]	= end;
l.Besteller.Name.Vorname	= Veronika;
l.Besteller.Name.Nachname	= Thurner;
...	
l.Empfänger.Name.Vorname	= Veronika;
l.Empfänger.Name.Nachname	= Thurner;
...	

Bestellliste b	
b[1].Artikelnummer	= 0-7475-5100-6;
b[1].Stückzahl	= 1;
b[2]	= end;

Kundennummer k
k = veronika.thurner.09;

Bestellung_bearbeiten — Vertrieb — Absage $\perp$

Belegungsvariante 2: Lieferanweisung wird nicht ausgegeben, Absage wird ausgegeben

Bestellliste b	
b[1].Artikelnummer	= 0-7475-5100-6;
b[1].Stückzahl	= 1;
b[2]	= end;

Kundennummer k
k = veronika.thurner.09;

Bestellung_bearbeiten — Vertrieb — Lieferanweisung $\perp$

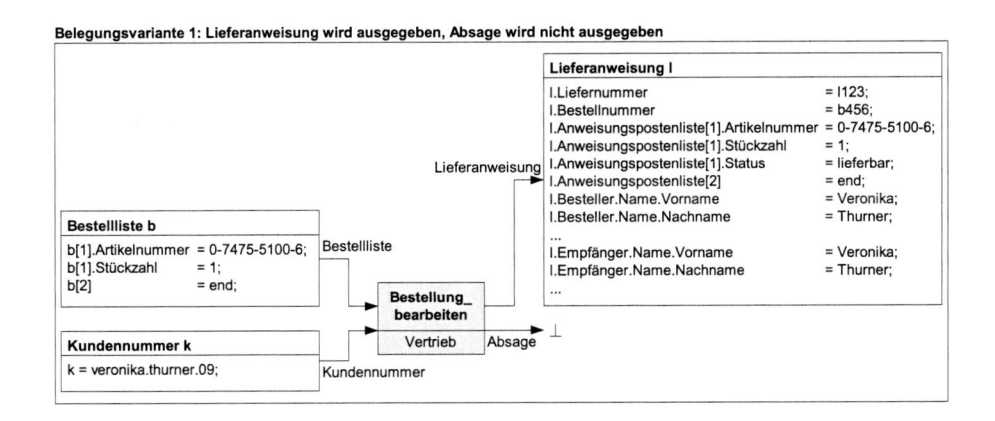

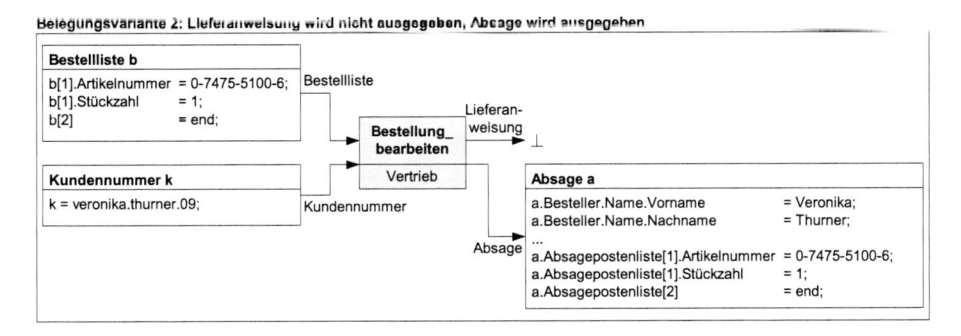

Absage a	
a.Besteller.Name.Vorname	= Veronika;
a.Besteller.Name.Nachname	= Thurner;
...	
a.Absagepostenliste[1].Artikelnummer	= 0-7475-5100-6;
a.Absagepostenliste[1].Stückzahl	= 1;
a.Absagepostenliste[2]	= end;

Abbildung 3.26: Konkrete Werte für Ein- und Ausgabeparameter von *Bestellung_bearbeiten*

Eingaben		Ausgaben	
Bestellliste	Kundennummer	Lieferanweisung	Absage
b	k	l	$\perp$
b	k	$\perp$	a

Abbildung 3.27: Mögliche Belegungen der Ausgabeparameter von *Bestellung_bearbeiten*

Eingaben			Ausgaben	
Bestellliste	Kundennummer	s_{all}	Lieferanweisung	Absage
b	k	(lieferbar; end;) $\wedge$ Konto ok	l	$\perp$
b	k	($\neg$ lieferbar; end;) $\vee$ $\neg$ Konto ok	$\perp$	a

Abbildung 3.28: Erweiterung der Schnittstelle um Prophecy-Variable

In unserem Beispiel ändert sich das Verhalten von *Bestellung_bearbeiten* entsprechend auf die in Abbildung 3.28 dargestellten Wertekombinationen. Dabei repräsentieren b, k, l und a die Belegungen der entsprechenden Eingabe- und Ausgabeparameter mit konkreten Werten, so wie diese in Abbildung 3.26 angegeben wurden.

In einem weiteren Verfeinerungsschritt wird schließlich die Prophecy-Variable konkretisiert zu zwei weiteren Eingaben des Prozesses *Bestellung_bearbeiten* mit den Nachrichtentypen *Lieferstatus* und *Kundenstatus*. Sind die Artikel lieferbar und wird der Kreditrahmen des auftraggebenden Kunden durch die Bestellung nicht überschritten, so wird auf eine Bestellung hin eine Lieferanweisung für die entsprechenden Artikel versendet und keine ablehnende Nachricht ausgegeben. Ist ein Teil der Artikel lieferbar und wird der Kreditrahmen des Auftraggebers durch die Bestellung der lieferbaren Artikel nicht überschritten, so wird für die lieferbaren Artikel eine entsprechende Lieferanweisung versendet und für die anderen Artikel eine ablehnende Nachricht ausgegeben. Ist keiner der Artikel lieferbar bzw. wird der Kreditrahmen des Auftraggebers durch die Bestellung überschritten, so wird keine Lieferanweisung erstellt, sondern die ablehnende Nachricht an den Kunden versendet.

Eingaben				Ausgaben	
Bestellliste	Kundennummer	Lieferstatus	Kundenstatus	Lieferanweisung	Absage
b	k	(lieferbar; end;)	Konto ok	l	$\bot$
b	k	($\neg$ lieferbar; end;)	Konto ok	$\bot$	a
b	k	(lieferbar; end;)	$\neg$ Konto ok	$\bot$	a
b	k	($\neg$ lieferbar; end;)	$\neg$ Konto ok	$\bot$	a

Abbildung 3.29: Auflösung der Prophecy-Variablen

Abbildung 3.29 zeigt die möglichen Kombinationen von Eingabe- und Ausgabebelegungen für unser Beispiel. Der durch Unterspezifikation bedingte ursprüngliche Nichtdeterminismus des Prozesses *Bestellung_bearbeiten* wurde sukzessive aufgelöst.

3.5.2 Geschäftsprozessnetz

In einem Geschäftsprozessnetz sind einzelne Geschäftsprozesse durch Verbindungskanäle zwischen ihren Ports miteinander verknüpft. Die Verbindungskanäle geben vor, auf welche Weise sich das Verhalten der einzelnen Geschäftsprozesse des Netzes zum Verhalten des gesamten Prozessnetzes zusammenfügt. Ein Prozess im Netz verarbeitet als Eingaben neben möglichen Eingabeparametern der Umgebung an das Netz auch die Ergebnisse seiner Vorgängerprozesse, die über die Verbindungskanäle zur Verfügung gestellt werden. Eine Verhaltensfunktion $b_{p_{sink}}$ eines Prozesses p_{sink} in einem Prozessnetz wird also auch auf den durch die Verbindungskanäle (pt_{source}, pt_{sink}) vorgegebenen Teilergebnissen der Verhaltensfunktionen $b_{p_{source}}$ der Vorgängerprozesse p_{source} von p_{sink} im Prozessnetz ausgeführt.

Insgesamt ergibt sich durch diese Komposition der Verhaltensfunktionen $b_p \in B_p$ der einzelnen Prozesse $p \in P_n$ im Netz n eine neue Menge von Verhaltensfunktionen $B_n \subseteq \mathbb{B}$, die das Gesamtverhalten des Netzes beschreibt. Jede Funktion $b_n \in B_n$ bildet dabei die Menge der Eingabewerte I_n des Prozessnetzes auf die Ausgabeparameter O_n des Netzes ab. Im Folgenden bezeichne $\mathbb{NB} \subseteq \mathbb{B}$ die Menge der Verhaltensfunktionen, die durch die Geschäftsprozessnetze in $\mathbb{NP}$ realisiert werden.

Die Kanalstruktur des Geschäftsprozessnetzes n gibt vor, nach welchem Muster die Verhaltensfunktionen $b_p \in B_p$ der einzelnen Prozesse in n komponiert werden müssen, damit sie

3.5 Semantik

insgesamt eine Verhaltensfunktion b_n des Netzes beschreiben. In ein konkretes $b_n \in B_n$ fließt dabei von jedem Prozess $p \in P_n$ im Netz genau eine seiner Verhaltensfunktionen $b_p \in B_p$ ein. Folglich ergibt sich die Anzahl der möglichen Verhaltensfunktionen des Geschäftsprozessnetzes aus der Anzahl der Kombinationsmöglichkeiten der Verhaltensfunktionen der einzelnen Geschäftsprozesse im Netz. Es gilt also

$$\bar{B}_n = \prod_{p \in P_n} \bar{B}_p$$

wobei $\bar{B}$ die Mächtigkeit der Menge B und $\prod$ das Produkt bezeichne.

Allgemein definieren wir einen Kompositionsoperator K, der aus einem gegebenen Prozessnetz das entsprechende Gesamtverhalten B_n ableitet. Dabei sei

$$K : \mathbb{NP} \longrightarrow \mathcal{P}(\mathbb{NB})$$

sodass gilt

$$K(GlassBox(p)) = B_n \Rightarrow$$

$$\forall\, b_n \in B_n,\ input \in \bigotimes_{in \in I_n} Sort(in),\ output \in \bigotimes_{out \in O_n} Sort(out)\ :$$
$$b_n(input) = output \Leftrightarrow \exists\, v \in \bigotimes_{pt \in Pt_n} Sort(pt)\ :$$
$$input = v\,|_{I_n}\ \wedge$$
$$output = v\,|_{O_n}\ \wedge$$
$$\forall\, c \in C_n : v\,|_{Source(c)} = v\,|_{Sink(c)}\ \wedge$$
$$\forall\, p \in P_n\ \exists\, b_p \in B_p\ :\ b_p(v\,|_{In_p}) = v\,|_{Out_p}$$

wobei $GlassBox(p) = n = (P_n, C_n, I_n, O_n)$ sei.

Die Menge der Verhaltensfunktionen B_n, die das Gesamtverhalten des Netzes (P_n, C_n, I_n, O_n) beschreibt, bildet also einen Eingabetupel dieses Geschäftsprozessnetzes genau dann auf einen entsprechenden Ausgabetupel ab, wenn es eine Wertebelegung v aller Ports im Netz gibt, für die gilt:

- Die Wertebelegung der Ports aller Prozesse im Netz, eingeschränkt auf die Eingabeports des Geschäftsprozessnetzes, ergibt den Eingabetupel des Netzes.

- Die Wertebelegung der Ports aller Prozesse im Netz, eingeschränkt auf die Ausgabeports des Geschäftsprozessnetzes, bildet den Ausgabetupel des Netzes.

- Bei jedem internen Verbindungskanal im Netz liegt jeweils an Quellport und Senkenport der gleiche Wert an.

- Jeder Prozess $p \in P_n$ im Netz umfasst eine Verhaltensfunktion $b_p \in B_p$, welche die durch die Wertebelegung v vorgegebenen Werte seiner Eingaben In_p auf diejenige Wertebelegung seiner Ausgabeports Out_p abbildet, die durch die Wertebelegung v vorgegeben ist.

$b_n :$ *Lieferanweisung* $\times$ *Artikelliste* $\longrightarrow$ *Warenpaket* $\times$ *Lieferschein* $\times$ *Rechnung* $\times$ *Artikelliste*

wobei gilt

$b_n(in^1_{Waren\_entnehmen}, in^3_{Waren\_ausbuchen}) = (b.1_n, b.2_n, b.3_n, b.4_n)$ mit

// Berechnungsvorschrift für $b.1_n$

$$\begin{aligned}
b.1_n = \ & b.1_{Paket\_versenden}(\\
& \quad b.1_{Waren\_verpacken}(b.1_{Waren\_ausbuchen}(b.1_{Waren\_entnehmen}(in^1_{Waren\_entnehmen}), \\
& \hspace{11em} b.2_{Waren\_entnehmen}(in^1_{Waren\_entnehmen}), \\
& \hspace{11em} in^3_{Waren\_ausbuchen})), \\
& \quad b.2_{Waren\_ausbuchen}(b.1_{Waren\_entnehmen}(in^1_{Waren\_entnehmen}), \\
& \hspace{8em} b.2_{Waren\_entnehmen}(in^1_{Waren\_entnehmen}), \\
& \hspace{8em} in^3_{Waren\_ausbuchen}), \\
& \quad b.3_{Waren\_ausbuchen}(b.1_{Waren\_entnehmen}(in^1_{Waren\_entnehmen}), \\
& \hspace{8em} b.2_{Waren\_entnehmen}(in^1_{Waren\_entnehmen}), \\
& \hspace{8em} in^3_{Waren\_ausbuchen}) \\
&)
\end{aligned}$$

// Berechnungsvorschrift für $b.2_n$

$$\begin{aligned}
b.2_n = \ & b.2_{Paket\_versenden}(\\
& \quad b.1_{Waren\_verpacken}(b.1_{Waren\_ausbuchen}(b.1_{Waren\_entnehmen}(in^1_{Waren\_entnehmen}), \\
& \hspace{11em} b.2_{Waren\_entnehmen}(in^1_{Waren\_entnehmen}), \\
& \hspace{11em} in^3_{Waren\_ausbuchen})), \\
& \quad b.2_{Waren\_ausbuchen}(b.1_{Waren\_entnehmen}(in^1_{Waren\_entnehmen}), \\
& \hspace{8em} b.2_{Waren\_entnehmen}(in^1_{Waren\_entnehmen}), \\
& \hspace{8em} in^3_{Waren\_ausbuchen}), \\
& \quad b.3_{Waren\_ausbuchen}(b.1_{Waren\_entnehmen}(in^1_{Waren\_entnehmen}), \\
& \hspace{8em} b.2_{Waren\_entnehmen}(in^1_{Waren\_entnehmen}), \\
& \hspace{8em} in^3_{Waren\_ausbuchen}) \\
&)
\end{aligned}$$

// Berechnungsvorschrift für $b.3_n$

$$\begin{aligned}
b.3_n = \ & b.3_{Paket\_versenden}(\\
& \quad b.1_{Waren\_verpacken}(b.1_{Waren\_ausbuchen}(b.1_{Waren\_entnehmen}(in^1_{Waren\_entnehmen}), \\
& \hspace{11em} b.2_{Waren\_entnehmen}(in^1_{Waren\_entnehmen}), \\
& \hspace{11em} in^3_{Waren\_ausbuchen})), \\
& \quad b.2_{Waren\_ausbuchen}(b.1_{Waren\_entnehmen}(in^1_{Waren\_entnehmen}), \\
& \hspace{8em} b.2_{Waren\_entnehmen}(in^1_{Waren\_entnehmen}), \\
& \hspace{8em} in^3_{Waren\_ausbuchen}), \\
& \quad b.3_{Waren\_ausbuchen}(b.1_{Waren\_entnehmen}(in^1_{Waren\_entnehmen}), \\
& \hspace{8em} b.2_{Waren\_entnehmen}(in^1_{Waren\_entnehmen}), \\
& \hspace{8em} in^3_{Waren\_ausbuchen}) \\
&)
\end{aligned}$$

// Berechnungsvorschrift für $b.4_n$

$$\begin{aligned}
b.4_n = \ & b.4_{Waren\_ausbuchen}(b.1_{Waren\_entnehmen}(in^1_{Waren\_entnehmen}), \\
& \hspace{6em} b.2_{Waren\_entnehmen}(in^1_{Waren\_entnehmen}), \\
& \hspace{6em} in^3_{Waren\_ausbuchen})
\end{aligned}$$

Abbildung 3.30: Verhaltensfunktion b_n des Geschäftsprozessnetzes in unserem Beispiel

3.5 Semantik

Analog zu den isolierten Geschäftsprozessen ordnen wir auch einem Geschäftsprozessnetz n als Semantik eine Menge von Funktionen F_n zu, deren Funktionalität die getypte Schnittstelle von n widerspiegelt und welche die mit dem Geschäftsprozessnetz assoziierten Verhaltensfunktionen B_n umsetzen. Entsprechend dem Kompositionsmuster, das durch die Kanalstruktur des Geschäftsprozessnetzes n vorgegeben ist, setzen sich die Funktionen in F_n dabei analog zu B_n aus den Semantikfunktionen f_p der einzelnen Prozesse in n zusammen. Eine konkrete Ausführung eines Geschäftsprozessnetzes ist auf Ebene der Semantik gleichbedeutend mit der Auswertung der Funktionen $f_n \in F_n$ auf den Eingabewerten, die an den Eingabeports des Geschäftsprozessnetzes n anliegen.

Das Prozessnetz aus unserem Beispiel in Abbildung 3.14 setzt sich zusammen aus den Prozessen *Waren_entnehmen*, *Waren_ausbuchen*, *Waren_verpacken* und *Paket_versenden*, mit denen die Mengen von Verhaltensfunktionen $B_{Waren\_entnehmen}, B_{Waren\_ausbuchen}, B_{Waren\_verpacken}$ und $B_{Paket\_versenden}$ assoziiert sind. Die einzelnen Verhaltensfunktionen aus diesen Mengen sind dabei jeweils von den Signaturen

$$\begin{aligned}
b_{Waren\_entnehmen}: &\ Lieferanweisung \longrightarrow Waren \times Lieferanweisung \\
b_{Waren\_ausbuchen}: &\ Waren \times Lieferanweisung \times Artikelliste \longrightarrow \\
&\ Waren \times Lieferschein \times Rechnung \times Artikelliste \\
b_{Waren\_verpacken}: &\ Waren \longrightarrow Warenpaket \\
b_{Paket\_versenden}: &\ Warenpaket \times Lieferschein \times Rechnung \longrightarrow \\
&\ Warenpaket \times Lieferschein \times Rechnung
\end{aligned}$$

Die internen Kanalverbindungen des Geschäftsprozessnetzes in Abbildung 3.14 legen fest, wie sich das Gesamtverhalten B_n des Netzes aus den Verhaltensfunktionen der einzelnen Geschäftsprozesse im Netz zusammensetzt. Abbildung 3.30 zeigt das entsprechende Muster, gemäß dem die Verhaltensfunktionen der Prozesse im Netz komponiert werden, um so insgesamt eine Verhaltensfunktion $b_n \in B_n$ für das Netz aus unserem Beispiel zu beschreiben. Dabei bezeichne $b_p \in B_p$ eine beliebige Verhaltensfunktion des Prozesses p, wobei in einem konkreten b_n jedes Auftreten von b_p jeweils dieselbe Verhaltensfunktion von p identifiziert. Ferner definieren wir $b.i_p$ als die i-te Komponente des Ergebnistupels von b_p. Analog sei $b.j_n$ die j-te Komponente des Ergebnistupels der Funktion b_n.

3.5.3 Verfeinerung im Geschäftsprozessmodell

Über das Konzept der hierarchischen Verfeinerung in der Glass-Box-Sicht wird ein Geschäftsprozess durch ein Prozessnetz in detaillierter Form dargestellt. Diese Verfeinerungsbeziehung muss sich entsprechend auch auf der Semantikebene widerspiegeln. Dazu stellen wir die Menge der Verhaltensfunktionen des grobgranularen Geschäftsprozesses durch die Menge der Verhaltensfunktionen des verfeinernden Prozessnetzes dar, wobei die Signatur der Verhaltensfunktionen des verfeinernden Prozessnetzes geeignet eingeschränkt wird. Die Verhaltensfunktionen des verfeinernden Prozessnetzes setzen sich wiederum durch Komposition aus Mengen von Verhaltensfunktionen feinerer Granularität zusammen.

Enthält das verfeinernde Prozessnetz zusätzliche Eingabe- und Ausgabeports, die auf der grobgranularen Ebene noch nicht relevant oder bekannt waren, so ist eine Einschränkung der Ein-/Ausgabefunktionalität der mit dem Prozessnetz assoziierten Verhaltensfunktionen erforderlich. Die Zugehörigkeit der Ports wird durch die Funktion Abs_m im Geschäftsprozessmodell definiert. Sie wird in der konkreten Syntax durch die Annotation der Glass-Box-Sicht des grobgranularen Geschäftsprozesses dargestellt.

Ist in einem Geschäftsprozessmodell ein Prozess verfeinert zu einem Prozessnetz, so müssen sich dieser Prozess und das zugehörige Prozessnetz auch auf Semantikebene entsprechen. Für jeden gültigen Eingabetupel des Prozessnetzes ermittelt das Prozessnetz gemäß der Menge seiner Verhaltensfunktionen B_n entsprechende Tupel von Ausgabewerten. Ferner liefert der abstrakte Prozess, angewendet auf eine seiner Schnittstelle entsprechende Abstraktion des Eingabetupels des verfeinernden Prozessnetzes, ebenfalls eine Menge von Ausgabetupeln. Netz und Prozess entsprechen sich auf Semantikebene, wenn für jeden beliebigen Eingabetupel des Netzes die Menge der Ausgabetupel des Netzes, durch Abstraktion eingeschränkt auf die Ausgabeschnittstelle des abstrakten Prozesses, übereinstimmt mit der entsprechenden Menge von Ausgabetupeln des abstrakten Prozesses. Abbildung 3.31 veranschaulicht diese Beziehung zwischen den beiden Mengen von Verhaltensfunktionen und ihren Ein- und Ausgaben (siehe auch [Bro1993, Bro2003]).

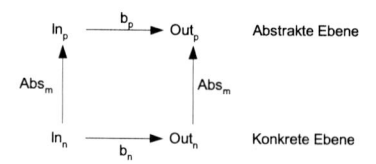

Abbildung 3.31: Beziehung zwischen den Verhaltensfunktionen

Allgemein definieren wir einen Abstraktionsoperator A, der zu einem gegebenen Prozess aus dessen verfeinerndem Prozessnetz und der Menge der Verhaltensfunktionen des Netzes durch entsprechende Einschränkung die abstrahierten Verhaltensfunktionen des abstrakten Prozesses ableitet. Dabei sei

$$A : \mathbb{NP} \times \mathcal{P}(\mathbb{NB}) \times \mathbb{P} \longrightarrow \mathcal{P}(\mathbb{B})$$

sodass gilt

$$A(\mathit{GlassBox}(p), B_n, p) = B \Rightarrow$$

$$\forall\, b \in B,\ \mathit{input} \in \bigotimes_{in \in In_p} \mathit{Sort}(in),\ \mathit{output} \in \bigotimes_{out \in Out_p} \mathit{Sort}(out)\ :$$
$$b(\mathit{input}) = \mathit{output} \Leftrightarrow b_p(\mathit{input}) = \mathit{output} \land$$
$$\exists\, v \in \bigotimes_{pt \in Pt_n} \mathit{Sort}(pt)\ :\ b_n(v\,|_{I_n}) = v\,|_{O_n} \land$$
$$\mathit{input} = \mathit{Abs}[v\,|_{I_n}] \land$$
$$\mathit{output} = \mathit{Abs}[v\,|_{O_n}]$$

wobei $\mathit{GlassBox}(p) = n = (P_n, C_n, I_n, O_n)$ das verfeinernde Prozessnetz des abstrakteren Geschäftsprozesses p und B_n die zugehörige Menge der Verhaltensfunktionen von $\mathit{GlassBox}(p)$ bezeichne. Wir betrachten somit ein kleines Geschäftsprozessmodell, das genau einen abstrakten Prozess p und dessen verfeinerndes Prozessnetz $\mathit{GlassBox}(p)$ umfasst.

Jede abstrahierte Verhaltensfunktion $b \in B$ des abstrakten Prozesses p bildet also einen Eingabetupel input des abstrakten Prozesses genau dann auf einen entsprechenden Ausgabetupel output dieses Prozesses ab, wenn der abstrakte Prozess p ebenfalls gemäß einer seiner Verhaltensfunktionen $b_p \in B_p$ den Eingabetupel input auf den Ausgabetupel output abbildet. Darüber hinaus muss es eine Wertebelegung v der Ports im verfeinernden Geschäftsprozessnetz geben, für die gilt:

3.5 Semantik

- Das verfeinernde Geschäftsprozessnetz $GlassBox(p)$ bildet gemäß seiner Verhaltensfunktion b_n die durch die Wertebelegung v vorgegebenen Werte seiner Eingabeports I_n auf diejenige Wertebelegung seiner Ausgabeports O_n ab, die durch die Wertebelegung v vorgegeben ist.
- Der Eingabetupel *input* des abstrakten Prozesses stimmt mit der Wertebelegung von der Abstraktion der Eingabeports des verfeinernden Prozessnetzes überein.
- Der Ausgabetupel *output* des abstrakten Prozesses stimmt mit der Wertebelegung von der Abstraktion der Ausgabeports des verfeinernden Prozessnetzes überein.

Auch mit der Menge der abstrahierten Verhaltensfunktionen B eines Prozesses p assoziieren wir auf Semantikebene eine Menge von abstrahierten Semantikfunktionen $F \in \mathbb{F}$, deren Funktionalität die getypte Schnittstelle von p realisiert und welche die abstrahierten Verhaltensfunktionen B umsetzen.

In unseren Geschäftsprozessmodellen streben wir eine Konkretisierung des Prozessverhaltens von den grobgranularen Prozessen im Modell zu den feingranularen Modellebenen hin an. Daher fordern wir anstatt der Gleichheit der beiden Mengen von Verhaltensfunktionen lediglich, dass die Abstraktion des Netzverhaltens von $GlassBox(p)$ auf die externe Schnittstelle von p eine Teilmenge des Prozessverhaltens von p bildet.

Wir bezeichnen also ein wohlgeformtes Geschäftsprozessmodell m genau dann als *semantisch korrekt*, wenn für jeden weiter verfeinerten Prozess p in m die Abstraktion des Netzverhaltens von $GlassBox(p)$ eine Konkretisierung des Prozessverhaltens von p beschreibt.

$$m \text{ semantisch korrekt} \Leftrightarrow \forall\ p \in P_m,\ Ref_m(p) \neq \emptyset\ :$$
$$A(GlassBox(p), K(GlassBox(p)), p) \subseteq B_p$$

Analog zur wiederholten Verfeinerung von Prozessen kann auch die Komposition und Einschränkung der zugehörigen Funktionen in einem Geschäftsprozessmodell über verschiedene Hierarchieebenen hinweg hintereinander ausgeführt werden.

In unserem Beispielmodell aus Abbildung 3.19 stellt das Prozessnetz aus Abbildung 3.14 eine Glass-Box-Verfeinerung des Prozesses *Waren_versenden* aus Abbildung 3.18 dar. Entsprechend den im Prozessnetz aus Abbildung 3.14 festgelegten Kanalverbindungen zwischen den einzelnen Prozessen des verfeinernden Prozessnetzes und der in Abbildung 3.20 definierten Zuordnung der Umgebungsports auf abstrakter und verfeinernder Ebene setzt sich jede der abstrahierten Verhaltensfunktionen $b \in B$ durch Komposition aus einer Kombination von Funktionen $b_{Waren\_entnehmen} \in B_{Waren\_entnehmen}$, $b_{Waren\_ausbuchen} \in B_{Waren\_ausbuchen}$, $b_{Waren\_verpacken} \in B_{Waren\_verpacken}$ und $b_{Paket\_versenden} \in B_{Paket\_versenden}$ zusammen (siehe Abbildung 3.32).

Dabei parametrisiert $in^1_{Waren\_versenden}$ den Eingabeport vom Typ *Lieferanweisung* des Prozesses *Waren_versenden*. Die Abstraktionsfunktion über den Ports der Prozesse im Geschäftsprozessmodell legt fest, dass dieser Eingabeport des abstrakten Prozesses durch den Eingabeport $in^1_{Waren\_entnehmen}$ des verfeinernden Prozessnetzes verfeinert wird. Ferner bezeichne $b.i_p$ die i-te Komponente des Ausgabetupels einer bestimmten Verhaltensfunktion $b_p \in B_p$ des Prozesses p.

$b : \textit{Lieferanweisung} \longrightarrow \textit{Warenpaket} \times \textit{Lieferschein} \times \textit{Rechnung}$ wobei gilt

$b(in^1_{Waren\_versenden}) = (b.1, b.2, b.3)$ mit

// Berechnungsvorschrift für $b.1$

$b.1 = b.1_{Paket\_versenden}($
$\quad b.1_{Waren\_verpacken}(b.1_{Waren\_ausbuchen}(b.1_{Waren\_entnehmen}(in^1_{Waren\_versenden}),$
$\quad\quad\quad b.2_{Waren\_entnehmen}(in^1_{Waren\_versenden}),$
$\quad\quad\quad in^3_{Waren\_ausbuchen})),$
$\quad b.2_{Waren\_ausbuchen}(b.1_{Waren\_entnehmen}(in^1_{Waren\_versenden}),$
$\quad\quad\quad b.2_{Waren\_entnehmen}(in^1_{Waren\_versenden}),$
$\quad\quad\quad in^3_{Waren\_ausbuchen}),$
$\quad b.3_{Waren\_ausbuchen}(b.1_{Waren\_entnehmen}(in^1_{Waren\_versenden}),$
$\quad\quad\quad b.2_{Waren\_entnehmen}(in^1_{Waren\_versenden}),$
$\quad\quad\quad in^3_{Waren\_ausbuchen}))$

// Berechnungsvorschrift für $b.2$

$b.2 = b.2_{Paket\_versenden}($
$\quad b.1_{Waren\_verpacken}(b.1_{Waren\_ausbuchen}(b.1_{Waren\_entnehmen}(in^1_{Waren\_versenden}),$
$\quad\quad\quad b.2_{Waren\_entnehmen}(in^1_{Waren\_versenden}),$
$\quad\quad\quad in^3_{Waren\_ausbuchen})),$
$\quad b.2_{Waren\_ausbuchen}(b.1_{Waren\_entnehmen}(in^1_{Waren\_versenden}),$
$\quad\quad\quad b.2_{Waren\_entnehmen}(in^1_{Waren\_versenden}),$
$\quad\quad\quad in^3_{Waren\_ausbuchen}),$
$\quad b.3_{Waren\_ausbuchen}(b.1_{Waren\_entnehmen}(in^1_{Waren\_versenden}),$
$\quad\quad\quad b.2_{Waren\_entnehmen}(in^1_{Waren\_versenden}),$
$\quad\quad\quad in^3_{Waren\_ausbuchen}))$

// Berechnungsvorschrift für $b.3$

$b.3 = b.3_{Paket\_versenden}($
$\quad b.1_{Waren\_verpacken}(b.1_{Waren\_ausbuchen}(b.1_{Waren\_entnehmen}(in^1_{Waren\_versenden}),$
$\quad\quad\quad b.2_{Waren\_entnehmen}(in^1_{Waren\_versenden}),$
$\quad\quad\quad in^3_{Waren\_ausbuchen})),$
$\quad b.2_{Waren\_ausbuchen}(b.1_{Waren\_entnehmen}(in^1_{Waren\_versenden}),$
$\quad\quad\quad b.2_{Waren\_entnehmen}(in^1_{Waren\_versenden}),$
$\quad\quad\quad in^3_{Waren\_ausbuchen}),$
$\quad b.3_{Waren\_ausbuchen}(b.1_{Waren\_entnehmen}(in^1_{Waren\_versenden}),$
$\quad\quad\quad b.2_{Waren\_entnehmen}(in^1_{Waren\_versenden}),$
$\quad\quad\quad in^3_{Waren\_ausbuchen}))$

Abbildung 3.32: Abstrahierte Verhaltensfunktion b zu Prozess *Waren_versenden*

3.6 Übergang zur Ausführung von Geschäftsprozessen

Mit den bisher eingeführten Beschreibungstechniken lassen sich die Ablaufstrukturen der Geschäftsprozesse eines Systems über verschiedene Granularitätsebenen hinweg ebenso anschaulich wie präzise dokumentieren.

Wenn diese Ablaufstrukturen des Systems ausreichend verstanden und im Modell dokumentiert sind, greift die Geschäftsprozessmodellierung vermehrt auch Aspekte der tatsächlichen Systemausführung auf. Hierzu zählen beispielsweise die Verteilung der einzelnen Prozesse auf

3.6 Übergang zur Ausführung von Geschäftsprozessen

ihre ausführenden Einheiten sowie die Häufigkeit, zeitliche Verteilung und Ausführungsdauer der einzelnen Prozessinstanzen. Diese Informationen bilden eine wichtige Grundlage für die kritische Analyse der modellierten Prozesse. Die Erfahrungen aus der Prozessanalyse fließen schließlich in das Soll-Konzept des Geschäftsprozessmodells mit ein und tragen so zu einer nutzungsgerechten Anforderungsdefinition bei.

Die Verteilung der einzelnen Prozesse auf ihre ausführenden Einheiten geht bereits über die reine Anforderungsdefinition hinaus und bildet den Übergang zum Systementwurf. Dabei wird unter anderem die Architektur des zu entwickelnden Systems festgelegt. Ferner wird das im Rahmen der Geschäftsprozessmodellierung dokumentierte Systemverhalten partitioniert und auf die einzelnen Systembestandteile verteilt.

In diesem Abschnitt diskutieren wir eine Auswahl von Aspekten, die im Hinblick auf die simulierte bzw. tatsächliche Ausführung der modellierten Prozessstrukturen sowie für den Übergang von der Anforderungsdefinition zum Systementwurf von Bedeutung sind.

3.6.1 Verbindung zwischen Prozessmodell und Strukturmodell

Zunächst widmen wir uns der Verteilung der einzelnen Geschäftsprozesse auf ihre ausführenden Einheiten. Ein Geschäftsprozess kann von einer Person oder Personengruppe, einer Maschine, einem Softwaresystem oder von einer Kombination davon ausgeführt werden.

Wie in Abschnitt 2.3 festgelegt verstehen wir unter einem Geschäftsprozess ein Muster für einen Arbeitsablauf in einem System. Eine konkrete Ausführung eines solchen Verhaltensmusters bezeichnen wir dagegen als einen Geschäftsvorfall.

Auch bei den ausführenden Einheiten der Geschäftsprozesse unterscheiden wir zwischen dem Typ bzw. der Klasse sowie der konkreten Instanz einer ausführenden Einheit. Eine konkrete ausführende Einheit eines bestimmten Geschäftsvorfalls bezeichnen wir als *Akteur*. Ein Akteur kann also ein bestimmter Mensch bzw. eine Menschengruppe, eine physische Maschine, ein Softwaresystem oder eine Kombination dieser Elemente sein. Jede ausführende Einheit eines Geschäftsprozesses ist gleichzeitig ein struktureller Bestandteil des betrachteten Systems oder seiner Umgebung. Strukturelle Bestandteile eines Systems werden auch als *Komponenten* des Systems bezeichnet.

Eine Klasse von ausführenden Einheiten bezeichnen wir dagegen als *Rolle*. Rollen bilden also ein Hilfskonzept, über das Geschäftsprozesse mit physischen Akteuren assoziiert werden, welche Instanzen dieser Geschäftsprozesse ausführen. Des Weiteren gruppieren Rollen die einzelnen Geschäftsprozesse nach verschiedenen, häufig pragmatischen Gesichtspunkten, wie z.B. der für die Ausführung erforderlichen Qualifikation, Autorisierung oder Entscheidungs- und Nutzungsberechtigung.

Damit wir mit den einzelnen Geschäftsprozessen jeweils eine Rolle assoziieren können, benötigen wir zunächst eine Vorstellung der Rollenstruktur des betrachteten Systems, die wir in einem *Rollenmodell* dokumentieren. Ähnlich wie das Geschäftsprozessmodell ist auch das Rollenmodell eines Systems hierarchisch strukturiert. Abstraktestes Element des Rollenmodells bildet das System in seiner Gesamtheit. Dieses wird über die Verfeinerungsebenen des Rollenmodells hinweg in seine einzelnen Bestandteile dekomponiert.

In heutigen Organisationen werden üblicherweise die personellen Strukturen und Rollen getrennt von der technischen bzw. informationstechnischen Infrastruktur dokumentiert. Vom Grundprinzip her verlaufen diese Strukturen jedoch analog. Klassischerweise spiegeln die

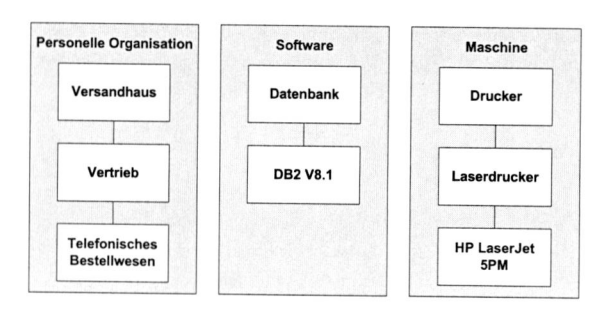

Abbildung 3.33: Personelle, informationstechnische und technische Rollen

abstrakteren Ebenen des personellen Rollenmodells die Gliederung einer Organisation in Geschäfts- bzw. Funktionsbereiche wider. Diese werden nach Bedarf sukzessive weiter detailliert, gegebenenfalls über die einzelnen Abteilungen bzw. Arbeitsgruppen bis hin zu Stellenbeschreibungen. Analog dazu lassen sich auch Softwaresysteme oder Maschinen nach ihrem Einsatzbereich bzw. Verwendungszweck gliedern. Abbildung 3.33 verdeutlicht die Gemeinsamkeiten dieser Rollenstrukturen.

In dieser Arbeit nutzen wir das Rollenmodell lediglich, um eine Verbindung zwischen Geschäftsprozessen und ihren ausführenden Einheiten herzustellen. Daher unterscheiden wir im Folgenden nicht zwischen personellen, technischen und informationstechnischen Rollen und fassen diese drei Aspekte in einem einzigen Rollenmodell zusammen.

Formal definieren wir das Rollenmodell wie folgt.

Definition 3.6.1 Rollenmodell
Eine Rollenmodell ist ein Tupel $\rho = (R, w, \text{Parts})$. Dabei gelte:

- *R bezeichne die Menge der Rollen im Rollenmodell.*
- *$w \in R$ sei das eindeutig bestimmte abstrakteste Element (die Wurzel) des Rollenmodells.*
- *Parts beschreibt die Verfeinerungsbeziehung zwischen den Rollen im Rollenmodell. Die Funktion*

$$\text{Parts} : R \longrightarrow \mathcal{P}(R)$$

  ordnet dabei einer Rolle $r \in R$ des Rollenmodells die Menge derjenigen Rollen zu, aus denen sich r zusammensetzt.

Die Menge der Rollen bezeichnen wir mit $\mathbb{R}$. Des Weiteren sei $\mathbb{MR}$ die Menge der Rollenmodelle, die über der Menge von Rollen $\mathbb{R}$ möglich sind. Für ein bestimmtes Rollenmodell $\rho \in \mathbb{MR}$ bezeichne R_ρ die Menge der Rollen, die in ρ enthalten sind. Ferner sei w_ρ das eindeutig bestimmte abstrakteste Element von ρ.

Die Verfeinerungsbeziehung Parts_ρ gliedere das Rollenmodell in eine Baumstruktur, mit w_ρ als Wurzel. Dies ist erfüllt, wenn die Verfeinerungsstruktur von ρ zusammenhängend und zyklenfrei ist. Darüber hinaus muss jeder Knoten $r \in R_\rho$ außer der Wurzel w_ρ in der Verfeinerungsstruktur genau eine einlaufende Kante haben.

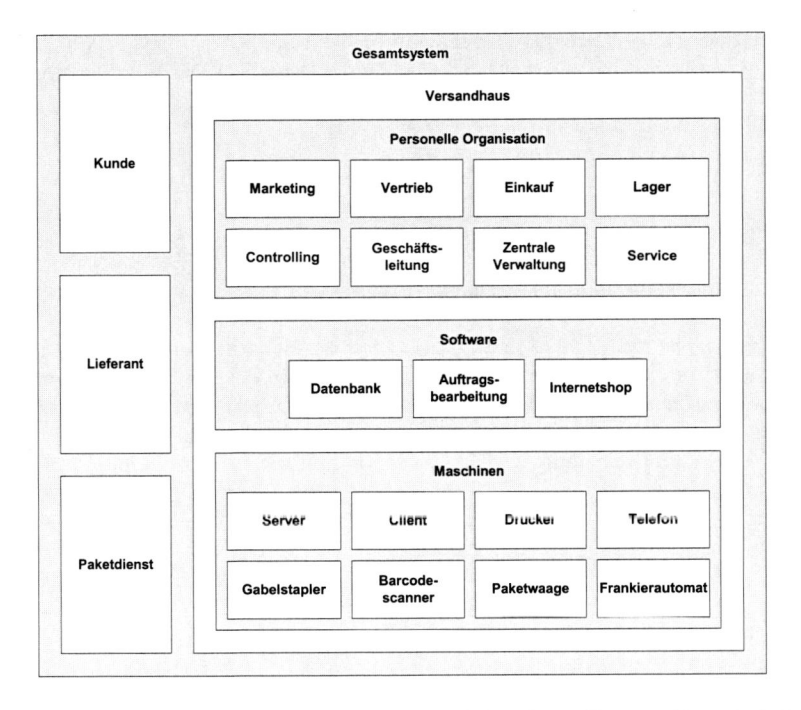

3.6 Übergang zur Ausführung von Geschäftsprozessen

Abbildung 3.34: Rollenmodell für das Beispiel des Versandhauses (Ausschnitt)

Wie bereits bei den Geschäftsprozessmodellen bestehen auch bei den Rollenmodellen meist mehrere verschiedene Möglichkeiten der Strukturierung des Modells. Abbildung 3.34 zeigt die abstrakten Ebenen eines möglichen Rollenmodells für das Gesamtsystem aus unserem Beispiel. Eine mögliche weitere Detaillierung der Rolle *Vertrieb* aus Abbildung 3.34 wird in Abbildung 3.35 dargestellt.

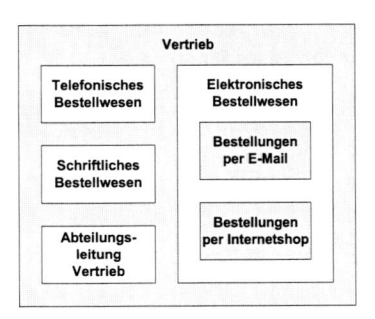

Abbildung 3.35: Detaillierung der Rolle *Vertrieb*

Mittels der Funktion

$$Role : \mathbb{P} \longrightarrow \mathbb{R}$$

ordnen wir einem Geschäftsprozess $p \in \mathbb{P}$ eine Rolle $Role(p) \in \mathbb{R}$ zu.

Die Assoziation eines Geschäftsprozesses mit einer Rolle ist optional. Wird zu einem Geschäftsprozess eine Rolle angegeben, so steht in der grafischen Darstellung des Geschäftsprozesses der Rollenbezeichner in einem separaten Feld am unteren Rand des Prozesssymbols (siehe Abbildung 3.36).

Abbildung 3.36: Prozess *Bestellung_bearbeiten* mit assoziierter Rolle *Vertrieb*

Ebenfalls optional ist die Angabe, ob ein Geschäftsprozess innerhalb eines Systems ausgeführt wird, oder aber von der Systemumgebung. Entsprechend werden die Prozesse als intern oder extern gekennzeichnet. Im Allgemeinen wird diese Bindung bereits implizit aus der Rolle ersichtlich, die mit dem Prozess assoziiert ist. Aus methodischen Gründen ist es jedoch sinnvoll, auch in der grafischen Darstellung zu visualisieren, ob ein Prozess innerhalb oder außerhalb des betrachteten Systems ausgeführt wird. Prozesse, die außerhalb des fokussierten Systems ausgeführt werden, bezeichnen wir als *extern*. Wie in Abbildung 3.37 dargestellt ist, kennzeichnen wir externe Prozesse in der grafischen Darstellung durch gestrichelte Prozesssymbole.

Abbildung 3.37: Prozess *Waren_bestellen* mit assoziierter externer Rolle *Kunde*

Wenn nicht explizit etwas anderes festgelegt ist, nehmen wir an, dass ein Prozess innerhalb des betrachteten Systems ausgeführt wird.

Basierend auf der Zuordnung von Rollen zu den einzelnen Geschäftsprozessen werden bei der Simulation bzw. Ausführung des Geschäftsprozessmodells die einzelnen Prozessinstanzen auf physische ausführende Einheiten verteilt. Mit den elementaren Rollen des Rollenmodells assoziieren wir dafür jeweils einen oder mehrere Akteure als diejenigen ausführenden Einheiten, die diese Rolle umsetzen. Dabei kann ein Akteur mehrere Rollen einnehmen. Umgekehrt kann eine Rolle von mehreren Akteuren realisiert werden.

Abbildung 3.38 veranschaulicht, wie den elementaren personellen Rollen konkrete Personen als ausführende Einheiten zugeordnet werden. Analog wäre eine konkrete, über ihre Lizenznummer identifizierte Installation eines bestimmten Softwareproduktes ein Softwareakteur. Entsprechend stellt ein bestimmtes physisches Gerät, identifiziert durch seine Serien- oder Inventarnummer, einen technischen Akteur und damit eine konkrete Instanz der zugehörigen Geräteklasse dar.

Im Folgenden bezeichne $\mathbb{A}$ die Menge der Akteure, also reale Personen, physische Geräte oder konkrete Softwaresysteme. Die Relation *Enacts* mit

$$Enacts \subseteq \mathbb{A} \times \mathbb{R}$$

assoziiert physische Akteure und Rollen miteinander, wobei zwischen Akteuren und Rollen jeweils eine n:m-Beziehung besteht. Dabei assoziieren wir mit einer abstrakten Rolle r_{parent} eines Rollenmodells R_ρ genau all diejenigen Akteure, die den verfeinernden Rollen $r_{child} \in Parts_\rho(r_{parent})$ der abstrakten Rolle r_{parent} als ausführende Einheiten zugeordnet

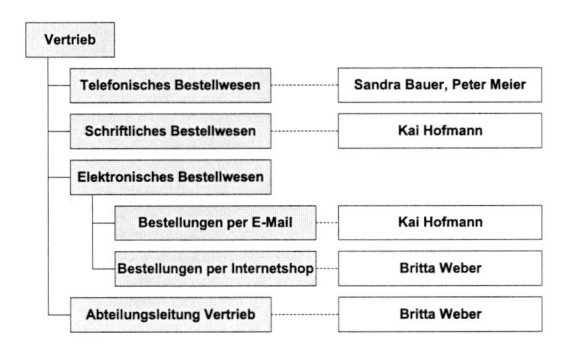

3.6 Übergang zur Ausführung von Geschäftsprozessen

Abbildung 3.38: Zuordnung von personellen Rollen und menschlichen Akteuren

sind. Diese Beziehung definieren wir so, dass sie auch transitiv über alle Verfeinerungsebenen des Rollenmodells hinweg gilt.

Um diese Eigenschaft zu formalisieren, definieren wir zunächst die Relation $Child_{R_\rho} \subseteq R_\rho \times R_\rho$ gemäß

$$(r_{parent}, r_{child}) \in Child_{R_\rho} \Leftrightarrow r_{child} \in Parts_\rho(r_{parent})$$

welche alle Paare von Rollen enthält, die im Rollenmodell ρ zueinander in Eltern-Kind-Beziehung stehen. Ferner bezeichne $Child^*_{R_\rho}$ die transitive Hülle von $Child_{R_\rho}$.

Dann gelte für die Zuordnung von Akteuren zu abstrakten Rollen $r \in R_\rho$ eines bestimmten Rollenmodells R_ρ die Beziehung

$$\forall r, \tilde{r} \in R_\rho, a \in \mathbb{A} : (a, \tilde{r}) \in Enacts \land (r, \tilde{r}) \in Child^*_{R_\rho} \Rightarrow (a, r) \in Enacts$$

Bei der Ausführung einer bestimmten Instanz eines Geschäftsprozesses p wird dann aus der Menge der Akteure, welche die mit dem Geschäftsprozess assoziierte Rolle $Role(p)$ realisieren, ein konkreter Akteur als ausführende Einheit dieser Prozessinstanz ausgewählt.

Wir gehen bewusst von einer unstrukturierten, also flachen Menge von Akteuren aus, um unabhängig vom Organisationsmodell sowie etwaigen Restrukturierungsmaßnahmen des betrachteten Systems zu bleiben. Durch die Relation $Enacts$ übertragen sich jedoch implizit die Strukturinformationen des Rollenmodells auf die Menge der Akteure.

Üblicherweise werden Rollen gegen Ende der Anforderungsdefinition bzw. im Entwurf eingesetzt, indem die einzelnen Geschäftsprozesse des Geschäftsprozessmodells auf Rollen aus dem Rollenmodell abgebildet werden. Es ist möglich, dass ein Geschäftsprozess nicht von genau einer Rolle realisiert wird, sondern dass eine Kombination von mehreren Rollen bei der Ausführung des Geschäftsprozesses zusammenwirkt. Dieses Phänomen tritt beispielsweise bei abstrakten Geschäftsprozessen auf, welche die Interaktion von feiner granularen Geschäftsprozessen kapseln, die wiederum mit verschiedenen Rollen assoziiert sind.

In einer solchen Konstellation assoziieren wir mit dem abstrakten Geschäftsprozess entweder eine abstrakte Rolle, welche alle Rollen umfasst, die im verfeinernden Geschäftsprozessnetz des abstrakten Prozesses auftreten. Die so vergebene Rolle ist dabei meist sehr grobgranular und somit nur bedingt aussagekräftig. Alternativ assoziieren wir mit dem abstrakten Geschäftsprozess diejenige Rolle, die hauptverantwortlich für die Abwicklung dieses Geschäftsprozesses ist. In diesem Fall werden jedoch nicht alle am Prozess Beteiligten durch die Rollenbezeichnung offensichtlich. Abbildung 3.39 veranschaulicht diese beiden Strategien anhand eines Beispiels.

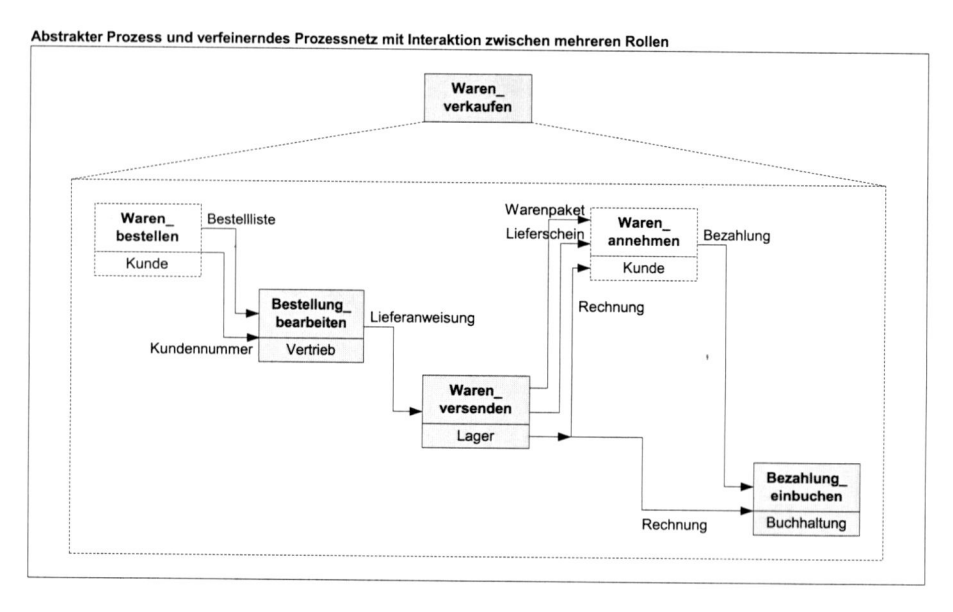

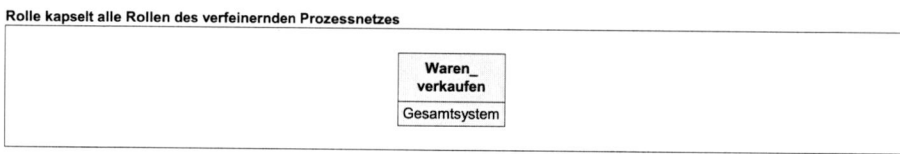

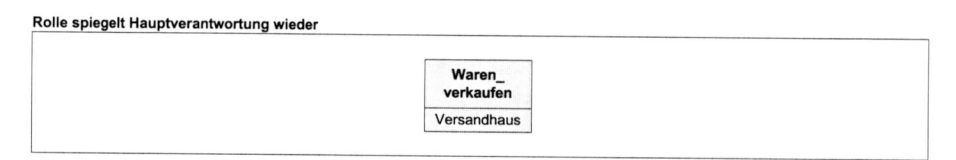

Abbildung 3.39: Rollenvergabe bei abstrakten Geschäftsprozessen

Auf den feiner granularen Ebenen des Geschäftsprozessmodells erlauben wir darüber hinaus auch die explizite Angabe von komplexen Rollen. Komplexe Rollen setzen sich aus zwei oder mehr Rollen zusammen, welche im zugrunde liegenden Rollenmodell nicht in einer Verfeinerungsbeziehung zueinander stehen. Mittels des Konzepts der komplexen Rollen wird beispielsweise ausgedrückt, dass ein menschlicher Bearbeiter sowie ein Softwaresystem zusammenwirken und gemeinsam einen bestimmten Prozess abarbeiten. Ein Beispiel für die Assoziation eines Prozesses mit einer komplexen Rolle ist in Abbildung 3.40 dargestellt.

Abbildung 3.40: Feingranularer Prozess mit assoziierter komplexer Rolle

3.6.2 Übergang zur Komponentenbeschreibung

Die Assoziation von Rollen mit den einzelnen Prozessen ist nicht mehr Teil der reinen Anforderungsdefinition, sondern geht bereits in Richtung Entwurf. Sie stellt eine wichtige Vorarbeit für die strukturelle Konzeption der Systemarchitektur sowie die darauf aufbauende Partitionierung des Systemverhaltens auf die einzelnen Systemkomponenten dar.

Die *Architektur* gliedert ein System in einzelne Komponenten und definiert, auf welche Weise diese Komponenten zusammenwirken. Insbesondere beschreibt die Architektur also auch die zwischen den Komponenten bestehenden Schnittstellen sowie die Verteilung der Systemfunktionalität auf die einzelnen Komponenten.

Im Folgenden skizzieren wir anhand eines Beispiels den Übergang vom Geschäftsprozessmodell aus der Anforderungsdefinition zum Entwurf der Systemarchitektur bis hin zur Komponenten- bzw. Klassenstruktur der Softwareanteile des Systems. Dabei gehen wir auch darauf ein, wie aus den einem Subsystem zugeordneten Prozessen nach und nach die Operationen der einzelnen Klassen dieses Subsystems abgeleitet werden.

Grundvoraussetzung für den Übergang von der Anforderungsdefinition zum Entwurf ist, dass die Dokumente der Anforderungsdefinition ausreichend detailliert, weit gehend stabil und in sich konsistent sind. Daher verfeinern wir zunächst die Beschreibung unseres Beispielprozesses *Waren_verkaufen* (siehe Abbildung 3.5). Der verfeinerte Geschäftsprozess *Waren_verkaufen* stützt sich unter anderem auf die in Abbildung 3.13 eingeführten Datenstrukturen ab. Diese ergänzen wir darüber hinaus um die Datentypen *Bestellung* und *Bestellformular*, die in Abbildung 3.41 dargestellt sind.

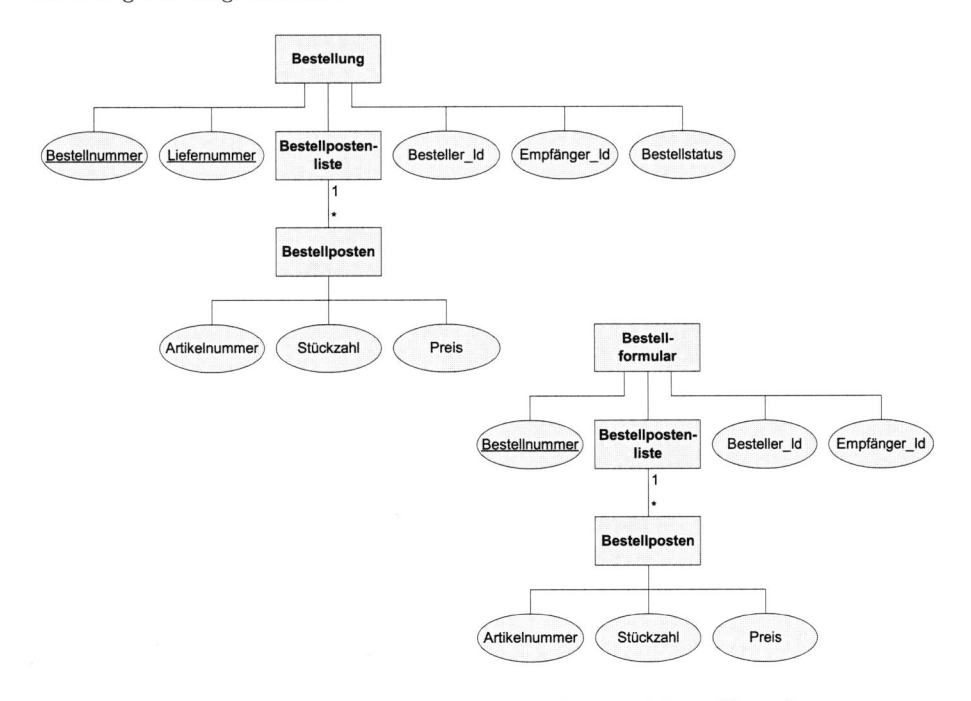

Abbildung 3.41: Datenstrukturen *Bestellung* und *Bestellformular*

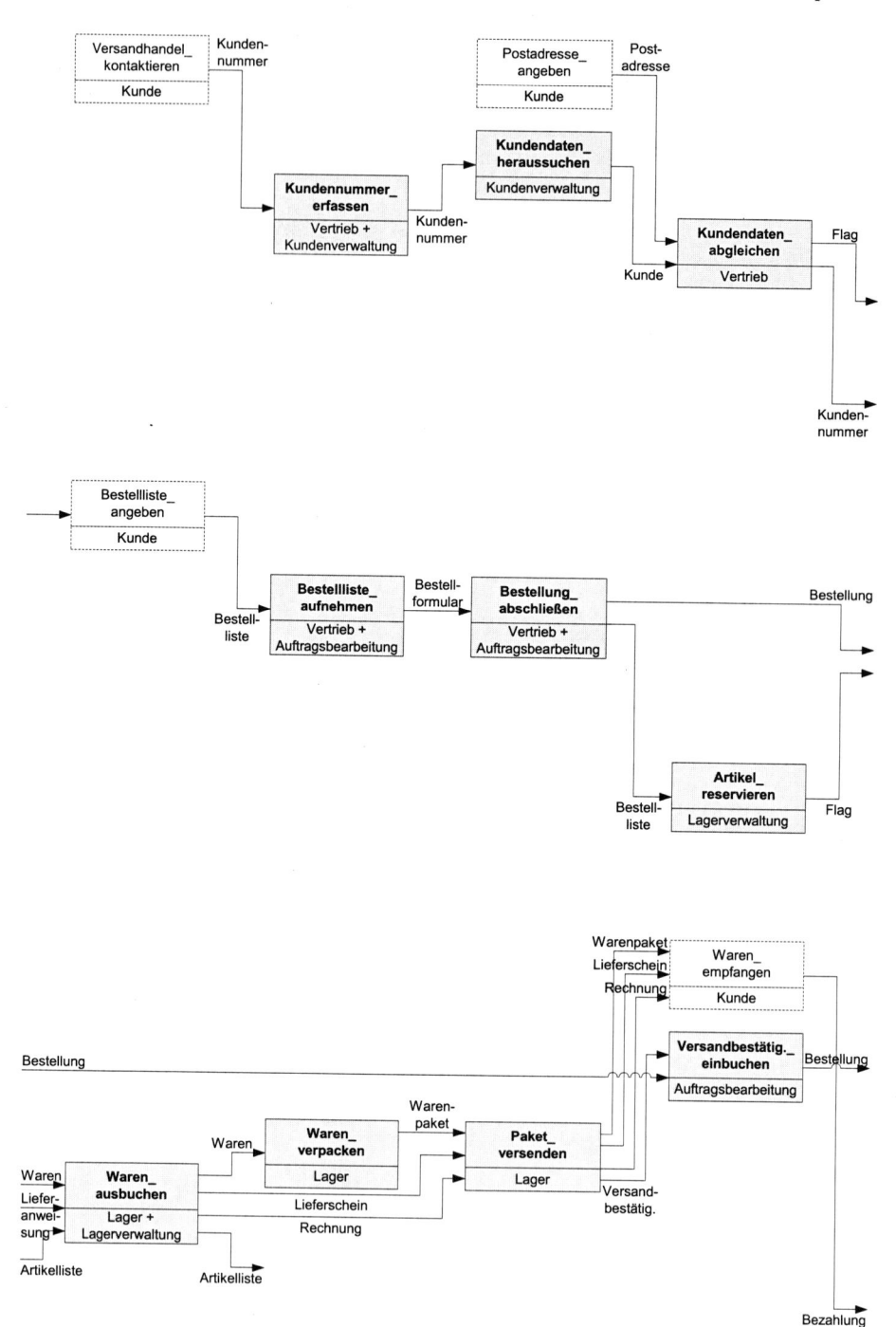

Abbildung 3.42: Feingranulare Beschreibung von *Waren_verkaufen*

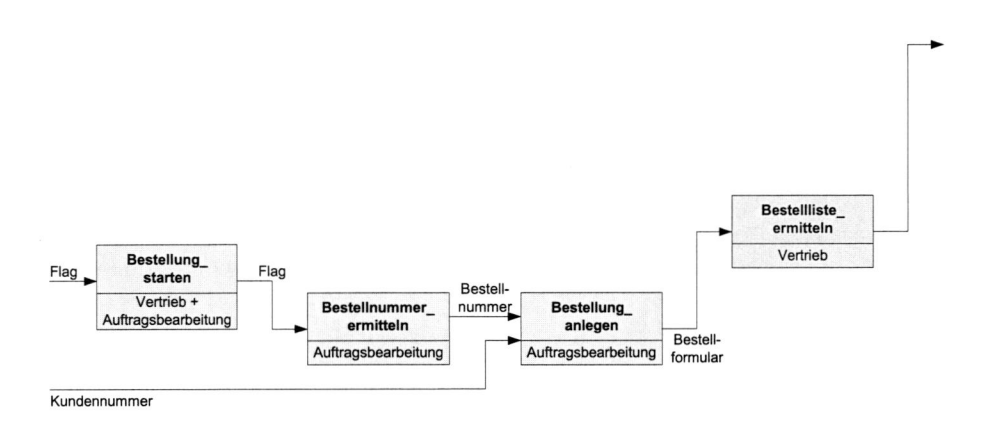

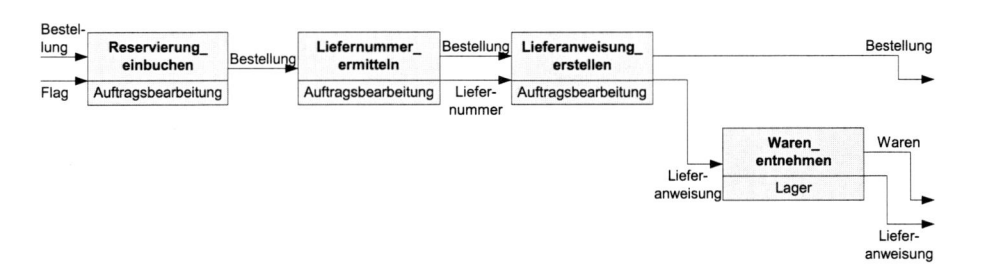

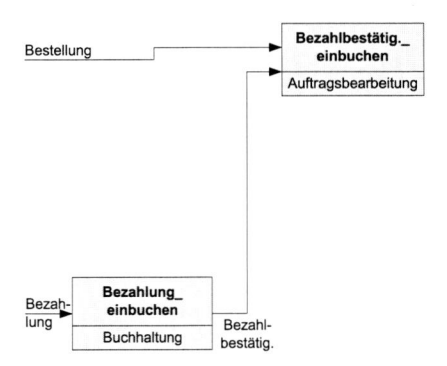

3.6 Übergang zur Ausführung von Geschäftsprozessen

Abbildung 3.42: Feingranulare Beschreibung von *Waren_verkaufen* (Fortsetzung)

Abbildung 3.42 zeigt eine feingranulare und entsprechend detaillierte Beschreibung unseres Beispielprozesses *Waren_verkaufen*. Zur Vorbereitung des Systementwurfs wurden die einzelnen Prozesse des Geschäftsprozessnetzes bereits mit geeigneten Rollen assoziiert.

Da der Prozess aufgrund des hohen Detaillierungsgrades sehr umfangreich ist, wurde die Darstellung in mehrere Teile zerlegt. Das Prozessdiagramm ist zeilenweise über beide Seiten der Doppelseite hinweg zu lesen. Dabei sind die Kanalverbindungen in der Mitte der Doppelseite als durchgehend zu interpretieren. Analog sind am linken Rand der Doppelseite die eingehenden Kanalverbindungen der zweiten bzw. dritten Prozesszeile als Fortsetzung der am rechten Rand der Doppelseite ausgehenden Kanalverbindungen der ersten bzw. zweiten Prozesszeile zu interpretieren.

Typischerweise wird auch die Architektur eines komplexen Systems schrittweise entwickelt. Dabei wird zunächst die Grobstruktur des Systems entworfen. Bei einem betrieblichen Informationssystem beschreibt diese Grobstruktur die Gliederung des Gesamtsystems in menschliche Bearbeiter und Softwareanteile, welche wiederum in Schichten und Subsysteme strukturiert sind. Darüber hinaus werden die Kommunikationsbeziehungen zwischen den einzelnen Strukturelementen in groben Zügen festgelegt. Abbildung 3.43 zeigt ausschnittsweise eine mögliche Systemarchitektur für das Versandhaus aus unserem Beispiel.

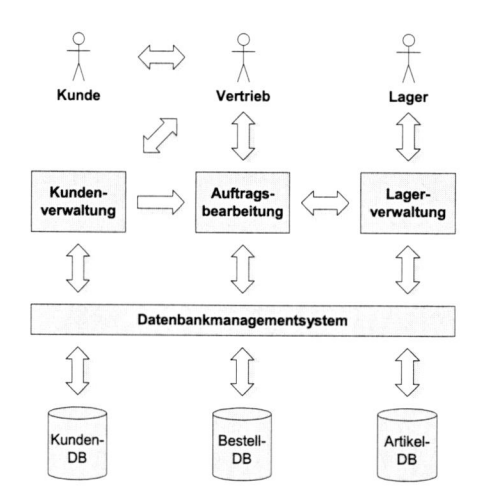

Abbildung 3.43: Ausschnitt aus der Systemarchitektur

Ausgehend von einem ersten Entwurf dieser Grobstruktur wird die Systemarchitektur sukzessive weiter verfeinert. Unter anderem ist dabei festzulegen, welche Anteile des Systemverhaltens von menschlichen Bearbeitern abgewickelt werden und welche Anteile des Systemverhaltens ein Softwaresystem realisiert. Grundlagen für diese Partitionierung des Systemverhaltens sind die im Geschäftsprozessmodell dokumentierte Verhaltensbeschreibung sowie die Zuordnung der Rollen zu den einzelnen Prozessen des Geschäftsprozessmodells. In Abbildung 3.42 spiegeln die mit den einzelnen Prozessen assoziierten Rollen bereits die Partitionierung des gesamten Prozessverhaltens auf die Strukturelemente der Systemarchitektur aus Abbildung 3.43 wider.

In einem nächsten Schritt wird für jedes Softwaresystem bzw. Softwaresubsystem das ihm zugeteilte Verhalten weiter untergliedert. Folgt das Softwareentwicklungsprojekt dem objekt-

3.6 Übergang zur Ausführung von Geschäftsprozessen

orientierten Paradigma, wird das Verhalten des Softwaresubsystems gemäß den jeweils bearbeiteten Datentypen strukturiert. Diese Struktur wird schließlich umgesetzt in die Klassenstruktur des Softwaresubsystems. Typischerweise kapselt eine solche Klasse einen zentralen Datentypen sowie die zugehörigen Operationen. Dabei leiten sich diese Operationen aus denjenigen im Geschäftsprozessmodell festgelegten Verhaltensweisen ab, welche den entsprechenden Datentypen bearbeiten.

Diejenigen Prozesse, die in unserem Beispielgeschäftsprozess aus Abbildung 3.42 über eine entsprechende Rolle dem Subsystem *Auftragsbearbeitung* zugeordnet sind, bearbeiten die folgenden Datentypen:

- *Flag*
- *Bestellnummer*
- *Kundennummer*
- *Bestellformular*
- *Bestellliste*
- *Bestellung*
- *Liefernummer*
- *Versandbestätigung*
- *Bezahlbestätigung*

Ausgehend von dieser Liste ermitteln wir die für die Auftragsbearbeitung zentralen Datentypen. Ausschlaggebend ist dabei zum einen, welches Verhalten mit dem entsprechenden Datentyp verknüpft ist. Zum anderen berücksichtigen wir bei unserer Auswahl, ob ein Datentyp eigenständig auftritt oder ob er vorwiegend als Bestandteil eines anderen Datentyps zu betrachten ist.

Flag dient ausschließlich der Ablaufsteuerung des Geschäftsprozesses und ist daher kein zentraler Datentyp der Auftragsbearbeitung. *Kundennummer* und *Bestellliste* sind im Wesentlichen als Bestandteile von *Bestellformular* bzw. *Bestellung* zu betrachten und daher auch keine zentralen Datentypen. Auch das *Bestellformular* könnte als Bestandteil von *Bestellung* eingestuft werden. Da das *Bestellformular* bzw. seine einzelnen Bestandteile jedoch von einer ganzen Reihe von Prozessen bearbeitet werden, legen wir eine eigene Klasse dafür an, die das entsprechende Verhalten kapselt. *Bestellnummer* und *Liefernummer* treten in unserem Beispielablauf lediglich im Rahmen der Ermittlung eines neuen Identifikators als eigenständige Werte auf, sind sonst jedoch im *Bestellformular* bzw. in der *Bestellung* gekapselt. Daher definieren wir eine Hilfsklasse *Indexverwaltung*, welche zusammen mit dem Datenbankmanagementsystem neue Identifikatoren ermittelt. Die *Bestellung* selbst ist der zentrale Datentyp der Auftragsbearbeitung in diesem Geschäftsprozess und wird daher als eigene Klasse angelegt. *Versandbestätigung* und *Bezahlbestätigung* dagegen fließen lediglich als Eingabewerte in den *Bestellstatus* einer *Bestellung* ein und werden daher nicht als zentrale Datentypen gewertet.

Die in Abbildung 3.44 dargestellte Detaillierung der Systemarchitektur aus Abbildung 3.43 spiegelt unsere Designentscheidung für die Klassenstruktur des Subsystems *Auftragsbearbeitung* wider.

Die einzelnen Komponenten des Systems sind in Abbildung 3.44 durch Kommunikationskanäle miteinander verbunden. Anders als bei den in dieser Arbeit eingeführten Verbindungskanälen

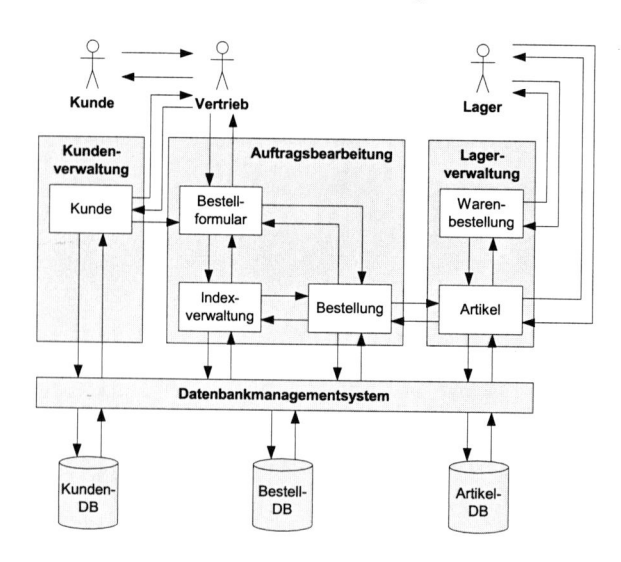

Abbildung 3.44: Detaillierung der Systemarchitektur

in den Geschäftsprozessnetzen fließt über einen Verbindungskanal zwischen zwei Komponenten im Allgemeinen nicht nur eine einzige Nachricht, sondern eine ganze Historie von Nachrichten. Dies entspricht der Vorstellung, dass eine Systemkomponente über einen gewissen Zeitraum hinweg existiert und im Laufe ihrer Existenz immer wieder aktiv ist. Historien von Nachrichten beschreiben wir durch Ströme. Das Verhalten einer Komponente, die Ströme von Eingaben konsumiert und daraus Ströme von Ausgaben erzeugt, kann mit Hilfe von Strom verarbeitenden Funktionen auf präzise Weise definiert werden [BDD+1993, BS2001, Spi1998].

Wir fokussieren im Folgenden die Klasse *Bestellung* des Subsystems *Auftragsbearbeitung*. Die Datenanteile der Klasse *Bestellung* ergeben sich aus der entsprechenden Datenstruktur, die in Abbildung 3.41 eingeführt wurde. Neben dieser Attributstruktur der Klasse werden im Entwurf auch die Operationen der Klasse festgelegt.

Um Informationen über die möglichen Verhaltensweisen einer Klasse zu gewinnen, analysieren die objektorientierten Methoden den Lebenszyklus eines Objektes dieser Klasse. Dabei werden die möglichen Zustände beschrieben, in denen sich ein konkretes Objekt befinden kann, sowie die Operationen, welche ein Objekt von einem Zustand in einen anderen Zustand überführen. Als Beschreibungstechnik für den Lebenszyklus eines Objektes haben sich Automaten in verschiedenen Ausprägungen etabliert (siehe beispielsweise [CAB+1994, Rum1996, OMG2004]).

Auch für die Analyse des Lebenszyklus eines Objektes liefert das Geschäftsprozessmodell wichtige Informationen. Ein Objekt wird stets innerhalb eines Prozesses bearbeitet. Im Eingabe- bzw. Ausgabekanal eines Prozesses bleibt das Objekt dagegen unverändert. Die einzelnen Prozesse eines Geschäftsprozessnetzes sind also als die Operationen auf den bearbeiteten Objekten zu verstehen. Die Zustände dagegen liegen jeweils vor bzw. nach der Prozessausführung. Sie spiegeln diejenigen Ausschnitte aus den Vor- bzw. Nachbedingungen des Prozesses wider, die sich auf das betrachtete Objekt beziehen. Je nach Bedarf werden diese Zustandsdefinitionen entsprechend vervollständigt.

Im Allgemeinen werden Geschäftsprozessmodelle nicht so detailliert ausgearbeitet, dass die Prozessbezeichner unmittelbar als Operationen in die entsprechenden Klassen übernommen

3.6 Übergang zur Ausführung von Geschäftsprozessen

werden können. Die einzelnen Prozesse und ihre Reihenfolge innerhalb eines Ablaufes bilden jedoch einen guten Ausgangspunkt für die Verhaltensbeschreibung des bearbeiteten Objektes.

Abbildung 3.45 beschreibt eine Vorversion des Lebenszyklusmodells für ein Objekt der Klasse *Bestellung*. Die Ellipsen symbolisieren die Zustände, welche die *Bestellung* im Verlauf des Geschäftsprozesses nach und nach einnimmt. Pfeile repräsentieren die Transitionen, also die Zustandsübergänge, und spiegeln die einzelnen Prozesse wider, welche in unserem Beispielprozess aus Abbildung 3.42 die *Bestellung* bearbeiten.

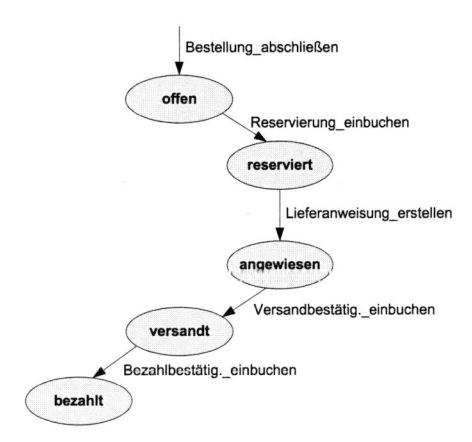

Abbildung 3.45: Prozesse und Zustandsänderung einer *Bestellung* beim Warenverkauf

Formal ist der Automat in Abbildung 3.45 ein Tupel (*State*, *Op*, δ, *start*, *Final*). Dabei bezeichne

- *State* eine nichtleere Menge von Zuständen,
- *Op* eine nichtleere Menge von Eingabezeichen,
- $\delta \subseteq State \times Op \times State$ die Zustandsübergangsrelation,
- *start* $\in$ *State* den Startzustand und
- *Final* $\subseteq$ *State* die Menge der Endzustände.

In unserem Beispiel ist *Op* die Menge derjenigen Prozesse, die im Beispielprozess aus Abbildung 3.42 ein Objekt der Klasse *Bestellung* bearbeiten. Es gilt also $Op \subseteq \mathbb{P}$.

Der Automat in Abbildung 3.45 beschreibt lediglich denjenigen Ausschnitt aus dem Gesamtverhalten eines Objekts der Klasse *Bestellung*, der aus unserem Beispielprozess in Abbildung 3.42 hervorgeht. Im Allgemeinen tritt ein konkretes Objekt einer Klasse jedoch in mehr als einem Geschäftsprozess auf.

Auch unser Beispiel umfasst verschiedene Geschäftsprozesse, in denen eine *Bestellung* bearbeitet wird. Abbildung 3.46 zeigt eine Ablaufvariante des Geschäftsprozesses *Waren_verkaufen*, in welcher der Kunde die bestellten Waren nicht bezahlt, sondern an das Versandhaus zurücksendet. Der zugehörige Automat ist in Abbildung 3.47 dargestellt.

Um das Gesamtverhalten eines Objektes zu beschreiben, müssen die zunächst isolierten, prozessspezifischen Verhaltensbeschreibungen des Objektes auf geeignete Weise zusammengefügt

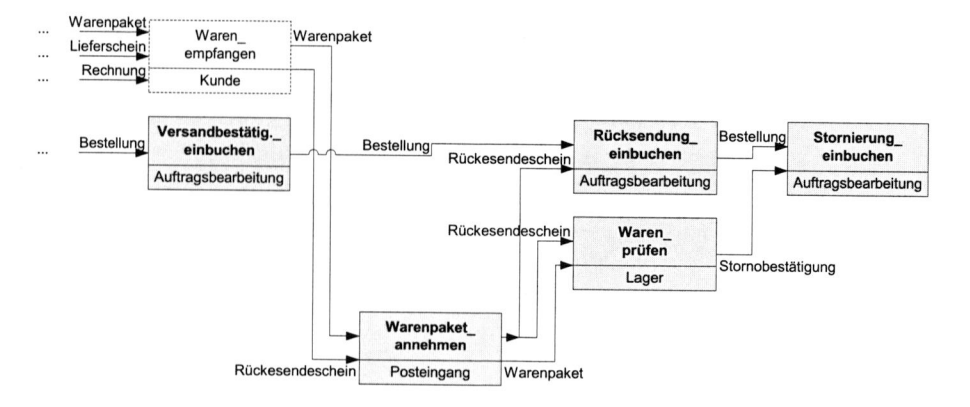

Abbildung 3.46: Alternativer Geschäftsprozess: Rücksendung der Ware

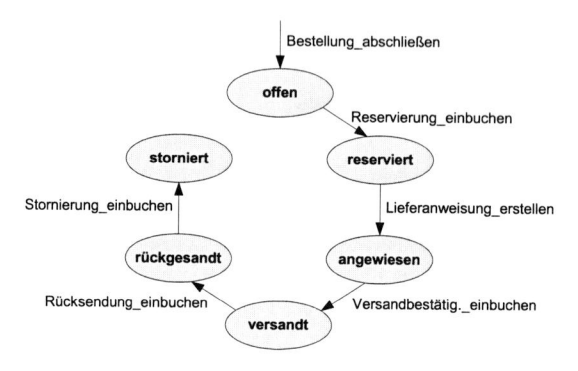

Abbildung 3.47: Prozesse und Zustandsänderung einer *Bestellung* bei Warenrücksendung

und integriert werden. Die Integration dieser zunächst isolierten Verhaltensbeschreibungen ist meist ein sehr komplexer Arbeitsschritt, der nur bedingt schematisch abgearbeitet werden kann. Ansätze für die systematische Zusammenführung der isolierten Verhaltensbeschreibungen zu einer Beschreibung des Gesamtverhaltens eines Objektes werden in [Krü2000] diskutiert.

Typischerweise sind sehr viele verschiedene Kombinationsweisen der einzelnen Verhaltensbeschreibungen möglich, jedoch nur einige wenige davon inhaltlich korrekt und modellierungstechnisch günstig. Entsprechend erfordert diese Verhaltensintegration eine Fülle von Designentscheidungen. Wir empfehlen eine frühzeitige Integration der einzelnen prozessspezifischen Verhaltensbeschreibungen eines Objektes bereits auf der Prozessebene, da diese für den Systementwickler zunächst meist anschaulicher und besser greifbar ist als die noch unvollständige Verhaltensbeschreibung auf der Ebene der einzelnen Operationen der Klasse.

Für die Beschreibung des Gesamtverhaltens eines Objektes der Klasse *Bestellung* kombinieren wir entsprechend die beiden Automaten aus den Abbildungen 3.45 und 3.47 zu einem neuen Automaten, der die ursprünglichen Verhaltensvarianten integriert (siehe Abbildung 3.48).

Die Transitionen des Automaten aus Abbildung 3.48 entsprechen den Prozessen, welche das Objekt der Klasse *Bestellung* in den verschiedenen Geschäftsprozessen bearbeiten. In

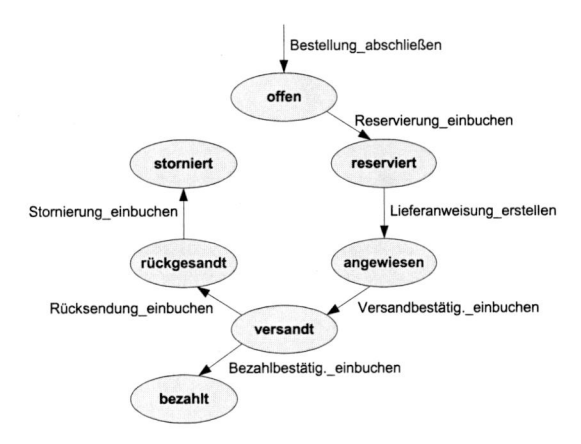

3.6 Übergang zur Ausführung von Geschäftsprozessen

Abbildung 3.48: Kombination der möglichen Zustandsänderungen einer *Bestellung*

einem nächsten Schritt werden diese mit den Transitionen assoziierten Prozesse genauer betrachtet. Dabei liefert die in der informellen Black-Box-Annotation dokumentierte Berechnungsvorschrift wichtige Informationen über die Details des Prozessverhaltens. Die Informationen aus diesen Prozessbeschreibungen werden analysiert und strukturiert. Aus ihnen leiten sich schließlich die einzelnen Operationen ab, welche für die entsprechende Klasse zu definieren sind. Die Klassenbeschreibung der Klasse *Bestellung* aus unserem Beispiel ist in Abbildung 3.49 dargestellt.

Abbildung 3.49: Klasse *Bestellung* des Subsystems Auftragsbearbeitung

Ausgehend von der Beschreibung des Objektverhaltens auf Prozessebene wird schließlich der Lebenszyklus des Objektes auf der Ebene der für die Klasse definierten Operationen festgelegt. Abbildung 3.50 zeigt das Lebenszyklusmodell eines Objektes der Klasse *Bestellung*.

Zu beachten ist dabei, dass im Allgemeinen keine Eins-zu-eins-Beziehung zwischen den Operationen der Klasse und den Prozessen besteht, die im ursprünglichen Automaten mit den Transitionen assoziiert wurden. Folglich kann die Struktur des ursprünglichen, auf der Prozessebene definierten Automaten nicht immer unverändert in die Lebenszyklusbeschreibung des Objektes auf Operationsebene übernommen werden. Stattdessen wird die Grundstruktur des ursprünglichen Automaten gegebenenfalls auf geeignete Weise neu gegliedert und bei Bedarf entsprechend erweitert.

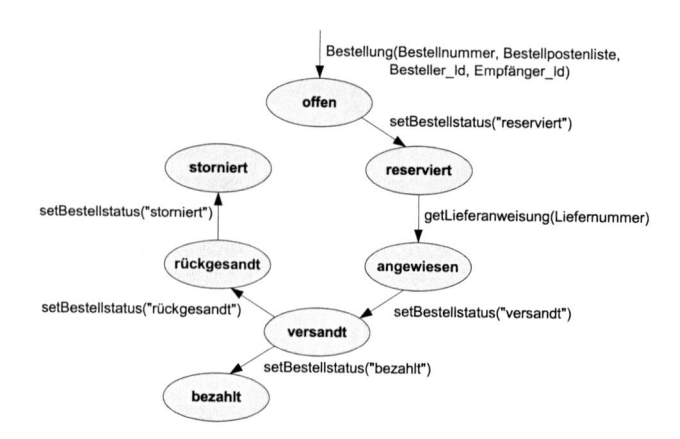

Abbildung 3.50: Lebenszyklus eines Objektes der Klasse *Bestellung*

3.6.3 Behandlung von Fehlerfällen

Wie in Abschnitt 3.4.1 bereits erläutert wurde, gehen wir in unserem Modellierungsansatz von gierigen Prozessen aus, die durch verlustfreie Kanäle miteinander verbunden sind. Wir setzen also Idealbedingungen für die Prozessabwicklung voraus.

Diese Vorgehensweise ist methodisch sinnvoll. Typischerweise sind die in der Praxis auftretenden Geschäftsprozessmodellierungsaufgaben extrem komplex und umfangreich. Um eine derart komplexe Modellierungsaufgabe erfolgreich bewältigen zu können, ist ein schrittweises, systematisches Vorgehen unbedingt erforderlich. Dabei werden zunächst einige wenige, aber essenzielle Systemaspekte dokumentiert. Sind diese Kernaspekte so weit wie nötig modelliert und ist das entsprechende Modell ausreichend stabil, so kann das Modell sukzessive um weitere Systemaspekte ergänzt werden.

Um diesem Anspruch der schrittweisen Modellierung gerecht zu werden, dokumentieren wir in unserer Vorgehensweise zunächst auf exemplarische Weise typisches Systemverhalten. Fehlerfälle und Fehlerbehandlungsverfahren, die besonders häufig auftreten oder die für das Systemverhalten von großer Bedeutung sind, modellieren wir dabei ebenfalls explizit als eigene Geschäftsprozesse. Weniger relevante Fehlerfälle stellen wir dagegen bei der Modellierung zunächst zurück.

Eine besondere Rolle spielen Fehlerfälle, die durch die Verzögerung oder den Verlust von übertragenen Nachrichten bzw. durch die unvollständige Ausführung von Geschäftsprozessen bedingt sind. Um derartige Fehlerfälle bei der Ausführung des Modells erkennen zu können, führen wir zwei Funktionen

$$Timeout_P : \mathbb{P} \longrightarrow \mathbb{N}$$
$$Timeout_C : \mathbb{C} \longrightarrow \mathbb{N}$$

ein. Die Funktion $Timeout_P$ weist jedem Prozess $p \in \mathbb{P}$ eine maximale Bearbeitungszeit ab dem Eintreffen der ersten Eingabenachricht zu, innerhalb von der dieser Prozess seine Ausgaben erzeugt haben muss. Analog legt die Funktion $Timeout_C$ für jeden Kanal $c = (out, in) \in \mathbb{C}$ die maximale Nachrichtenübertragungszeit ab dem Füllen des Kanals fest, innerhalb von der die entsprechende Nachricht vom Quellport *out* zum Zielport *in* transportiert sein muss.

3.6 Übergang zur Ausführung von Geschäftsprozessen

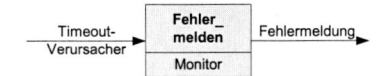

Abbildung 3.51: Monitorprozess für durch Timeouts bedingte Fehler

Besonders wichtige Fehler bzw. Fehlerbehandlungsverfahren modellieren wir explizit als eigene Geschäftsprozesse im Modell. Im Gegensatz dazu stützen wir die Behandlung von seltenen oder weniger bedeutenden Timeout-Fehlern auf einem Fehlermeldungsprozess ab, der von einem zentralen Monitor ausgeführt wird (siehe Abbildung 3.51). Tritt während der Simulation des Modells ein solcher Fehler auf, so wirft dieser Monitorprozess eine entsprechende Ausnahme, die dann manuell weiterbearbeitet wird.

3.6.4 Aspekte der Lastverteilung

Die Simulation eines Systemverhaltens stellt nicht nur ein wichtiges Instrument der Qualitätssicherung für das Verhaltensmodell dar. Darüber hinaus visualisiert sie auch, inwieweit die verfügbaren Systemressourcen bei der Ausführung des Systems ausgelastet sind. Dadurch wird es möglich, potenzielle Engpässe bei der Systemausführung frühzeitig zu erkennen und geeignete Maßnahmen zu ergreifen, bevor das neue System in den produktiven Betrieb übernommen wird.

Um nicht nur einzelne isolierte Prozessabläufe, sondern das Systemverhalten in seiner Gesamtheit simulieren zu können, sind zusätzlich zu den im Geschäftsprozessmodell dokumentierten Ablaufstrukturen noch weitere Informationen erforderlich. Wir führen hier lediglich eine Auswahl von Aspekten auf, die im Hinblick auf die Modellausführung von Bedeutung sind. Bei Bedarf können diese für die Simulation zu dokumentierenden Ablaufkennzahlen entsprechend erweitert werden. Eine detaillierte Diskussion dieser Aspekte liegt jedoch nicht im Fokus dieser Arbeit.

Unter den wichtigsten Kennzahlen, die im Hinblick auf eine Lastanalyse erforderlich sind, sind die *Ausführungszeiten* der einzelnen Prozesse. Je nachdem, wie detailliert die Lastverteilung im System ermittelt wird, werden dabei für jeden Geschäftsprozess die durchschnittliche sowie gegebenenfalls auch die minimale und maximale Ausführungsdauer erfasst oder auch die Verteilungsfunktion der Ausführungszeiten angegeben.

Ganz analog werden für die Kanäle im Geschäftsprozessmodell die jeweiligen *Nachrichtenübertragungszeiten* dokumentiert. Je nach Bedarf wird auch hier die Dauer der Nachrichtenübertragung auf unterschiedlich genaue Weise dokumentiert.

Neben den Durchführungszeiten der einzelnen Prozesse bzw. Nachrichtentransporte ist auch die *Häufigkeit* der einzelnen Prozessinstanzen eine Information, die für eine realitätsnahe Simulation des Systems von Bedeutung ist. Auch hier ist gegebenenfalls die zeitliche Verteilung zu beachten, mit der die Instanzen der einzelnen Geschäftsprozesse auftreten. Im Hinblick auf die Lastverteilung im System ist dabei wichtig, ob es für bestimmte Abläufe Stoßzeiten oder Zeiträume mit geringem Instanzvolumen gibt.

Analog zu den in Abschnitt 3.6.3 eingeführten Timeout-Funktionen lassen sich auch die hier aufgeführten Kennzahlen bzw. charakteristischen Verteilungen durch Hilfsfunktionen mit den einzelnen Prozessen bzw. Kanälen assoziieren. Je nach Bedarf kann die Menge der Zusatzinformationen, die ergänzend zum eigentlichen Geschäftsprozessmodell dokumentiert werden, entsprechend erweitert werden.

3.7 Zusammenfassung und Vergleich mit anderen Arbeiten

Das vorliegende Kapitel führt semantisch fundierte Beschreibungstechniken für die Modellierung von Geschäftsprozessen ein. Im Vordergrund steht dabei die organisationsübergreifende Darstellung von Geschäftsprozessen zur exemplarischen Beschreibung typischen Systemverhaltens.

In unserem Modellierungsansatz dokumentieren wir neben den einzelnen Prozessen auch die zwischen diesen Prozessen bestehenden Kommunikationsbeziehungen. Der Austausch von Nachrichten bedingt kausale Abhängigkeiten zwischen den Prozessen, welche die Möglichkeiten der Abwicklungsreihenfolge dieser Prozesse entsprechend einschränken. Dabei gehen wir von gierigen Prozessen aus, die ihre Ausführung bereits auf partiellen Eingaben beginnen und jeweils so viele ihrer Ausgaben wie möglich erzeugen. Zusätzliche über den reinen Nachrichtenaustausch hinausgehende Sequenzialisierungsvorgaben werden nicht eingeführt, sodass bei der Prozessausführung ein maximaler Grad an Parallelität ermöglicht wird.

Ein Verfeinerungsmechanismus erlaubt die Strukturierung des Modells in verschiedene Abstraktionsebenen. Dabei werden komplexe Geschäftsprozesse dekomponiert zu jeweils einem Geschäftsprozessnetz, das sich aus einfacheren Geschäftsprozessen und den dazwischen bestehenden Kommunikationsbeziehungen zusammensetzt. Eine Reihe von formal definierten Wohlgeformtheitskriterien für Geschäftsprozessmodelle stellt sicher, dass die Informationen auf den verschiedenen Abstraktionsebenen eines Modells auf geeignete Weise zueinander passen und dass der Informationsgehalt des Modells in Richtung der feiner granularen Modellebenen monoton zunimmt.

Ergänzt werden die Beschreibungstechniken durch ein Rollenkonzept, das die flexible Zuordnung von Prozessen zu ihren ausführenden Organisationseinheiten ermöglicht. Darauf aufbauend wird der Übergang von der Geschäftsprozessmodellierung zum Entwurf der Systemarchitektur skizziert. Ferner werden Hinweise gegeben zur Behandlung von Fehlerfällen sowie zur Dokumentation von Zusatzinformationen, die im Hinblick auf die simulierte Ausführung eines Geschäftsprozessmodells von Bedeutung sind.

Durch die formale Semantik ist die Bedeutung der Beschreibungstechniken präzise und eindeutig festgelegt. Die Formalisierung der Wohlgeformtheitskriterien bildet darüber hinaus eine Grundvoraussetzung für eine mächtige Werkzeugunterstützung der Beschreibungstechniken, die nicht nur das reine Erstellen der Diagramme zeichnerisch unterstützt, sondern zusätzlich eine automatisierte Konsistenzsicherung der Modelle ermöglicht. Die hierfür erforderlichen formal fundierten Transformationsregeln für die systematische Handhabung der Beschreibungstechniken im Rahmen einer iterativen Modellentwicklung werden in Kapitel 4 vorgestellt.

In der Literatur findet sich eine ganze Reihe von Arbeiten, die sich mit Beschreibungstechniken für Geschäftsprozesse befassen. Viele dieser Arbeiten bewegen sich vorwiegend auf der Ebene der konkreten Syntax, wobei die Bedeutung der einzelnen Symbole sowie möglicher Verfeinerungsbeziehungen in der Regel nicht präzise vorgegeben ist. Darüber hinaus besteht meist keine klare Vorstellung darüber, wann ein Geschäftsprozessmodell als korrekt anzusehen ist.

Modellierungswerkzeuge für solche informellen oder semiformalen Beschreibungstechniken sind schwerpunktmäßig Zeichenhilfsmittel. Aufgrund der mangelnden Formalisierung der Beschreibungstechniken bieten sie jedoch nur bedingt weiterführende Funktionalität an, wie beispielsweise komplexere Konsistenzüberprüfungen.

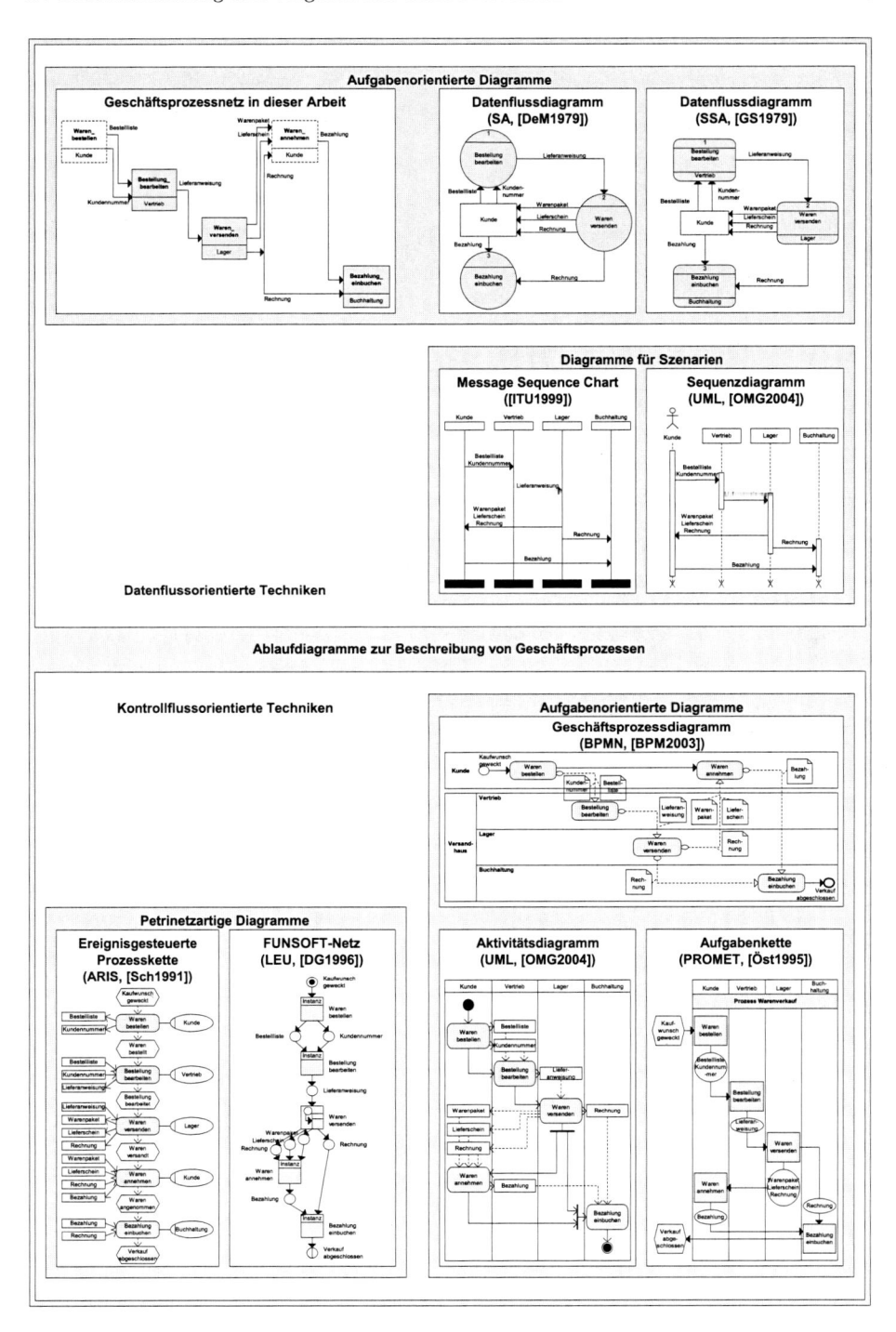

3.7 Zusammenfassung und Vergleich mit anderen Arbeiten

Abbildung 3.52: Gegenüberstellung verschiedener Ablaufdiagramme

In Abbildung 3.52 stellen wir die in dieser Arbeit eingeführten Beschreibungstechniken einer Auswahl von heute verbreiteten Beschreibungstechniken für die anschauliche Modellierung von Geschäftsprozessen gegenüber. Dafür haben wir den in Abbildung 3.1 beschriebenen Geschäftsprozess aus unserem Beispiel in jeder dieser Notationen dargestellt. Um den Vergleich der Notationen zu erleichtern, haben wir die Funktions-, Aufgaben- bzw. Prozesssymbole in den einzelnen Diagrammen jeweils grau hinterlegt.

Die in Abbildung 3.52 aufgeführten Beschreibungstechniken teilen wir in zwei Gruppen ein, die *datenflussorientierten* und die *kontrollflussorientierten* Darstellungsweisen.

Die datenflussorientierten Techniken gliedern wir wiederum in aufgabenorientierte Diagramme und in Diagramme zur Darstellung von Szenarien [RAC+1998, Jar1999]. Zu den aufgabenorientierten Techniken zählen beispielsweise die von Tom DeMarco eingeführten Datenflussdiagramme [DeM1979], die dazu sehr ähnlichen Datenflussdiagramme nach Gane und Sarson [GS1979] sowie die in dieser Arbeit vorgestellten Beschreibungstechniken für Geschäftsprozesse. Message Sequence Charts [ITU1999] und die Sequenzdiagramme der UML [OMG2004] dagegen eignen sich zur Darstellung von Szenarien.

Bei den kontrollflussorientierten Techniken unterscheiden wir einerseits an Petrinetze angelehnte Darstellungsweisen und aufgabenorientierte Flussdiagramme andererseits. Stellvertretend für die petrinetzartigen Techniken betrachten wir die Ereignisgesteuerten Prozessketten von ARIS [Sch1991, Sch2001, Sch2002] sowie die FUNSOFT-Netze von LEU [DG1996]. Aufgabenorientierte Beschreibungstechniken für Geschäftsprozesse sind beispielsweise die Aktivitätsdiagramme der UML [OMG2004], die Aufgabenketten aus der Methode PROMET [Öst1995] oder die Geschäftsprozessdiagramme der noch relativ jungen Business Process Modeling Notation BPMN [BPM2003, OR2004].

Im Folgenden erläutern wir die einzelnen Beschreibungstechniken in detaillierterer Form. Dabei gehen wir auf die Gemeinsamkeiten und die zwischen diesen Beschreibungstechniken bestehenden Unterschiede ein.

3.7.1 Datenflussorientierte Beschreibungstechniken

Zunächst wenden wir uns denjenigen Beschreibungstechniken zu, bei denen das Konzept des Datenflusses im Mittelpunkt der Modellierung steht.

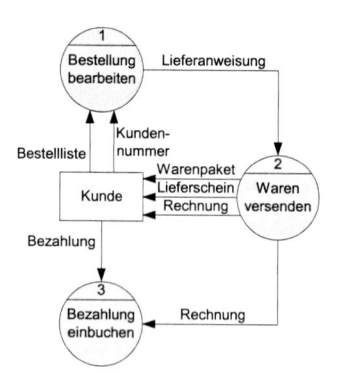

Abbildung 3.53: Datenflussdiagramm der Methode Structured Analysis [DeM1979]

3.7 Zusammenfassung und Vergleich mit anderen Arbeiten

Ein verhältnismäßig alter Ansatz zur anschaulichen Modellierung von Geschäftsprozessen ist das *Datenflussdiagramm* der Methode Structured Analysis [DeM1979] (siehe Abbildung 3.53).

Als wesentliche Elemente umfasst ein solches Datenflussdiagramm Datenflüsse, die durch beschriftete Pfeile repräsentiert werden. Diese Pfeile verbinden Knoten im Diagramm, welche entweder Prozesse, Dateien oder Datenquellen bzw. -senken sind. In den Datenflussdiagrammen werden Prozesse als Kreise dargestellt. Gerade Linien symbolisieren Dateien. Datenquellen und -senken werden als Rechtecke gezeichnet. Eine Datenquelle kann dabei sowohl ein Datenspeicher als auch eine Organisationseinheit sein. Typischerweise werden Prozesse, die von einer außerhalb des eigentlich betrachteten Systems liegenden Organisationseinheit abgewickelt werden, nicht explizit als Prozesse modelliert, sondern lediglich durch diese Organisationseinheit gekapselt. Entsprechend treten die vom Kunden ausgeführten Teilprozesse *Waren_bestellen* und *Waren_annehmen* in Abbildung 3.53 nicht explizit als eigene grafische Elemente auf.

Nicht möglich ist in diesen Datenflussdiagrammen dagegen die Modellierung von Kontrollflüssen und Systemzuständen. Auch die Zuordnung von Prozessen zu ihren ausführenden Einheiten ist in den klassischen Datenflussdiagrammen nicht vorgesehen.

Anders als die in dieser Arbeit vorgestellten Beschreibungstechniken erlauben die Datenflussdiagramme die zyklische Vernetzung von Prozessen, Dateien und Datenquellen durch Datenflusspfeile. Nicht jede auftretende zyklische Struktur ist jedoch durch eine tatsächliche Wiederholung im Ablauf bedingt. In der Darstellung unseres eigentlich sequenziellen Beispielprozesses in Abbildung 3.53 entsteht die zyklische Struktur des Diagramms dadurch, dass die Datenquelle bzw. -senke *Kunde* durch unterschiedlich gerichtete Datenflüsse mit verschiedenen Prozessen verbunden ist. In der Folge wird die Reihenfolge der Prozessabwicklung aus der Diagrammstruktur alleine nicht mehr offensichtlich. Um die Reihenfolge der einzelnen Prozesse im Ablauf zu verdeutlichen, können die Prozesssymbole daher entsprechend nummeriert werden. Trotzdem werden umfangreichere Diagramme dieses Typs schnell unübersichtlich und schwierig zu verstehen, da die eigentliche Ablauffolge meist nicht sofort zu erkennen ist.

Das Datenflussdiagramm nach [DeM1979] ist eine rein informelle Beschreibungstechnik, deren Syntax anhand von Beispielen beschrieben wird. Eine formale Semantik ist derzeit nicht definiert, ebenso wenig wie Kriterien für die Wohlgeformtheit der mit dieser Beschreibungstechnik erzeugten Modelle. Das Konzept der Verfeinerung von Prozessen ist vorgesehen, wird jedoch rein informell beschrieben.

Die klassischen Datenflussdiagramme nach [DeM1979] werden also schnell unübersichtlich und sind durch ihre mangelnde Fundierung sehr begrenzt in ihrer Aussagekraft. Für eine detaillierte Ablaufmodellierung in umfangreichen Entwicklungsprojekten sind sie daher nur bedingt geeignet.

Sehr ähnlich zu den bisher beschriebenen Datenflussdiagrammen sind die Datenflussdiagramme nach [GS1979]. Abbildung 3.54 zeigt unseren Beispielprozess in dieser Notation. Im Unterschied zu den Datenflussdiagrammen nach [DeM1979] werden Prozesse hier durch Felder mit abgerundeten Ecken symbolisiert. Neben dem Prozessbezeichner und der Nummer für die Ablaufreihenfolge umfassen die Prozesssymbole noch einen dritten Bereich, in dem optional die ausführende Einheit des Prozesses angegeben werden kann.

Auch das Datenflussdiagramm nach [GS1979] ist eine rein informelle Beschreibungstechnik ohne formale Semantik und ohne ein präzise definiertes Verfeinerungskonzept. Entsprechend ist auch diese Beschreibungstechnik mit den gleichen Nachteilen behaftet wie die zuerst vorgestellten Datenflussdiagramme nach [DeM1979].

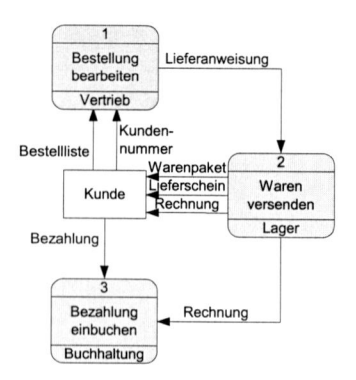

Abbildung 3.54: Datenflussdiagramm der Methode Structured Systems Analysis [GS1979]

Ende der 90er-Jahre war die Modellierung exemplarischen Systemverhaltens mittels Szenarien als ein Hilfsmittel für die Erfassung von Anforderungen sehr populär (siehe beispielsweise [RAC⁺1998, Jar1999]). *Szenarien* beschreiben den Nachrichtenaustausch zwischen den Akteuren eines Systems in seiner zeitlichen Reihenfolge.

Im Gegensatz zu allen anderen hier beschriebenen Ansätzen ist die Strukturierung des Systems in einzelne Akteure dabei ein Kernelement der Modellierung. Ein weiteres Kernelement ist der Nachrichtenaustausch zwischen diesen Akteuren. Die eigentlichen Prozesse spielen dagegen in der Darstellung nur eine untergeordnete Rolle.

Da Szenarien auf der Systemstruktur aufbauen, spiegeln sie immer einige bereits feststehende Designentscheidungen wieder. Daher werden Szenarien heute meist erst ab der Designphase zur Beschreibung von Systemabläufen eingesetzt. Dargestellt werden dabei die Funktionsaufrufe zwischen den verschiedenen Objekten, aus denen sich das System zusammensetzt.

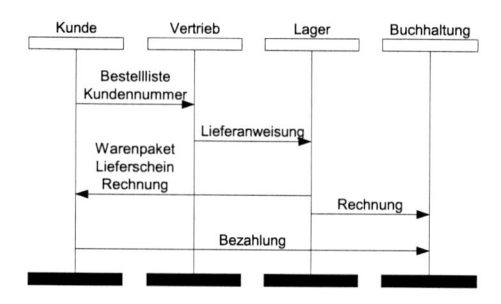

Abbildung 3.55: Message Sequence Chart [ITU1999]

Eine ausgereifte, formal fundierte Beschreibungstechnik für Szenarien sind die *Message Sequence Charts* [ITU1999]. In Abbildung 3.55 wird unser Beispielprozess in Form eines Message Sequence Charts beschrieben. Jede am Ablauf beteiligte ausführende Einheit des Systems wird durch eine vertikal verlaufende Lebenslinie repräsentiert. Diese Lebenslinien werden durch Folgen von beschrifteten Pfeilen verbunden, die den zeitlich geordneten Nachrichtenaustausch zwischen den einzelnen ausführenden Einheiten widerspiegeln. Die Reihenfolge der Interaktionen, an denen eine ausführende Einheit in einem Message Sequence Chart beteiligt

3.7 Zusammenfassung und Vergleich mit anderen Arbeiten

ist, wird dabei als eine sequenzielle Abfolge interpretiert. Über das Konstrukt der Coregion besteht jedoch die Möglichkeit, die Nebenläufigkeit von Interaktionen einer ausführenden Einheit in ein Message Sequence Chart zu integrieren [ITU1999].

Die Syntax der Message Sequence Charts ist standardisiert und wird in [ITU1999] präzise vorgegeben, sowohl grafisch als auch textuell in Backus-Naur-Form. Darüber hinaus ist die Notation der Message Sequence Charts mit einer auf Prozessalgebra basierenden formalen Semantik hinterlegt. Auch das Verfeinerungskonzept der Message Sequence Charts ist formal definiert.

Aufgrund der großen Präzision der Beschreibungstechnik sind mit Message Sequence Charts dargestellte Verhaltensbeschreibungen sehr aussagekräftig. Da sie von einer bereits feststehenden Systemstruktur ausgehen, eignen sich Message Sequence Charts jedoch nur bedingt zur Dokumentation von systemübergreifenden Geschäftsprozessen in den ganz frühen Phasen des Systementwicklungsprozesses.

Message Sequence Charts, die sich überwiegend aus Lebenslinien und sequenziellen Verbindungspfeilen zwischen diesen Lebenslinien zusammensetzen, sind übersichtlich und gut lesbar, aber dafür auch stark beschränkt in ihrer Darstellungsmächtigkeit. Mittlerweile haben sich viele syntaktische Erweiterungen etabliert, welche die Darstellungsmöglichkeiten von Message Sequence Charts erweitern, wie beispielsweise die bereits erwähnte Coregion für die Beschreibung von nebenläufiger Kommunikation. Werden in einem Message Sequence Chart viele solche Erweiterungen verwendet, verringert sich jedoch die Lesbarkeit des Diagramms ganz erheblich.

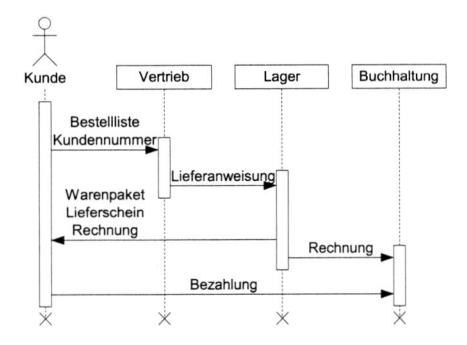

Abbildung 3.56: Sequenzdiagramm der UML [OMG2004]

Vom Grundprinzip her den Message Sequence Charts sehr ähnlich sind die in der UML verwendeten *Sequenzdiagramme* [OMG2004]. Die Repräsentation unseres Beispielprozesses durch ein Sequenzdiagramm zeigt Abbildung 3.56.

Genau wie bei den Message Sequence Charts ist auch in einem Sequenzdiagramm der dargestellte Ablauf nach seinen ausführenden Einheiten gegliedert. Personelle ausführende Einheiten werden dabei durch eine Strichfigur dargestellt, dem in der UML verwendeten Symbol für menschliche Akteure. Abstraktere Akteure werden durch Rechtecke repräsentiert. Die von den ausführenden Einheiten ausgehenden Lebenslinien werden wieder durch Folgen von beschrifteten Pfeilen verbunden, welche die Interaktion der ausführenden Einheiten beschreiben. Verbreiterte Abschnitte einer Lebenslinie kennzeichnen diejenigen Teile des Ablaufes, in denen die durch die Lebenslinie repräsentierte Einheit aktiv ist bzw. ausgeführt wird.

Die aktuelle Version 2.0 der UML [OMG2004] gibt die abstrakte Syntax der Sequenzdiagramme mit Hilfe von Klassendiagrammen vor, während die konkrete Syntax anhand von vielen Beispielen mit ausführlichen textuellen Ergänzungen festgelegt wird. Zu den einzelnen Elementen der Beschreibungstechnik werden jeweils Einschränkungen bzw. Konsistenzkriterien angegeben, die jedoch vorwiegend informell in textueller Form beschrieben sind. Auch die Semantik der einzelnen Konzepte wird rein textuell dokumentiert.

Die Verfeinerung der ausführenden Einheiten einerseits und der zwischen den ausführenden Einheiten bestehenden Interaktionen andererseits ist möglich. Beide Verfeinerungsbeziehungen werden jedoch in [OMG2004] rein informell beschrieben.

Ähnlich wie bei den Message Sequence Charts erhöhen syntaktische Erweiterungen die Ausdrucksmächtigkeit der Sequenzdiagramme, jedoch auf Kosten der Lesbarkeit.

Wegen ihrer Orientierung an der Systemstruktur kommen die Sequenzdiagramme der UML heute vorwiegend ab dem Design zum Einsatz und weniger bei der Erfassung und Definition von Anforderungen. Da die Sequenzdiagramme nicht formal fundiert sind, ist ihre Bedeutung weniger präzise festgelegt und ein Sequenzdiagramm somit weniger aussagekräftig als ein Message Sequence Chart.

3.7.2 Kontrollflussorientierte Beschreibungstechniken

Ein Kernkonzept der bisher skizzierten Ansätze war der in einem Systemablauf auftretende Daten- bzw. Nachrichtenfluss. Im Gegensatz dazu fokussieren die im Folgenden beschriebenen Techniken den Kontrollfluss in und zwischen Prozessen.

Ein kontrollflussorientierter Ansatz, der heute sehr weit verbreitet ist, ist die *Ereignisgesteuerte Prozesskette* von ARIS. ARIS (Architektur integrierter Informationssysteme) [Sch1991, Sch2001, Sch2002] ist ein Ansatz aus der Wirtschaftsinformatik, der auf die Ablaufunterstützung durch Standardsoftware spezialisiert ist. Ursprünglich sah ARIS mehrere Techniken zur Beschreibung von Systemabläufen vor, von denen sich jedoch die Ereignisgesteuerte Prozesskette gegenüber den anderen Techniken mittlerweile durchgesetzt hat. Ereignisgesteuerte Prozessketten dokumentieren die in einem Geschäftsprozess auszuführenden Prozesse bzw. Funktionen in ihrer Ablaufreihenfolge sowie die von diesen Prozessen erzeugten bzw. konsumierten Ereignisse.

Abbildung 3.57 zeigt unseren Beispielprozess in der Notation der Ereignisgesteuerten Prozessketten. Die einzelnen Tätigkeiten, in ARIS Funktionen genannt, werden dabei durch die grau hinterlegten Felder mit den abgerundeten Ecken symbolisiert. Zwei aufeinander folgenden Funktionen ist jeweils ein Ereignis zwischengeschaltet, das auf informelle Weise den Systemzustand zwischen den beiden Funktionsausführungen beschreibt. Gestrichelte Pfeile geben die Richtung des Kontrollflusses zwischen den Funktionen und Ereignissen innerhalb eines Ablaufes an.

Optional kann einer Funktion eine ausführende Einheit zugewiesen werden. Die ausführenden Einheiten werden durch Ovale repräsentiert und jeweils über eine Verbindungslinie mit der entsprechenden Funktion assoziiert. Ebenfalls optional ist die Angabe der Datenobjekte, die von einer Funktion konsumiert oder produziert werden. Datenobjekte werden in den Ereignisgesteuerten Prozessketten durch Rechtecke symbolisiert. Die Richtung der Pfeile, welche die Datenobjekte mit den zugehörigen Funktionen verbinden, spiegelt wider, ob das Datenobjekt von der Funktion erzeugt bzw. bearbeitet oder verbraucht wird.

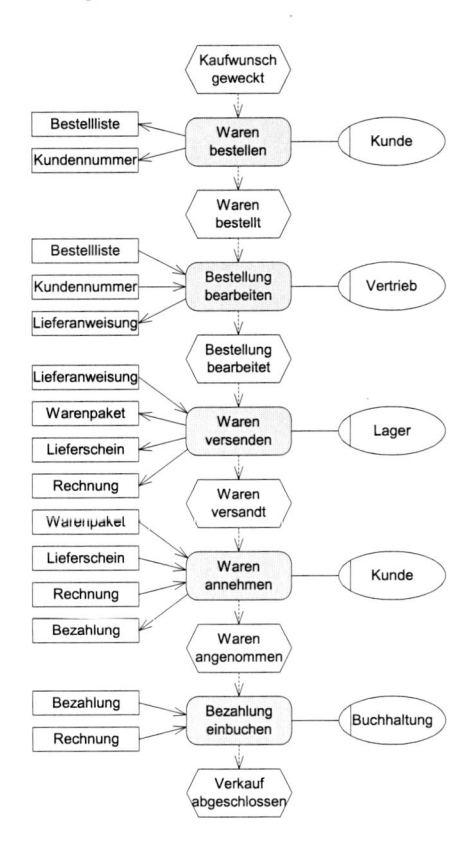

3.7 Zusammenfassung und Vergleich mit anderen Arbeiten

Abbildung 3.57: Ereignisgesteuerte Prozesskette von ARIS [Sch1991]

ARIS fokussiert in den Ereignisgesteuerten Prozessketten die Darstellung der inhaltlichen und zeitlichen Abhängigkeiten bei der Prozessausführung [SJ1996]. Die Ereignisse, die in den Prozessketten zwischen den Funktionen eingefügt sind, erzwingen eine sequenzielle Abwicklung von aufeinander folgenden Funktionen. Ein flexibler Ausführungsmechanismus, der eine partielle oder eine überlappende Funktionsausführung ermöglicht, wird nicht unterstützt.

In einer Ereignisgesteuerten Prozesskette hat jedes Ereignis und jede Funktion jeweils genau eine eingehende und eine ausgehende Kontrollflusskante. Um einen Kontrollfluss in mehrere Stränge zu verzweigen bzw. mehrere Kontrollflussstränge wieder zusammenzuführen, werden in den Ereignisgesteuerten Prozessketten die Verknüpfungsoperatoren OR, AND und XOR eingesetzt. Ein solcher Verknüpfungsoperator kann im Diagramm entweder mehrere eingehende Kanten und genau eine ausgehende Kante haben, oder aber genau eine eingehende Kante und mehrere ausgehende Kanten. Dabei verbindet ein Verknüpfungsoperator jeweils Vorgängerknoten des einen Typs mit Nachfolgerknoten des anderen Typs, also beispielsweise eine Menge von Vorgängerereignissen mit einer Funktion als Nachfolger, oder eine Menge von Funktionen als Vorgänger des Verknüpfungsoperators mit genau einem Ereignis als dessen Nachfolger.

Wir veranschaulichen die Verwendung dieser Verknüpfungsoperatoren in Ereignisgesteuerten Prozessketten anhand unseres Beispielprozesses aus Abbildung 3.1. Gemäß der in dieser Arbeit eingeführten Beschreibungstechnik hat der Prozess *Waren_versenden* innerhalb des Geschäftsprozessnetzes aus Abbildung 3.1 zwei unmittelbare Nachfolgerprozesse. Der Geschäftsprozess spaltet sich also auf in zwei Unterstränge, die beim Prozess *Bezahlung_einbuchen* wieder zusammengeführt werden. Dabei ist der Prozess *Bezahlung_einbuchen* sowohl unmittelbarer Nachfolgerprozess von *Waren_versenden* als auch indirekter Nachfolgerprozess, mit *Waren_annehmen* als Zwischenschritt.

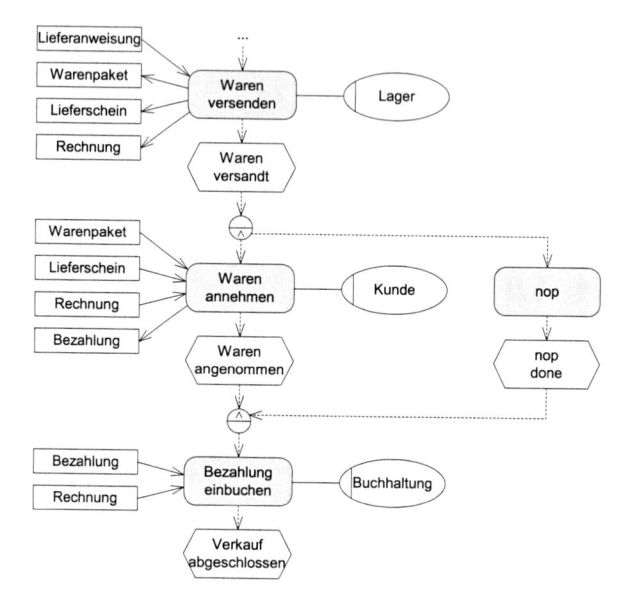

Abbildung 3.58: Ereignisgesteuerte Prozesskette mit Verknüpfungsoperatoren

Abbildung 3.58 zeigt diese Verzweigung unseres Beispielprozesses und die Zusammenführung der Unterstränge in der Notation der Ereignisgesteuerten Prozessketten. Nachdem die Prozesskette das Ereignis *Waren versandt* erreicht hat, spaltet sich der Kontrollfluss der Prozesskette in zwei Stränge auf. Der linke Strang durchläuft dabei nacheinander die Funktion *Waren annehmen* und das Ereignis *Waren angenommen*. Nach diesem Ereignis wird der rechte Kontrollflussstrang wieder mit dem linke Kontrollflussstrang zusammengeführt.

In unserem Beispielprozess beinhaltet der rechte Kontrollflussstrang eigentlich keine weiteren Funktionen und Ereignisse. Da eine direkte Verbindung zweier Verknüpfungsoperatoren durch eine Kontrollflusskante jedoch nicht zulässig ist, wird die leere Funktion *nop* und ein entsprechendes Nachfolgerereignis zwischengeschaltet, damit die Verzweigungsstruktur des Beispielprozesses in der Ereignisgesteuerten Prozesskette ausgedrückt werden kann.

Den Ereignisgesteuerten Prozessketten liegt ein streng sequenzielles Ausführungsmodell zugrunde. Insbesondere kann also auch der Prozess *Bezahlung einbuchen* nicht partiell mit seiner Ausführung beginnen, sondern muss warten, bis auch der Prozess *Waren annehmen* vollständig abgearbeitet ist und beide Kontrollflussstränge wieder zusammengeführt sind. Folglich sind die verzweigte Ereignisgesteuerte Prozesskette aus Abbildung 3.58 und die sequenzielle Ereignisgesteuerte Prozesskette aus Abbildung 3.57 gleichwertig.

3.7 Zusammenfassung und Vergleich mit anderen Arbeiten

Die Syntax der Ereignisgesteuerten Prozessketten wird auf der Basis eines Metamodells sowie anhand von grafischen Beispielen definiert [Sch1991, SJ1996, Sch2001, Sch2002, NR2002]. In [KNS1992] wurde versucht, den Ereignisgesteuerten Prozessketten eine auf Petrinetzen basierende operationelle Semantik zuzuweisen. Dies hat sich als problematisch erwiesen, da die XOR-Verknüpfungsoperatoren in den Ereignisgesteuerten Prozessketten zu systemglobalen Synchronisationsbedingungen führen, in Petrinetzen dagegen die Transitionsentscheidungen nach der rein lokalen Belegung der Stellen getroffen werden. In [vdADK2002] wurde nachgewiesen, dass es keine auf Petrinetzen basierende formale Semantik geben kann, welche die in [KNS1992] vorgeschlagene ursprüngliche Bedeutung der Ereignisgesteuerten Prozessketten ohne Einschränkung formalisiert. [Kin2003] stellt zwei verschiedene Möglichkeiten einer solchen Einschränkung vor, die eine widerspruchsfreie Formalisierung von Ereignisgesteuerten Prozessketten mittels Petrinetzen möglich macht.

Auch in den Ereignisgesteuerten Prozessketten von ARIS ist die Verfeinerung von Funktionen möglich. Die zwischen den Funktionen bestehenden Verfeinerungsbeziehungen können in einem Hierarchiediagramm, dem *Spider View*, visualisiert werden. Dieses Hierarchiediagramm ist ein gerichteter Graf, der jedoch nicht notwendigerweise Baumstruktur haben muss. Eine feingranulare Funktion kann also mehreren abstrakteren Funktionen als Verfeinerung zugewiesen sein.

Formale Anforderungen an die Verfeinerungsbeziehungen sind nicht definiert. Entsprechend ist eine automatisierte Konsistenzüberprüfung der Modelle durch ein Modellierungswerkzeug nur eingeschränkt möglich, sodass Inkonsistenzen und Modellierungsfehler oft erst bei der Simulation eines Modells identifiziert werden können.

Bei der Verfeinerung einer abstrakten Funktion werden in ARIS das Vorgänger- und das Nachfolgerereignis dieser Funktion als Start- und Endeereignis in die verfeinernde Ereignisgesteuerte Prozesskette identisch übernommen. Die Ereignisse selbst können dabei jedoch nicht verfeinert werden. In der Folge vermischen sich auf den verschiedenen Abstraktionsebenen des Modells zwangsweise Informationen von sehr unterschiedlicher Granularität, da Start- und Endeereignis des abstraktesten Prozesses in einem ARIS-Modell bis auf die Detailebene weitervererbt werden.

Durch die explizite grafische Darstellung von Ereignissen und die separate Modellierung von Datenobjekten und ausführenden Einheiten in jeweils eigenen Knoten werden die Ereignisgesteuerten Prozessketten selbst für sehr einfache Abläufe schnell überfrachtet, unübersichtlich und schlecht lesbar. Besonders kritisch ist die explizite Darstellung der Ereignisse zu betrachten, da diese Ereignisse nur sehr selten so formuliert werden, dass sie gegenüber der reinen Vorgänger-/Nachfolgerbeziehung der mit ihnen verbundenen Prozesse weiteren Informationsgehalt bieten.

Beispielsweise signalisiert der zweite Zustand *Waren bestellt* der Ereignisgesteuerten Prozesskette aus Abbildung 3.57 lediglich, dass der Vorgängerprozess *Waren bestellen* dieses Ereignisses nun abgeschlossen ist. Werden die Kontrollflusskanten im Diagramm wie in der Syntaxbeschreibung festgelegt als streng sequenzielle Abfolge der verbundenen Elemente interpretiert, so könnten viele der Ereignisknoten ohne Informationsverlust einfach weggelassen werden. Die aktuelle Version 6.0 des ARIS-Toolsets bietet daher eine Sicht auf die Ereignisgesteuerten Prozessketten an, in der die Darstellung der Ereignisse unterdrückt wird.

Ein weiterer, ebenfalls an Petrinetzen orientierter Modellierungsansatz für Geschäftsprozesse sind die *FUNSOFT-Netze* von LEU [DG1996]. LEU fokussiert die Analyse, Simulation und Realisierung von Geschäftsprozessen. Da LEU ausführbare Prozessmodelle anstrebt, sind die verwendeten Beschreibungsmittel entsprechend stärker formalisiert.

Im Geschäftsprozessmodell von LEU werden einzelne Geschäftsvorfälle durch Petrinetze modelliert. Die Transitionen der Petrinetze symbolisieren dabei Instanzen von ausführbaren Aktivitäten, die auch als Aktionen oder Vorgänge bezeichnet werden. Die Vorgangsknoten eines FUNSOFT-Netzes können mit Dialogen oder Anwendungsprogrammen hinterlegt werden, die beim Ablauf des Netzes ausgeführt werden.

Die Stellen der FUNSOFT-Netze, auch als Kanäle bezeichnet, stellen Objektspeicher dar. Jeder Objektspeicher repräsentiert wahlweise Zustands- bzw. Steuerinformationen oder Daten. Je nachdem symbolisieren die ein- und ausgehenden Kanten eines Objektspeichers in einem FUNSOFT-Netz entweder den Kontroll- oder den Datenfluss innerhalb des modellierten Ablaufes.

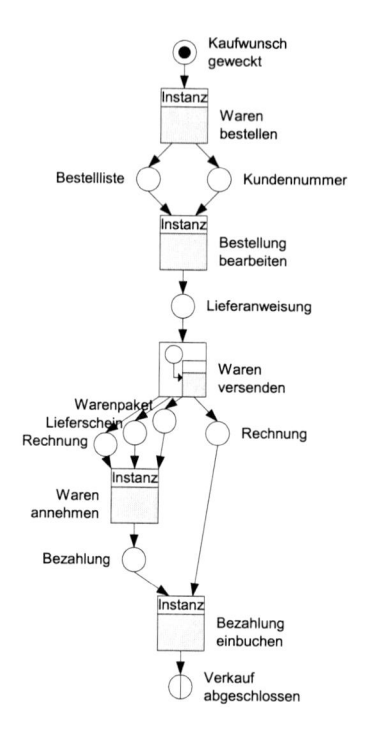

Abbildung 3.59: FUNSOFT-Netz von LEU [DG1996]

Abbildung 3.59 zeigt unseren Beispielprozess als FUNSOFT-Netz. Da unser Beispielprozess sehr einfach gehalten ist und die Zustände des Systems nicht explizit grafisch darstellt, repräsentieren alle Stellen im korrespondierenden FUNSOFT-Netz mit Ausnahme des Start- und des Zielknotens Datenspeicher und nicht Systemzustände. Der Prozess *Waren_versenden* wird in diesem FUNSOFT-Netz durch ein anderes Symbol repräsentiert als die anderen Prozesse im Netz. Dadurch wird bereits in der grafischen Darstellung des FUNSOFT-Netzes deutlich, dass der Prozess *Waren_versenden* zu einem eigenen FUNSOFT-Netz weiter verfeinert wird.

Ergänzend zur Modellierung der Ablaufstrukturen können im Kontext der FUNSOFT-Netze Rollen definiert und mit den Prozessen assoziiert werden. Diese Assoziation wird in der grafischen Darstellung jedoch nicht sichtbar.

3.7 Zusammenfassung und Vergleich mit anderen Arbeiten

[EG1991] führt die abstrakte Syntax sowie die grafische Darstellung der FUNSOFT-Netze ein. Darüber hinaus werden FUNSOFT-Netze formalisiert mittels einer Abbildungsvorschrift, die zu einem gegebenen FUNSOFT-Netz das korrespondierende Prädikat-Transitionsnetz ermittelt.

FUNSOFT-Netze erlauben die bei Petrinetzen üblichen Verfeinerungsmöglichkeiten. Dabei kann prinzipiell eine Transition eines abstrakten Petrinetzes durch ein detailliertes Petrinetz realisiert werden [EG1991]. Da für Petrinetze jedoch kein ausgeprägter Schnittstellenbegriff zur Verfügung steht, sind der Modularisierung und damit auch der Verfeinerung Grenzen gesetzt. Beispielsweise kann ein Netz, in dem zwei Transitionen von einer Eingabestelle gespeist werden, an dieser Stelle nicht partitioniert werden. Bei einer Partitionierung müsste die gemeinsame Eingabestelle in beiden Subnetzen enthalten sein. Die mit der Stelle verknüpfte Synchronisationsinformation geht dabei jedoch verloren.

Da Syntax und Semantik von FUNSOFT-Netzen präzise definiert sind, verfügen als FUNSOFT-Netze dokumentierte Geschäftsprozessmodelle über eine hohe Aussagekraft. Anders als bei den Ereignisgesteuerten Prozessketten von ARIS wird bei den FUNSOFT-Netzen der Datenfluss eines Geschäftsprozesses unmittelbar in die Petrinetzstruktur des Diagramms eingebunden. Des Weiteren werden Zustands- bzw. Steuerinformationen nur dann explizit dargestellt, wenn sie für das Verständnis des Modells erforderlich sind, beispielsweise bei Fallunterscheidungen im Prozessablauf. Die Anzahl der einzelnen Modellelemente ist daher bei FUNSOFT-Netzen im Allgemeinen deutlich geringer als bei gleichwertigen Ereignisgesteuerten Prozessketten, sodass FUNSOFT-Netze verhältnismäßig überschaubar und damit meist auch gut lesbar bleiben. Bei komplexeren FUNSOFT-Netzen kann es jedoch von Nachteil sein, dass Datenspeicher und Steuerinformationen durch das gleiche grafische Symbole repräsentiert werden. Hier muss die Benennung der Stellen so aussagekräftig gewählt werden, dass die Bedeutung der einzelnen Stellen jeweils schnell klar wird.

In den petrinetzartigen Darstellungsweisen kommt der expliziten Darstellung von Zuständen bzw. Ereignissen in den Ablaufdiagrammen eine relativ hohe Bedeutung zu. Im Gegensatz dazu spielen Zustände bei den im Folgenden beschriebenen aufgabenorientierten Modellierungsansätzen eine eher untergeordnete Rolle.

Die Methode PROMET [Öst1995] fokussiert die methodischen Aspekte der Prozessentwicklung und der prozessorientierten Einführung von Standardsoftware. Als Grundlage dafür wird eine rein informelle Notation zur Beschreibung von Geschäftsprozessen eingeführt, die *Aufgabenkettendiagramme*. Aufgabenkettendiagramme dokumentieren die in einem Geschäftsprozess abzuwickelnden Aufgaben (Prozesse), dargestellt als Rechtecke, sowie deren Ausführungsreihenfolge, welche durch Pfeile repräsentiert wird.

Hand in Hand mit dem Informationsgewinn bei der Modellierung können die Aufgabenkettendiagramme sukzessive detailliert und ergänzt werden. Optional angegeben werden die zwischen den Aufgaben ausgetauschten Daten, welche jeweils als Oval repräsentiert und einem Verbindungspfeil zweier Aufgaben zugeordnet werden. Die auslösenden bzw. resultierenden Ereignisse von Teilabläufen werden durch Sechsecke repräsentiert, ähnlich wie bei den Ereignisgesteuerten Prozessketten von ARIS. Weitere Informationen wie beispielsweise Zeitangaben für die Prozessausführung und die Nachrichtenübertragung oder Fallunterscheidungen für bestimmte Ablaufvarianten werden textuell zu den entsprechenden Symbolen geschrieben. Darüber hinaus werden Aufgabenkettendiagramme in Spalten eingeteilt, welche die ausführenden Organisationseinheiten des modellierten Systems repräsentieren. Abbildung 3.60 zeigt unseren Beispielprozess als Aufgabenkettendiagramm.

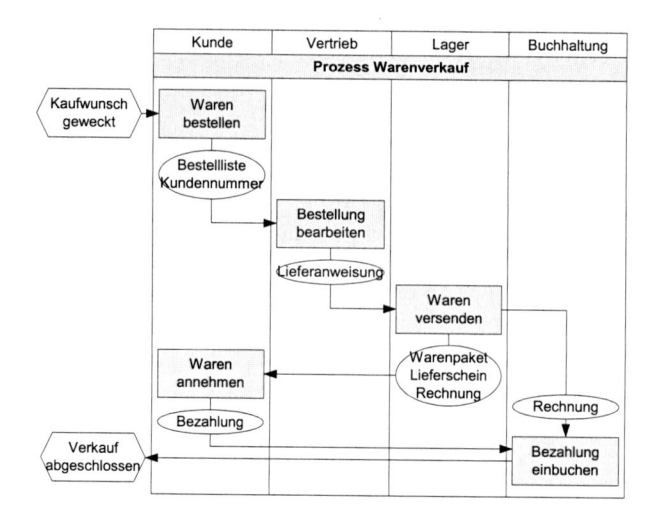

Abbildung 3.60: Aufgabenkette der Methode PROMET [Öst1995]

Die Aufgabenketten von PROMET sind eine rein informelle Darstellungsweise. In [Öst1995] werden die grafischen Darstellungselemente lediglich anhand eines Beispiels eingeführt und knapp textuell erklärt. Darüber hinaus werden die Kernelemente der Aufgabenketten je nach Bedarf sehr großzügig um textuelle Annotationen ergänzt, die zusätzliche Informationen in das Modell integrieren. Eine Semantik wird für diese Beschreibungstechnik nicht angegeben.

Bei PROMET erfolgt die Ablaufmodellierung in zwei grundlegenden Abstraktionsstufen. Die Makroebene dokumentiert die wesentliche Prozessstruktur, während auf der Mikroebene die Aufgaben bis hin zur Arbeitsanweisung detailliert sind. Innerhalb dieser beiden Abstraktionsstufen können die einzelnen Abläufe weiter in Verfeinerungsebenen strukturiert werden [Öst1995]. Konsistenzbedingungen oder ähnliche Einschränkungen sind nicht definiert.

Auf den ersten Blick wirken Aufgabenkettendiagramme relativ übersichtlich und gut lesbar. Wird bei der Erstellung der Diagramme ausgiebig von der Möglichkeit der ergänzenden Annotationen Gebrauch gemacht, werden die Aufgabenkettendiagramme jedoch sehr schnell sehr unübersichtlich. Da den einzelnen Darstellungselementen keine präzise Semantik zugewiesen ist, bleibt die Deutung der Diagramme weit gehend dem Betrachter überlassen. Daher sind Aufgabenkettendiagramme kaum aussagekräftig und entsprechend als Kommunikationsgrundlage im Entwicklungsprozess wenig hilfreich.

Die in der UML vorgesehene Notation für Geschäftsprozesse ist das *Aktivitätsdiagramm* [OMG2004]. Aktivitätsdiagramme verbinden Aktivitäten durch Ablaufabhängigkeiten und Synchronisationspunkte. Dabei werden Aktivitäten durch Felder mit abgerundeten Ecken, Ablaufabhängigkeiten durch Pfeile und Synchronisationspunkte durch orthogonal zu diesen Pfeilen liegende Linien dargestellt. Darüber hinaus umfasst ein Aktivitätsdiagramm zwei runde Symbole, die den Start- bzw. den Endzustand des beschriebenen Ablaufs symbolisieren. In Abbildung 3.61 ist unser Beispielprozess als Aktivitätsdiagramm der UML dargestellt.

In einem Aktivitätsdiagramm verfügt jede Aktivität über genau eine eingehende und eine ausgehende Kontrollflusskante. Um den Kontrollfluss in einem Aktivitätsdiagramm in mehrere Stränge aufzuspalten bzw. um mehrere Kontrollflussstränge wieder zu einem einzigen Strang

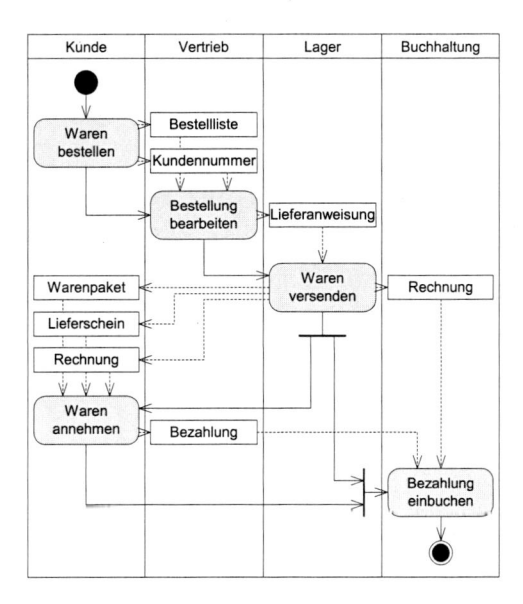

3.7 Zusammenfassung und Vergleich mit anderen Arbeiten

Abbildung 3.61: Aktivitätsdiagramm der UML [OMG2004]

zusammenzuführen, werden die Kontrollflüsse an den Synchronisationspunkten aufgespalten bzw. gebündelt. Aufspaltende Synchronisationspunkte, die mit einer Bedingung verknüpft sind, werden als Raute dargestellt.

Optional lässt sich ein Aktivitätsdiagramm über das Konzept der Swimlanes, d.h. die Einteilung eines Diagramms in Bahnen, nach den ausführenden Einheiten des modellierten Ablaufes strukturieren. Ferner können die Aktivitätsdiagramme der UML um Datenobjekte erweitert werden. Ein Datenobjekt wird durch ein Rechteck repräsentiert. Über einen gestrichelten Pfeil wird ein Datenobjekt einer Aktivität zugeordnet. Die Richtung des Pfeils gibt dabei an, ob das Datenobjekt von der Aktivität erzeugt bzw. verändert oder lediglich gelesen wird.

Ab der Version 2.0 der UML erlauben die Aktivitätsdiagramme auch eine unmittelbare Modellierung des Datenflusses ohne zusätzliche Modellierung des Kontrollflusses. Da eine Aktivität mehrere Eingabedaten konsumieren bzw. mehrere Ausgabedaten erzeugen kann, erlaubt die datenflussorientierte Variante der Aktivitätsdiagramme das Zusammenführen bzw. Verzweigen der Ablaufstruktur auch ohne zusätzliche Synchronisationspunkte. Derzeit befindet sich die Version 2.0 der UML noch im Ratifizierungsprozess. Da die Möglichkeit der datenflussorientierten Darstellungsweise der Aktivitätsdiagramme also noch recht neu ist, ist die kontrollflussorientierte Variante wenigstens im Moment noch weiter verbreitet.

Wie bereits bei den Sequenzdiagrammen der UML wird auch die abstrakte Syntax der Aktivitätsdiagramme mit Hilfe von Klassendiagrammen vorgegeben. Darüber hinaus werden die einzelnen Modellelemente detailliert auf textuelle Weise beschrieben und die intendierte Verwendungsweise anhand von einigen Beispielen erläutert. Die Semantik der einzelnen Konzepte wird dabei rein textuell formuliert [OMG2004].

Auch die Aktivitätsdiagramme der UML können weiter verfeinert werden. Dabei wird eine einzelne Aktivität eines grobgranularen Aktivitätsdiagramms durch ein detailliertes Aktivitätsdiagramm ersetzt [FS1997]. Ausführliche Konsistenzbedingungen für eine korrekte Verfeinerung werden jedoch nicht angegeben.

Aktivitätsdiagramme erlauben eine übersichtliche Beschreibung der Ablaufstruktur eines Geschäftsprozesses. Um die Lesbarkeit der Diagramme zu erhalten ist es empfehlenswert, die kontrollflussorientierte Darstellungsvariante nicht mit der datenflussorientierten zu vermischen, sondern sich für eine der beiden Varianten zu entscheiden. Der praktische Nutzen der Aktivitätsdiagramme wird jedoch durch die unzureichende Fundierung der Beschreibungstechnik gemindert.

Ein noch relativ junger Ansatz für die grafische Darstellung von Geschäftsprozessen ist das *Geschäftsprozessdiagramm* der Business Process Modeling Notation [BPM2003]. Die Business Process Modeling Notation strebt an, eine standardisierte Beschreibungssprache für Geschäftsprozessmodelle zu werden, welche die derzeit in der Praxis verbreiteten Modellierungsansätze zusammenführt und vereinheitlicht.

Kernelement eines Geschäftsprozessdiagramms ist die Aktivität, welche durch ein Feld mit abgerundeten Ecken visualisiert wird. Aktivitäten werden durch Pfeile verbunden, welche entweder einen Nachrichten- oder einen Kontrollfluss symbolisieren. Nachrichtenflüsse werden durch gestrichelte Pfeile gekennzeichnet, welche mit einem Datenobjekt assoziiert sind. Im Gegensatz dazu wird ein Kontrollfluss durch einen durchgezogenen Pfeil repräsentiert.

Geschäftsprozessdiagramme werden in Bahnen strukturiert, welche selbst wieder in Bahnen von feinerer Granularität unterteilt werden können. Typischerweise repräsentiert eine solche Bahn eine ausführende Einheit im System. Gemäß den Konventionen der Business Process Modeling Notation müssen die Start- und die Zielaktivität eines Nachrichtenflusses jeweils verschiedenen Bahnen angehören. Aktivitäten, die innerhalb der gleichen Bahn liegen, werden dagegen ausschließlich über Kontrollflüsse verbunden.

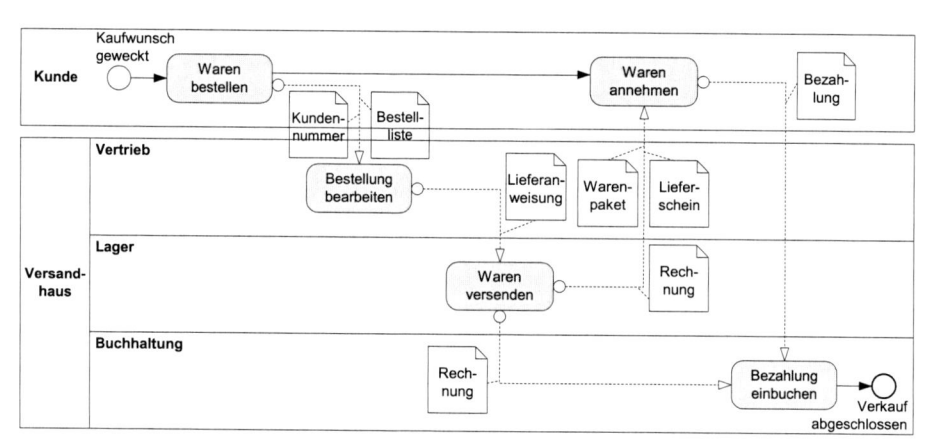

Abbildung 3.62: Geschäftsprozessdiagramm der BPMN [BPM2003]

Abbildung 3.62 stellt unseren Beispielprozess als Geschäftsprozessdiagramm in der Notation von BPMN dar.

Die Beschreibungstechnik der Geschäftsprozessdiagramme ist derzeit noch in der Entwicklung begriffen. In der aktuellen Version des Spezifikationsentwurfs [BPM2003] werden die einzelnen Syntaxelemente anhand von Beispielen eingeführt und ausführlich textuell erläutert. Diese

3.7 Zusammenfassung und Vergleich mit anderen Arbeiten

textuellen Erläuterungen umfassen für einige Syntaxelemente Hinweise für deren Verwendung, welche die Konsistenz der Geschäftsprozessdiagramme sicherstellen sollen. Auch die Bedeutung der Syntaxelemente wird derzeit ausschließlich auf informelle Weise als Text beschrieben.

Die Modellierungssprache BPMN sieht die Verfeinerung von Prozessen bzw. Aktivitäten vor. Auch das Verfeinerungskonzept ist rein informell. Konsistenzbedingungen werden textuell beschrieben.

Einfache Geschäftsprozessdiagramme lassen sich meist relativ übersichtlich gestalten. Diagramme, welche die Bandbreite der verfügbaren Syntaxelemente ausschöpfen, werden jedoch sehr schnell sehr unübersichtlich. Auch die unterschiedliche Handhabung von Abhängigkeiten innerhalb von Bahnen und über die Grenzen von Bahnen hinweg trägt zur Überfrachtung der Diagramme bei, da zusätzliche Darstellungselemente erforderlich sind. Insgesamt ist der Informationsgehalt der Geschäftsprozessdiagramme von BPMN derzeit noch begrenzt, da eine formale Fundierung der Beschreibungstechnik noch aussteht.

3.7.3 Fazit

Abbildung 3.63 fasst die wichtigsten Eigenschaften der hier diskutierten Modellierungsansätze noch einmal zusammen.

Die Tabelle führt vor Augen, dass noch nicht einmal die Hälfte der vorgestellten Beschreibungstechniken mit einer formalen Semantik hinterlegt ist. Ist die Semantik einer Beschreibungstechnik nicht präzise und widerspruchsfrei definiert, ist zwangsweise auch die Aussagekraft der mit dieser Beschreibungstechnik erstellten Modelle begrenzt, da durch eine rein informelle Beschreibung die Bedeutung der einzelnen Syntaxelemente und ihres Zusammenspiels nicht völlig zweifelsfrei und ohne Interpretationsspielraum festgelegt werden kann. Folglich ist schon alleine durch die fehlende semantische Fundierung der praktische Nutzen vieler Beschreibungstechniken erheblich eingeschränkt.

Auf den ersten Blick scheinen einige der informellen Beschreibungstechniken zunächst umfangreicher in ihrer Darstellungsmächtigkeit zu sein als die stärker formalisierten Ansätze. In gewissem Sinne ist das auch wirklich so, da in den informellen Techniken bei der Modellierung fast alles erlaubt ist. Gerade deswegen sind jedoch die mit Hilfe von solchen Beschreibungstechniken erstellten Modelle meist wenig präzise, dadurch unklar oder sogar in sich widersprüchlich und damit wenig aussagekräftig.

Anders als die anderen vorgestellten Beschreibungstechniken erlaubt unsere Notation nicht die Darstellung von zyklischen Prozessstrukturen. Diese Designentscheidung ist im Wesentlichen methodisch begründet. Geschäftsprozessmodelle bilden gerade in den frühen Phasen des Entwicklungsprozesses eine sehr wichtige Grundlage für die Kommunikation zwischen den Spezialisten des Anwendungsgebietes und den Systementwicklern. Üblicherweise sind dabei die Personen der einen Gruppe im Fachgebiet der jeweils anderen Gruppe wenig bis gar nicht bewandert. Um Missverständnisse zu vermeiden ist es daher essenziell erforderlich, dass die verwendeten Beschreibungstechniken allen Beteiligten klar verständlich sind. In der Praxis ist es daher in den allermeisten Projektkonstellationen notwendig, die Menge der verwendeten Darstellungsmittel überschaubar und die Bedeutung der einzelnen Darstellungselemente einfach zu halten. Nur wenn alle Beteiligten die Bedeutung der Darstellungselemente verstehen, überhaupt und insbesondere auch auf die gleiche Weise, können aussagekräftige Modelle damit erstellt werden.

Modellierungsansatz	Urheber	Kernkonzept	Prozess, Aktivität, Funktion	Datenfluss	Kontrollfluss	Ereignis, Zustand	Rollen, Akteure	Bedeutung der Reihenfolge	Semantische Fundierung	Verfeinerungs-konzept	Lesbarkeit, Aussagekraft
Geschäftsprozessnetz	Thurner	Datenfluss	zwingend	optional	optional	implizit über Vor- und Nachbedingungen	optional	kausal abhängig, Mitte-zu-Mitte	mathematische Funktionen	formalisiert	gut
Datenflussdiagramm (Structured Analysis)	DeMarco	Datenfluss	zwingend	zwingend	-	-	-	sequenziell, Ende-zu-Anfang	-	informell	gering
Datenflussdiagramm (Structured Systems Analysis)	Gane, Sarson	Datenfluss	zwingend	zwingend	-	-	optional	sequenziell, Ende-zu-Anfang	-	informell	gering
Message Sequence Chart	ITU	Datenfluss	optional	optional	-	optional	zwingend	sequenziell, Ende-zu-Anfang	Prozessalgebra	formalisiert	mittel
Sequenzdiagramm (UML)	Rumbaugh, Booch, Jacobson, OMG	Datenfluss	optional	optional	-	optional	zwingend	sequenziell, Ende-zu-Anfang	textuelle Beschreibung	informell	mittel
Ereignisgesteuerte Prozesskette (ARIS)	Scheer	Kontrollfluss	zwingend	-	zwingend	zwingend (ausblendbar)	optional	sequenziell, Ende-zu-Anfang	Petrinetz (mit Einschränkungen)	eingeschränkt; informell	gering
FUNSOFT-Netz (LEU)	Emmerich, Dinkhoff, Gruhn	Kontrollfluss	zwingend	optional	optional	Start, Ende zwingend; Zwischenwerte optional	optional (verdeckt)	sequenziell, Ende-zu-Anfang	Abbildung auf Petrinetz	eingeschränkt; formalisiert	gut
Aufgabenkette (PROMET)	Österle	Kontrollfluss	zwingend	optional	zwingend	Start, Ende optional	optional	sequenziell, Ende-zu-Anfang	-	informell	gering
Aktivitätsdiagramm (UML)	Rumbaugh, Booch, Jacobson, OMG	Kontrollfluss	zwingend	optional	zwingend	Start, Ende zwingend; Zwischenwerte optional	optional	sequenziell, Ende-zu-Anfang	textuelle Beschreibung	informell	mittel
Geschäftsprozessdiagramm (BPMN)	BPMI.org	Kontrollfluss	zwingend	optional	zwingend	Start, Ende zwingend; Zwischenwerte optional	optional	sequenziell, Ende-zu-Anfang	textuelle Beschreibung	informell	mittel

Abbildung 3.63: Vergleich der verschiedenen Modellierungsansätze

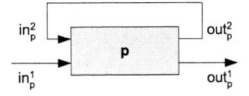

3.7 Zusammenfassung und Vergleich mit anderen Arbeiten

Abbildung 3.64: Zyklische Ablaufstruktur

Zyklen haben sich in unseren Praxisprojekten als ein in dieser Hinsicht kritisches Konzept erwiesen. Insbesondere bei den datenflussorientierten Notationen ist die Bedeutung einer zyklischen Ablaufstruktur nicht ohne weiteres klar. Betrachten wir beispielsweise die auf den ersten Blick sehr einfache zyklische Ablaufstruktur in Abbildung 3.64. Welche Bedeutung haben hier die Pfeile, und wann genau wird der Prozess p ausgeführt? Geht man von der in der Literatur weit verbreiteten Vorstellung einer Ende-zu-Anfang-Beziehung zwischen den durch einen Pfeil verbundenen Prozessen aus, dürfte der Prozess p überhaupt nicht schalten. In diesem Fall braucht p zwei Eingabewerte, um seine Ausführung zu beginnen. Da der Rückkopplungskanal erst dann mit einem Wert belegt sein kann, wenn der Prozess p mindestens einmal ausgeführt worden ist, kann der Eingabeport in_p^2 jedoch nie mit einem Wert belegt sein.

Legen wir das Konzept der Mitte-zu-Mitte-Beziehung und ein Ausführungsmodell mit gierigen Prozessen zugrunde, könnte p bereits auf einer partiellen Eingabe arbeiten und somit auch dann ausgeführt werden, wenn lediglich der Eingabeport in_p^1 mit einem Wert belegt ist. In diesem Fall würde bei einer initialen Belegung von in_p^1 mit einem Eingabewert der Prozess p so weit wie möglich ausgeführt und würde dabei seinen zweiten Eingabewert in_p^2 selbst erzeugen. Da nun ein neuer Eingabewert vorhanden ist, kann der gierige Prozess p auf dieser Eingabe gegebenenfalls entsprechend weiterarbeiten. Zu beachten ist dabei, dass p bereits bei seiner Teilausführung auf dem Eingabeparameter in_p^1 dem Ausgabeport out_p^2 einen Wert zugewiesen hat, welcher dann als neuer Eingabewert an in_p^2 weitergeleitet wurde. Soll der Prozess auch bei seiner zweiten Teilausführung im Zyklus verbleiben, müsste er seinen Rückkopplungskanal mit einem entsprechenden Wert speisen, also erneut dem Ausgabeport out_p^2 einen Wert zuweisen. out_p^2 wurde jedoch bereits bei der ersten Teilausführung von p mit einem Wert belegt.

Um eine wiederholte Belegung des gleichen Ausgabeports auch auf semantischer Ebene abbilden zu können, ist eine auf einfachen mathematischen Funktionen basierende Semantik nicht mehr ausreichend. Stattdessen wäre hier das mächtigere Konzept der Strom verarbeitenden Funktionen [BDD+1993, BS2001] angemessen, in der eine solche Konstellation für deterministische Prozesse problemlos auch auf formale Weise dargestellt werden kann.

Strom verarbeitende Funktionen sind zwar erheblich mächtiger als einfache Funktionen, aber zwangsläufig auch von höherer Komplexität. Für Personen, die im Umgang mit formalen Methoden wenig oder gar nicht geübt sind, sind Strom verarbeitende Funktionen daher entsprechend schwieriger zu verstehen. Da die Zielgruppe für unsere Beschreibungstechnik wenigstens zur Hälfte in genau diesem Personenkreis liegt, haben wir uns bewusst für die einfachere Semantik entschieden und die geringere Darstellungsmächtigkeit dabei in Kauf genommen.

Nicht zuletzt ist die Beschränkung auf exemplarische, zyklenfreie Prozesse in der Praxis auch aus ganz pragmatischen Gründen von Vorteil. In realen Projekten werden die modellierten Geschäftsprozessnetze auf den feingranularen Modellebenen sehr schnell sehr umfangreich. So kann der Ausdruck eines Geschäftsprozessnetzes, das über die Blattebene eines umfangreichen Modellbaumes ermittelt wird, sehr schnell mehrere Meter lang werden. Pfeile, die in einem solchen Diagramm über eine längere Strecke verlaufen, sind schlichtweg schwierig zu verfolgen und führen leicht zu Verwirrungen. Rückkopplungskanäle, die das Ergebnis einer langen Ablaufstruktur an deren Anfang wieder einspeisen, sind bei umfangreichen Diagrammen extrem schlecht lesbar.

Auch die Einführung von Bahnen bzw. Swimlanes zur Strukturierung von Abläufen stößt bei umfangreicheren Diagrammen schnell an ihre Grenzen, da sich bei längeren Abläufen die Bahnen nur mühsam bis zu ihrem Ursprung und ihrer Beschriftung zurückverfolgen lassen. Wir haben daher eine Darstellungsvariante gewählt, bei der die mit einem Prozess assoziierte Rolle auf möglichst Platz sparende Weise unmittelbar am Prozesssymbol angegeben werden kann.

Das Konzept der hierarchischen Verfeinerung ist in jeder der hier vorgestellten Beschreibungstechniken als ein Mittel zur Modularisierung und Strukturierung von großen, komplexen Modellen vorgesehen. In denjenigen Modellierungsansätzen, die nicht mit einer formalen Semantik hinterlegt sind, sind zwangsweise auch die Verfeinerungsbeziehungen zwischen den einzelnen Modellelementen nur auf informelle Weise hinterlegt. Wenn Konsistenzbedingungen überhaupt angegeben werden, so sind sie in den informellen Modellierungsansätzen lediglich auf textuelle Weise beschrieben. In diesem Fall ist eine automatisierte Konsistenzsicherung durch ein geeignetes Modellierungswerkzeug nur sehr eingeschränkt möglich. Lediglich FUN-SOFT-Netze, Message Sequence Charts und die in dieser Arbeit vorgestellten Beschreibungstechniken definieren die Verfeinerungsbeziehungen auf präzise Weise.

Jedem der hier vorgestellten aus der Literatur bekannten Modellierungsansätze liegt als Ausführungsvorstellung eine Ende-zu-Anfang-Beziehung zwischen den Prozessen zugrunde, bei der die in einem Ablauf aufeinander folgenden Prozesse zeitlich nacheinander abgewickelt werden. Das Konzept der partiellen Prozessausführung und der damit verbundenen Mitte-zu-Mitte-Beziehung von Prozessen wird dabei nicht unterstützt. Die Folge ist eine starke Sequenzialisierung der Prozessausführung. Diese Sequenzialisierung der Prozesse schränkt nicht nur die Ausführungsreihenfolge der Prozesse innerhalb eines Prozessnetzes ein, sondern darüber hinaus auch die Verfeinerungsmöglichkeiten im Geschäftsprozessmodell.

Beispielsweise ist es bei einer strengen Sequenzialisierung nicht möglich, zwei aufeinander folgende abstrakte Prozesse auf den feiner granularen Modellebenen zu einer komplexen Kommunikationsbeziehung zu verfeinern, ohne dass dabei Widersprüche zwischen den Verfeinerungsebenen auftreten (siehe Abbildung 3.65). Der Grund dafür liegt darin, dass auf der abstrakten Ebene der Nachfolgerprozess erst dann starten kann, wenn der Vorgängerprozess vollständig abgearbeitet ist. Im Gegensatz dazu sendet der Prozess *Nachfolger1* auf der verfeinernden Ebene des Modells eine Nachricht an den Prozess *Vorgänger2*, welcher jedoch dem abstrakten Prozess *Vorgänger* als Verfeinerung zugewiesen ist. Werden die Prozessverbindungen als Sequenzialisierungsbeziehung interpretiert, steht somit das Geschäftsprozessnetz auf der Detailebene des Modells im Widerspruch zum abstrakten Geschäftsprozessnetz.

Die flexiblere Interpretation einer Prozessfolge als Mitte-zu-Mitte-Beziehung dagegen erlaubt die Verfeinerung der Prozesse zu einer solchen komplexen Kommunikationsbeziehung, wobei die Konsistenz des Modells über die verschiedenen Abstraktionsebenen hinweg gewahrt bleibt. Dieser Ansatz wird jedoch lediglich von den in dieser Arbeit vorgestellten Beschreibungstechniken unterstützt.

Im Gegensatz zu den datenflussorientierten Beschreibungstechniken sehen die kontrollflussorientierten Notationen die explizite Modellierung von Systemzuständen in Form von Ereignissen vor. Werden Ereignisse bei der Modellierung gezielt und bewusst eingesetzt, so können sie gerade auf den detaillierteren Modellebenen dazu beitragen, Ablaufdiagramme klar und

3.7 Zusammenfassung und Vergleich mit anderen Arbeiten

Geschäftsprozessnetz auf abstrakter Modellebene

Vorgänger → Nachfolger

Geschäftsprozessnetz auf Detailebene des Modells

Vorgänger1 → Nachfolger1 ✗ Vorgänger2 → Nachfolger2

Modellbaum

Wurzelprozess
├── Vorgänger
│   ├── Vorgänger1
│   └── Vorgänger2
└── Nachfolger
    ├── Nachfolger1
    └── Nachfolger2

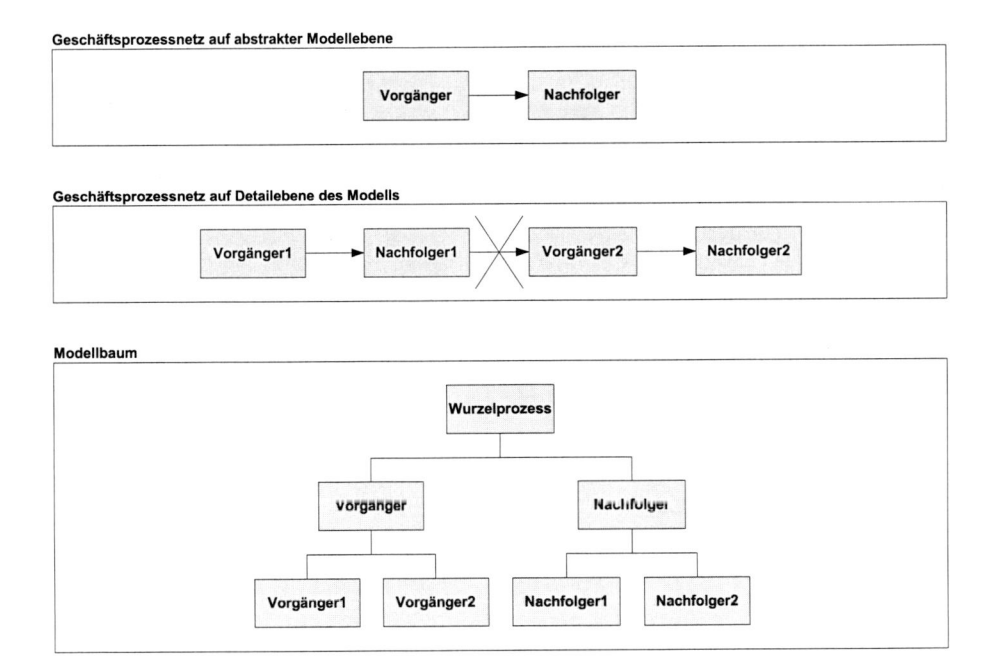

Abbildung 3.65: Widerspruch im Modell bei sequenzieller Prozessfolge

verständlich zu gestalten. Damit ein Ereignis mit einer aussagekräftigen Zustandsbeschreibung versehen werden kann, ist meist jedoch schon ein hohes Maß an Detailwissen über das modellierte System erforderlich.

Auf den abstrakteren Modellebenen ist es dagegen erheblich schwieriger, den mit einem Ereignis assoziierten Systemzustand angemessen präzise zu definieren. Ist die Zustandsinformation detailliert genug, um wirklich aussagekräftig zu sein, passt ihr Detaillierungsgrad oft nicht zum Informationsgehalt der anderen Elemente auf dieser eigentlich eher abstrakten Modellebene. Die Zustandsbeschreibung spiegelt also Informationen wieder, die auf der abstrakten Modellebene in diesem Detaillierungsgrad nicht relevant sind. Umgekehrt haben jedoch wirklich abstrakte Zustandsbeschreibungen meist wenig Aussagekraft.

Die gezielte Modellierung von ausgewählten Ereignissen kann bei detaillierten Ablaufbeschreibungen also hilfreich für das Verständnis der Modelle sein. Dagegen ist die zwangsweise Dokumentation der Ereignisse jeweils zwischen zwei Prozessen, wie sie beispielsweise den Ereignisgesteuerten Prozessketten von ARIS zugrunde liegt, nicht zu empfehlen. Derartige vollständig mit Ereignissen versehene Ablaufdiagramme werden sehr schnell sehr groß, wobei im ungünstigsten Fall die Hälfte der Diagrammelemente schlichtweg überflüssig ist [Mie2002].

In unseren Beschreibungstechniken beschränken wir uns darauf, Informationen über die Systemzustände in den Vor- und Nachbedingungen der Black-Box-Annotationen der einzelnen Prozesse zu dokumentieren. Eine Visualisierung dieser Zustandsinformationen in der grafischen Repräsentation der Geschäftsprozesse bzw. Geschäftsprozessnetze sehen wir jedoch nicht vor.

Insgesamt betrachtet weisen die in dieser Arbeit eingeführten Beschreibungstechniken für Geschäftsprozesse eine Reihe von Stärken auf, welche bei den aus der Literatur bekannten Notationen nur bedingt oder gar nicht zu finden sind. Die Beschreibungstechniken in dieser Arbeit sind semantisch fundiert und somit in ihrer Bedeutung klar festgelegt. Dabei sind die grafischen Repräsentationen der Grundkonzepte dieser Beschreibungstechniken übersichtlich und intuitiv gut verständlich. Formal definierte Wohlgeformtheitskriterien ermöglichen eine automatisierte Konsistenzsicherung für die erstellten Modelle. Durch das flexible Konzept der Mitte-zu-Mitte-Beziehungen lassen sich Abhängigkeiten zwischen Prozessen auf einer abstrakten Modellebene weiter verfeinern zu komplexen Kommunikationsbeziehungen auf den detaillierteren Ebenen des Modells, ohne dass dabei Inkonsistenzen zwischen den verschiedenen Abstraktionsebenen auftreten. Durch die Möglichkeit der Unterspezifikation lässt sich darüber hinaus ein Geschäftsprozessmodell so gestalten, dass zu jedem Zeitpunkt der Modellierung und auf jeder Abstraktionsebene des Modells genau diejenigen Informationen dargestellt werden, die bereits vorhanden und auf der entsprechenden Ebene auch wirklich relevant sind.

Die in dieser Arbeit eingeführten Beschreibungstechniken eignen sich somit sehr gut für die Erstellung von aussagekräftigen, gut lesbaren und in ihrer Bedeutung klaren Geschäftsprozessmodellen. Diese bilden eine ideale Grundlage für die Kommunikation zwischen den verschiedenen an der Systementwicklung beteiligten Personengruppen.

Kapitel 4

Transformationsregeln über den Beschreibungstechniken

Form ever follows function.
Luis Henry Sullivan

Geschäftsprozessmodelle stellen eine wichtige Grundlage für die Kommunikation zwischen Systementwicklern und Experten des Anwendungsgebietes dar. Je nach Rolle und Verantwortungsbereich der beteiligten Anwendungsexperten werden Geschäftsprozessmodelle auf unterschiedlichen Abstraktionsebenen diskutiert. Diese Abstraktionsebenen reichen von der Verbindung grundlegender Kernprozesse auf der strategischen Ebene bis hin zu detaillierten Arbeitsanweisungen für die Prozessdurchführung.

In der Praxis sind Geschäftsprozessmodelle typischerweise relativ umfangreich und komplex. Folglich werden sie meist nicht auf einmal, sondern sukzessive und inkrementell erstellt. Dabei werden nach und nach immer mehr Informationen über das zu modellierende System erfasst und in das Geschäftsprozessmodell integriert. Mit jedem Modellierungsschritt wird also der Informationsgehalt des Geschäftsprozessmodells erweitert und das modellierte System entsprechend genauer beschrieben. Die Erweiterung eines Modells um zusätzliche Eigenschaften bezeichnen wir als *Verfeinerung* des Modells.

Um einerseits die Prozessinformationen auf den verschiedenen Abstraktionsebenen flexibel zu integrieren und andererseits die Konsistenz zwischen den einzelnen Modellebenen und Modellierungsstadien sicherzustellen, führen wir eine Reihe von Verfeinerungsregeln für Geschäftsprozessmodelle ein. Diese unterstützen eine inkrementelle Erweiterung und Verfeinerung der Information im Geschäftsprozessmodell, bei der gleichzeitig die bereits im Modell dokumentierten Informationen gültig bleiben. Aus methodischen Gründen unterstützen wir dabei sowohl top-down als auch bottom-up im Modellbaum gerichtete Verfeinerungsschritte. Erstere unterstützen die Modellierung von der abstrakten, strategischen Ebene bis hin zu detaillierten Prozessbeschreibungen. Die bottom-up im Modellbaum orientierte Verfeinerung des Geschäftsprozessmodells dagegen erlaubt es, auf der Anwenderebene gewonnene Detailinformationen in das Geschäftsprozessmodell einzufügen und diese Informationen nach und nach zu strukturieren.

Aufgrund der Größe und hohen Komplexität von Geschäftsprozessmodellen ist in der Praxis meist nicht von vornherein offensichtlich, welche Strukturierung des Geschäftsprozessmodells für die Bewältigung der Modellierungsaufgabe am besten geeignet ist. Gelegentlich wird durch die im Verlauf der Modellierung neu gewonnene Information deutlich, dass eine früher getroffene Modellierungsentscheidung ungünstig war. In der Modellierungspraxis muss es daher möglich sein, bereits bestehende Geschäftsprozessmodelle umzustrukturieren oder einzelne Bestandteile aus einem Modell zu entfernen. Derartige pragmatisch orientierte Modifikationen stellen keine echten Verfeinerungsschritte dar, sind jedoch für die Modellierungspraxis unerlässlich. Eine geeignete Werkzeugunterstützung für die Geschäftsprozessmodellierung sollte daher sowohl die echten Verfeinerungsregeln als auch die mehr pragmatisch orientierten Transformationsregeln abdecken.

In der Modellierungspraxis ist es gelegentlich hilfreich, Informationen schnell in Form von einem isolierten Geschäftsprozess oder einem einzelnen Geschäftsprozessnetz zu dokumentieren, ohne diese gleich in ein komplexeres Geschäftsprozessmodell einzubetten. Entsprechend erlauben wir neben der Modifikation eines gesamten Geschäftsprozessmodells auch die Modellierung von einzelnen Prozessen oder Geschäftsprozessnetzen. Darüber hinaus sehen wir Regeln vor, die bereits modellierte Prozesse oder Geschäftsprozessnetze in ein schon bestehendes Geschäftsprozessmodell integrieren.

Die in diesem Kapitel eingeführten Verfeinerungsregeln unterstützen im Einzelnen die Erweiterung und Typisierung der Schnittstellen von isolierten Prozessen bzw. Prozessnetzen sowie von Prozessen, die bereits in ein Geschäftsprozessmodell integriert sind. Ebenfalls möglich ist die Konkretisierung der Mengen von Verhaltensfunktionen von isolierten Prozessen bzw. Prozessnetzen sowie von Prozessen im Geschäftsprozessmodell. Ferner sehen wir Verfeinerungsregeln vor, mittels derer ein neuer Prozess oder ein neuer Kanal in ein bereits bestehendes Geschäftsprozessnetz bzw. -modell eingefügt werden kann. Darüber hinaus können Geschäftsprozessmodelle um neue Netze bzw. neue Teilmodelle erweitert werden.

Die pragmatisch ausgerichteten Transformationsregeln erlauben es, einzelne modellierte Elemente aus Prozessen, Netzen oder Geschäftsprozessmodellen zu löschen. Des Weiteren sehen wir Transformationsregeln zur Umstrukturierung von bestehenden Geschäftsprozessmodellen vor.

Um den Unterschied zwischen einem Verfeinerungsschritt und einer einfachen Transformation deutlich zu machen, betrachten wir das Konzept der Verfeinerung intensiver. In der sehr anwendungsnahen Literatur über Modellierungstechniken ist die Bedeutung des Begriffs Verfeinerung oft nur sehr vage festgelegt. So definiert beispielsweise [Bur1997] Verfeinerung als die hierarchische Zerlegung eines Diagramms in weitere Diagramme desselben Typs. Dabei werden jedoch keine weiteren Aussagen über die jeweiligen Eigenschaften des ursprünglichen Diagramms und der verfeinernden Diagramme sowie über die zwischen diesen Diagrammen bestehenden Beziehungen getroffen.

Der dieser Arbeit zugrunde liegende Verfeinerungsbegriff ist restriktiver. Ein *Verfeinerungsschritt* in unserem Sinne leitet von einem bestehenden Modell ein neues, genaueres Modell ab. In diesem Zusammenhang bedeutet *genauer*, dass das neue Modell in allen Aspekten *mindestens* diejenigen Informationen enthält, die auch durch das ursprüngliche Modell beschrieben wurden. Unser Verfeinerungsbegriff ähnelt damit dem aus der Objektorientierung bekannten Prinzip der Vererbung von Struktur und Verhalten. Als *Transformation* bezeichnen wir dagegen jede beliebige Veränderung eines Modells.

Zu Beginn des Modellierungsprozesses haben wir zunächst nur eine sehr vage Vorstellung vom zu modellierenden System und damit auch vom Systemverhalten. Da wir also noch nicht wissen, wie das System wirklich aufgebaut ist und wie es sich tatsächlich verhält, gehen wir anfangs von einer noch nicht festgelegten Systemstruktur und von einem völlig beliebigen Systemverhalten aus. Mit jeder Information, die wir über die Systemstruktur bzw. das Systemverhalten gewinnen, schränken wir gleichzeitig die Menge der potenziell möglichen Systemstrukturen bzw. Systemverhaltensweisen auf diejenigen Strukturen bzw. Verhaltensweisen ein, die mindestens die festgelegten Eigenschaften erfüllen.

In [Bro1993] und [Bro2003] werden die verschiedenen Ausprägungen von Verfeinerung wie folgt klassifiziert.

- Bei der *Eigenschaftsverfeinerung*, auch *horizontale Verfeinerung* genannt, ergänzen wir ein Modell um Eigenschaften, die das Modellverhalten weiter einschränken und somit stärker determinieren. In diese Kategorie fallen beispielsweise alle Transformationsregeln, welche die Schnittstelle eines einzelnen Prozesses oder Netzes bzw. eines Prozesses in einem Geschäftsprozessmodell um einen neuen Port erweitern oder die einem bisher noch ungetypten Port einen Nachrichtentyp zuweisen.

  Auch die Transformationsregeln zum Einfügen eines neuen Kanals oder eines neuen Prozesses in ein bestehendes Prozessnetz bzw. Geschäftsprozessmodell gehören zu dieser Kategorie. Bei der Anwendung dieser Regeln entsteht jeweils ein neues Geschäftsprozessnetz bzw. -modell, welches die Strukturen des ursprünglichen Geschäftsprozessnetzes bzw. -modells vollständig enthält und diese um zusätzliche Eigenschaften ergänzt.

- Die *Glass-Box-Verfeinerung*, auch als *vertikale Verfeinerung* oder *strukturelle Verfeinerung* bezeichnet, beschreibt die Dekomposition einer Modellkomponente in ein zusammengesetztes System. Übertragen auf die Geschäftsprozessmodellierung gibt die Glass-Box-Verfeinerung eines in einem Geschäftsprozessmodell enthaltenen Prozesses dessen verfeinerndes Prozessnetz an, welches quasi die interne Struktur des abstrakteren Prozesses beschreibt. Dieses verfeinernde Prozessnetz setzt sich dabei selbst wieder aus einzelnen Prozessen im Geschäftsprozessmodell zusammen, die durch Kanäle verbunden werden können.

  Diese Art der Verfeinerung bildet das Kernkonzept der hierarchischen Dekomposition von Geschäftsprozessen in einem Geschäftsprozessmodell. Sie entspricht weit gehend einer Kompositions- und Abstraktionsoperation für Geschäftsprozesse. Bei der Komposition fügen sich dabei einzelne Geschäftsprozesse zu einem Geschäftsprozessnetz zusammen, um gemeinsam einen größeren Teil des Systemverhaltens zu erbringen. Die Abstraktion schränkt das Gesamtverhalten dieses Geschäftsprozessnetzes auf geeignete Weise ein, um so die gröber granulare Sichtweise des abstrakteren Prozesses widerzuspiegeln (siehe auch die Abschnitte 3.5.2 und 3.5.3).

- Mittels der *Granularitätsverfeinerung*, auch *Interaktionsverfeinerung* genannt, setzen wir verschiedene Abstraktionsebenen von Modellen zueinander in Beziehung. Dabei verfeinern wir beispielsweise einen Geschäftsprozess zu einem genauer beschriebenen, konkreteren Geschäftsprozess oder zu einer Komposition von feiner granularen Geschäftsprozessen. Im letzteren Fall setzen wir durch geeignete Abstraktionsoperationen die Eingabe- und Ausgabewerte von Prozessen auf unterschiedlichen Abstraktionsebenen des Geschäftsprozessmodells zueinander in Beziehung.

Mathematisch betrachtet werden durch diese Verfeinerungsbeziehungen Relationen zwischen den Modellen bzw. Modellkomponenten definiert, die jeweils eine partielle Ordnung über den Modellen bzw. Modellkomponenten bilden. Dabei bildet die Glass-Box-Verfeinerung einen Spezialfall der Eigenschaftsverfeinerung. Die Eigenschaftsverfeinerung wiederum stellt selbst einen Spezialfall der Granularitätsverfeinerung dar.

Methodisch gesehen ist die Technik der Verfeinerung für den Entwicklungsprozess sehr wichtig. Da Modelle in der Softwareentwicklung häufig sehr groß und komplex sind, entstehen sie in der Regel nicht in einem einzigen Schritt, sondern werden sukzessive entwickelt und weiter ausgebaut. Eine systematische schrittweise Entwicklung eines Modells wird überhaupt erst durch die Vorgabe von Regeln möglich, die es erlauben, neue Informationen auf kontrollierte Weise zu einem bestehenden Modell hinzuzufügen. Diese Regeln stellen sicher, dass die von einem Modell geforderten Wohlgeformtheits- und Qualitätseigenschaften unter der Transformation erhalten bleiben.

Diejenigen Modellierungsansätze, die nur sehr eingeschränkt oder gar nicht formal fundiert sind, legen typischerweise auch nur in sehr geringem Umfang Qualitätskriterien und Richtlinien für die Wohlgeformtheit von Modellen fest. Darüber hinaus werden die definierten Richtlinien oft lediglich in natürlicher Sprache formuliert, sodass sie ungenau und nur bedingt werkzeuggestützt überprüfbar sind.

Diese Konstellation führt dazu, dass mit oft erheblichem Aufwand Modelle erstellt werden, die in sich inkonsistent und widersprüchlich sind. Sind keine ausreichenden Wohlgeformtheitskriterien definiert oder werden diese nicht durch eine geeignete Werkzeugunterstützung schon während der Modellierung sichergestellt, so werden diese Inkonsistenzen erst bei der Simulation oder der prototypischen Realisierung des Modells offensichtlich. (Dies ist beispielsweise bei der Geschäftsprozessmodellierung mit Ereignisgesteuerten Prozessketten unter Verwendung von ARIS der Fall.) Zu diesem Zeitpunkt ist typischerweise bereits ein hoher Aufwand in die Entwicklung des Modells geflossen und das Modell umfangreich und komplex. Entsprechend aufwändig und kostenintensiv sind Änderungen am Modell, die in diesem Stadium der Modellierung erforderlich werden.

In diesem Kapitel führen wir Transformations- und Verfeinerungsregeln ein, welche auf kontrollierte Weise die systematische Weiterentwicklung von Geschäftsprozessen und Ablaufstrukturen ermöglichen, die mit den in Kapitel 3 eingeführten Beschreibungstechniken modelliert wurden. Diese Regeln sind dabei so präzise formuliert, dass sie unmittelbar in eine geeignete Werkzeugunterstützung umgesetzt werden können.

Zwischen den einzelnen Prozessen eines Geschäftsprozessmodells bestehen vielfältige Beziehungen, die durch die Prozessverfeinerung, die Portabstraktion und die Kanalverbindungen bedingt sind. Auch die in Abschnitt 3.3.3 eingeführten Kriterien für die Wohlgeformtheit eines Geschäftsprozessmodells beschreiben Eigenschaften des Geschäftsprozessmodells in seiner Gesamtheit. Jede Transformation des Geschäftsprozessmodells ist daher nicht nur als eine lokale Veränderung zu betrachten, sondern als eine Veränderung des gesamten Geschäftsprozessmodells. Erweitern wir beispielsweise die Schnittstelle eines Prozesses im Geschäftsprozessmodell, so müssen auch die Prozessnetze, die den betroffenen Prozess im Geschäftsprozessmodell verfeinern, diese Schnittstellenerweiterung widerspiegeln.

Analog bewirkt auch eine lokale Transformation eines bestehenden Geschäftsprozessnetzes eine Veränderung dieses Netzes als Ganzem. Ebenso betrachten wir die Transformation eines einzelnen Elementes eines isolierten Geschäftsprozesses entsprechend als eine Veränderung des gesamten Prozesses.

Eine Transformation führt also einen bestehenden Geschäftsprozess bzw. ein bestehendes Geschäftsprozessnetz oder -modell in einen neuen Geschäftsprozess bzw. ein neues Geschäftsprozessnetz oder -modell über. Somit ist eine solche Transformation von einer der Formen

$$T_m: \mathbb{MP} \to \mathbb{MP}$$
$$T_n: \mathbb{NP} \to \mathbb{NP}$$
$$T_p: \mathbb{P} \to \mathbb{P}$$

Prinzipiell kann ein ursprünglich wohlgeformtes Modell auf sehr viele verschiedene Arten verändert werden. Nicht jedes Modell, das dadurch entsteht, ist dabei automatisch wieder wohlgeformt. Ein Modell, das die festgelegten Kriterien zur Wohlgeformtheit nicht erfüllt, ist unvollständig oder sogar widersprüchlich und erfordert immer auch eine ergänzende Interpretation. Der Anspruch, dass ein gutes Modell die darzustellenden Aspekte eindeutig, widerspruchsfrei und klar verständlich dokumentiert, wird von einem nicht wohlgeformten Modell also im Allgemeinen nicht erfüllt. Daher fordern wir, dass mindestens das finale Modell eines Modellierungsprojektes wohlgeformt ist.

Ob in einem konkreten Modellierungsprojekt Zwischenstadien des Modells entstehen dürfen, welche die Kriterien zur Wohlgeformtheit nicht erfüllen, ist eine methodische Frage, die sich kaum allgemein gültig beantworten lässt. Die Forderung, dass ein wohlgeformtes Modell nach jeder Veränderung wieder wohlgeformt ist, schränkt den Handlungsspielraum des Modellierers erheblich ein. Unter Umständen empfinden gerade erfahrene Modellierer eine derartige Einschränkung als unnötig oder sogar hinderlich. Werden stattdessen beliebige Zwischenstadien des Modells erlaubt, so muss spätestens gegen Ende des Modellierungsprojektes ein mehr oder weniger entartetes Modell in ein wohlgeformtes Modell überführt werden. Abhängig von der Größe und Komplexität des entarteten Modells, der bisherigen Modellierungsdisziplin und der Verfügbarkeit einer geeigneten Werkzeugunterstützung kann diese Anpassung unter Umständen extrem aufwändig sein und gegebenenfalls eine völlige Neustrukturierung des bisherigen Modells erfordern.

Werkzeugherstellern empfehlen wir daher, prinzipiell die restriktivere Modellierungsvariante zu unterstützen. Dabei darf ein Modellierungswerkzeug ausschließlich solche Transformationen eines wohlgeformten Modells erlauben, bei denen gewährleistet ist, dass das durch die Transformation veränderte Modell ebenfalls wohlgeformt ist. So wird sichergestellt, dass das Modell zu jedem beliebigen Zeitpunkt des Modellierungsprojektes die definierten Kriterien für die Wohlgeformtheit erfüllt.

Erfahrenen Benutzern sollte jedoch die Möglichkeit eingeräumt werden, frei zu modellieren und nach Bedarf zu selbst gewählten Zeitpunkten einen Zwischenstand des Modells auf Wohlgeformtheit hin überprüfen zu lassen. Anders als bei der restriktiven Modellierungsvariante kann hierbei nicht vorausgesetzt werden, dass das Modell bereits zu Beginn einer solchen Überprüfung bestimmte Qualitätseigenschaften erfüllt. Vielmehr sind alle festgelegten Wohlgeformtheitskriterien explizit für das gesamte Modell zu überprüfen. Stellt sich heraus, dass eines oder mehrere der erforderlichen Kriterien nicht erfüllt sind, so muss das Modell entsprechend überarbeitet werden. Anschließend müssen alle dabei veränderten Aspekte abermals hinsichtlich der Kriterien für die Wohlgeformtheit überprüft werden. Bei umfangreicheren Modellen kann ein derartiges nachträgliches Überprüfen der Wohlgeformtheitskriterien entsprechend extrem aufwändig werden.

Als Grundlage für die restriktivere Modellierungsvariante definieren wir eine Menge von Transformationsregeln der Form

Name der Transformationsregel
Vorbedingungen
Nachbedingungen

Jede solche Transformationsregel transformiert dabei

- einen Geschäftsprozess p zu einem Geschäftsprozess p',
- ein wohlgeformtes Geschäftsprozessnetz n zu einem ebenfalls wohlgeformten Geschäftsprozessnetz n' oder
- ein wohlgeformtes Geschäftsprozessmodell m zu einem Geschäftsprozessmodell m', das ebenfalls wohlgeformt ist.

Eine solche Transformationsregel legt dabei fest, unter welchen Voraussetzungen diese Regel auf einen bestehenden Geschäftsprozess bzw. ein bestehendes Geschäftsprozessnetz oder -modell angewendet werden kann. Darüber hinaus beschreibt die Transformationsregel, durch welche Änderungen der neue Geschäftsprozess bzw. das neue wohlgeformte Geschäftsprozessnetz oder -modell vom ursprünglichen Geschäftsprozess, Geschäftsprozessnetz oder -modell abgeleitet wird.

Da die in den Abschnitten 3.3.2 und 3.3.3 festgelegten Kriterien für die Wohlgeformtheit von Geschäftsprozessnetzen und -modellen auf der abstrakten Syntax basieren, bewegen sich entsprechend auch die Transformationsregeln auf dieser Ebene. Die von den Transformationsregeln erzeugten isolierten Geschäftsprozesse bzw. Geschäftsprozessnetze sind dabei automatisch auch semantisch korrekt.

Prinzipiell wäre es möglich, auch die Transformationsregeln für Geschäftsprozessmodelle so zu formulieren, dass sie neben der syntaktischen auch die semantische Korrektheit der modifizierten Geschäftsprozessmodelle aufrechterhalten. Dafür müsste jede Transformationsregel sicherstellen, dass auch im modifizierten Modell m' für jeden weiter verfeinerten Prozess p das Prozessverhalten von p durch die Abstraktion des Verhaltens des verfeinernden Prozessnetzes $GlassBox(p)$ von p konkretisiert wird (vgl. Abschnitt 3.5.3). Dazu wäre es notwendig, die einzelnen Transformationsregeln für Geschäftsprozessmodelle um entsprechende Vor- und Nachbedingungen zu erweitern.

Vor dem Hintergrund der derzeit verfügbaren Technologien für Modellierungswerkzeuge ist eine werkzeugtechnische Umsetzung von semantischen Vor- und Nachbedingungen bei den einzelnen Transformationsregeln im Moment nur bedingt sinnvoll. Zum einen werden die Transformationsregeln durch diese zusätzlichen Vor- und Nachbedingungen noch komplexer, als sie es ohnehin schon sind. Zum anderen wäre für eine werkzeuggestützte Überprüfung der semantischen Bedingungen eine Anbindung des Modellierungswerkzeuges an einen geeigneten Theorembeweiser wie beispielsweise Isabelle [TUM2003, Pau2003] erforderlich. Jeder einzelne Beweis mit einem solchen Theorembeweiser ist mehr oder weniger aufwändig und zeitintensiv. Wenn bei jedem einzelnen Modellierungsschritt umfangreiche semantische Beweise zu führen sind, ist eine kontinuierliche zügige Modellerstellung jedoch kaum möglich.

Methodisch gesehen ist es daher in der Modellierungspraxis sinnvoller, bei den einzelnen Transformationsschritten auf eine explizite Überprüfung der semantischen Korrektheit des modifizierten Modells zu verzichten. Stattdessen empfehlen wir, ein Geschäftsprozessmodell zu ausgewählten Meilensteinen des Modellierungsprozesses hinsichtlich seiner semantischen Korrektheit zu überprüfen. Aus diesen Gründen beschränken wir uns bei den Verfeinerungs- und Transformationsregeln auf die Formulierung der syntaktischen Bedingungen. Die Eigenschaften, die erfüllt sein müssen, damit eine solche Regel auch die semantische Korrektheit eines Geschäftsprozessmodells aufrecht erhält, geben wir dagegen jeweils separat in den Erläuterungen zu der entsprechenden Regel an.

Erfahrungsgemäß werden in der Modellierungspraxis die Verhaltensfunktionen insbesondere der abstrakteren Prozesse nur selten im Detail und auf mathematische Weise definiert. Stattdessen wird das Verhalten eines abstrakten Prozesses über dessen Glass-Box-Sicht beschrieben. Werden überhaupt Verhaltensfunktionen explizit definiert, dann beschreiben diese typischerweise das Verhalten der Elementarprozesse im Modell.

In einer solchen Konstellation ist ein nach syntaktischen Gesichtspunkten wohlgeformtes Geschäftsprozessmodell automatisch auch semantisch korrekt. Ist zu einem Geschäftsprozess p kein Prozessverhalten explizit angegeben, so assoziieren wir mit diesem Prozess alle Verhaltensweisen, die im Rahmen der Schnittstellendefinition des Prozesses maximal möglich sind. Durch die Wohlgeformtheitskriterien (M2) und (M3) wird sichergestellt, dass die externe Schnittstelle des verfeinernden Prozessnetzes n von p, eingeschränkt und auf die Schnittstelle von p abstrahiert, die Schnittstelle des abstrakten Prozesses p konkretisiert. Folglich ist auch das Netzverhalten von n, abgebildet auf die Schnittstelle von p, automatisch eine Konkretisierung des Prozessverhaltens von p.

Im Folgenden stellen wir die wichtigsten Transformationsregeln für Geschäftsprozesse, Geschäftsprozessnetze und Geschäftsprozessmodelle vor, die in der Modellierungspraxis benötigt werden. Ein Auszug der Regeln für Geschäftsprozessmodelle wurde informell bereits in [RT1998] skizziert. Die Transformationsregeln sind dabei jeweils sehr feingranular gehalten, um Überlappungen zwischen den Regeln so weit wie möglich zu vermeiden. Jede Transformationsregel bewirkt daher lediglich eine sehr kleine, stark eingegrenzte Veränderung des betroffenen Geschäftsprozesses, Geschäftsprozessnetzes oder -modells. Durch eine geeignete Komposition dieser elementaren Transformationsregeln lassen sich jedoch auch komplexere Aktionen realisieren. Darüber hinaus kann die Menge dieser Regeln nach Bedarf erweitert werden. Beispielsweise wären in der Modellierungspraxis Regeln zur Umbenennung der einzelnen Elemente von Prozessen, Netzen oder Modellen nützlich. Da diese Regeln technisch gesehen sehr einfach sind, werden sie hier nicht weiter beschrieben.

Die mathematischen Definitionen der Regeln werden schnell umfangreich und komplex und sind entsprechend für den praxisnahen Anwender eher abschreckend als hilfreich. Für eine exakte, widerspruchsfreie Beschreibung der Transformationsregeln sind sie jedoch unerlässlich. Damit die Beschreibungstechniken dennoch anschaulich und benutzerfreundlich bleiben, sollten die mathematischen Definitionen der Transformationsregeln idealerweise durch ein geeignetes Werkzeug umgesetzt werden und vor dem Benutzer verborgen bleiben. Der Modellierer muss sich also nicht intensiv mit den schematischen Details der Konsistenzsicherung für die von ihm modellierten Geschäftsprozesse, Geschäftsprozessnetze und -modelle auseinander setzen. Vielmehr kann er sich auf die fachlichen Inhalte und die Kommunikation mit den Anwendern konzentrieren.

Ergänzend zur mathematischen Notation beschreiben wir viele der Transformationsregeln auch auf anschauliche Weise. Die anschaulichen Beschreibungen und Beispiele sind dabei einfach gehalten. Sie vermitteln jeweils die Grundidee der entsprechenden Transformationsregel. In den zugehörigen Abbildungen stellen wir jeweils die Ausgangssituation vor der Anwendung einer Transformationsregel dem Resultat der Transformation gegenüber. Um die Veränderungen zu verdeutlichen, werden gleich bleibende Modellelemente dabei im Resultat bzw. teilweise auch in der Darstellung der Ausgangssituation ausgegraut.

Um die Beschreibungen der nachfolgenden Transformationsregeln möglichst überschaubar zu halten, führen wir eine vereinfachende Notation für bestimmte Beschreibungselemente ein, die in vielen der Regeln auftreten. Wir definieren

$$\bigotimes_{\substack{in_p \in In_p \\ Sort(in_p^i) \rightsquigarrow s}} Sort(in_p) = \bigotimes_{j=1}^{i-1} Sort(in_p^j) \times s \times \bigotimes_{j=i+1}^{i_i} Sort(in_p^j)$$

für $In_p = \{in_p^1, \ldots, in_p^{i_i}\}$. Dabei wird im Kreuzprodukt der mit den Eingabeports $in_p \in In_p$ eines Geschäftsprozesses p assoziierten Nachrichtentypen $Sort(in_p)$ der Nachrichtentyp des i-ten Eingabeports in_p^i durch die Sorte s ersetzt. Die Definition der entsprechenden Notation für die Ausgabeports eines Prozesses verläuft analog.

4.1 Transformationsregeln für Geschäftsprozesse

Zunächst widmen wir uns den Transformationsregeln für einzelne Geschäftsprozesse. Verglichen mit Geschäftsprozessnetzen oder -modellen sind einzelne Geschäftsprozesse verhältnismäßig einfach. Entsprechend bleiben auch die einzelnen Transformationsregeln für Geschäftsprozesse kurz und relativ leicht verständlich, sodass wir die Beschreibungen der einzelnen Regeln hier jeweils knapp halten können.

4.1.1 Initialisieren eines Geschäftsprozesses

Das Kernelement der Geschäftsprozessmodellierung ist der Geschäftsprozess an sich. Eine zentrale Regel ist daher die Initialisierung eines neuen Geschäftsprozesses (siehe Abbildung 4.1).

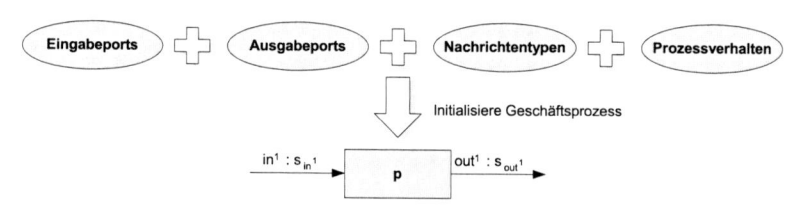

Abbildung 4.1: Initialisieren eines Geschäftsprozesses

Abbildung 4.1 zeigt eine mathematische Darstellung der entsprechenden Transformationsregel.

Damit diese Transformationsregel angewendet werden kann, seien die folgenden Elemente gegeben.

(v1) *In* sei eine Menge von Identifikatoren für Eingabeports.

(v2) *Out* sei eine Menge von Identifikatoren für Ausgabeports.

(v3) $s_{in^1}, \ldots, s_{in^i}, s_{out^1}, \ldots, s_{out^o}$ seien die Nachrichtentypen, die den entsprechenden Ports zugewiesen werden sollen.

(v4) *B* sei eine Menge von Verhaltensfunktionen, die Eingabetupel aus $s_{in^1} \times \ldots \times s_{in^i}$ auf Ausgabetupel aus $s_{out^1} \times \ldots \times s_{out^o}$ abbilden.

4.1 Transformationsregeln für Geschäftsprozesse

Initialisiere Geschäftsprozess

$(v1)$ $In = \{in^1, \ldots, in^i\} \subseteq \mathbb{In}$

$(v2)$ $Out = \{out^1, \ldots, out^o\} \subseteq \mathbb{Out}$

$(v3)$ $s_{in^1}, \ldots, s_{in^i}, s_{out^1}, \ldots, s_{out^o} \in \mathbb{S}$

$(v4)$ $B \subseteq \mathbb{B}$

$\forall\, b \in B \;:\; b : s_{in^1} \times \ldots \times s_{in^i} \longrightarrow s_{out^1} \times \ldots \times s_{out^o}$

$\rightsquigarrow p = (In, Out, B)$ wobei

$Sort(pt) = \begin{cases} s_{in^j} & \text{für } pt = in^j,\; j \in \{1, \ldots, i\} \\ s_{out^j} & \text{für } pt = out^j,\; j \in \{1, \ldots, o\} \end{cases}$

Abbildung 4.2: Verfeinerungsregel „Initialisiere Geschäftsprozess"

Aus diesen Vorgaben erzeugt die Transformationsregel einen Geschäftsprozess p, der sich aus den Eingabeports In, den Ausgabeports Out und den Verhaltensfunktionen B zusammensetzt. Die Ports von p seien dabei typisiert gemäß $Sort(in^j) = s_{in^j}$ für $j \in \{1, \ldots, i\}$ und $Sort(out^j) = s_{out^j}$ für $j \in \{1, \ldots, o\}$.

Der so initialisierte Geschäftsprozess kann durch die nachfolgenden Regeln sukzessive weiter verfeinert werden.

4.1.2 Verfeinerungsregeln für Geschäftsprozesse

In den frühen Phasen des Modellierungsprozesses ist unsere Vorstellung von den zu beschreibenden Prozessen meist noch sehr vage. Typischerweise können die Schnittstelle und die Transitionsfunktion eines neu identifizierten Prozesses daher nicht sofort vollständig festgelegt werden. Damit bereits vorhandene Informationen sofort dokumentiert werden können, auch wenn sie noch unvollständig sind, erlauben wir die Modellierung von unterspezifizierten Prozessen. Dabei wird ein neuer Prozess zunächst lediglich anhand seines Namens eingeführt, gegebenenfalls ergänzt um eine partielle Definition der Schnittstelle und eine erste informelle Beschreibung des zugehörigen Prozessverhaltens.

Im Verlauf des Modellierungsprozesses vervollständigen sich nach und nach auch die Informationen über die möglichen Kommunikationsbeziehungen und das Verhalten eines Prozesses. Entsprechend sollte es möglich sein, neu gewonnene Erkenntnisse über einen Prozess auch zu dokumentieren, sobald sie erfasst sind. Wir sehen daher Verfeinerungsregeln vor, mittels derer die Schnittstelle eines Prozesses um neue Ports erweitert wird bzw. bestehende Ports typisiert werden können. Darüber hinaus führen wir eine Regel zur Konkretisierung des Prozessverhaltens ein.

4.1.2.1 Erweitern eines Prozesses um einen Eingabeport

Abbildung 4.3 veranschaulicht, wie ein Prozess p um einen neuen Eingabeport in vom Nachrichtentyp s erweitert und damit verfeinert wird. Als Signatur der Verhaltensfunktionen des modifizierten Prozesses p' ergibt sich somit $s_{in^1} \times s \longrightarrow s_{out^1}$.

In Abbildung 4.4 beschreiben wir die entsprechende Verfeinerungsregel auf mathematische Weise. Die analoge Regel für die Erweiterung eines Prozesses um einen Ausgabeport wird in Abschnitt 4.1.2.2 eingeführt.

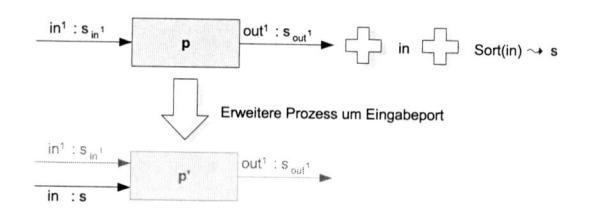

Abbildung 4.3: Erweitern eines Prozesses um einen Eingabeport

---
Erweitere Prozess um Eingabeport

(v1) $p = (In_p, Out_p, B_p) \in \mathbb{P}$
(v2) $in \in \mathbb{In} \setminus In_p$
(v3) $s \in \mathbb{S}$
(v4) $B \subseteq \mathbb{B}$

$\forall b \in B : b : \bigotimes\limits_{in_p \in In_p} Sort(in_p) \times s \longrightarrow \bigotimes\limits_{out_p \in Out_p} Sort(out_p)$

$\forall b \in B \; \exists b_p \in B_p \; \forall \, input \in \bigotimes\limits_{in_p \in In_p} Sort(in_p) \times s \; : \; b(input) = b_p(input \,|_{In_p})$

$p \rightsquigarrow p' = (In_p \cup \{in\}, Out_p, B)$ wobei
$Sort \rightsquigarrow Sort'(pt) = \begin{cases} s & \text{für } pt = in \\ Sort(pt) & \text{für } pt \in Pt_p \end{cases}$

Abbildung 4.4: Verfeinerungsregel „Erweitere Prozess um Eingabeport"

Damit diese Regel angewendet werden kann, müssen die folgenden Vorbedingungen erfüllt sein.

(v1) p sei ein Geschäftsprozess.

(v2) in sei ein bisher im Prozess noch nicht verwendeter Identifikator für einen Eingabeport.

(v3) s sei der Nachrichtentyp, der in zugewiesen werden soll.

(v4) B sei eine Menge von Funktionen, deren Signatur der Schnittstelle von p, erweitert um einen neuen Eingabeparameter vom Typ s, entspricht. B enthält dabei ausschließlich solche Funktionen, die, eingeschränkt auf die Schnittstelle von p, mit einer Funktion aus B_p übereinstimmen.

Sind diese Vorbedingungen erfüllt, so verfeinert diese Regel den bestehenden Geschäftsprozess p zu einem Geschäftsprozess p', indem die Eingabeports von p um in erweitert werden und das ursprüngliche Prozessverhalten B_p durch B ersetzt wird. Der neue Port in wird dabei mit s typisiert.

4.1.2.2 Erweitern eines Prozesses um einen Ausgabeport

Die Erweiterung einer Prozessschnittstelle um einen Ausgabeport verläuft analog zu Verfeinerungsregel 4.1.2.1. Abbildung 4.5 veranschaulicht die Erweiterung der Schnittstelle eines Prozesses p um einen neuen Ausgabeport out vom Nachrichtentyp s. Die Signatur der Verhaltensfunktionen des verfeinerten Prozesses p' erweitert sich somit auf $s_{in^1} \longrightarrow s_{out^1} \times s$.
Abbildung 4.6 beschreibt die entsprechende Verfeinerungsregel auf mathematische Weise.

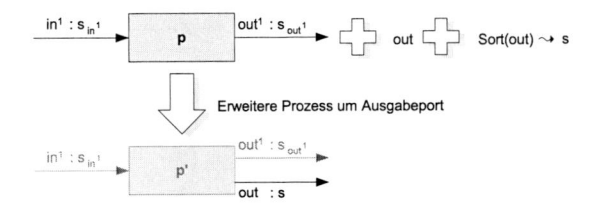

4.1 Transformationsregeln für Geschäftsprozesse   133

Abbildung 4.5: Erweitern eines Prozesses um einen Ausgabeport

---
Erweitere Prozess um Ausgabeport

$(v1)$ $p = (In_p, Out_p, B_p) \in \mathbb{P}$

$(v2)$ $out \in \mathbb{O}ut \setminus Out_p$

$(v3)$ $s \in \mathbb{S}$

$(v4)$ $B \subseteq \mathbb{B}$

$\forall b \in B : b : \bigotimes\limits_{in_p \in In_p} Sort(in_p) \longrightarrow \bigotimes\limits_{out_p \in Out_p} Sort(out_p) \times s$

$\forall b \in B \exists b_p \in B_p \lor input \in \bigotimes\limits_{in_p \in In_p} Sort(in_p) : b(input) |_{Out_p} = b_p(input)$

$p \leadsto p' = (In_p, Out_p \cup \{out\}, B)$ wobei
$Sort \leadsto Sort'(pt) = \begin{cases} s & \text{für } pt = out \\ Sort(pt) & \text{für } pt \in Pt_p \end{cases}$

Abbildung 4.6: Verfeinerungsregel „Erweitere Prozess um Ausgabeport"

4.1.2.3 Typisieren eines Eingabeports eines Prozesses

In der Modellierungspraxis ist es nicht immer möglich, einem neu identifizierten Port eines Prozesses sofort den passenden Nachrichtentyp zuzuordnen. Daher erlauben wir es, einen Port zunächst ungetypt zu definieren und bei Bedarf erst später mit einem Nachrichtentyp zu assoziieren. Beispielsweise wird der Prozess in Abbildung 4.7 verfeinert, indem dem noch ungetypten Eingabeport in von p der Nachrichtentyp s zugewiesen wird. Die Signatur der Verhaltensfunktionen des Prozesses wird dadurch konkretisiert zu $s_{in^1} \times s \longrightarrow s_{out^1}$.

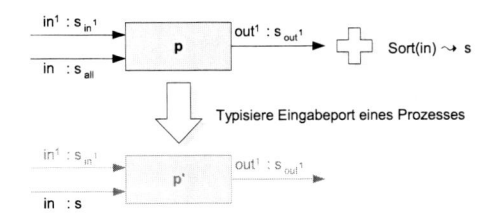

Abbildung 4.7: Typisieren eines Eingabeports eines Prozesses

Abbildung 4.8 zeigt eine mathematische Darstellung der entsprechenden Verfeinerungsregel. In Abschnitt 4.1.2.4 führen wir die analoge Regel zur Typisierung eines Ausgabeports eines Prozesses ein.

Damit diese Verfeinerungsregel angewendet werden kann, müssen die folgenden Vorbedingungen erfüllt sein.

Typisiere Eingabeport eines Prozesses

(v1) $p = (In_p, Out_p, B_p) \in \mathbb{P}$
(v2) $in \in In_p$
   $Sort(in) = s_{all}$
(v3) $s \in \mathbb{S}$
(v4) $B \subseteq \mathbb{B}$
   $\forall b \in B : b : \bigotimes\limits_{\substack{in_p \in In_p \\ Sort(in) \leadsto s}} Sort(in_p) \longrightarrow \bigotimes\limits_{out_p \in Out_p} Sort(out_p)$
   $\forall b \in B \; \exists b_p \in B_p \; \forall input \in \bigotimes\limits_{\substack{in_p \in In_p \\ Sort(in) \leadsto s}} Sort(in_p) : b(input) = b_p(input)$

$p \leadsto p' = (In_p, Out_p, B)$ wobei
$Sort \leadsto Sort'(pt) = \begin{cases} s & \text{für } pt = in \\ Sort(pt) & \text{für } pt \in Pt_p \setminus \{in\} \end{cases}$

Abbildung 4.8: Verfeinerungsregel „Typisiere Eingabeport eines Prozesses"

(v1) p sei ein Geschäftsprozess.

(v2) in sei ein bisher noch ungetypter Eingabeport von p.

(v3) s sei der Nachrichtentyp, der in zugewiesen werden soll.

(v4) B sei eine Menge von Funktionen, deren Signatur insofern von der Schnittstelle von p abweicht, als in nicht ungetypt, sondern mit s typisiert ist. B enthält dabei ausschließlich solche Funktionen b, zu denen eine Funktion b_p aus B_p existiert, sodass die Werte von b und b_p für alle möglichen Eingaben von b übereinstimmen. Implizit verfeinert diese Regel also auch das Verhalten von p.

Sind diese Vorbedingungen erfüllt, so wird ein Prozess p zu einem Prozess p' verfeinert, indem der Eingabeport in mit s typisiert wird. Darüber hinaus wird das ursprüngliche Prozessverhalten B_p durch B ersetzt. Die entsprechend modifizierte Sortenfunktion $Sort'$ typisiert ferner den Port in mit dem Nachrichtentyp s.

4.1.2.4 Typisieren eines Ausgabeports eines Prozesses

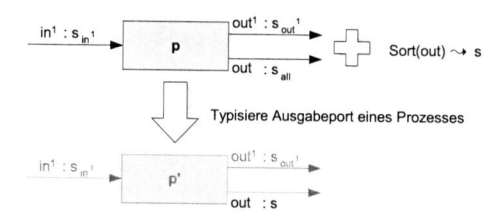

Abbildung 4.9: Typisieren eines Ausgabeports eines Prozesses

Die Typisierung eines Ausgabeports eines Prozesses verläuft analog zu Verfeinerungsregel 4.1.2.3. Der Prozess p in Abbildung 4.9 wird verfeinert, indem der noch ungetypte

4.1 Transformationsregeln für Geschäftsprozesse

Ausgabeport *out* mit s typisiert wird. Die Signatur der Verhaltensfunktionen von p konkretisiert sich dadurch auf $s_{in^1} \longrightarrow s_{out^1} \times s$.

Eine mathematische Beschreibung der Verfeinerungsregel ist in Abbildung 4.10 dargestellt.

Typisiere Ausgabeport eines Prozesses

$(v1)\ p = (In_p, Out_p, B_p) \in \mathbb{P}$

$(v2)\ out \in Out_p$

$\quad\quad Sort(out) = s_{all}$

$(v3)\ s \in \mathbb{S}$

$(v4)\ B \subseteq \mathbb{B}$

$\quad \forall\, b \in B\ :\ b : \bigotimes_{in_p \in In_p} Sort(in_p) \longrightarrow \bigotimes_{\substack{out_p \in Out_p \\ Sort(out) \leadsto s}} Sort(out_p)$

$\quad \forall\, b \in B\ \exists\, b_p \in B_p\ \forall\, input \in \bigotimes_{in_p \in In_p} Sort(in_p)\ :\ b(input) = b_p(input)$

$p \leadsto p' = (In_p, Out_p, B)$ wobei

$Sort \leadsto Sort'(pt) = \begin{cases} s & \text{für } pt = out \\ Sort(pt) & \text{für } pt \in Pt_p \setminus \{out\} \end{cases}$

Abbildung 4.10: Verfeinerungsregel „Typisiere Ausgabeport eines Prozesses"

4.1.2.5 Konkretisieren des Prozessverhaltens

Typischerweise wird ein neu identifizierter Prozess zunächst mit unterspezifizierter Schnittstelle definiert. Bedingt durch diese Unterspezifikation lässt sich das Prozessverhalten nicht sofort eindeutig festlegen, sodass der Prozess zunächst nichtdeterministisch erscheint. Diesen Nichtdeterminismus repräsentieren wir, indem wir einen Prozess mit einer Menge von Verhaltensfunktionen assoziieren.

Werden im Verlauf des Modellierungsprozesses weitere Informationen über einen Prozess gewonnen, lässt sich dessen Schnittstellenspezifikation nach und nach vervollständigen. Hand in Hand damit wird auch die Signatur der Verhaltensfunktionen des Prozesses ergänzt.

In unserem Modellierungsansatz gehen wir von deterministischen Prozessen aus. Ist die Schnittstelle eines Prozesses vollständig spezifiziert, muss es also möglich sein, diesem Prozess eindeutig eine entsprechende Funktion als sein Prozessverhalten zuzuordnen. Eine der mit einem Prozess assoziierten Verhaltensfunktionen beschreibt dabei das tatsächliche Prozessverhalten. Durch wiederholte Verhaltensverfeinerung des Prozesses schränken wir diese Menge von Verhaltensfunktionen sukzessive ein, bis schließlich lediglich diejenige Funktion übrig bleibt, die das tatsächliche Verhalten des Prozesses beschreibt.

Konkretisiere Prozessverhalten

$(v1)\ p = (In_p, Out_p, B_p) \in \mathbb{P}$

$(v2)\ B \subseteq B_p, B \neq \varnothing$

$p \leadsto p' = (In_p, Out_p, B)$

Abbildung 4.11: Verfeinerungsregel „Konkretisiere Prozessverhalten"

Abbildung 4.11 beschreibt auf mathematische Weise eine Regel für die Verhaltensverfeinerung eines Geschäftsprozesses.

Bei diesem Verfeinerungsschritt wird die Menge der Verhaltensfunktionen des ursprünglichen Prozesses auf eine nichtleere Teilmenge davon eingeschränkt.

4.1.3 Pragmatische Modifikationen von Geschäftsprozessen

Gerade bei umfangreicheren Modellierungsprojekten ist zu Beginn weit gehend unklar, wie die zu modellierenden Prozesse im Detail beschaffen sein werden. In der Praxis kommt es daher immer wieder vor, dass bereits gefällte Modellierungsentscheidungen revidiert werden müssen, weil sie sich als ungünstig erwiesen haben oder die dokumentierte Information überflüssig geworden ist. Deshalb werden Transformationsregeln benötigt, mittels derer die in Abschnitt 4.1.2 eingeführten Verfeinerungsschritte wieder rückgängig gemacht werden können. Wir skizzieren im Folgenden eine kleine Auswahl der erforderlichen Transformationsregeln.

4.1.3.1 Löschen eines Eingabeports eines Prozesses

Um einen Eingabeport in eines Prozesses p zu löschen, wird in aus der Menge der Eingabeports In_p des Prozesses entfernt. Darüber hinaus wird die Menge der Verhaltensfunktionen von p ersetzt durch eine Menge B von Funktionen, die den Eingabetupel von p ohne in auf den Ausgabetupel von p abbilden. Zu jeder ursprünglichen Verhaltensfunktion b_p von p enthält B dabei eine Verhaltensfunktion b, welche die Einschränkung von b_p auf den um in reduzierten Eingabetupel von p realisiert.

Lösche Eingabeport eines Prozesses

$(v1)$ $p = (In_p, Out_p, B_p) \in \mathbb{P}$
$(v2)$ $in \in In_p$
$(v3)$ $B \subseteq \mathbb{B}$
$\quad \forall b \in B : b : \bigotimes_{in_p \in In_p \setminus \{in\}} Sort(in_p) \longrightarrow \bigotimes_{out \in Out_p} Sort(out)$
$\quad \forall b_p \in B_p \exists b \in B \forall input \in \bigotimes_{in_p \in In_p} Sort(in_p) : b(input |_{In_p \setminus \{in\}}) = b_p(input)$

$p \rightsquigarrow p' = (In_p \setminus \{in\}, Out_p, B)$

Abbildung 4.12: Verfeinerungsregel „Lösche Eingabeport eines Prozesses"

Die Transformationsregel zum Löschen eines Eingabeports eines Prozesses ist in Abbildung 4.12 auf mathematische Weise dargestellt.

Das Löschen eines Ausgabeports eines Prozesses verläuft analog.

4.1.3.2 Enttypisieren eines Eingabeports eines Prozesses

Abbildung 4.13 zeigt eine mathematische Darstellung der Transformationsregel zum Enttypisieren eines Eingabeports eines Prozesses.

Um einem bereits typisierten Eingabeport in eines Prozesses p wieder den allgemeinsten Nachrichtentyp s_{all} zuzuweisen, wird die Typisierungsfunktion $Sort$ entsprechend modifiziert.

4.2 Transformationsregeln für Geschäftsprozessnetze

Enttypisiere Eingabeport eines Prozesses

$(v1)\ p = (In_p, Out_p, B_p) \in \mathbb{P}$

$(v2)\ in \in In_p$
  $Sort(in) \neq s_{all}$

$(v3)\ B \subseteq \mathbb{B}$
  $\forall b \in B\ :\ b\ :\ \bigotimes\limits_{\substack{in_p \in In_p \\ Sort(in) \leadsto s_{all}}} Sort(in_p) \longrightarrow \bigotimes\limits_{out_p \in Out_p} Sort(out_p)$

  $\forall b_p \in B_p\ \exists b \in B\ \forall input \in \bigotimes\limits_{in_p \in In_p} Sort(in)\ :\ b(input) = b_p(input)$

$p \leadsto p' = (In_p, Out_p, B)$ wobei

$Sort \leadsto Sort'(pt) = \begin{cases} s_{all} & \text{für } pt = in \\ Sort(pt) & \text{für } pt \in Pt_p \setminus \{in\} \end{cases}$

Abbildung 4.13: Verfeinerungsregel „Enttypisiere Eingabeport eines Prozesses"

Darüber hinaus wird die Menge der Verhaltensfunktionen von p ersetzt durch eine Menge B von Funktionen, in deren Signatur der Nachrichtentyp von in auf s_{all} verallgemeinert ist. Zu jeder ursprünglichen Verhaltensfunktion b_p von p enthält B dabei eine Verhaltensfunktion b, welche für alle möglichen Tupel von Eingabewerten des ursprünglichen Prozesses p mit b_p übereinstimmt.

Die Typisierung eines Ausgabeports eines Prozesses wird auf analoge Weise aufgehoben.

4.1.3.3 Verallgemeinern des Prozessverhaltens

Abbildung 4.14 beschreibt auf mathematische Weise eine Transformationsregel zur Verallgemeinerung eines Prozessverhaltens.

Verallgemeinere Prozessverhalten

$(v1)\ p = (In_p, Out_p, B_p) \in \mathbb{P}$

$(v2)\ B \supseteq B_p, B \subseteq \mathbb{B}$

  $\forall b \in B\ :\ b\ :\ \bigotimes\limits_{in \in In_p} Sort(in) \longrightarrow \bigotimes\limits_{out \in Out_p} Sort(out)$

$p \leadsto p' = (In_p, Out_p, B)$

Abbildung 4.14: Verfeinerungsregel „Verallgemeinere Prozessverhalten"

Um das Verhalten eines Prozesses p zu verallgemeinern, wird die Menge der Verhaltensfunktionen des Prozesses um zusätzliche Funktionen erweitert, die den Eingabetupel von p auf den Ausgabetupel von p abbilden.

4.2 Transformationsregeln für Geschäftsprozessnetze

Typischerweise wird in der Modellierungspraxis ein Geschäftsprozessmodell nicht streng top-down-orientiert erstellt, sondern sowohl mittels top-down als auch mittels bottom-up im Modellbaum orientierten Transformationsschritten. Dabei ist es gelegentlich hilfreich, schnell und unkompliziert die Zusammenhänge zwischen Prozessen in Form eines Prozessnetzes zu dokumentieren, ohne dieses gleich in ein komplettes Geschäftsprozessmodell einzubetten. Daher führen wir im Folgenden Transformationsregeln für Geschäftsprozessnetze ein, die wir wieder in Form von Vor- und Nachbedingungen angeben.

In Abschnitt 3.3.2 haben wir festgelegt, dass wir ein Geschäftsprozessnetz als wohlgeformt bezeichnen, wenn es die folgenden Kriterien erfüllt:

(N1) *Eingabeport entweder Umgebungseingabeport oder interner Eingabeport*

(N2) *Eindeutige Zuordnung von internen Eingabeports zu genau einem internen Ausgabeport*

(N3) *Kompatibilität der Porttypen der Kanäle*

(N4) *Zyklenfreiheit des Geschäftsprozessnetzes*

Von unseren Transformationsregeln für Geschäftsprozessnetze fordern wir, dass sie ein wohlgeformtes Geschäftsprozessnetz erzeugen bzw. ein wohlgeformtes Geschäftsprozessnetz in ein ebenfalls wohlgeformtes Geschäftsprozessnetz überführen. Um sicherzustellen, dass die Transformationsregeln diese Forderung erfüllen, überprüfen wir das Endprodukt einer jeden Transformationsregel hinsichtlich dieser Kriterien für die Wohlgeformtheit. In den entsprechenden Begründungen fokussieren wir dabei jeweils lediglich diejenigen Aspekte des Netzes, die durch die Transformationsregel verändert wurden.

Einige der Transformationsregeln für Geschäftsprozessnetze verändern gezielt die Schnittstelle bzw. die Verhaltensfunktion eines Prozesses im Netz. Diese Regeln verlaufen weit gehend analog zu den entsprechenden Transformationsregeln für Geschäftsprozesse. Sie decken jedoch zusätzlich diejenigen Aspekte ab, die durch die Einbettung des zu ändernden Prozesses in den Kontext eines wohlgeformten Geschäftsprozessnetzes bedingt sind.

4.2.1 Initialisieren eines Geschäftsprozessnetzes

Um ein neues Geschäftsprozessnetz zu dokumentieren, legen wir zunächst in einem ersten Schritt ein neues Netz n' an und initialisieren dieses mit einem Geschäftsprozess p (siehe Abbildung 4.15).

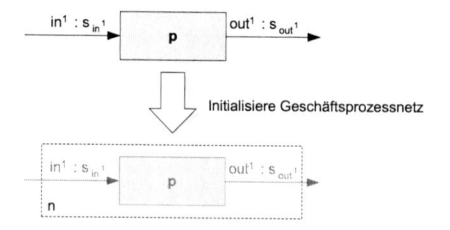

Abbildung 4.15: Initialisieren eines Geschäftsprozessnetzes

Abbildung 4.16 beschreibt die entsprechende Transformationsregel auf mathematische Weise.

Sei ein Geschäftsprozess p gegeben (v1). Die Transformationsregel erzeugt daraus ein einfaches Geschäftsprozessnetz n, das p als einzigen Prozess enthält. Dabei umfasst n keine internen Kanäle. Die Mengen der Eingabe- bzw. Ausgabeports von n stimmen mit den Mengen der Eingabe- bzw. Ausgabeports von p überein.

4.2 Transformationsregeln für Geschäftsprozessnetze

Initialisiere Geschäftsprozessnetz
$(v1)\ p \in \mathbb{P}$

$\leadsto n = (\{p\}, \varnothing, In_p, Out_p)$

Abbildung 4.16: Verfeinerungsregel „Initialisiere Geschäftsprozessnetz"

Das von der Transformationsregel erzeugte Geschäftsprozessnetz ist wohlgeformt, da es die Bedingungen (N1) bis (N4) aus Abschnitt 3.3.2 erfüllt.

(N1) *Eingabeport entweder Umgebungseingabeport oder interner Eingabeport*

Das Netz besitzt noch keine internen Kanäle und damit auch keine internen Eingabeports. Folglich sind alle Eingabeports im Netz auch Eingabeports des Netzes.

(N∗) Da das Netz noch keine Kanäle enthält, sind die Bedingungen (N2), (N3) und (N4) trivialerweise erfüllt.

Das durch diese Transformationsregel initialisierte Geschäftsprozessnetz kann durch die nachfolgenden Verfeinerungs- und Transformationsregeln sukzessive weiter modifiziert werden.

4.2.2 Verfeinerungsregeln für Geschäftsprozessnetze

Die Verfeinerungsregeln 4.2.2.1 bis 4.2.2.5 für Geschäftsprozessnetze modifizieren jeweils einen einzelnen Prozess im Netz. Sie verlaufen analog zu den entsprechenden Regeln 4.1.2.1 bis 4.1.2.5 für die Verfeinerung von isolierten Geschäftsprozessen. Dabei korrespondieren die Vorbedingungen einer Verfeinerungsregel für einen Prozess im Netz jeweils weit gehend mit den Vorbedingungen der analogen Verfeinerungsregel für einen isolierten Prozess. Bei der Beschreibung der Verfeinerungsregeln für Prozesse im Netz fokussieren wir daher lediglich die Unterschiede gegenüber der jeweils analogen Regel für isolierte Prozesse.

Neben den Regeln, die einen Prozess im Netz modifizieren, benötigen wir darüber hinaus auch Regeln zur Erweiterung eines Netzes um neue Prozesse oder Kanäle. Ferner sehen wir eine Verfeinerungsregel vor, mittels der ein Ausgabeport eines Netzes, der auch in einem internen Kanal des Netzes gebunden ist, aus der Umgebungsschnittstelle des Netzes gestrichen wird.

Jede der in diesem Abschnitt eingeführten Verfeinerungsregeln arbeitet auf einem bereits bestehenden Geschäftsprozessnetz n, das wir als wohlgeformt voraussetzen. Folglich umfasst jede dieser Regeln die Vorbedingung

(v0) n sei ein wohlgeformtes Geschäftsprozessnetz.

4.2.2.1 Erweitern eines Netzes um einen Eingabeport

Abbildung 4.17 veranschaulicht, wie ein Prozessnetz um einen Eingabeport *in* vom Typ *s* erweitert wird, indem die Schnittstelle des Prozesses *p* im Netz um den neuen Port *in* ergänzt wird.

Abbildung 4.18 zeigt eine mathematische Darstellung der zugehörigen Verfeinerungsregel, die sehr ähnlich verläuft wie die entsprechende Regel 4.1.2.1 für die Erweiterung eines isolierten Geschäftsprozesses um einen Eingabeport.

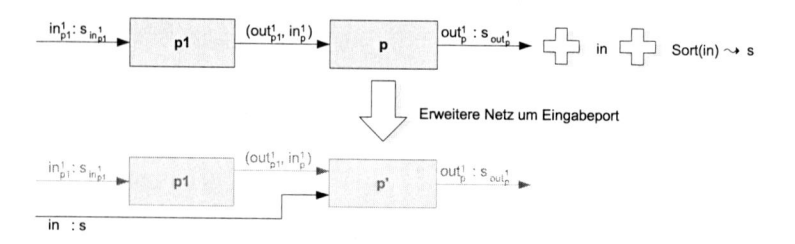

Abbildung 4.17: Erweitern eines Netzes um einen Eingabeport

Erweitere Netz um Eingabeport

(v0) $n = (P_n, C_n, I_n, O_n) \in \mathbb{NP}$ wohlgeformt
(v1) $p = (In_p, Out_p, B_p) \in P_n$
(v2) $in \in \mathbb{In} \setminus In_n$
(v3) $s \in \mathbb{S}$
(v4) $B \subseteq \mathbb{B}$

$$\forall b \in B : b : \bigotimes_{in_p \in In_p} Sort(in_p) \times s \longrightarrow \bigotimes_{out_p \in Out_p} Sort(out_p)$$

$$\forall b \in B \exists b_p \in B_p \forall input \in \bigotimes_{in_p \in In_p} Sort(in_p) \times s : b(input) = b_p(input\,|_{In_p})$$

$n \rightsquigarrow n' = (P_n \setminus \{p\} \cup \{p'\}, C_n, I_n \cup \{in\}, O_n)$ und

$Sort \rightsquigarrow Sort'(pt) = \begin{cases} s & \text{für } pt = in \\ Sort(pt) & \text{für } pt \in Pt_n \end{cases}$ wobei

(n1) $p' = (In_p \cup \{in\}, Out_p, B)$

Abbildung 4.18: Verfeinerungsregel „Erweitere Netz um Eingabeport"

Damit diese Verfeinerungsregel angewendet werden kann, müssen die folgenden Vorbedingungen erfüllt sein.

- (v0) n sei ein wohlgeformtes Geschäftsprozessnetz.
- (v1) p sei ein Geschäftsprozess, der in n enthalten ist.
- (v2) in sei ein bisher im Netz noch nicht verwendeter Identifikator für einen Eingabeport.
- (v3) s sei der Nachrichtentyp, der in zugewiesen werden soll.
- (v4) B sei eine Menge von Funktionen, deren Signatur der Schnittstelle von p, erweitert um einen neuen Eingabeparameter vom Typ s, entspricht. B enthält dabei ausschließlich solche Funktionen, die, eingeschränkt auf die Schnittstelle von p, mit einer Funktion aus B_p übereinstimmen.

Sind diese Vorbedingungen erfüllt, verfeinert diese Regel das bestehende Geschäftsprozessnetz n zu einem Geschäftsprozessnetz n'. In der Menge der Prozesse des Netzes wird dabei der Prozess p durch seine Verfeinerung p' ersetzt. Darüber hinaus wird die Menge der Eingabeports von n um den neuen Port in erweitert. Der neue Port in wird mit s typisiert. Gegenüber dem ursprünglichen Prozess p wurde in p' dabei die Menge der Eingabeports um den neuen Port in erweitert und das Prozessverhalten entsprechend angepasst zu B (n1).

Das durch die Anwendung der Verfeinerungsregel entstehende Geschäftsprozessnetz n' ist wohlgeformt, da es die Bedingungen (N1) bis (N4) aus Abschnitt 3.3.2 erfüllt.

4.2 Transformationsregeln für Geschäftsprozessnetze

(N1) *Eingabeport entweder Umgebungseingabeport oder interner Eingabeport*

Durch die Verfeinerungsregel wird die Menge der Kanäle im Netz nicht verändert. Insbesondere umfasst n' also noch keinen Kanal mit Zielport in. Daher ist in kein interner Eingabeport im Netz, sondern ein Umgebungseingabeport des Netzes.

(N*) Da die Menge der Kanäle im Netz durch diese Verfeinerungsregel nicht verändert wird, sind die Bedingungen (N2), (N3) und (N4) trivialerweise erfüllt.

4.2.2.2 Erweitern eines Netzes um einen Ausgabeport

Die Erweiterung eines Netzes um einen Ausgabeport verläuft analog zur Verfeinerungsregel für die Erweiterung eines Netzes um einen Eingabeport, die in Abschnitt 4.2.2.1 eingeführt wurde. Abbildung 4.19 veranschaulicht, wie ein Prozessnetz um einen Ausgabeport out vom Nachrichtentyp s erweitert wird, indem die Schnittstelle eines Prozesses p im Netz um den neuen Ausgabeport out ergänzt wird.

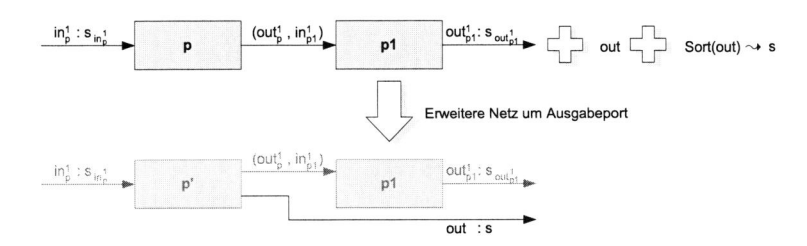

Abbildung 4.19: Erweitern eines Netzes um einen Ausgabeport

Abbildung 4.20 beschreibt die entsprechende Verfeinerungsregel auf mathematische Weise.

Erweitere Netz um Ausgabeport

(v1) $n = (P_n, C_n, I_n, O_n) \in \mathbb{NP}$ wohlgeformt

(v2) $p = (In_p, Out_p, B_p) \in P_n$

(v3) $out \in \mathbb{Out} \setminus Out_n$

(v4) $s \in S$

(v5) $B \subseteq \mathbb{B}$

$\forall b \in B : b : \bigotimes_{in_p \in In_p} Sort(in_p) \longrightarrow \bigotimes_{out_p \in Out_p} Sort(out_p) \times s$

$\forall b \in B \, \exists b_p \in B_p \, \forall input \in \bigotimes_{in_p \in In_p} Sort(in_p) : b(input)|_{Out_p} = b_p(input)$

$n \rightsquigarrow n' = (P_n \setminus \{p\} \cup \{p'\}, C_n, I_n, O_n \cup \{out\})$ und

$Sort \rightsquigarrow Sort'(pt) = \begin{cases} s & \text{für } pt = out \\ Sort(pt) & \text{für } pt \in Pt_n \end{cases}$ wobei

(n1) $p' = (In_p, Out_p \cup \{out\}, B)$

Abbildung 4.20: Verfeinerungsregel „Erweitere Netz um Ausgabeport"

Da der neue Port out im Netz noch durch keinen Kanal gebunden ist, muss er automatisch ein Ausgabeport des Netzes sein.

4.2.2.3 Typisieren eines Eingabeports im Netz

Auch für bereits in ein Netz integrierte Prozesse sehen wir Regeln zur Typisierung von noch ungetypten Ports vor. Im Beispiel in Abbildung 4.21 wird dem zunächst ungetypten Port *in* der Nachrichtentyp s zugewiesen. Da der Port *in* bereits durch einen internen Kanal des Netzes mit dem Ausgabeport *out* verbunden ist, muss der zukünftige Nachrichtentyp von *in* so gewählt werden, dass er mit dem Nachrichtentyp von *out* kompatibel ist. Da *out* vom Typ s ist und *in* genau mit s typisiert werden soll, bleibt die Konsistenz der durch einen Kanal verbundenen Porttypen in unserem Beispiel gewährleistet.

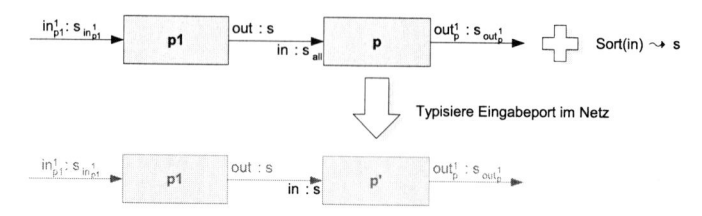

Abbildung 4.21: Typisieren eines Eingabeports im Netz

Abbildung 4.22 zeigt eine mathematische Darstellung dieser Verfeinerungsregel.

Typisiere Eingabeport im Netz

$(v0)$ $n = (P_n, C_n, I_n, O_n) \in \mathbb{NP}$ wohlgeformt
$(v1)$ $p = (In_p, Out_p, B_p) \in P_n$
$(v2)$ $in \in In_p$
   $Sort(in) = s_{all}$
$(v3)$ $s \in \mathbb{S}$
$(v4)$ $B \subseteq \mathbb{B}$
   $\forall b \in B : b : \bigotimes_{\substack{in_p \in In_p \\ Sort(in) \leadsto s}} Sort(in_p) \longrightarrow \bigotimes_{out_p \in Out_p} Sort(out_p)$
   $\forall b \in B \, \exists b_p \in B_p \, \forall input \in \bigotimes_{\substack{in_p \in In_p \\ Sort(in) \leadsto s}} Sort(in_p) : b(input) = b_p(input)$
$(v5)$ $[\exists \, out \in Out_n : (out, in) \in C_n] \Rightarrow Sort(out) = s_{all} \lor Sort(out) = s$

$n \leadsto n' = (P_n \setminus \{p\} \cup \{p'\}, C_n, I_n, O_n)$ und
$Sort \leadsto Sort'(pt) = \begin{cases} s & \text{für } pt = in \\ Sort(pt) & \text{für } pt \in Pt_n \setminus \{in\} \end{cases}$ wobei

$(n1)$ $p' = (In_p, Out_p, B)$

Abbildung 4.22: Verfeinerungsregel „Typisiere Eingabeport im Netz"

Vorbedingungen (v1) bis (v4) der Verfeinerungsregel verlaufen analog zu den Vorbedingungen der Verfeinerungsregel 4.1.2.3 für die Typisierung eines Eingabeports eines isolierten Prozesses, wobei p jedoch ein Prozess des Netzes n sei (v1). Um die Kompatibilität der Porttypen der Kanäle im verfeinerten Netz n' zu gewährleisten, benötigen wir darüber hinaus eine weitere Vorbedingung:

(v5) Falls ein Kanal im Netz existiert mit *in* als Zielport, so ist der zugehörige Quellport

4.2 Transformationsregeln für Geschäftsprozessnetze

dieses Kanals entweder ungetypt oder vom Nachrichtentyp s. Dabei bezeichne s den Nachrichtentyp, der dem Port in zugewiesen werden soll.

Sind diese Vorbedingungen erfüllt, so wird das Netz n zu einem Netz n' verfeinert, indem der Prozess p in der Menge der Prozesse des Netzes durch p' ersetzt wird. Gegenüber dem ursprünglichen Prozess p wurde dabei in p' das Prozessverhalten durch B ersetzt (n1). Darüber hinaus wird der Port in mittels der modifizierten Sortenfunktion $Sort'$ mit s typisiert.

Das durch die Anwendung der Verfeinerungsregel entstehende Geschäftsprozessnetz n' ist wohlgeformt, da es die Bedingungen (N1) bis (N4) aus Abschnitt 3.3.2 erfüllt.

(N∗) Da die Mengen der internen und externen Eingabeports des Netzes sowie der Kanäle im Netz durch die Verfeinerungsregel nicht verändert werden, sind die Bedingungen (N1), (N2) und (N4) trivialerweise erfüllt.

(N3) *Kompatibilität der Porttypen der Kanäle*

Durch die Verfeinerungsregel wird der Nachrichtentyp des Eingabeports in auf s konkretisiert. Falls in durch einen Kanal mit einem Ausgabeport im Netz verbunden ist, so stellt Vorbedingung (v5) sicher, dass dieser Ausgabeport entweder ungetypt oder aber vom Nachrichtentyp s ist.

4.2.2.4 Typisieren eines Ausgabeports im Netz

Die Typisierung eines Ausgabeports im Netz ähnelt weit gehend der Typisierung eines Eingabeports, die wir in Abschnitt 4.2.2.3 vorgestellt haben. Zu beachten ist jedoch, dass wir Broadcasting explizit erlauben und somit ein Ausgabeport gleichzeitig mit mehreren Eingabeports durch Kanäle im Netz verbunden sein kann. Entsprechend muss die Verfeinerungsregel also sicherstellen, dass bei der Typisierung eines Ausgabeports out im Netz die Typkonsistenz für jeden von out ausgehenden Kanal gewährleistet bleibt.

Abbildung 4.23 veranschaulicht diesen Sachverhalt. In unserem Beispiel wird der zunächst noch ungetypte Port out mit s typisiert. out ist durch Kanäle mit den beiden Eingabeports in_{p1}^1 und in_{p2}^1 verbunden. Dabei ist in_{p1}^1 mit s typisiert, während in_{p2}^1 noch ungetypt ist. Auch nach der Typisierung von out mit s sind die Porttypen der Kanäle daher miteinander kompatibel.

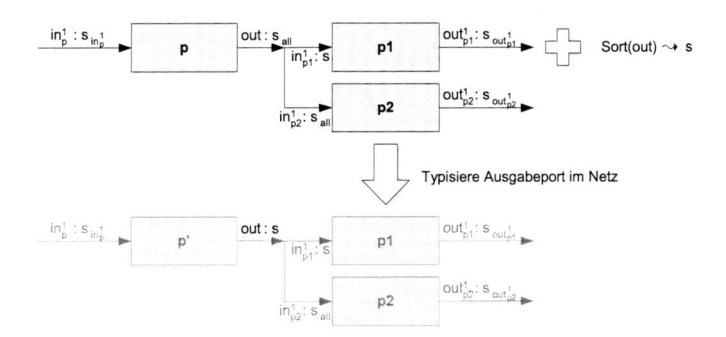

Abbildung 4.23: Typisieren eines Ausgabeports im Netz

Abbildung 4.24 stellt die entsprechende Verfeinerungsregel auf mathematische Weise dar. Sie verläuft im Wesentlichen analog zur Verfeinerungsregel für die Typisierung eines Eingabeports im Netz aus Abschnitt 4.2.2.3.

―――Typisiere Ausgabeport im Netz―――――――――――――――――――――――
$(v0)$ $n = (P_n, C_n, I_n, O_n) \in \mathbb{NP}$ wohlgeformt
$(v1)$ $p = (In_p, Out_p, B_p) \in P_n$
$(v2)$ $out \in Out_p$
  $Sort(out) = s_{all}$
$(v3)$ $s \in \mathbb{S}$
$(v4)$ $B \subseteq \mathbb{B}$
  $\forall b \in B : b : \bigotimes_{in_p \in In_p} Sort(in_p) \longrightarrow \bigotimes_{\substack{out_p \in Out_p \\ Sort(out) \rightsquigarrow s}} Sort(out_p)$
  $\forall b \in B\, \exists b_p \in B_p\, \forall input \in \bigotimes_{in_p \in In_p} Sort(in_p) : b(input) = b_p(input)$
$(v5)$ $\forall in \in In_n \setminus I_n, (out, in) \in C : Sort(in) = s_{all} \vee Sort(in) = s$

$n \rightsquigarrow n' = (P_n \setminus \{p\} \cup \{p'\}, C_n, I_n, O_n)$ und
$Sort \rightsquigarrow Sort'(pt) = \begin{cases} s & \text{für } pt = out \\ Sort(pt) & \text{für } pt \in Pt_n \setminus \{out\} \end{cases}$ wobei
$(n1)$ $p' = (In_p, Out_p, B)$

Abbildung 4.24: Verfeinerungsregel „Typisiere Ausgabeport im Netz"

Vorbedingung (v5) stellt sicher, dass auch im verfeinerten Netz die Porttypen eines Kanals kompatibel sind. Dabei wird berücksichtigt, dass aufgrund von Broadcasting ein Ausgabeport gleichzeitig mehrere Eingabeports im Netz bedienen kann. Jeder dieser Eingabeports muss folglich entweder noch ungetypt oder von demjenigen Nachrichtentyp s sein, der dem zu typisierenden Ausgabeport out zugewiesen werden soll.

4.2.2.5 Konkretisieren des Verhaltens eines Prozesses im Netz

Um das Verhalten eines Prozesses im Netz zu verfeinern, schränken wir die Menge der Verhaltensfunktionen dieses Prozesses auf eine nichtleere Teilmenge der ursprünglichen Verhaltensfunktionen ein.

―――Konkretisiere Prozessverhalten im Netz―――――――――――――――――
$(v0)$ $n = (P_n, C_n, I_n, O_n) \in \mathbb{NP}$ wohlgeformt
$(v1)$ $p = (In_p, Out_p, B_p) \in \mathbb{P}$
$(v2)$ $B \subseteq B_p, B \neq \emptyset$

$n \rightsquigarrow n' = (P_n \setminus \{p\} \cup \{p'\}, C_n, I_n, O_n)$ wobei
$(n1)$ $p' = (In_p, Out_p, B)$

Abbildung 4.25: Verfeinerungsregel „Konkretisiere Prozessverhalten im Netz"

Abbildung 4.25 beschreibt die entsprechende Verfeinerungsregel auf mathematische Weise. Sie verläuft analog zur Regel für die Verhaltensverfeinerung eines isolierten Prozesses, die wir in Abschnitt 4.1.2.5 eingeführt haben.

4.2 Transformationsregeln für Geschäftsprozessnetze   145

Die Verfeinerungsregel verändert weder die Menge der Kanäle noch die Menge der Eingabeports im Netz. Folglich ist das resultierende Geschäftsprozessnetz n' trivialerweise wohlgeformt.

4.2.2.6 Erweitern eines Netzes um einen Prozess

In den bisher vorgestellten Verfeinerungsregeln für Geschäftsprozessnetze wurde jeweils ein einziger Prozess im Netz konkretisiert und dadurch auch das gesamte Netz verfeinert, in das dieser Prozess eingebettet ist. Im Gegensatz dazu erweitern die beiden folgenden Verfeinerungsregeln ein bestehendes Netz um einen neuen Prozess bzw. Kanal.

Im Beispiel in Abbildung 4.26 wird ein bestehendes Geschäftsprozessnetz um einen neuen Prozess p erweitert. Das verfeinerte Netz enthält dabei zunächst noch keinen Kanal, der p mit einem Port des ursprünglichen Netzes verbindet. Folglich ist das verfeinerte Netz n' nicht zusammenhängend. Mittels der Verfeinerungsregel 4.2.2.7 ließe sich das Netz jedoch um einen geeigneten Verbindungskanal erweitern.

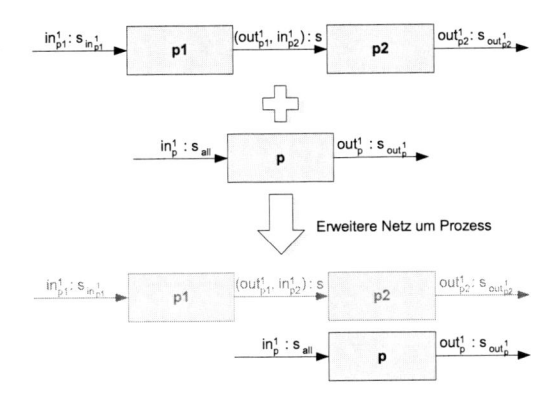

Abbildung 4.26: Erweitern eines Netzes um einen Prozess

Eine mathematische Darstellung der Verfeinerungsregel, die ein Geschäftsprozessnetz um einen Prozess erweitert, geben wir in Abbildung 4.27 an.

Erweitere Netz um Prozess

$(v0)$ $n = (P_n, C_n, I_n, O_n) \in \mathbb{NP}$ wohlgeformt
$(v1)$ $p = (In_p, Out_p, B_p) \in \mathbb{P} \setminus P_n$
$(v2)$ $In_p \cap In_n = \emptyset$
$Out_p \cap Out_n = \emptyset$

$n \rightsquigarrow n' = (P_n \cup \{p\}, C_n, I_n \cup In_p, O_n \cup Out_p)$

Abbildung 4.27: Verfeinerungsregel „Erweitere Netz um Prozess"

Gegeben seien ein wohlgeformtes Geschäftsprozessnetz n und ein Prozess p, der noch nicht in n enthalten ist. Die Mengen der Identifikatoren für die Eingabeports von n und p seien disjunkt, ebenso wie die Identifikatorenmengen für die Ausgabeports $(v2)$.

Basierend auf diesen Vorgaben verfeinert diese Regel das ursprüngliche Geschäftsprozessnetz n zu einem Netz n', indem die Menge der Prozesse um p erweitert wird. Darüber hinaus wird die Menge der Eingabeports des Netzes um die Eingabeports von p ergänzt und die Menge der Ausgabeports des Netzes um die Ausgabeports von p.

Das durch die Anwendung der Verfeinerungsregel entstehende Geschäftsprozessnetz n' ist wohlgeformt, da es die Bedingungen (N1) bis (N4) aus Abschnitt 3.3.2 erfüllt.

(N1) *Eingabeport entweder Umgebungseingabeport oder interner Eingabeport*

Durch die Verfeinerungsregel wird die Menge der Kanäle im Netz nicht verändert. Insbesondere umfasst n' also noch keine Kanäle, deren Zielport ein Eingabeport von p ist. Daher sind die Eingabeports von p keine internen Eingabeports im Netz, sondern Umgebungseingabeports des Netzes.

(N∗) Da die Menge der Kanäle im Netz durch diese Verfeinerungsregel nicht verändert wird, sind die Bedingungen (N2), (N3) und (N4) trivialerweise erfüllt.

4.2.2.7 Erweitern eines Netzes um einen Kanal

Damit ein neuer Prozess auch mit einem bestehenden Geschäftsprozessnetz verbunden werden kann, benötigen wir eine Verfeinerungsregel, die einen Kanal in ein Geschäftsprozessnetz einfügt. In Abbildung 4.28 verbinden wir zwei disjunkte Teile eines Prozessnetzes durch einen neuen Kanal, sodass ein zusammenhängendes Geschäftsprozessnetz entsteht.

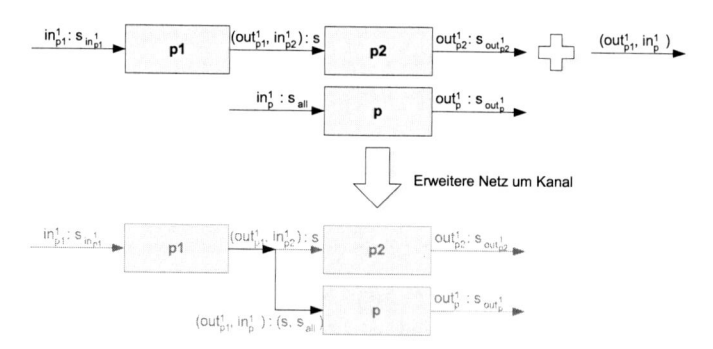

Abbildung 4.28: Erweitern eines Netzes um einen Kanal

Abbildung 4.29 zeigt eine mathematische Darstellung der entsprechenden Verfeinerungsregel.

Damit die Erweiterung eines wohlgeformten Geschäftsprozessnetzes um einen Kanal zu einem verfeinerten Geschäftsprozessnetz führt, das ebenfalls wohlgeformt ist, müssen einige Vorbedingungen erfüllt sein.

(v0) n sei ein wohlgeformtes Geschäftsprozessnetz.

(v1) p_{source} und p_{sink} seien zwei voneinander verschiedene Prozesse, die in n enthalten sind.

(v2) in sei ein Umgebungseingabeport des Netzes sowie ein Eingabeport des Prozesses p_{sink}. out sei ein Ausgabeport von p_{source}. Diese beiden Ports sollen im verfeinerten Prozessnetz durch den neuen Kanal verbunden werden.

4.2 Transformationsregeln für Geschäftsprozessnetze

Erweitere Netz um Kanal

(v0) $n = (P_n, C_n, I_n, O_n) \in \mathbb{NP}$ wohlgeformt

(v1) $p_{source}, p_{sink} \in P_n$
$p_{source} \neq p_{sink}$

(v2) $in \in I_n \wedge in \in In_{p_{sink}}$
$out \in Out_{p_{source}}$

(v3) $Sort(in) = Sort(out) \vee Sort(in) = s_{all} \vee Sort(out) = s_{all}$

(v4) $CP_n = \{(\tilde{p}_{source}, \tilde{p}_{sink}) \in P_n \times P_n \mid$
$\exists c \in C_n : Source(c) \in Out_{\tilde{p}_{source}} \wedge Sink(c) \in In_{\tilde{p}_{sink}}\} \Rightarrow$
$\forall p \in P_n : (p, p) \notin (CP_n \cup \{(p_{source}, p_{sink})\})^*$

$n \rightsquigarrow n' = (P_n, C_n \cup \{(out, in)\}, I_n \setminus \{in\}, O_n)$

Abbildung 4.29: Verfeinerungsregel „Erweitere Netz um Kanal"

(v3) *in* und *out* seien vom gleichen Nachrichtentyp oder mindestens einer der beiden Ports sei noch ungetypt.

(v4) Sei CP_n die Menge aller Prozesspaare, die in n durch einen Kanal verbunden sind. Die transitive Hülle von $CP_n \cup (p_{source}, p_{sink})$ enthalte für keinen Prozess p aus n die Identität (p, p).

Sind diese Vorbedingungen erfüllt, so verfeinert diese Regel das ursprüngliche Geschäftsprozessnetz n zu einem Netz n', indem die Menge der Kanäle um den neuen Kanal (out, in) erweitert wird. Da der Eingabeport *in* in n' durch einen Kanal gebunden ist, wird *in* ferner aus der Menge der Eingabeports des Netzes gestrichen.

In Abschnitt 3.3.2 haben wir das Broadcasting für Ausgabeports erlaubt. Folglich kann ein Ausgabeport in einem Geschäftsprozessnetz sowohl einen internen Eingabeport als auch die Umgebung des Netzes bedienen. Daher entfernen wir den Ausgabeport *out* nicht aus der Menge der Ausgabeports des Netzes, da *out* trotz der Bindung durch den neuen Kanal (out, in) noch der Umgebung des Netzes zur Verfügung steht. Mittels der Verfeinerungsregel 4.2.2.8 kann *out* bei Bedarf explizit aus der Menge der Ausgabeports O_n des Netzes entfernt werden.

Das durch die Anwendung der Verfeinerungsregel entstehende Geschäftsprozessnetz n' ist wohlgeformt, da es die Bedingungen (N1) bis (N4) aus Abschnitt 3.3.2 erfüllt.

(N1) *Eingabeport entweder Umgebungseingabeport oder interner Eingabeport*

Der Eingabeport *in*, der durch den neuen Kanal (out, in) im Netz gebunden wird, wird aus der Menge der Eingabeports des Netzes gestrichen. Andere Kanäle werden durch diese Verfeinerungsregel nicht ins Netz eingefügt, sodass alle übrigen Eingabeports im Netz unverändert entweder interne Eingabeports oder Umgebungseingabeports des Netzes bleiben.

(N2) *Eindeutige Zuordnung von internen Eingabeports zu genau einem internen Ausgabeport*

in war ein Umgebungseingabeport des ursprünglichen Netzes, also noch nicht durch einen internen Kanal gebunden. Durch den neuen Kanal (out, in) wird *in* genau einem Ausgabeport im Netz zugeordnet.

(N3) *Kompatibilität der Porttypen der Kanäle*

Vorbedingung (v3) stellt sicher, dass die Ports des neuen Kanals entweder vom selben Typ sind, oder aber mindestens einer der beiden Ports noch ungetypt ist.

(N4) *Zyklenfreiheit des Geschäftsprozessnetzes*

Durch Vorbedingung (v4) ist gewährleistet, dass auch das um den neuen Kanal (out, in) erweiterte Geschäftsprozessmodell zyklenfrei ist.

4.2.2.8 Internalisieren eines Ausgabeports eines Netzes

Da wir Broadcasting erlauben, kann ein Ausgabeport gleichzeitig sowohl interner als auch externer Ausgabeport des Netzes sein. Ein Ausgabeport kann also in der Ausgabeschnittstelle des Netzes enthalten sein, auch wenn er durch netzinterne Kanäle gebunden ist. Anders als bei Eingabeports eliminieren wir daher einen Ausgabeport *out* nicht automatisch aus der Menge der Ausgabeports des Netzes, wenn wir einen neuen Kanal einfügen mit *out* als Quellport (vergleiche Verfeinerungsregel 4.2.2.7). Das Entfernen eines in einem Kanal gebundenen Ausgabeports aus der externen Schnittstelle eines Geschäftsprozessnetzes erfordert also eine explizite Modellierungsentscheidung und wird folglich auch mittels einer eigenen Verfeinerungsregel realisiert.

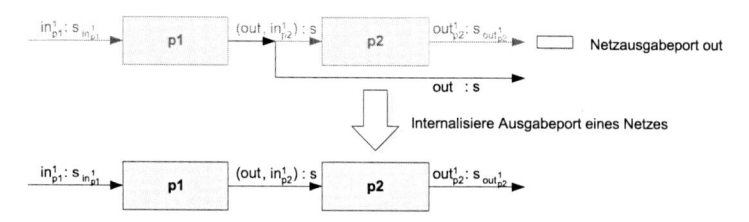

Abbildung 4.30: Internalisieren eines Ausgabeports eines Netzes

Das Beispiel in Abbildung 4.30 veranschaulicht, wie ein auch intern gebundener Ausgabeport eines Netzes aus der externen Schnittstelle des Netzes eliminiert wird.

Internalisiere Ausgabeport eines Netzes

(v0) $n = (P_n, C_n, I_n, O_n) \in \mathbb{NP}$ wohlgeformt
(v1) $out \in O_n$
$\exists c \in C_n : Source(c) = out$

$n \rightsquigarrow n' = (P_n, C_n, I_n, O_n \setminus \{out\})$

Abbildung 4.31: Verfeinerungsregel „Internalisiere Ausgabeport eines Netzes"

Abbildung 4.31 beschreibt die entsprechende Verfeinerungsregel auf mathematische Weise.

Diese Regel verfeinert ein bestehendes Geschäftsprozessnetz n zu einem Netz n', indem ein Ausgabeport *out* von n, der gleichzeitig auch Quellport eines Kanals in n ist, aus der externen Schnittstelle von n' eliminiert wird.

Die Mengen der Eingabeports und der Kanäle des Netzes werden durch die Transformationsregel nicht verändert. Folglich sind die Bedingungen (N1), (N2), (N3) und (N4) trivialerweise erfüllt. Das verfeinerte Geschäftsprozessnetz ist daher wohlgeformt.

4.2.3 Pragmatische Modifikationen von Geschäftsprozessnetzen

Auch für Prozesse, die bereits in ein Geschäftsprozessnetz integriert sind, sehen wir Transformationsregeln vor, mittels derer bereits getroffene Modellierungsentscheidungen wieder rückgängig gemacht werden können. Im Folgenden stellen wir exemplarisch eine Auswahl der benötigten Transformationsregeln vor, die bei Bedarf entsprechend erweitert werden kann.

4.2.3.1 Löschen eines Eingabeports eines Netzes

Die Transformationsregel zum Löschen eines Eingabeports eines Netzes ist in Abbildung 4.32 dargestellt. Sie erweitert die Transformationsregel zum Löschen eines Eingabeports eines Prozesses, die wir in Abschnitt 4.1.3.1 eingeführt haben.

Lösche Eingabeport eines Netzes

$(v0)$ $n = (P_n, C_n, I_n, O_n) \in \mathbb{NP}$ wohlgeformt
$(v1)$ $p = (In_p, Out_p, B_p) \subset P_n$
$(v2)$ $in \in In_p \wedge in \in I_n$
$(v3)$ $B \subseteq \mathbb{B}$
$\forall b \in B : b : \bigotimes\limits_{in_p \in In_p \setminus \{in\}} Sort(in_p) \longrightarrow \bigotimes\limits_{out \in Out_p} Sort(out)$
$\forall b_p \in B_p \exists b \in B \, \forall input \in \bigotimes\limits_{in \in In_p} Sort(in) \; : \; b(input \mid_{In_p \setminus \{in\}}) = b_p(input)$

$n \rightsquigarrow n' = (P_n \setminus \{p\} \cup \{p'\}, C_n, I_n \setminus \{in\}, O_n)$ wobei
$(n1)$ $p' = (In_p \setminus \{in\}, Out_p, B)$

Abbildung 4.32: Verfeinerungsregel „Lösche Eingabeport eines Netzes"

Ein Eingabeport in eines Netzes ist immer auch ein Eingabeport eines Prozesses p in diesem Netz. Um in aus dem Netz zu löschen, wird in zunächst aus der Schnittstelle von p entfernt und die Menge der Verhaltensfunktionen von p entsprechend angepasst. Dadurch wird p modifiziert zu einem Prozess p'. Ferner wird p in der Prozessmenge des Netzes durch p' ersetzt und der Eingabeport in aus der Menge der Eingabeports des Netzes eliminiert.

Die Menge der Eingabeports des Netzes wird durch die Transformationsregel verkleinert. Die Menge der Kanäle bleibt unverändert. Folglich sind die Bedingungen (N1), (N2), (N3) und (N4) trivialerweise erfüllt. Das durch die Transformationsregel entstandene Geschäftsprozessnetz ist also wohlgeformt.

4.2.3.2 Löschen eines Ausgabeports eines Netzes

Das Löschen eines Ausgabeports eines Netzes verläuft weit gehend analog zur Transformationsregel 4.2.3.1 für das Löschen eines Eingabeports eines Netzes. Abbildung 4.33 zeigt eine mathematische Darstellung der entsprechenden Verfeinerungsregel.

Da wir Broadcasting erlauben, ist es möglich, dass ein Ausgabeport des Netzes gleichzeitig auch in einem internen Kanal des Netzes gebunden ist. Bevor ein Ausgabeport des Netzes gelöscht werden kann, muss daher explizit überprüft werden, dass out nicht als Quellport in einem Kanal des Netzes auftritt (v3).

Lösche Ausgabeport eines Netzes

(v0) $n = (P_n, C_n, I_n, O_n) \in \mathbb{NP}$ wohlgeformt
(v1) $p = (In_p, Out_p, B_p) \in P_n$
(v2) $out \in Out_p \land out \in O_n$
   $\nexists c \in C_n : Source(c) = out$
(v3) $B \subseteq \mathbb{B}$
   $\forall b \in B : b : \bigotimes\limits_{in \in In_p} Sort(in) \longrightarrow \bigotimes\limits_{out_p \in Out_p \setminus \{out\}} Sort(out_p)$
   $\forall b_p \in B_p \, \exists b \in B \, \forall input \in \bigotimes\limits_{in \in In_p} Sort(in) : b(input) = b_p(input)|_{Out_p \setminus \{out\}}$

$n \rightsquigarrow n' = (P_n \setminus \{p\} \cup \{p'\}, C_n, I_n, O_n \setminus \{out\})$ wobei
(n1) $p' = (In_p, Out_p \setminus \{out\}, B)$

Abbildung 4.33: Verfeinerungsregel „Lösche Ausgabeport eines Netzes"

4.2.3.3 Externalisieren eines Ausgabeports eines Netzes

Anders als bei Eingabeports kann ein Ausgabeport eines Geschäftsprozessnetzes gleichzeitig sowohl in einem internen Kanal des Netzes gebunden als auch in der externen Schnittstelle des Netzes enthalten sein. Das Entfernen eines in einem Kanal gebundenen Ausgabeports aus der externen Schnittstelle eines Netzes stellt daher eine explizite Modellierungsentscheidung dar, die durch die Verfeinerungsregel 4.2.2.8 umgesetzt wird. Dieser Verfeinerungsschritt lässt sich durch die Transformationsregel zur Externalisierung eines Ausgabeports rückgängig machen, die in Abbildung 4.34 auf mathematische Weise formuliert ist.

Externalisiere Ausgabeport im Netz

(v0) $n = (P_n, C_n, I_n, O_n) \in \mathbb{NP}$ wohlgeformt
(v1) $out \in Out_n \setminus O_n$

$n \rightsquigarrow n' = (P_n, C_n, I_n, O_n \cup \{out\})$

Abbildung 4.34: Verfeinerungsregel „Externalisiere Ausgabeport im Netz"

Ein Ausgabeport out in einem Geschäftsprozessnetz wird externalisiert, indem die Menge der Ausgabeports des Netzes um out erweitert wird.

Da die Mengen der Eingabeports und der Kanäle des Netzes durch die Transformationsregel nicht verändert werden, erfüllt auch das modifizierte Geschäftsprozessnetz die Bedingungen (N1), (N2), (N3) und (N4) und ist damit wohlgeformt.

4.2.3.4 Löschen eines Prozesses aus einem Netz

Abbildung 4.35 beschreibt auf mathematische Weise die Transformationsregel zum Löschen eines Prozesses aus einem Geschäftsprozessnetz.

Damit ein Prozess aus einem Geschäftsprozessnetz eliminiert werden kann, muss sichergestellt sein, dass kein Port des Prozesses mehr in Kanälen des Netzes gebunden ist.

4.2 Transformationsregeln für Geschäftsprozessnetze

Lösche Prozess aus Netz

($v0$) $n = (P_n, C_n, I_n, O_n) \in \mathbb{NP}$ wohlgeformt
($v1$) $p = (In_p, Out_p, B_p) \in P_n$
($v2$) $\nexists c \in C_n : Source(c) \in Out_p \lor Sink(c) \in In_p$

$n \rightsquigarrow n' = (P_n \setminus \{p\}, C_n, I_n \setminus In_p, O_n \setminus Out_p)$

Abbildung 4.35: Transformationsregel „Lösche Prozess aus Netz"

Ist diese Bedingung erfüllt, so kann der Prozess aus der Menge der Prozesse des Netzes gelöscht werden. Darüber hinaus werden die Eingabe- bzw. Ausgabeports des Prozesses aus den Mengen der Eingabe- bzw. Ausgabeports des Netzes entfernt.

Die Transformationsregel erweitert die Mengen der Eingabeports und der Kanäle des Netzes nicht. Das modifizierte Geschäftsprozessnetz erfüllt daher ebenfalls die Bedingungen (N1), (N2), (N3) und (N4) und ist damit wohlgeformt.

4.2.3.5 Löschen eines Kanals aus einem Netz

Die Transformationsregel zum Löschen eines Kanals aus einem Netz ist in Abbildung 4.36 mathematisch dargestellt.

Lösche Kanal aus Netz

($v0$) $n = (P_n, C_n, I_n, O_n) \in \mathbb{NP}$ wohlgeformt
($v1$) $c = (out, in) \in C_n$

$n \rightsquigarrow n' = (P_n, C_n \setminus \{(out, in)\}, I_n \cup \{in\}, O_{n'})$ wobei

($n1$) $O_{n'} = \begin{cases} O_n \cup \{out\} & \text{für } out \notin O_n \land \nexists c \in C_n \setminus \{(out, in)\} : Source(c) = out \\ O_n & \text{sonst} \end{cases}$

Abbildung 4.36: Transformationsregel „Lösche Kanal aus Netz"

Ein Kanal $c = (out, in)$ wird aus einem Geschäftsprozessnetz gelöscht, indem die Menge der Kanäle des Netzes um c reduziert und die Menge der Eingabeports des Netzes um in erweitert wird. Ist out kein externer Ausgabeport des ursprünglichen Netzes und umfasst das Netz keinen weiteren Kanal mit Quellport out, so muss ferner out der Menge der Ausgabeports des modifizierten Netzes hinzugefügt werden (n1).

Das durch die Anwendung der Transformationsregel entstehende Geschäftsprozessnetz n' ist wohlgeformt, da es die Bedingungen (N1) bis (N4) aus Abschnitt 3.3.2 erfüllt.

(N1) *Eingabeport entweder Umgebungseingabeport oder interner Eingabeport*

Im ursprünglichen Netz n war in ein interner Eingabeport im Netz. Durch das Löschen des Kanals c fällt die Kanalbindung von in weg, sodass in ein Umgebungseingabeport wird.

(N*) Die Transformationsregel fügt der Menge der Kanäle im Netz keine neuen Kanäle hinzu. Folglich sind die Bedingungen (N2), (N3) und (N4) trivialerweise erfüllt.

4.3 Transformationsregeln für Geschäftsprozessmodelle

Ein Geschäftsprozessmodell strukturiert Geschäftsprozesse und Geschäftsprozessnetze in unterschiedliche Abstraktionsebenen und beschreibt die Beziehungen, die zwischen diesen Abstraktionsebenen bestehen. Verglichen mit Geschäftsprozessen und Geschäftsprozessnetzen sind Geschäftsprozessmodelle daher erheblich komplexer. Entsprechend sind auch die Kriterien für wohlgeformte Geschäftsprozessmodelle umfangreicher als die für einzelne Geschäftsprozessnetze.

In Abschnitt 3.3.3 haben wir die folgenden Kriterien für wohlgeformte Geschäftsprozessmodelle festgelegt:

(M1) *Baumstruktur der Verfeinerungsbeziehung der Prozesse im Geschäftsprozessmodell*

(M2) *Portverfeinerung konsistent mit Prozessverfeinerung*

(M3) *Konkretisierung der Sorten bei der Portverfeinerung*

(M4) *Kompatibilität der Porttypen der Kanäle*

(M5) *Keine vertikalen Kanäle im Modellbaum*

(M6) *Konsistenz der Kanäle über die Verfeinerungsebenen hinweg*

(M7) *Belegung der Eingabeports eindeutig je Prozessnetz im Modell*

(M8) *Zyklenfreiheit des Geschäftsprozessmodells*

Wie bereits bei den Geschäftsprozessnetzen überprüfen wir auch bei den Transformationsregeln für Geschäftsprozessmodelle diese Kriterien für das Endprodukt der Anwendung einer solchen Regel. Dadurch stellen wir sicher, dass das durch eine Transformation entstandene Geschäftsprozessmodell auch wirklich wohlgeformt ist. In den entsprechenden Begründungen fokussieren wir dabei wieder jeweils lediglich diejenigen Aspekte des Modells, die durch die Transformationsregel verändert wurden.

Geschäftsprozesse bilden einen Hauptbestandteil von Geschäftsprozessmodellen. Alle Veränderungen, die an einem bereits bestehenden einzelnen Geschäftsprozess vorgenommen werden können, können entsprechend auch an Geschäftsprozessen durchgeführt werden, die bereits in ein Geschäftsprozessmodell integriert sind. Zu jeder Transformationsregel für bereits bestehende einzelne Prozesse gibt es daher jeweils eine ähnliche Regel, die eine vergleichbare Transformation für Prozesse realisiert, die bereits in einem Geschäftsprozessmodell gebunden sind. Analog gibt es zu jeder Transformationsregel für isolierte Geschäftsprozessnetze ebenfalls eine ähnliche Regel für Geschäftsprozessnetze, die bereits in ein Geschäftsprozessmodell integriert sind.

Transformationsregeln für Prozesse in einem Geschäftsprozessmodell müssen dabei nicht nur die eigentliche Veränderung des Prozesses realisieren, sondern darüber hinaus auch noch sicherstellen, dass das veränderte Geschäftsprozessmodell wohlgeformt ist. Folglich fallen die Transformationsregeln zur Veränderung eines Prozesses im Geschäftsprozessmodell komplexer aus als die analogen Regeln für Prozesse in einem Geschäftsprozessnetz. Letztere sind wiederum komplexer als die analogen Regeln für einzelne Prozesse.

Insbesondere bei den komplexeren Transformationsregeln kann in der Modellierungspraxis der Fall auftreten, dass der Modellierer auf einer bestimmten Abstraktionsebene des Geschäftsprozessmodells eine Transformationsregel anwenden möchte, deren Vorbedingungen noch

4.3 Transformationsregeln für Geschäftsprozessmodelle

nicht vollständig erfüllt sind. Bevor eine Regel wie gewünscht angewendet werden kann, ist es daher unter Umständen notwendig, zunächst das Geschäftsprozessmodell durch die sukzessive Anwendung von geeigneten Transformationsregeln entsprechend vorzubereiten.

Beispielsweise soll die Schnittstelle eines im Geschäftsprozessmodell bereits weiter verfeinerten Prozesses p um einen Ausgabeport erweitert werden. Bei dieser Transformation wird dem neuen Port ein entsprechender Ausgabeport des verfeinernden Prozessnetzes n von p als Portverfeinerung zugewiesen. Ist in n kein passender Ausgabeport mehr verfügbar, so muss zunächst einer der Prozesse des Prozessnetzes n um einen solchen Ausgabeport erweitert werden. Bevor die Transformationsregel auf p angewendet werden kann, muss sie also zunächst auf einen Prozess $\tilde{p}$ des verfeinernden Prozessnetzes von p angewendet werden. Sind auch hier die Vorbedingungen nicht erfüllt, so muss zunächst das verfeinernde Prozessnetz $\tilde{n}$ von $\tilde{p}$ entsprechend modifiziert werden, usw. Gegebenenfalls muss also durch eine geeignete bottom-up im Modellbaum orientierte Anwendung von Transformationsregeln der Unterbaum von p im Geschäftsprozessmodell entsprechend angepasst werden, bevor die Transformationsregel wie gewünscht auf p selbst angewendet werden kann.

Im Folgenden führen wir die wichtigsten Transformationsregeln für Geschäftsprozessmodelle ein. Um die mathematische Darstellung dieser Regeln zu vereinfachen, legen wir vorab fest:

$$\begin{aligned} Ref_{m'} &: P_{m'} \longrightarrow \mathcal{P}(P_{m'}) \\ Abs_{m'} &: Pt_{m'} \longrightarrow Pt_{m'} \cup \{\bot\} \end{aligned}$$

Dabei bezeichne $P_{m'}$ die Menge der Geschäftsprozesse und $Pt_{m'}$ die Menge der Ports im verfeinerten Geschäftsprozessmodell m'.

4.3.1 Initialisieren eines Geschäftsprozessmodells

Als Ausgangspunkt für die Erstellung eines Geschäftsprozessmodells sehen wir eine Regel vor, mittels der ein wohlgeformtes Geschäftsprozessmodell m erzeugt und mit einem Geschäftsprozess p initialisiert wird.

Abbildung 4.37 beschreibt die entsprechende Transformationsregel auf mathematische Weise.

Initialisiere Geschäftsprozessmodell

(v1) $p \in \mathbb{P}$

$\rightsquigarrow m = (\{p\}, \varnothing, p, Ref_m, Abs_m)$ wobei
(n1) $Ref_m(p) = \varnothing$
(n2) $\forall pt \in Pt_m : Abs_m(pt) = \bot$

Abbildung 4.37: Verfeinerungsregel „Initialisiere Geschäftsprozessmodell"

Sei ein Geschäftsprozess p gegeben (v1). Die Transformationsregel erzeugt daraus ein einfaches Geschäftsprozessmodell m mit p als einzigem Prozess. m umfasst noch keine Kanäle. Da p der einzige Prozess in m ist, ist p auch das abstrakteste Element des Geschäftsprozessmodells. Ferner ist p in m noch nicht weiter verfeinert (n1). Die Ports von p schließlich stellen keine Verfeinerung anderer Ports im Modell dar (n2).

Da das Modell m' genau einen Prozess umfasst, sind die Bedingungen (M1), (M2) und (M3) trivialerweise erfüllt. Ferner ist die Menge der Kanäle im Modell m' leer, sodass auch die

Bedingungen (M4), (M5), (M6), (M7) und (M8) trivialerweise erfüllt sind. Folglich ist das von der Transformationsregel erzeugte Geschäftsprozessmodell wohlgeformt.

Da das initiale Geschäftsprozessmodell lediglich p als einzigen Prozess umfasst, ist es trivialerweise auch semantisch korrekt. Die mit p assoziierte Menge von Semantikfunktionen F_p entspricht dabei genau der Menge von Verhaltensfunktionen B_p von p.

Das durch die Initialisierung erzeugte einfache Grundmodell wird durch wiederholte Anwendung der nachfolgenden Verfeinerungsregeln detailliert und sukzessive weiter ausgebaut.

4.3.2 Verfeinerungsregeln für Geschäftsprozessmodelle

Gerade in den frühen Stadien der Modellierung haben wir zunächst nur eine eher vage Vorstellung von den zu beschreibenden Prozessen und ihren Zusammenhängen. Da es jedoch möglich sein soll, eine identifizierte Information sofort in das Geschäftsprozessmodell zu integrieren, erlauben wir die Integration von unterspezifizierten Prozessen und Netzen in ein Geschäftsprozessmodell. Durch geeignete Verfeinerungsschritte können diese unterspezifizierten Prozesse und Netze eines Geschäftsprozessmodells je nach Bedarf sukzessive konkretisiert werden.

Ein Geschäftsprozessmodell untergliedert die modellierten Prozesse in verschiedene Abstraktionsebenen von unterschiedlichem Detaillierungsgrad. Typischerweise spiegeln die grobgranularen Modelebenen die Strukturierung des Systems in seine wesentlichen Aufgabenbereiche und die damit verbundenen Kernprozesse wider. Im Gegensatz dazu beschreiben die Prozesse und Netze auf den feingranularen Modellebenen das Systemverhalten im Detail. Entsprechend streben wir für die Blattebene des Modellbaumes eine möglichst vollständige Spezifizierung der Prozesse und der zwischen den Prozessen bestehenden Kommunikationsbeziehungen an.

Ausgehend von einem initialen Geschäftsprozessmodell, das lediglich aus seinem Wurzelprozess besteht, werden durch geeignete Modellierungsschritte sukzessive weitere Informationen erfasst und in das bestehende Geschäftsprozessmodell integriert. Die wichtigsten der dafür erforderlichen Verfeinerungsregeln stellen wir in diesem Abschnitt vor.

In Abschnitt 4.1.2 haben wir eine Reihe von Verfeinerungsregeln für isolierte Geschäftsprozesse eingeführt. Um die gleichen Verfeinerungsschritte auch für diejenigen Prozesse zu erlauben, die bereits in ein Geschäftsprozessmodell integriert sind, benötigen wir entsprechende Verfeinerungsregeln, die zusätzlich zur eigentlichen Veränderung des betroffenen Prozesses noch dessen Kontext im gesamten Geschäftsprozessmodell mitberücksichtigen. Analog zu den Verfeinerungsregeln 4.1.2.1 bis 4.1.2.5 für isolierte Geschäftsprozesse führen wir daher in diesem Abschnitt die Verfeinerungsregeln 4.3.2.1 bis 4.3.2.5 ein, die einen bereits in ein Geschäftsprozessmodell integrierten Geschäftsprozess weiter verfeinern. Einen Prozess sowie dessen Verfeinerung im Geschäftsprozessmodell fokussiert auch Verfeinerungsregel 4.3.2.6, mittels der die hierarchische Portverfeinerung eines Eingabeports im Geschäftsprozessmodell erweitert wird.

Zusätzlich zu den Verfeinerungsregeln für Prozesse im Geschäftsprozessmodell benötigen wir ferner auch Verfeinerungsregeln für Geschäftsprozessnetze, die in den Kontext eines Geschäftsprozessmodells eingebettet sind. Die Verfeinerungsregeln 4.2.2.1 bis 4.2.2.5 für Geschäftsprozessnetze fokussieren jeweils die Veränderung eines einzelnen Prozesses in einem Netz. Sie werden durch die entsprechenden Verfeinerungsregeln 4.3.2.1 bis 4.3.2.5 für Geschäftsprozessmodelle abgedeckt. Die Verfeinerungsregeln 4.2.2.6 und 4.2.2.7 für die Erweiterung eines bestehenden Geschäftsprozessnetzes um einen neuen Prozess bzw. Kanal korrespondieren

4.3 Transformationsregeln für Geschäftsprozessmodelle

mit den Verfeinerungsregeln 4.3.2.7 und 4.3.2.8, die ein bestehendes Geschäftsprozessmodell entsprechend erweitern.

Zu beachten ist, dass für die Verfeinerungsregel 4.2.2.8, welche die Internalisierung eines Ausgabeports ermöglicht, keine entsprechende Regel definiert werden muss, die eine analoge Verfeinerungsoperation für bereits in ein Geschäftsprozessmodell integrierte Geschäftsprozessnetze realisiert. Eine solche Regel ist nicht notwendig, da sich die Menge der externen Ausgabeports eines Geschäftsprozessnetzes im Geschäftsprozessmodell mittels der Funktion *GlassBox* eindeutig aus den Mengen der Ports, der Kanäle und der Baumstruktur des Geschäftsprozessmodells berechnen lässt (vgl. Abschnitt 3.3.3).

Die Verfeinerungsregeln 4.3.2.9 und 4.3.2.10 sind rein modellspezifisch, haben also keine Entsprechung bei den Verfeinerungsregeln für isolierte Geschäftsprozesse oder Geschäftsprozessnetze. Sie erlauben die Dekomposition eines Elementarprozesses im Geschäftsprozessmodell zu einem neuen Geschäftsprozessnetz bzw. die Substitution eines Elementarprozesses im Geschäftsprozessmodell durch ein anderes Geschäftsprozessmodell. Diese Regeln ermöglichen also eine bottom-up im Modellbaum orientierte Erweiterung von Geschäftsprozessmodellen.

Im Folgenden führen wir zunächst eine Reihe von Verfeinerungsregeln ein, die jeweils einen einzelnen Prozess p im Modell herausgreifen und zu einem Prozess p' verfeinern. Die Baumdarstellung $Ref_{m'}$ des Modells nach einem solchen Verfeinerungsschritt unterscheidet sich von der Baumdarstellung Ref_m des Modells vor dem Verfeinerungsschritt also nur insoweit, als der Prozess p im Modellbaum durch seine Verfeinerung p' ersetzt wurde. $Ref_{m'}$ geht also aus Ref_m dadurch hervor, dass jedes Auftreten von p in Ref_m durch p' ersetzt wird.

Diesen Zusammenhang drücken wir durch die Notation $Ref_m[p \to p']$ aus, wobei wir für $P_{m'} = P_m \setminus \{p\} \cup \{p'\}$ definieren

$$Ref_m[p \to p'] : P_{m'} \to \mathcal{P}(P_{m'})$$

und

$$Ref_m[p \to p'](\tilde{p}) = \begin{cases} Ref_m(p) & \text{für } \tilde{p} = p' \\ Ref_m(\tilde{p}) \setminus \{p\} \cup \{p'\} & \text{für } \tilde{p} \neq p' \wedge p \in Ref_m(\tilde{p}) \\ Ref_m(\tilde{p}) & \text{sonst} \end{cases}$$

Analog verändert eine Verfeinerungsregel, die gezielt einen Prozess p im Geschäftsprozessmodell zu einem Prozess p' verfeinert, das abstrakteste Element p_m des Modells genau dann, wenn es mit p übereinstimmt. Wir definieren daher entsprechend

$$p_m[p \to p'] = \begin{cases} p' & \text{falls } p = p_m \\ p_m & \text{sonst} \end{cases}$$

Modifiziert eine Verfeinerungsregel die Struktur der Portverfeinerung Abs_m zu einer Funktion $Abs_{m'}$, so ist diese von der Signatur

$$Abs_{m'} : Pt_{m'} \to Pt_{m'} \cup \{\bot\}$$

Analog gilt für eine Verfeinerung $Ref_{m'}$ der Baumstruktur des Geschäftsprozessmodells die Signatur

$$Ref_{m'} : P_{m'} \to \mathcal{P}(P_{m'})$$

Alle Verfeinerungsregeln, die in diesem Abschnitt eingeführt werden, arbeiten auf einem bereits bestehenden wohlgeformten Geschäftsprozessmodell m. Jede dieser Regeln umfasst daher die Vorbedingung

(v0) m sei ein wohlgeformtes Geschäftsprozessmodell.

4.3.2.1 Erweitern eines Modells um einen Eingabeport

Abbildung 4.38 veranschaulicht, wie ein Geschäftsprozessmodell verfeinert wird, indem die Schnittstelle des im Modell bereits weiter verfeinerten Prozesses p um einen neuen Eingabeport in vom Nachrichtentyp s erweitert wird. Dem neuen Port in von p werden dabei die bereits bestehenden Eingabeports in_{p1}^2 und in_{p2}^2 des verfeinernden Prozessnetzes von p als Portverfeinerung zugewiesen. Da in_{p1}^2 und in_{p2}^2 beide ebenfalls vom gleichen Nachrichtentyp s sind wie der neue Eingabeport in, bleibt die Konkretisierung der Sorten bei der Portverfeinerung in unserem Beispiel gewährleistet.

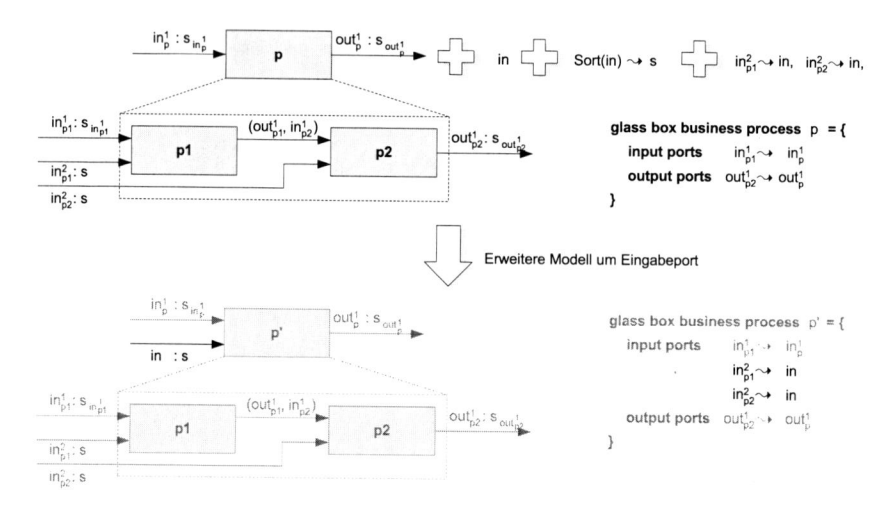

Abbildung 4.38: Erweitern eines Modells um einen Eingabeport

Eine mathematische Darstellung der entsprechenden Verfeinerungsregel zeigt Abbildung 4.39.

Vorbedingungen (v1) bis (v4) der Verfeinerungsregel verlaufen analog zu den Vorbedingungen der Verfeinerungsregeln 4.1.2.2 bzw. 4.2.2.1 für die Erweiterung eines isolierten Prozesses bzw. eines Prozesses im Netz um einen Eingabeport. p sei dabei jedoch ein Prozess des Geschäftsprozessmodells m (v1). Um sicherzustellen, dass Portverfeinerung und Prozessverfeinerung konsistent bleiben und die mit den Ports assoziierten Sorten bei der Portverfeinerung konkretisiert werden, benötigen wir darüber hinaus eine weitere Vorbedingung:

(v5) Falls p im Modell bereits zu einem Geschäftsprozessnetz n weiter verfeinert ist, so muss mindestens ein Eingabeport $\tilde{in}$ dieses Prozessnetzes existieren, der dem neuen Port in als Verfeinerung zugewiesen werden soll und der bisher noch keinem anderen Port im Modell als Verfeinerung zugeordnet ist. Gegebenenfalls können dem neuen Eingabeport in also gleichzeitig mehrere bereits bestehende Eingabeports $\tilde{in} \in In_{abs} \subseteq In$ als Verfeinerung zugeordnet werden.

Stimmt s nicht mit dem allgemeinsten Nachrichtentyp s_{all} überein, so muss jeder dieser verfeinernden Eingabeports $\tilde{in} \in In_{abs}$ vom Nachrichtentyp s sein. Ist s dagegen s_{all}, so muss jeder der verfeinernden Eingabeports entweder ungetypt sein, oder vom gleichen Nachrichtentyp sein wie die anderen getypten Eingabeports in In_{abs}.

4.3 Transformationsregeln für Geschäftsprozessmodelle

Erweitere Modell um Eingabeport

($v0$) $m = (P_m, C_m, p_m, Ref_m, Abs_m) \in \mathbb{MP}$ wohlgeformt

($v1$) $p = (In_p, Out_p, B_p) \in P_m$

($v2$) $in \in \mathbb{In} \setminus In_m$

($v3$) $s \in \mathbb{S}$

($v4$) $B \subseteq \mathbb{B}$

$\forall b \in B : b : \bigotimes\limits_{in_p \in In_p} Sort(in_p) \times s \longrightarrow \bigotimes\limits_{out_p \in Out_p} Sort(out_p)$

$\forall b \in B \, \exists b_p \in B_p \, \forall input \in \bigotimes\limits_{in_p \in In_p} Sort(in_p) \times s \;:\; b(input) = b_p(input\,|_{In_p})$

($v5$) $Ref_m(p) \neq \emptyset$, $n = GlassBox(p) = (P_n, C_n, I_n, O_n) \Rightarrow$
  $\exists In_{abs} \subseteq I_n, In_{abs} \neq \emptyset \; \forall \tilde{in} \in In_{abs} \;:\; Abs_m(\tilde{in}) = \bot \land$
  $s \neq s_{all} \Rightarrow \forall \tilde{in} \in In_{abs} \;:\; Sort(\tilde{in}) = s \land$
  $s = s_{all} \Rightarrow \exists \tilde{s} \in \mathbb{S} \, \forall \tilde{in} \in In_{abs} \;:\; Sort(\tilde{in}) = s_{all} \lor Sort(\tilde{in}) = \tilde{s}$

$m \rightsquigarrow m' = (P_m \setminus \{p\} \cup \{p'\}, C_m, p_m[p \to p'], Ref_m[p \to p'], Abs_{m'})$ und

$Sort \rightsquigarrow Sort'(pt) = \begin{cases} s & \text{für } pt = in \\ Sort(pt) & \text{für } pt \in Pt_m \end{cases}$ wobei

($n1$) $p' = (In_p \cup \{in\}, Out_p, B)$

($n2$) $Abs_{m'}(pt) = \begin{cases} \bot & \text{für } pt = in \\ \tilde{in} & \text{für } Ref_m(p) \neq \emptyset \land pt \in In_{abs} \\ Abs_m(pt) & \text{sonst} \end{cases}$

Abbildung 4.39: Verfeinerungsregel „Erweitere Modell um Eingabeport"

Sind diese Vorbedingungen erfüllt, so verfeinert diese Regel das bestehende Geschäftsprozessmodell m zu einem Modell m'. Dabei wird der Prozess p im Modell durch seine Verfeinerung p' ersetzt, die um den neuen Eingabeport in erweitert und deren Prozessverhalten entsprechend auf die Menge der Verhaltensfunktionen B angepasst wurde (n1). Die Menge der Kanäle des Modells wird durch die Verfeinerungsregel nicht verändert. Ferner bleiben das abstrakteste Element p_m und die Baumstruktur Ref_m des Modells bis auf Substitution von p durch p' ebenfalls erhalten. Die Portverfeinerung von m' schließlich wird beschrieben durch Nachbedingung (n2):

(n2) Der neu eingeführte Port in verfeinert keinen anderen Port im Modell.

Ist der Prozess p, der um den neuen Eingabeport in erweitert wurde, im Modell bereits weiter verfeinert, so werden die Eingabeports $\tilde{in} \in In_{abs} \subseteq I_n$ des verfeinernden Prozessnetzes von p dem neuen Port als Verfeinerung zugeordnet. Für die anderen Ports des Modells stimmt die verfeinerte Abstraktionsfunktion $Abs_{m'}$ mit der ursprünglichen Funktion Abs_m überein.

Wurde der neue Port in dagegen an einem Elementarprozess im Modell eingefügt, so stimmt $Abs_{m'}$ für alle Ports des Modells außer in mit Abs_m überein.

Das durch die Anwendung der Verfeinerungsregel entstehende Geschäftsprozessmodell m' ist wohlgeformt, da es die Bedingungen (M1) bis (M8) aus Abschnitt 3.3.3 erfüllt.

(M1) *Baumstruktur der Verfeinerungsbeziehung der Prozesse im Geschäftsprozessmodell*

Die Baumstruktur des Modells bleibt bis auf die Substitution von p durch p' unverändert erhalten. Da das ursprüngliche Modell Baumstruktur hatte (v0), hat trivialerweise auch das verfeinerte Modell Baumstruktur.

(M2) *Portverfeinerung konsistent mit Prozessverfeinerung*

Da die Verfeinerungsregel die Baumstruktur des Modells, die Menge der Ausgabeports und die Abstraktionsfunktion für die Ausgabeports nicht verändert, ist die Verfeinerung der Ausgabeports im Modell trivialerweise auch nach der Regelanwendung konsistent mit der Prozessverfeinerung.

Durch die Anwendung der Verfeinerungsregel wird das Geschäftsprozessmodell um einen Eingabeport erweitert. Ist p im Modell weiter verfeinert, so stellen Vorbedingung (v5) und Nachbedingung (n2) sicher, dass dem neu hinzugefügten Eingabeport des Prozesses p' mindestens ein passender Eingabeport des verfeinernden Prozessnetzes n von p' als Verfeinerung zugeordnet wird. Somit bleibt auch die Verfeinerung der Eingabeports konsistent mit der Prozessverfeinerung.

(M3) *Konkretisierung der Sorten bei der Portverfeinerung*

Vorbedingung (v5) stellt sicher, dass die Konkretisierung der Sorten bei der Portverfeinerung unter dieser Verfeinerungsregel erhalten bleibt.

(M4) *Kompatibilität der Porttypen der Kanäle*

Die Menge der Kanäle und die Typisierung der bereits in Kanälen gebundenen Ports des Modells bleiben unter der Verfeinerungsregel erhalten. Da im ursprünglichen Modell die Typen der durch Kanäle verbundenen Ports kompatibel waren (v0), sind sie daher trivialerweise auch im verfeinerten Modell kompatibel.

(M∗) Die Menge der Kanäle und, bis auf Substitution von p durch p', auch die Baumstruktur des Modells bleiben unter der Verfeinerungsregel erhalten. Daher bleiben die Eigenschaften (M5), (M6), (M7) und (M8) trivialerweise auch im verfeinerten Modell erhalten.

War das ursprüngliche Geschäftsprozessmodell m semantisch korrekt, so ist auch das verfeinerte Geschäftsprozessmodell m' semantisch korrekt, wenn zusätzlich zu den in der Verfeinerungsregel festgelegten Bedingungen noch die Konkretisierung der Verhaltensfunktionen über die verschiedenen Modellebenen von m' hinweg gewährleistet ist (siehe Abschnitt 3.5.3). Vorbedingung (v4) stellt sicher, dass das neue Prozessverhalten B von p', eingeschränkt auf die Schnittstelle des ursprünglichen Prozesses p, eine Konkretisierung von B_p darstellt. Der neue Prozess p' im Modell m' konkretisiert also das Verhalten des ursprünglichen Prozesses p. Gilt zusätzlich auch noch

$$Ref_m(p) \neq \emptyset, n = GlassBox(p) \;\Rightarrow\; A_{m'}(n, K_{m'}(n), p') \subseteq B$$

so konkretisiert das verfeinernde Prozessnetz n auch das Verhalten des neuen Prozesses p'. Dabei bezeichnen $A_{m'}$ bzw. $K_{m'}$ die in den Abschnitten 3.5.3 bzw. 3.5.2 eingeführten Abstraktions- bzw. Kompositionsoperatoren, angewendet im Kontext des Modells m'. Ist diese Zusatzbedingung erfüllt, so ist das verfeinerte Modell m' auch semantisch korrekt.

Ist p kein Elementarprozess des Geschäftsprozessmodells m, so ist unter Umständen eine geeignete Anpassung des Unterbaumes von p in m erforderlich, bevor diese Verfeinerungsregel wie gewünscht angewendet werden kann.

4.3.2.2 Erweitern eines Modells um einen Ausgabeport

In unserem Beispiel in Abbildung 4.40 wird der Prozess p eines Geschäftsprozessmodells um einen Ausgabeport *out* vom Nachrichtentyp s erweitert. Da p im Modell bereits weiter verfeinert ist, wird dem neuen Port *out* mit out_{p1}^2 ein Ausgabeport des verfeinernden Prozessnetzes

4.3 Transformationsregeln für Geschäftsprozessmodelle

von p als Portverfeinerung zugewiesen. out_{p1}^2 verfeinert dabei noch keinen anderen Port im Geschäftsprozessmodell. out_{p1}^2 ist vom gleichen Nachrichtentyp s wie der neue Ausgabeport out, sodass die Nachrichtentypen in der neuen Portverfeinerungsbeziehung kompatibel sind.

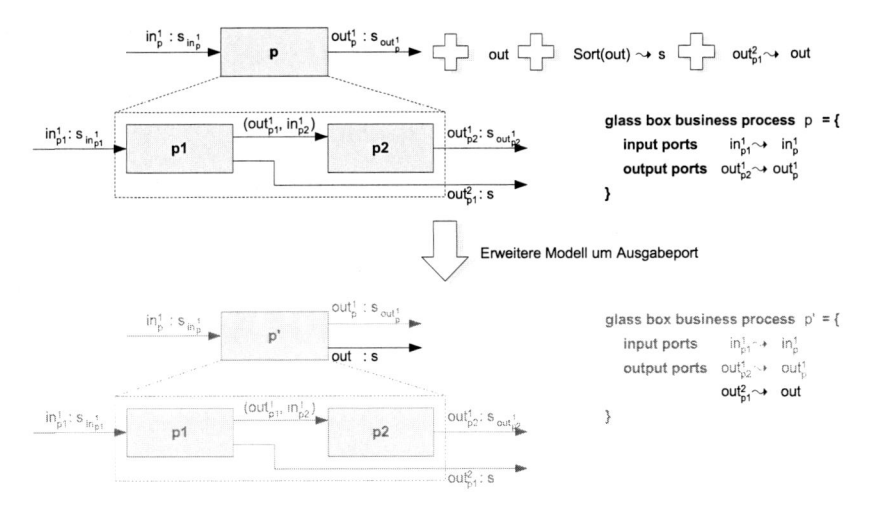

Abbildung 4.40: Erweitern eines Modells um einen Ausgabeport

Abbildung 4.40 zeigt eine mathematische Darstellung der Verfeinerungsregel.

Erweitere Modell um Ausgabeport

(v0) $m = (P_m, C_m, p_m, Ref_m, Abs_m) \in \mathbb{MP}$ wohlgeformt

(v1) $p = (In_p, Out_p, B_p) \in P_m$

(v2) $out \in \mathbb{O}ut \setminus Out_m$

(v3) $s \in \mathbb{S}$

(v4) $B \subseteq \mathbb{B}$

$\forall b \in B : b : \bigotimes\limits_{in_p \in In_p} Sort(in_p) \longrightarrow \bigotimes\limits_{out_p \in Out_p} Sort(out_p) \times s$

$\forall b \in B \,\exists\, b_p \in B_p \,\forall\, input \in \bigotimes\limits_{in_p \in In_p} Sort(in_p) : b(input)|_{Out_p} = b_p(input)$

(v5) $Ref_m(p) \neq \emptyset$, $n = GlassBox(p) = (P_n, C_n, I_n, O_n) \Rightarrow$
$\exists\, \tilde{out} \in O_n : Abs_m(\tilde{out}) = \bot \,\wedge\, [Sort(\tilde{out}) = s \,\vee\, s = s_{all}]$

$m \rightsquigarrow m' = (P_m \setminus \{p\} \cup \{p'\}, C_m, p_m[p \to p'], Ref_m[p \to p'], Abs_{m'})$ und

$Sort \rightsquigarrow Sort'(pt) = \begin{cases} s & \text{für } pt = out \\ Sort(pt) & \text{für } pt \in Pt_m \end{cases}$ wobei

(n1) $p' = (In_p, Out_p \cup \{out\}, B)$

(n2) $Abs_{m'}(pt) = \begin{cases} \bot & \text{für } pt = out \\ out & \text{für } Ref_m(p) \neq \emptyset \,\wedge\, pt = \tilde{out} \\ Abs_m(pt) & \text{sonst} \end{cases}$

Abbildung 4.41: Verfeinerungsregel „Erweitere Modell um Ausgabeport"

Die Verfeinerungsregel für die Erweiterung eines Modells um einen Ausgabeport verläuft weitgehend analog zur Erweiterung eines Modells um einen Eingabeport, die wir in Abschnitt 4.3.2.1 eingeführt haben.

Der wesentliche Unterschied zwischen den beiden Regeln besteht darin, dass einem Ausgabeport eines Prozesses genau ein Ausgabeport des zugehörigen verfeinernden Prozessnetzes als Verfeinerung zugewiesen wird, und nicht eine Menge von Ports, wie dies bei einem Eingabeport möglich wäre (siehe Vorbedingung (v5) und Nachbedingung (n2)).

War das ursprüngliche Geschäftsprozessmodell m semantisch korrekt und gilt zusätzlich zu den in der Verfeinerungsregel beschriebenen Bedingungen noch

$$Ref_m(p) \neq \emptyset, n = GlassBox(p) \Rightarrow A_{m'}(n, K_{m'}(n), p') \subseteq B$$

so ist auch das verfeinerte Modell m' semantisch korrekt.

4.3.2.3 Typisieren eines Eingabeports im Modell

Insbesondere zu Beginn des Modellierungsvorgehens und bei der Dokumentation der höheren Abstraktionsebenen des Modells ist meist nicht sofort offensichtlich, welcher Nachrichtentyp mit einer bestimmten Abhängigkeit bzw. den dadurch verbundenen Ports assoziiert werden sollte. Daher erlauben wir die Modellierung unterspezifizierter Ports und sehen Verfeinerungsregeln vor, die eine nachträgliche Typisierung von bereits bestehenden Ports im Modell ermöglichen.

Auf den abstrakteren Modellebenen wird die Komplexität der Kommunikationsbeziehungen meist stark gekapselt und lediglich als eine ungetypte Kommunikationsrichtung angegeben. Im Gegensatz dazu schlüsseln die feingranularen Modellebenen die Kommunikationsbeziehungen zwischen Prozessen bis ins Detail auf. Entsprechend ist hier eine möglichst vollständige Typisierung des Nachrichtenaustausches und der daran beteiligten Ports wünschenswert.

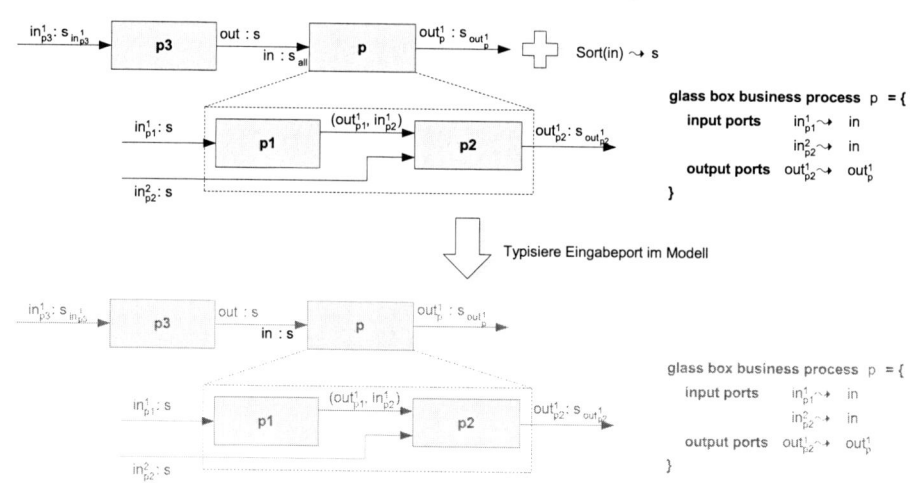

Abbildung 4.42: Typisieren eines Eingabeports im Modell

In unserem Beispiel in Abbildung 4.42 wird dem noch ungetypten Eingabeport in des Prozesses p im Modell der Nachrichtentyp s zugewiesen. in ist im Modell durch einen Kommunikationskanal mit dem Ausgabeport out verbunden, welcher bereits mit s typisiert ist. Ferner ist in durch die Portverfeinerung Abs_m mit den Eingabeports in_{p1}^1 und in_{p2}^2 des verfeinernden Prozessnetzes von p assoziiert. Dabei sind in_{p1}^1 und in_{p2}^2 ebenfalls bereits mit s typisiert.

4.3 Transformationsregeln für Geschäftsprozessmodelle

Abbildung 4.43 beschreibt auf mathematische Weise die Verfeinerungsregel für die Typisierung eines Eingabeports im Geschäftsprozessmodell.

Typisiere Eingabeport im Modell

(v0) $m = (P_m, C_m, p_m, Ref_m, Abs_m) \in \mathbb{MP}$ wohlgeformt

(v1) $p = (In_p, Out_p, B_p) \in P_m$

(v2) $in \in In_p$
 $Sort(in) = s_{all}$

(v3) $s \in \mathbb{S}$

(v4) $B \subseteq \mathbb{B}$

$\forall b \in B : b : \bigotimes\limits_{\substack{in_p \in In_p \\ Sort(in) \leadsto s}} Sort(in_p) \longrightarrow \bigotimes\limits_{out_p \in Out_p} Sort(out_p)$

$\forall b \in B \, \exists b_p \in B_p \, \forall input \in \bigotimes\limits_{\substack{in_p \in In_p \\ Sort(in) \leadsto s}} Sort(in_p) : b(input) = b_p(input)$

(v5) $\forall out \in Out_m, (out, in) \in C_m : Sort(out) = s_{all} \lor Sort(out) = s$

(v6) $Ref_m(p) \neq \emptyset$, $n = GlassBox(p) = (P_n, C_n, I_n, O_n) \Rightarrow$
 $\forall \tilde{in} \in I_n, Abs_m(\tilde{in}) = in : Sort(\tilde{in}) = s$

(v7) $Abs_m(in) \neq \bot \Rightarrow$
 $\forall \tilde{in} \in In_m, Abs_m(\tilde{in}) = Abs_m(in) : Sort(\tilde{in}) = s_{all} \lor Sort(\tilde{in}) = s$

$m \leadsto m' = (P_m \setminus \{p\} \cup \{p'\}, C_m, p_m[p \rightarrow p'], Ref_m[p \rightarrow p'], Abs_m)$ und

$Sort \leadsto Sort'(pt) = \begin{cases} s & \text{für } pt = in \\ Sort(pt) & \text{für } pt \in Pt_m \setminus \{in\} \end{cases}$ wobei

(n1) $p' = (In_p, Out_p, B)$

Abbildung 4.43: Verfeinerungsregel „Typisiere Eingabeport im Modell"

Vorbedingungen (v1) bis (v5) verlaufen analog zu den Vorbedingungen von Verfeinerungsregel 4.2.2.3 für die Typisierung eines Eingabeports in einem Prozessnetz. p sei hierbei jedoch ein Prozess des Geschäftsprozessmodells m. Hinsichtlich Vorbedingung (v5) ist zu beachten, dass aufgrund von Kanalverfeinerung auf mehreren Abstraktionsebenen im Modell jeweils ein Kanal mit in als Zielport existieren kann. Für jeden dieser Kanäle muss der zugehörige Quellport entweder ungetypt oder vom Nachrichtentyp s sein, damit die Verfeinerungsregel angewendet werden kann.

Um die Konkretisierung der Porttypen des Modells über die verschiedenen Abstraktionsebenen hinweg zu gewährleisten, sind weitere Vorbedingungen erforderlich:

(v6) Falls p im Modell weiter verfeinert ist zu einem Geschäftsprozessnetz n, so ist dem Port in eine nichtleere Teilmenge der Eingabeports von n als Verfeinerung zugeordnet. Jeder dieser verfeinernden Ports sei getypt mit dem Nachrichtentyp s.

(v7) Falls p nicht das abstrakteste Element des Geschäftsprozessmodells ist, so kann in einem abstrakteren Elternport als Verfeinerung zugewiesen sein. Alle Eingabeports im Modell, die den gleichen Elternport wie in verfeinern, seien entweder ungetypt oder vom Nachrichtentyp s.

Sind die Vorbedingungen erfüllt, verfeinert diese Regel das bestehende Geschäftsprozessmodell m zu einem Modell m', indem der Prozess p im Modell durch seine Verfeinerung p' ersetzt wird. p' entsteht aus p durch die Typisierung des Eingabeports in von p mit dem Nachrichtentyp s sowie eine entsprechende Einschränkung der Menge der Verhaltensfunktionen des Prozesses auf die Menge B (n1). Darüber hinaus wird der Port in mittels der entsprechend angepassten Sortenfunktion $Sort'$ mit s typisiert.

Das durch die Anwendung der Verfeinerungsregel entstehende Geschäftsprozessmodell m' ist wohlgeformt, da es die Bedingungen (M1) bis (M8) aus Abschnitt 3.3.3 erfüllt.

(M*) Die Baumstruktur des Modells bis auf Substitution von p durch p', die Menge der Kanäle und die Struktur der Portverfeinerung im Modell werden durch die Verfeinerungsregel nicht verändert. Die Bedingungen (M1), (M2), (M5), (M6), (M7) und (M8) gelten daher trivialerweise auch für das verfeinerte Geschäftsprozessmodell.

(M3) *Konkretisierung der Sorten bei der Portverfeinerung*

Durch Vorbedingung (v6) wird gewährleistet, dass jeder der verfeinernden Ports von in vom Nachrichtentyp s ist.

Ist im ursprünglichen Modell der ungetypte Port in einem abstrakteren Port als Verfeinerung zugewiesen, so ist dieser abstraktere Port ebenfalls ungetypt. Folglich konkretisiert jeder beliebige Nachrichtentyp $s \in \mathbb{S}$ den Nachrichtentyp dieses abstrakten Prozesses. Ferner überprüft Vorbedingung (v7), dass alle Eingabeports, die den gleichen abstrakten Eingabeport im Modell verfeinern wie in, entweder noch ungetypt oder vom Nachrichtentyp s sind.

In allen Portverfeinerungsbeziehungen, an denen in beteiligt ist, bleibt somit die Konkretisierung der Sorten erhalten.

(M4) *Kompatibilität der Porttypen der Kanäle*

Vorbedingung (v5) stellt sicher, dass alle Ausgabeports, die im Modell durch einen Kanal mit in verbunden sind, vom gleichen Nachrichtentyp s oder aber noch ungetypt sind.

War das ursprüngliche Geschäftsprozessmodell m semantisch korrekt und gilt zusätzlich zu den in der Verfeinerungsregel beschriebenen Bedingungen noch

$$Ref_m(p) \neq \emptyset, n = GlassBox(p) \Rightarrow A_{m'}(n, K_{m'}(n), p') \subseteq B$$

so ist auch das verfeinerte Modell m' semantisch korrekt.

Ist p ein Elementarprozess im Modell, so kann diese Verfeinerungsregel unmittelbar auf p angewendet werden. Andernfalls muss gegebenenfalls der Unterbaum von p im Geschäftsprozessmodell geeignet vorbereitet werden.

4.3.2.4 Typisieren eines Ausgabeports im Modell

Die Verfeinerungsregel für die Typisierung eines Ausgabeports im Geschäftsprozessmodell wird in Abbildung 4.44 an einem Beispiel veranschaulicht. Dabei wird der noch ungetypte Ausgabeport out des Prozesses p im Modell mit s typisiert. out ist im Modell bereits durch zwei Kanäle mit den Eingabeports in_{p3}^1 und in_{p4}^1 verbunden, die vom Typ s bzw. noch ungetypt sind. Folglich bleiben bei der gewünschten Typisierung von out mit s die Nachrichtentypen der durch Kanäle verbundenen Ports kompatibel. Da p im Modell bereits weiter verfeinert ist, wurde dem Ausgabeport out von p der Ausgabeport out_{p2}^1 des verfeinernden Prozessnetzes von p als Portverfeinerung zugewiesen. Dabei ist out_{p2}^1 vom gleichen Nachrichtentyp s, mit dem auch out typisiert werden soll.

4.3 Transformationsregeln für Geschäftsprozessmodelle

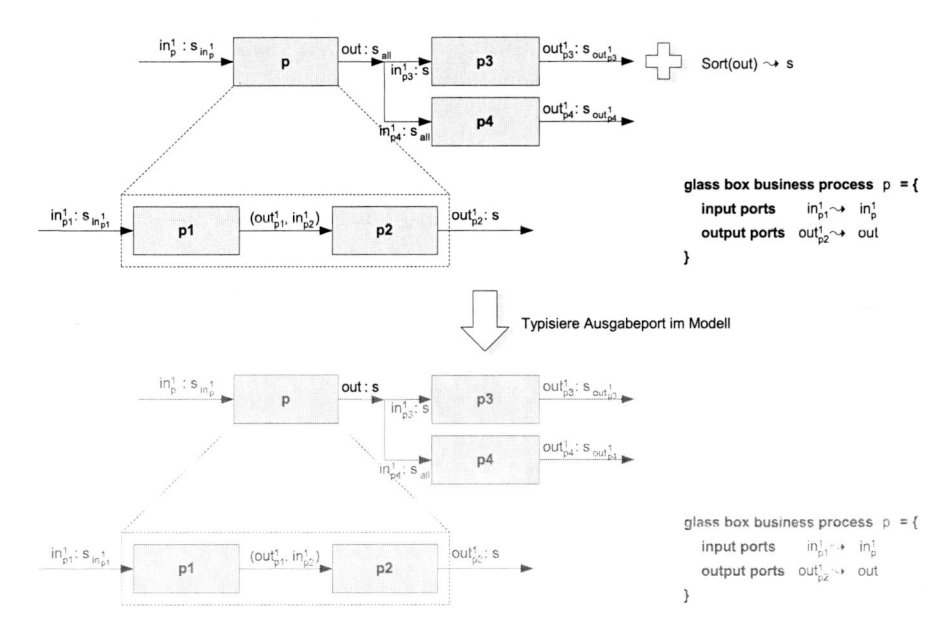

Abbildung 4.44: Typisieren eines Ausgabeports im Modell

Abbildung 4.45 zeigt eine mathematische Beschreibung dieser Verfeinerungsregel. Sie verläuft weit gehend analog zur Typisierung eines Eingabeports im Modell, die wir in Abschnitt 4.3.2.3 eingeführt haben.

Typisiere Ausgabeport im Modell

$(v0)$ $m = (P_m, C_m, p_m, Ref_m, Abs_m) \in \mathbb{MP}$ wohlgeformt

$(v1)$ $p = (In_p, Out_p, B_p) \in P_m$

$(v2)$ $out \in Out_p$
$\quad Sort(out) = s_{all}$

$(v3)$ $s \in \mathbb{S}$

$(v4)$ $B \subseteq \mathbb{B}$
$\quad \forall b \in B : b : \bigotimes_{in_p \in In_p} Sort(in_p) \longrightarrow \bigotimes_{out_p \in Out_p} Sort(out_p)$
$\quad\quad Sort(out) \rightsquigarrow s$
$\quad \forall b \in B \; \exists b_p \in B_p \; \forall input \in \bigotimes_{in_p \in In_p} Sort(in_p) : b(input) = b_p(input)$

$(v5)$ $\forall in \in In_m, (out, in) \in C_m : Sort(in) = s_{all} \vee Sort(in) = s$

$(v6)$ $Ref_m(p) \neq \emptyset, n = GlassBox(p) = (P_n, C_n, I_n, O_n) \Rightarrow$
$\quad [\tilde{out} \in O_n, Abs_m(\tilde{out}) = out \Rightarrow Sort(\tilde{out}) = s]$

$m \rightsquigarrow m' = (P_m \setminus \{p\} \cup \{p'\}, C_m, p_m[p \to p'], Ref_m[p \to p'], Abs_m)$ und
$Sort \rightsquigarrow Sort'(pt) = \begin{cases} s & \text{für } pt = out \\ Sort(pt) & \text{für } pt \in Pt_m \setminus \{out\} \end{cases}$ wobei

$(n1)$ $p' = (In_p, Out_p, B)$

Abbildung 4.45: Verfeinerungsregel „Typisiere Ausgabeport im Modell"

Zu beachten ist jedoch, dass einem Ausgabeport eines nicht elementaren Prozesses im Geschäftsprozessmodell genau ein Ausgabeport des verfeinernden Prozessnetzes dieses Prozesses als Portverfeinerung zugewiesen ist, und nicht eine Menge von verfeinernden Ports, wie dies bei Eingabeports der Fall ist. Entsprechend beschränkt sich Vorbedingung (v6) auf die Überprüfung der Typkonsistenz des einen verfeinernden Ports von *out*. Darüber hinaus kann Vorbedingung (v7) aus Verfeinerungsregel 4.3.2.3 entfallen, da es keinen weiteren Port im Geschäftsprozessmodell geben kann, der den gleichen abstrakten Port verfeinert wie *out*.

War das ursprüngliche Geschäftsprozessmodell m semantisch korrekt und gilt zusätzlich zu den in der Verfeinerungsregel beschriebenen Bedingungen noch

$$Ref_m(p) \neq \emptyset, n = GlassBox(p) \Rightarrow A_{m'}(n, K_{m'}(n), p') \subseteq B$$

so ist auch das verfeinerte Modell m' semantisch korrekt.

4.3.2.5 Konkretisieren des Verhaltens eines Prozesses im Modell

Das Verhalten eines Prozesses p im Geschäftsprozessmodell verfeinern wir durch Einschränken der Menge der Verhaltensfunktionen von p auf eine nichtleere Teilmenge der ursprünglichen Verhaltensfunktionen B_p von p.

Konkretisiere Prozessverhalten im Modell

(v0) $m = (P_m, C_m, p_m, Ref_m, Abs_m) \in \mathbb{MP}$ wohlgeformt
(v1) $p = (In_p, Out_p, B_p) \in P_m$
(v2) $B \subseteq B_p, B \neq \emptyset$

$m \rightsquigarrow m' = (P_m \setminus \{p\} \cup \{p'\}, C_m, p_m[p \to p'], Ref_m[p \to p'], Abs_m)$ wobei
(n1) $p' = (In_p, Out_p, B)$

Abbildung 4.46: Verfeinerungsregel „Konkretisiere Prozessverhalten im Modell"

Abbildung 4.46 beschreibt die entsprechende Verfeinerungsregel auf mathematische Weise. Sie verläuft analog zu den Regeln 4.1.2.5 bzw. 4.2.2.5 für die Verhaltensverfeinerung eines isolierten Prozesses bzw. eines Prozesses im Netz.

Die Baumstruktur bis auf Substitution von p durch p', die Typisierung der Ports, die Menge der Kanäle und die Struktur der Portverfeinerung des Modells werden durch die Verfeinerungsregel nicht verändert. Folglich ist auch das verfeinerte Modell m' trivialerweise wohlgeformt.

War das ursprüngliche Geschäftsprozessmodell m semantisch korrekt und gilt zusätzlich zu den in der Verfeinerungsregel beschriebenen Bedingungen noch

$$Ref_m(p) \neq \emptyset, n = GlassBox(p) \Rightarrow A_{m'}(n, K_{m'}(n), p') \subseteq B$$

so ist auch das verfeinerte Modell m' semantisch korrekt.

4.3.2.6 Erweitern der Portverfeinerung eines Eingabeports

In einem wohlgeformten Geschäftsprozessmodell muss jedem Port eines Prozesses, der im Modell zu einem Geschäftsprozessnetz weiter verfeinert ist, ein entsprechender Port des verfeinernden Prozessnetzes als Portverfeinerung zugeordnet sein. Für Ausgabeports fordern wir

4.3 Transformationsregeln für Geschäftsprozessmodelle

dabei, dass jedem weiter verfeinerten Port genau ein Port als Verfeinerung zugewiesen ist. Im Gegensatz dazu kann ein Eingabeport auch durch mehr als einen Eingabeport des verfeinernden Prozessnetzes weiter verfeinert werden. Dies entspricht der Intuition, dass eine Eingabe an einen abstrakten Prozess an mehrere Prozesse des verfeinernden Prozessnetzes als Eingabe weitergeleitet werden kann.

Bei der Verfeinerung eines abstrakten Prozesses ist es nicht immer möglich, zu jedem Eingabeport sofort die vollständige Portverfeinerung anzugeben. Daher sehen wir eine Verfeinerungsregel vor, mittels der die hierarchische Portverfeinerung eines Eingabeports eines nicht elementaren Prozesses im Modell erweitert werden kann. Beispielsweise wird in Abbildung 4.47 die Portverfeinerung des Eingabeports in von Prozess p um den Eingabeport in_{p2}^2 des verfeinernden Prozessnetzes von p erweitert.

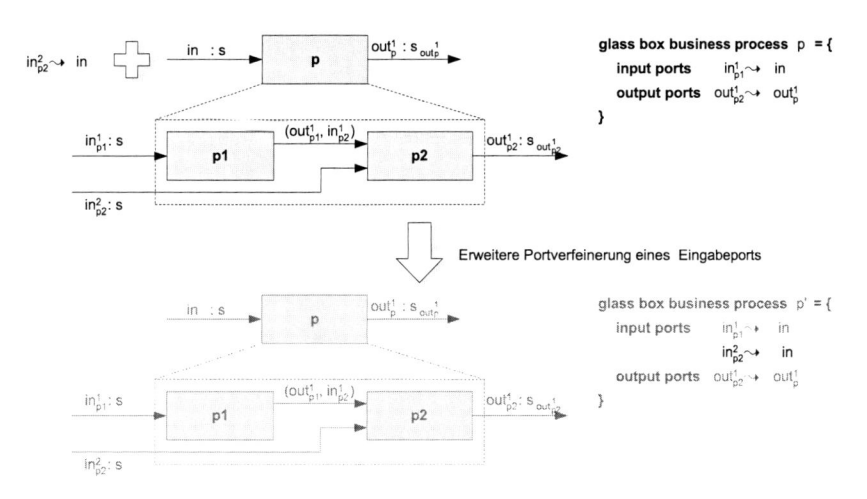

Abbildung 4.47: Erweitern der Portverfeinerung eines Eingabeports

Abbildung 4.48 beschreibt die entsprechende Verfeinerungsregel auf mathematische Weise.

Erweiterte Portverfeinerung eines Eingabeports

(v0) $m = (P_m, C_m, p_m, Ref_m, Abs_m) \in \mathbb{MP}$ wohlgeformt

(v1) $p = (In_p, Out_p, B_p) \in P_m$
    $in \in In_p$

(v2) $Ref_m(p) \neq \emptyset$, $n = GlassBox(p) = (P_n, C_n, I_n, O_n)$

(v3) $\exists\, In_{abs} \subseteq I_n, In_{abs} \neq \emptyset, \forall \tilde{in} \in In_{abs} : Abs_m(\tilde{in}) = \bot$

(v4) $Sort(in) \neq s_{all} \;\Rightarrow\; \forall \tilde{in} \in In_{abs} : Sort(\tilde{in}) = Sort(in)$
    $Sort(in) = s_{all} \;\Rightarrow\;$
    $\quad \exists\, s \in \mathbb{S}\, \forall \tilde{in} \in In_{abs} \cup \{i \in I_n \mid Abs_m(i) = in\} : Sort(\tilde{in}) = s \;\lor\; Sort(\tilde{in}) = s_{all}$

$m \rightsquigarrow m' = (P_m, C_m, p_m, Ref_m, Abs_{m'})$ wobei

(n1) $Abs_{m'}(pt) = \begin{cases} in & \text{für } pt \in In_{abs} \\ Abs_m(pt) & \text{für } pt \in Pt_m \setminus In_{abs} \end{cases}$

Abbildung 4.48: Verfeinerungsregel „Erweiterte Portverfeinerung eines Eingabeports"

Damit die Verfeinerungsregel angewendet werden kann, müssen einige Vorbedingungen erfüllt sein. p sei ein Geschäftsprozess, der in m zu einem Geschäftsprozessnetz n weiter verfeinert ist. Ferner sei in ein Eingabeport von p. In_{abs} bezeichne die Menge derjenigen Eingabeports des Netzes n, die dem Eingabeport in des Prozesses p als zusätzliche Portverfeinerung zugewiesen werden sollen. Dabei sei In_{abs} nicht leer. Alle Eingabeports in In_{abs} seien noch keinem anderen Port des Modells als Verfeinerung zugewiesen.

Um die Konsistenz der Sorten bei der Portverfeinerung zu gewährleisten, fordern wir darüber hinaus:

(v4) Ist der zu verfeinernde Eingabeport in bereits getypt, so müssen auch alle Eingabeports aus In_{abs} von diesem Nachrichtentyp sein. Ist in dagegen noch ungetypt, so müssen diejenigen Eingabeports, die in als Verfeinerung zugewiesen sind oder durch die Verfeinerungsregel noch zugewiesen werden sollen und die bereits getypt sind, alle vom gleichen Nachrichtentyp s sein.

Sind diese Vorbedingungen erfüllt, so verfeinert diese Regel das ursprüngliche Geschäftsprozessmodell m zu einem Modell m', indem die Portverfeinerung des Eingabeport in um die Eingabeports aus In_{abs} erweitert wird.

Das durch die Anwendung der Verfeinerungsregel entstehende Geschäftsprozessmodell m' ist wohlgeformt, da es die Bedingungen (M1) bis (M8) aus Abschnitt 3.3.3 erfüllt.

(M∗) Die Baumstruktur des Modells, die Menge der Kanäle und die Typisierung der bereits in Kanälen gebundenen Ports werden durch die Verfeinerungsregel nicht verändert. Die Bedingungen (M1), (M4), (M5), (M6), (M7) und (M8) gelten daher trivialerweise auch für das verfeinerte Geschäftsprozessmodell.

(M2) *Portverfeinerung konsistent mit Prozessverfeinerung*

Die Verfeinerungsregel erweitert lediglich die bestehende Portverfeinerung eines Eingabeports um zusätzliche Eingabeports der nächstfeiner granularen Abstraktionsebene im Modell. Somit bleibt weiterhin gewährleistet, dass jedem Eingabeport eines beliebigen Prozesses im Modell mindestens ein Eingabeport des verfeinernden Prozessnetzes und jedem Ausgabeport eines beliebigen Prozesses genau ein Ausgabeport des verfeinernden Prozessnetzes als Portverfeinerung zugewiesen ist.

(M3) *Konkretisierung der Sorten bei der Portverfeinerung*

Vorbedingung (v4) stellt sicher, dass die Typen der Ports in der neuen Portverfeinerungsbeziehung miteinander konsistent sind.

Da die mit den Prozessen im Modell assoziierten Verhaltensfunktionen unter der Verfeinerungsregel unverändert bleiben, bleibt trivialerweise auch die Konkretisierung der Verhaltensfunktionen über die verschiedenen Modellebenen hinweg und damit auch die semantische Korrektheit des Modells erhalten.

4.3.2.7 Erweitern eines Modells um einen Prozess

Die bisher in diesem Abschnitt vorgestellten Verfeinerungsregeln für Geschäftsprozessmodelle haben jeweils vorwiegend einen einzigen Prozess im Modell konkretisiert und dadurch auch das gesamte Modell verfeinert, in das der Prozess eingebettet ist. Nun wenden wir uns den

4.3 Transformationsregeln für Geschäftsprozessmodelle

Verfeinerungsregeln zu, die ein bestehendes Modell um einen neuen Prozess bzw. einen neuen Kanal erweitern.

Im Verlauf des Modellierungsvorgehens konkretisiert und vervollständigt sich sukzessive die Vorstellung des Modellierers vom betrachteten System. Begleitend wird dabei auch das Geschäftsprozessmodell nach und nach ergänzt. In der Praxis werden neue Informationen während der gesamten Modellierung auf verschiedenen Abstraktionsebenen erfasst. Entsprechend müssen die Verfeinerungsregeln für Geschäftsprozessmodelle neben einer ausschließlich top-down-orientierten Erweiterung des Modells auch Ergänzungen in bereits bestehenden Modellteilen innerhalb des Modellbaumes unterstützen.

Informationen über das Systemverhalten werden im Modell durch Prozesse repräsentiert. Folglich benötigen wir eine Verfeinerungsregel zur Erweiterung eines Geschäftsprozessmodells um einen neuen Prozess.

Als Spezialfall haben wir bereits in Abschnitt 4.3.1 die Initialisierung eines Geschäftsprozessmodells behandelt (siehe die Verfeinerungsregel in Abbildung 4.37). Dabei wird ein Modell erzeugt, das lediglich aus seinem abstraktesten Element, also der Wurzel des Modellbaumes besteht.

Allgemeiner wird ein neuer Prozess als ein Blatt des Modellbaumes in ein bestehendes Geschäftsprozessmodell eingefügt. Anschließend wird der neue Prozess in weiteren Entwicklungsschritten konkretisiert (Verfeinerungsregeln 4.3.2.1 bis 4.3.2.6) und über neu definierte Kommunikationskanäle mit anderen Prozessen des Modells verbunden (Verfeinerungsregel 4.3.2.8). Ferner kann der neue Prozess im Modellbaum zu seinem verfeinernden Geschäftsprozessnetz dekomponiert (Verfeinerungsregel 4.3.2.9) oder durch den Wurzelprozess eines neuen Teilmodells substituiert werden (Verfeinerungsregel 4.3.2.10).

Zunächst führen wir also eine Verfeinerungsregel ein, die einen Prozess als neuen Elementarprozess in ein bestehendes nichtleeres Geschäftsprozessmodell einfügt. Der neue Prozess vervollständigt dabei die Glass-Box-Sicht eines Prozesses, der bereits im Modell enthalten ist.

Abbildung 4.49 veranschaulicht, wie ein Geschäftsprozessmodell durch Hinzufügen eines neuen Prozesses verfeinert wird. Dabei wird der neue Prozess p_{child} als Blatt des Modellbaumes unter einen bereits im Modell enthaltenen Prozess p_{parent} eingehängt.

Wir beschränken uns bei dieser Verfeinerungsregel auf den Fall, bei dem p_{parent} im Modell bereits weiter verfeinert ist. Der neu einzufügende Prozess p_{child} ergänzt dabei also eine bestehende Glass-Box-Sicht des schon im Modell enthaltenen Prozesses. Ist das ursprüngliche Geschäftsprozessmodell wohlgeformt, so realisiert die bestehende Glass-Box-Sicht bereits vollständig die Schnittstelle des zugehörigen abstrakten Prozesses p_{parent}. Die Ports des neuen Prozesses p_{child} müssen daher nicht Ports des abstrakten Prozesses p_{parent} als Verfeinerung zugewiesen werden.

Wird der neue Prozess p_{child} dagegen einem Prozess p_{parent} zugeordnet, der im Modellbaum bisher nicht weiter verfeinert ist, so fällt der Verfeinerungsschritt entsprechend komplexer aus, da p_{child} dann die Schnittstelle von p_{parent} vollständig realisieren muss. Jedem Port von p_{parent} ist also ein passender Port von p_{child} als Verfeinerung zuzuordnen. Diese Verfeinerungssituation ist ein einfacher Spezialfall der strukturellen Dekomposition eines bestehenden Prozesses im Modell, die wir in Abschnitt 4.3.2.9 einführen.

Abbildung 4.50 beschreibt auf mathematische Weise die Verfeinerungsregel, mittels der ein bestehendes Geschäftsprozessmodell um einen neuen Prozess erweitert wird.

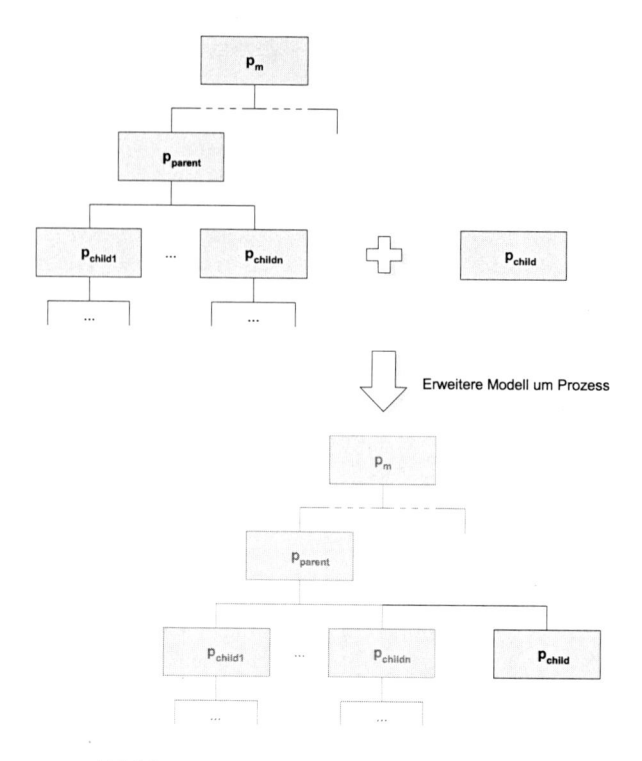

Abbildung 4.49: Erweitern eines Modells um einen Prozess

Damit diese Verfeinerungsregel wie gewünscht auf ein Geschäftsprozessmodell m angewendet werden kann, müssen einige Vorbedingungen erfüllt sein. p_{parent} bezeichne denjenigen nicht elementaren Prozess im Modell, dessen verfeinerndes Geschäftsprozessnetz um den neuen Prozess p_{child} erweitert werden soll. Ferner seien die Portidentifikatoren von p_{child} verschieden von den Portidentifikatoren des Modells m.

―――― Erweitere Modell um Prozess ――――――――――――――――――――――

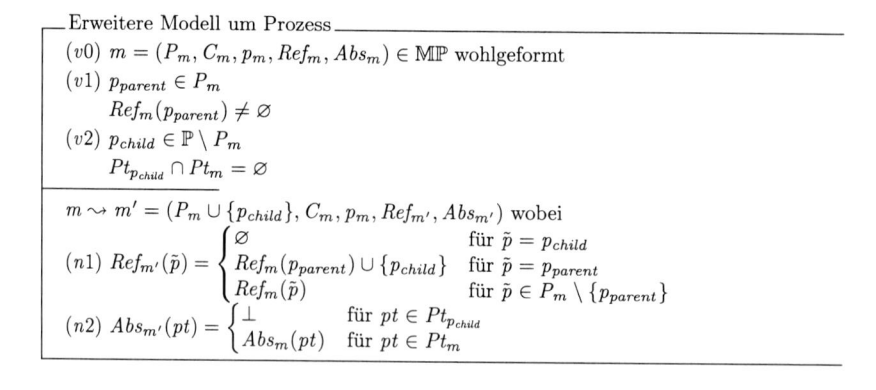

$(v0)$ $m = (P_m, C_m, p_m, Ref_m, Abs_m) \in \mathbb{MP}$ wohlgeformt
$(v1)$ $p_{parent} \in P_m$
$\quad\quad Ref_m(p_{parent}) \neq \emptyset$
$(v2)$ $p_{child} \in \mathbb{P} \setminus P_m$
$\quad\quad Pt_{p_{child}} \cap Pt_m = \emptyset$

$m \rightsquigarrow m' = (P_m \cup \{p_{child}\}, C_m, p_m, Ref_{m'}, Abs_{m'})$ wobei

$(n1)$ $Ref_{m'}(\tilde{p}) = \begin{cases} \emptyset & \text{für } \tilde{p} = p_{child} \\ Ref_m(p_{parent}) \cup \{p_{child}\} & \text{für } \tilde{p} = p_{parent} \\ Ref_m(\tilde{p}) & \text{für } \tilde{p} \in P_m \setminus \{p_{parent}\} \end{cases}$

$(n2)$ $Abs_{m'}(pt) = \begin{cases} \bot & \text{für } pt \in Pt_{p_{child}} \\ Abs_m(pt) & \text{für } pt \in Pt_m \end{cases}$

Abbildung 4.50: Verfeinerungsregel „Erweitere Modell um Prozess"

4.3 Transformationsregeln für Geschäftsprozessmodelle

Sind diese Vorbedingungen erfüllt, so verfeinert diese Regel das ursprüngliche Geschäftsprozessmodell m zu einem Modell m', indem die Menge der Prozesse im Modell um p_{child} erweitert wird. Ferner wird der neue Prozess p_{child} dem bereits bestehenden Prozess p_{parent} als zusätzliche Verfeinerung zugewiesen (n1). Die Ports von p_{child} verfeinern dabei jeweils keinen anderen Port im Modell (n2).

Das durch die Anwendung der Verfeinerungsregel entstehende Geschäftsprozessmodell m' ist wohlgeformt, da es die Bedingungen (M1) bis (M8) aus Abschnitt 3.3.3 erfüllt.

(M1) *Baumstruktur der Verfeinerungsbeziehung der Prozesse im Geschäftsprozessmodell*

Die Verfeinerungsregel erweitert das Modell um einen neuen Elementarprozess p_{child}, der genau einem Prozess p_{parent} im Modell als Verfeinerung zugeordnet wird. Die Baumstruktur des Modells bleibt somit erhalten.

(M2) *Portverfeinerung konsistent mit Prozessverfeinerung*

Im verfeinerten Geschäftsprozessmodell erweitert der neue Prozess p_{child} die Menge der verfeinernden Prozesse von p_{parent} (n1). Da die Schnittstelle von p_{parent} bereits vollständig durch das ursprüngliche verfeinernde Prozessnetz n von p_{parent} realisiert wird, muss keiner der Ports von p_{child} einem Port von p_{parent} als Portverfeinerung zugewiesen werden (n2).

p_{child} selbst ist ein Elementarprozess im Modell, sodass seinen Ports keine anderen Ports im Modell als Verfeinerung zugewiesen sind.

Port- und Prozessverfeinerung bleiben somit auch im verfeinerten Modell miteinander konsistent.

(M3) *Konkretisierung der Sorten bei der Portverfeinerung*

Keiner der neuen Ports steht in Verfeinerungsbeziehung zu einem der ursprünglichen Ports des Modells (n2). Da alle Portverfeinerungsbeziehungen des ursprünglichen Modells unverändert erhalten bleiben, sind die Nachrichtentypen in den Portverfeinerungsbeziehungen trivialerweise auch im verfeinerten Modell miteinander konsistent.

(M∗) Die Menge der Kanäle und die Typisierung der bereits im Modell vorhandenen Ports werden durch die Verfeinerungsregel nicht verändert. Ferner wird die Baumstruktur des Modells auf der Blattebene um einen Knoten erweitert, bleibt sonst jedoch unverändert. Die Eigenschaften (M4), (M5), (M6), (M7) und (M8) gelten daher trivialerweise auch für das verfeinerte Geschäftsprozessmodell.

Keiner der Ports des neuen Prozesses p ist in m' einem der Ports des abstrakten Prozesses p_{parent} als Verfeinerung zugewiesen. Folglich werden die Ports des neuen Prozesses p unter dem Abstraktionsoperator $A_{m'}$ eliminiert. Somit gilt

$$A_{m'}(n', K_{m'}(n'), p_{parent}) = A_m(n, K_m(n), p_{parent})$$

wobei $n = GlassBox(p_{parent})$ das verfeinernde Prozessnetz von p_{parent} im ursprünglichen Modell m und $n' = GlassBox'(p_{parent})$ das verfeinernde Prozessnetz von p_{parent} im verfeinerten Modell m' bezeichne. Folglich bleibt die semantische Korrektheit des Modells unter der Verfeinerungsregel erhalten.

4.3.2.8 Erweitern eines Modells um einen Kanal

Im Laufe der Modellierung des Systemverhaltens durch Geschäftsprozesse vervollständigen sich auch die Erkenntnisse über kausale Abhängigkeiten und Kommunikationsbeziehungen zwischen den einzelnen Prozessen im Modell. Begleitend zu diesem Informationsgewinn erweitern wir das Geschäftsprozessmodell um neue Kanäle, welche diese Kommunikationsbeziehungen repräsentieren.

Abbildung 4.51 beschreibt auf mathematische Weise eine entsprechende Verfeinerungsregel, die einen neuen Kanal zu einem bestehenden Geschäftsprozessmodell hinzufügt. Sie verläuft analog zur Verfeinerungsregel 4.2.2.7, die ein Geschäftsprozessnetz um einen neuen Kanal erweitert.

Erweitere Modell um Kanal

(v0) $m = (P_m, C_m, p_m, Ref_m, Abs_m) \in \mathbb{MP}$ wohlgeformt

(v1) $p_{source}, p_{sink} \in P_m$

$p_{source} \neq p_{sink}$

$(p_{source}, p_{sink}) \notin Child^*_{P_m} \cup Parent^*_{P_m}$

(v2) $in \in In_{p_{sink}}$

$out \in Out_{p_{source}}$

(v3) $Sort(in) = Sort(out) \lor Sort(in) = s_{all} \lor Sort(out) = s_{all}$

(v4) $CP_m = \{(\tilde{p}_{source}, \tilde{p}_{sink}) \in P_m \times P_m \mid$

$\exists c \in C_m : Source(c) \in Out_{\tilde{p}_{source}} \land Sink(c) \in In_{\tilde{p}_{sink}}\} \Rightarrow$

$\forall p \in P_m : (p, p) \notin (CP_m \cup \{(p_{source}, p_{sink})\})^*$

(v5) $\forall c \in C_m, Sink(c) = in : (Source(c), out) \in (Abs_m \mid_{Out_m})^*$

(v6) $Ref_m(p_{source}) = \emptyset \land Ref_m(p_{sink}) \neq \emptyset \Rightarrow$

$\exists \tilde{in} \in In_m, Abs_m(\tilde{in}) = in : (out, \tilde{in}) \in C_m$

$Ref_m(p_{source}) \neq \emptyset \land Ref_m(p_{sink}) = \emptyset \Rightarrow$

$\exists \tilde{out} \in Out_m, Abs_m(\tilde{out}) = out : (\tilde{out}, in) \in C_m$

$Ref_m(p_{source}) \neq \emptyset \land Ref_m(p_{sink}) \neq \emptyset \Rightarrow$

$\exists \tilde{in} \in In_m, \tilde{out} \in Out_m, Abs_m(\tilde{in}) = in, Abs_m(\tilde{out}) = out :$

$(out, \tilde{in}) \in C_m \land (\tilde{out}, in) \in C_m \land (\tilde{out}, \tilde{in}) \in C_m$

$m \rightsquigarrow m' = (P_m, C_m \cup \{(pt_{source}, pt_{sink})\}, p_m, Ref_m, Abs_m)$

Abbildung 4.51: Verfeinerungsregel „Erweitere Modell um Kanal"

Damit diese Regel ein wohlgeformtes Geschäftsprozessmodell m zu einem Modell m' verfeinert, das ebenfalls wohlgeformt ist, müssen einige Vorbedingungen erfüllt sein. Vorbedingungen (v1) bis (v4) verlaufen dabei weit gehend analog zu den entsprechenden Vorbedingungen von Verfeinerungsregel 4.2.2.7 für die Erweiterung eines Netzes um einen Kanal. Dabei seien p_{source} und p_{sink} Geschäftsprozesse des Modells m. Da wir in einem wohlgeformten Geschäftsprozessmodell vertikale Kanäle ausschließen, fordern wir zusätzlich, dass p_{source} und p_{sink} hinsichtlich Ref_m in keiner Verfeinerungsbeziehung zueinander stehen (v1).

Um auch diejenigen Kriterien für die Wohlgeformtheit eines Geschäftsprozessmodells zu erfüllen, die über die Wohlgeformtheitseigenschaften für Geschäftsprozessnetze hinausgehen, fordern wir zusätzlich:

(v5) Der Zielport in des neu einzufügenden Kanals muss für eine Verbindung zum Quellport out frei verfügbar sein. Dies ist gewährleistet, wenn alle möglicherweise bereits im Modell existierenden eingehenden Kanäle des Zielports *in* diesen mit Quellports verbinden, die direkt oder transitiv eine Verfeinerung des Quellports *out* darstellen. (Da die Abstraktionsbeziehung Abs_m über der Menge der Ausgabeports des Modells injektiv ist, ist die transitive Hülle von $Abs_m \mid_{Out_m}$ wohldefiniert.)

Diese Vorbedingung stellt gleichzeitig indirekt sicher, dass der Eingabeport *in* im Modell noch nicht durch einen Kanal belegt ist, falls der Ausgabeport *out* im Modell noch nicht weiter verfeinert ist.

Da Broadcasting erlaubt ist und somit ein Ausgabeport mit mehreren Eingabeports verbunden sein darf, ist eine entsprechende Einschränkung für den Ausgabeport *out* des neu einzufügenden Kanals nicht erforderlich.

(v6) Auch im Modell m', das um den neuen Kanal (out, in) erweitert wurde, sollen die Kanäle über die Verfeinerungsebenen hinweg konsistent sein. Daher fordern wir für den Fall, dass mindestens einer der beiden Prozesse p_{source} und p_{sink} im Modell bereits verfeinert ist, dass alle möglichen Kombinationen der Verfeinerungsebenen der beiden Prozesse bereits jeweils einen Kanal enthalten, der dem neu einzufügenden Kanal entspricht.

Abbildung 4.52 veranschaulicht diesen Sachverhalt. In der linken Spalte der Abbildung sind jeweils die möglichen Verfeinerungskonstellationen der Prozesse p_{source} und p_{sink} im Modellbaum dargestellt. Die rechte Spalte der Abbildung zeigt diejenigen Kanalverbindungen im Modell, die für die Verfeinerungsregel von Bedeutung sind. Der in der Abbildung gestrichelt dargestellte Pfeil symbolisiert dabei den neuen Kanal (out, in), um den das Modell erweitert werden soll.

Im Detail fordern wir also die folgenden Eigenschaften:

– Ist p_{sink} im Modell weiter verfeinert, so besteht bereits eine Kanalverbindung zwischen p_{source} und dem verfeinernden Prozessnetz $GlassBox(p_{sink})$. Der Zielport dieser Kanalverbindung sei dabei dem Zielport des neu einzufügenden Kanals als Verfeinerung zugewiesen.

– Ist p_{source} im Modell weiter verfeinert, so besteht bereits eine Kanalverbindung zwischen dem verfeinernden Prozessnetz $GlassBox(p_{source})$ und p_{sink}. Der Quellport dieser Kanalverbindung sei dabei dem Quellport des neu einzufügenden Kanals als Verfeinerung zugewiesen.

– Sind p_{source} und p_{sink} im Modell weiter verfeinert, so besteht darüber hinaus bereits zusätzlich eine Kanalverbindung zwischen den verfeinernden Prozessnetzen $GlassBox(p_{source})$ und $GlassBox(p_{sink})$. Der Quellport dieser Kanalverbindung sei dabei dem Quellport des neu einzufügenden Kanals als Verfeinerung zugewiesen, der Zielport der Kanalverbindung dem Zielport des neu einzufügenden Kanals.

Sind diese Vorbedingungen erfüllt, so verfeinert diese Regel das ursprüngliche Geschäftsprozessmodell m zu einem Modell m', indem die Menge der Kanäle um den neuen Kanal (out, in) erweitert wird.

Das durch die Anwendung der Verfeinerungsregel entstehende Geschäftsprozessmodell m' ist wohlgeformt, da es die Bedingungen (M1) bis (M8) aus Abschnitt 3.3.3 erfüllt.

(M∗) Die Baumstruktur des Modells, die Typisierung der Ports und die Abstraktionsbeziehungen zwischen den Ports im Modell werden durch die Verfeinerungsregel nicht verändert. Die Bedingungen (M1), (M2) und (M3) gelten daher trivialerweise auch für das verfeinerte Geschäftsprozessmodell.

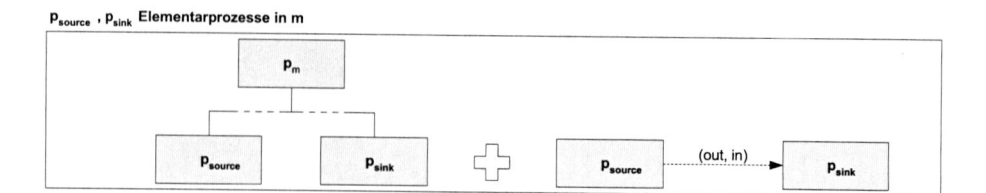

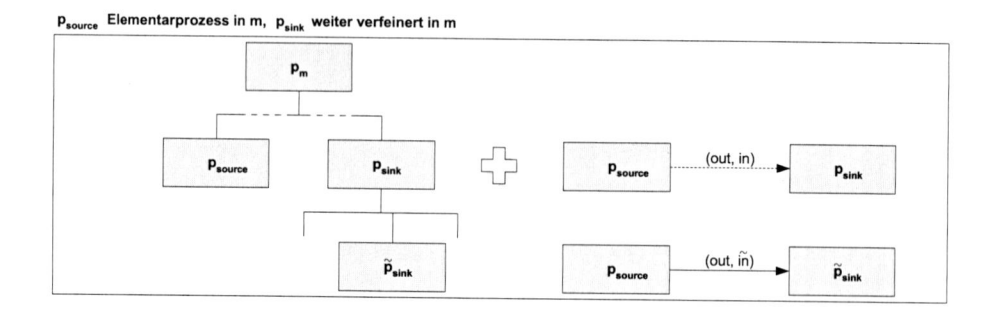

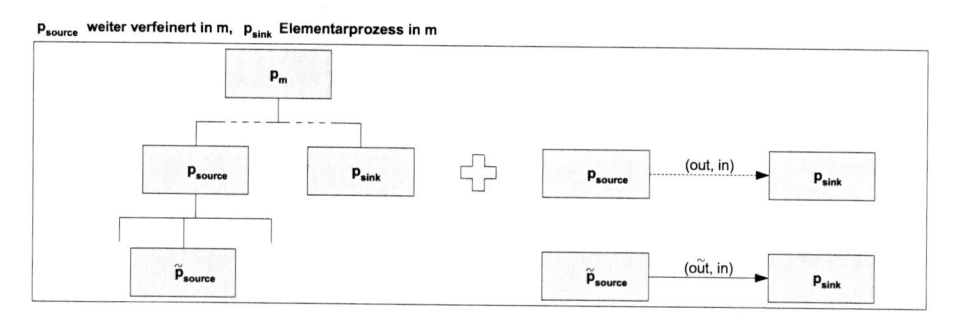

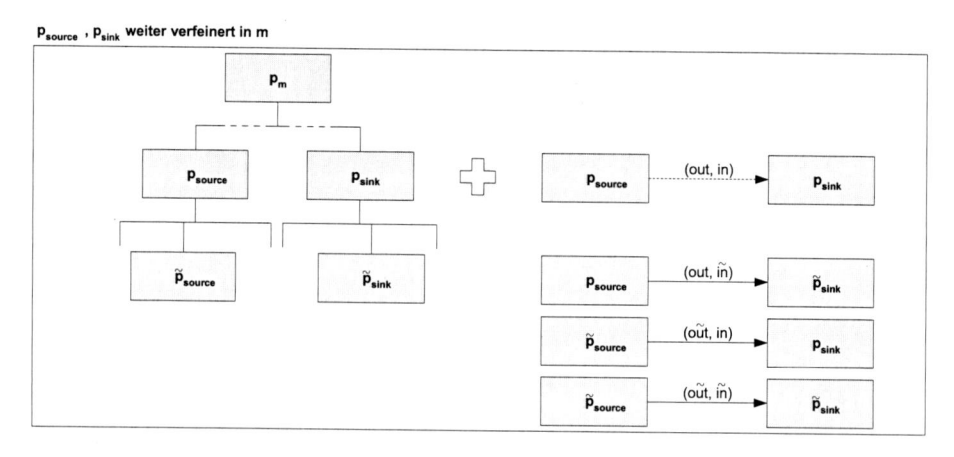

Abbildung 4.52: Erweitern eines Modells um einen Kanal

4.3 Transformationsregeln für Geschäftsprozessmodelle

(M4) *Kompatibilität der Porttypen der Kanäle*

Vorbedingung (v3) stellt sicher, dass Quell- und Zielport des neu einzufügenden Kanals entweder vom selben Typ sind, oder aber mindestens einer der beiden Ports ungetypt und mit dem allgemeinsten Nachrichtentyp s_{all} initialisiert ist. Somit sind auch die Porttypen des neu eingefügten Kanals miteinander kompatibel.

(M5) *Keine vertikalen Kanäle im Modellbaum*

Durch Vorbedingung (v1) wird sichergestellt, dass Quell- und Zielprozess des neu einzufügenden Kanals hinsichtlich Ref_m nicht in Verfeinerungsbeziehung zueinander stehen. Somit enthält auch das verfeinerte Modell keine vertikalen Kanäle.

(M6) *Konsistenz der Kanäle über die Verfeinerungsebenen hinweg*

Falls mindestens einer der beiden Prozesse p_{source} und p_{sink} im Modell bereits weiter verfeinert ist, so enthält jede mögliche Kombination der Verfeinerungsebenen der beiden Prozesse bereits einen Kanal, der dem neu einzufügenden Kanal entspricht (v6). Somit sind auch die Kanäle des verfeinerten Modells über die Verfeinerungsebenen hinweg konsistent.

(M7) *Belegung der Eingabeports eindeutig je Prozessnetz im Modell*

In Vorbedingung (v5) wird gefordert, dass für jeden bereits im Modell existierenden Kanal mit Zielport in der zugehörige Quellport eine gegebenenfalls transitive Verfeinerung von out darstellt. Somit ist sichergestellt, dass unter der Verfeinerungsregel die Belegung der Eingabeports je Prozessnetz im Modell eindeutig bleibt.

(M8) *Zyklenfreiheit des Geschäftsprozessmodells*

Durch Vorbedingung (v4) ist gewährleistet, dass auch das um den neuen Kanal (out, in) erweiterte Geschäftsprozessmodell zyklenfrei ist.

Die Anwendung dieser Verfeinerungsregel auf ein Geschäftsprozessmodell beeinflusst indirekt auch die Funktion *GlassBox*. Gehören beide Prozesse p_{source} und p_{sink} im Modell der verfeinernden Glass-Box-Sicht des gleichen Prozesses p an, so erweitert der neue Verbindungskanal die Menge der internen Kanäle des Prozessnetzes *GlassBox*(p). Gleichzeitig reduziert sich die externe Schnittstelle des Prozessnetzes um den Eingabeport in. Falls vom Ausgabeport out im Prozessnetz *GlassBox*(p) nicht über Broadcasting zusätzlich ein externer Kanal ausgeht, so reduziert sich darüber hinaus die externe Schnittstelle von *GlassBox*(p) um den Ausgabeport out.

Liegen beide Prozesse p_{source} und p_{sink} im verfeinernden Geschäftsprozessnetz des gleichen Prozesses p, so verändert der neue Kanal die Kompositionsstruktur der Verhaltensfunktionen und damit das Gesamtverhalten des verfeinernden Geschäftsprozessnetzes von p. Für die semantische Korrektheit des verfeinerten Modells m' muss in diesem Fall also explizit die Konkretisierung der Verhaltensfunktionen über die verschiedenen Abstraktionsebenen des Geschäftsprozessmodells hinweg sichergestellt werden. Verfeinern p_{source} und p_{sink} dagegen verschiedene Elternprozesse, so ist das verfeinerte Modell m' automatisch semantisch korrekt, wenn auch das ursprüngliche Modell m semantisch korrekt war. Es gilt also

$$[m \text{ ist semantisch korrekt} \;\Rightarrow\; m' \text{ ist semantisch korrekt}] \;\Leftrightarrow\;$$
$$[\exists\, p \in P_m : \{p_{source}, p_{sink}\} \subseteq Ref_m(p)] \;\Rightarrow\; A_{m'}(n', K_{m'}(n'), p) \subseteq B_p$$

wobei $n' = GlassBox'(p)$ wieder das verfeinernde Prozessnetz von p im verfeinerten Modell m' bezeichne.

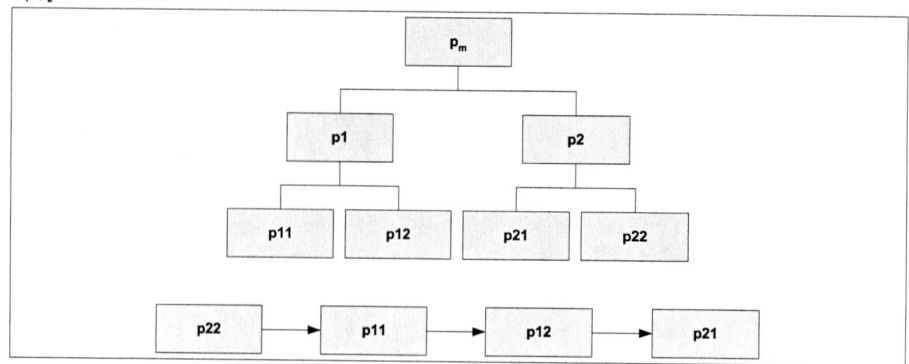

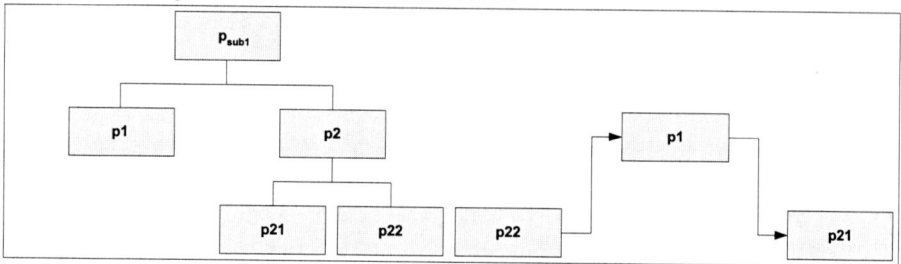

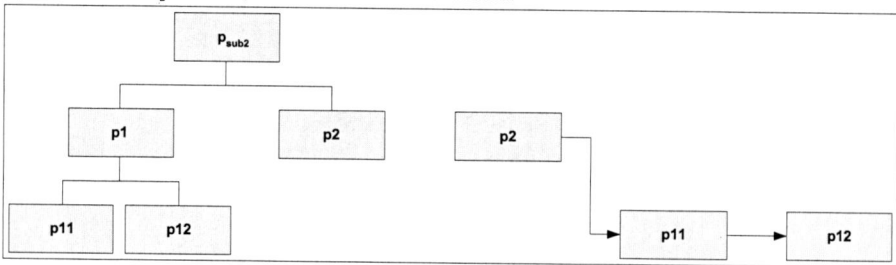

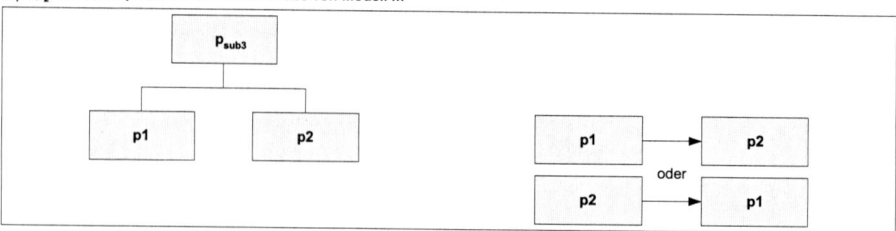

Abbildung 4.53: Modellierungsentscheidung beim Erweitern eines Modells um einen Kanal

4.3 Transformationsregeln für Geschäftsprozessmodelle

Sind p_{source} und p_{sink} Elementarprozesse im Modell, welche die erforderlichen Ports bereitstellen, so kann diese Verfeinerungsregel unmittelbar angewendet und das Geschäftsprozessmodell m um den neuen Kanal (out, in) erweitert werden (siehe erstes Teilbild in Abbildung 4.52). Andernfalls müssen gegebenenfalls die Unterbäume von p_{source} und p_{sink} im Geschäftsprozessmodell sowie die zwischen diesen Unterbäumen bestehenden Kanalverbindungen durch bottom-up im Modellbaum orientierte Transformationsschritte geeignet vorbereitet werden.

Methodisch gesehen ist das Einfügen eines Kanals im Inneren (d. h. nicht auf der Blattebene) eines Modellbaumes mit einer weit reichenden Modellierungsentscheidung verbunden. Betrachten wir dazu den Modellbaum des Beispiels im ersten Teilbild von Abbildung 4.53. Die Elementarprozesse des Modells seien wie dargestellt durch Kanäle zu einem zyklenfreien Geschäftsprozessnetz verbunden.

Dieses Geschäftsprozessnetz umfasst also einen Kanal, der den Prozess $p12$ aus der Verfeinerung von $p1$ mit Prozess $p21$ aus der Verfeinerung von $p2$ verbindet. In der Teilbaumsicht $sub1$ auf das Modell, in der $p1$ im Teilmodell $sub1$ nicht weiter verfeinert ist, werde diese Kommunikationsbeziehung repräsentiert durch einen entsprechenden Kanal, der $p1$ mit $p21$ verbindet (zweites Teilbild von Abbildung 4.53).

Darüber hinaus enthält das Geschäftsprozessnetz auf der Blattebene von m auch einen Kanal, der den Prozess $p22$ aus der Verfeinerung von $p2$ mit Prozess $p11$ aus der Verfeinerung von $p1$ verbindet. In der Teilbaumsicht $sub2$ auf das Modell, in der $p2$ im Teilmodell $sub2$ nicht weiter verfeinert ist, werde diese Kommunikationsbeziehung repräsentiert durch einen entsprechenden Kanal, der $p2$ mit $p11$ verbindet (drittes Teilbild von Abbildung 4.53).

Die Kommunikationsbeziehungen in diesen Geschäftsprozessnetzen sollen nun auch auf der noch abstrakteren Ebene des Modells dargestellt werden als entsprechende Kommunikationsbeziehungen zwischen $p1$ und $p2$. Werden alle Kommunikationsbeziehungen, die im Geschäftsprozessnetz auf der Blattebene des Modells bestehen, geeignet abstrahiert und auf die abstraktere Modellebene von $p1$ und $p2$ übertragen, so entsteht jedoch eine zyklische Verbindung zwischen diesen beiden Prozessen (siehe viertes Teilbild von Abbildung 4.53). Es muss also explizit entschieden werden, welche der beiden möglichen Kommunikationsrichtungen $p1$ nach $p2$ bzw. $p2$ nach $p1$ auf den abstrakteren Ebenen des Modells für das Verständnis des modellierten Systems wichtiger ist und deshalb dargestellt werden soll.

4.3.2.9 Strukturelle Dekomposition eines elementaren Prozesses

Im Laufe der sukzessiven Entwicklung eines Geschäftsprozessmodells kann es insbesondere bei den top-down Schritten der Vorgehensweise vorkommen, dass ein neuer Geschäftsprozess identifiziert und zunächst als Elementarprozess definiert wird. Stellt sich während der weiteren Modellierung heraus, dass dieser Prozess noch zu komplex ist, um hinreichend gut verständlich zu sein, so wird er durch ein verfeinerndes Geschäftsprozessnetz genauer beschrieben. Grundlage für die Erstellung dieses verfeinernden Prozessnetzes sind dabei die Informationen über das Verhalten des Prozesses, wie sie in dessen informeller Annotation zunächst festgehalten wurden.

Ein im Modell bisher elementarer Geschäftsprozess wird durch strukturelle Dekomposition zu einem Geschäftsprozessnetz verfeinert. Dieses Netz realisiert vollständig die externe Schnittstelle des Prozesses. Ferner ist die externe Schnittstelle des verfeinernden Prozessnetzes so durch Kanalverbindungen in den Kontext des Geschäftsprozessmodells einzubinden, dass alle bestehenden Kanalverbindungen des zu verfeinernden Prozesses auch eine Entsprechung auf der feiner granularen Abstraktionsebene des verfeinernden Prozessnetzes besitzen.

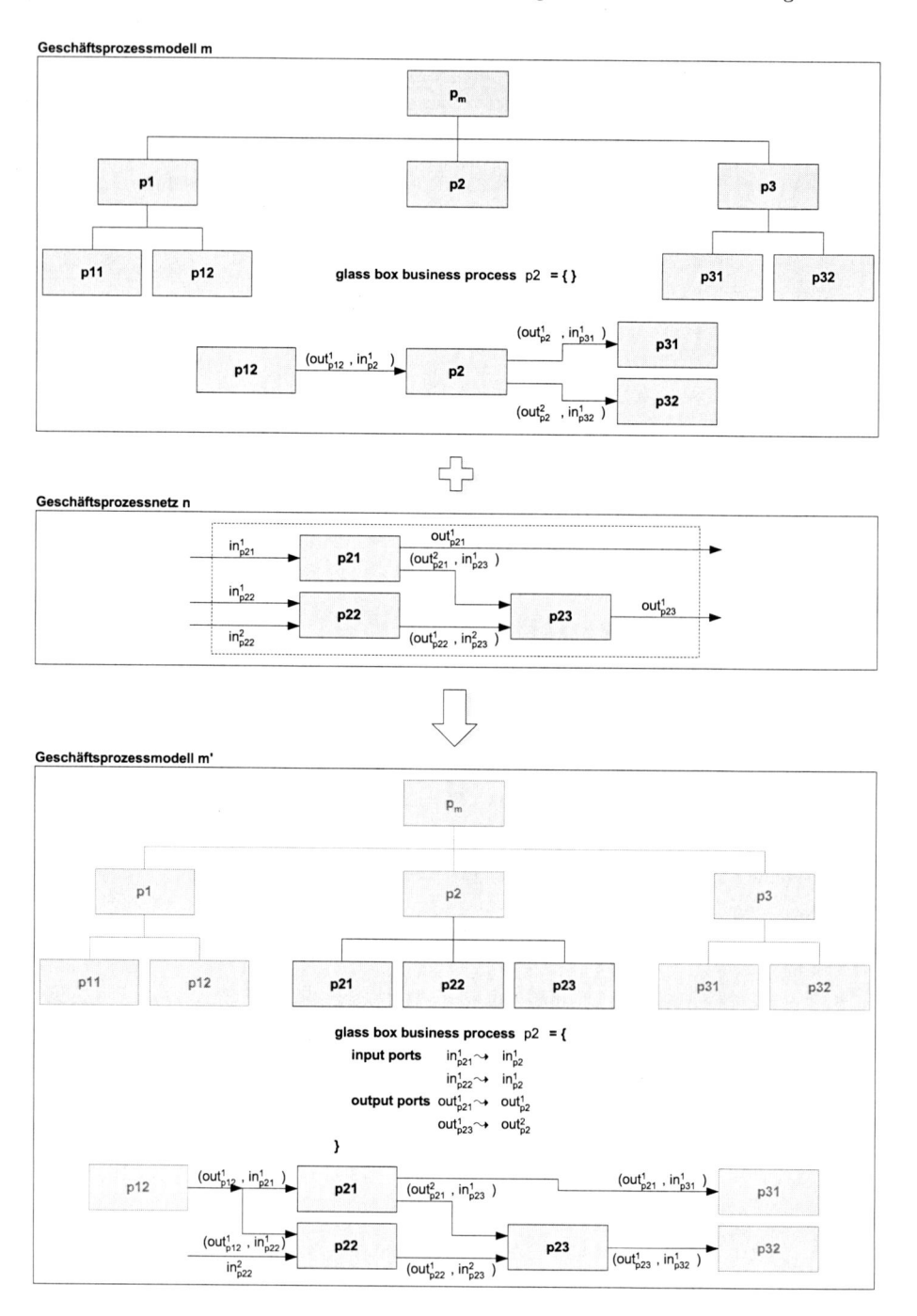

Abbildung 4.54: Strukturelle Dekomposition eines Prozesses

4.3 Transformationsregeln für Geschäftsprozessmodelle

Abbildung 4.54 veranschaulicht die strukturelle Dekomposition eines Prozesses im Modell zu einem Prozessnetz. Die Schnittstelle von Prozess $p2$ wird dabei von der Schnittstelle des verfeinernden Prozessnetzes n vollständig realisiert.

Strukturelle Dekomposition eines Prozesses

(v0) $m = (P_m, C_m, p_m, Ref_m, Abs_m) \in \mathbb{MP}$ wohlgeformt

(v1) $p \in P_m$
   $Ref_m(p) = \emptyset$

(v2) $n = (P_n, C_n, I_n, O_n) \in \mathbb{NP}$ wohlgeformt, mit
   $P_n \cap P_m = \emptyset$
   $Pt_n \cap Pt_m = \emptyset$

(v3) $\exists\, a : Pt_n \longrightarrow Pt_p \cup \{\bot\}$, $a\,|_{I_n \to In_p}$ surjektiv, $a\,|_{O_n \to Out_p}$ surjektiv und injektiv :
   $\forall\, pt \in Pt_n, a(pt) \neq \bot : Sort(a(pt)) = s_{all} \lor Sort(a(pt)) = Sort(pt)$

(v4) $C_{out} = \{(out, in) \in O_n \times In_m \mid$
   $\exists\, \widetilde{out} \in Out_p : a(\widetilde{out}) = out \land (\widetilde{out}, in) \in C_m\}$
   $C_{in} = \{(out, \widetilde{in}) \in Out_m \times I_n \mid$
   $\exists\, in \in In_p : a(\widetilde{in}) = in \land (out, in) \in C_m\}$

(v5) $\forall (out, in) \in C_{out} \cup C_{in}$:
   $Sort(out) = Sort(in) \lor Sort(out) = s_{all} \lor Sort(in) = s_{all}$

$m \leadsto m' = (P_m \cup P_n, C_m \cup C_n \cup C_{in} \cup C_{out}, p_m, Ref_{m'}, Abs_{m'})$ wobei

(n1) $Ref_{m'}(\tilde{p}) = \begin{cases} P_n & \text{für } \tilde{p} = p \\ \emptyset & \text{für } \tilde{p} \in P_n \\ Ref_m(\tilde{p}) & \text{für } \tilde{p} \in P_m \setminus \{p\} \end{cases}$

(n2) $Abs_{m'}(pt) = \begin{cases} a(pt) & \text{für } pt \in Pt_n \\ Abs_m(pt) & \text{für } pt \in Pt_m \end{cases}$

Abbildung 4.55: Verfeinerungsregel „Strukturelle Dekomposition eines Prozesses"

Abbildung 4.55 beschreibt die entsprechende Verfeinerungsregel zur strukturellen Dekomposition eines elementaren Geschäftsprozesses in einem Modell auf mathematische Weise.

Damit die Verfeinerungsregel angewendet werden kann und ein wohlgeformtes Geschäftsprozessmodell m' erzeugt, müssen einige Vorbedingungen erfüllt sein.

(v0) m sei ein wohlgeformtes Geschäftsprozessmodell.

(v1) p sei ein Geschäftsprozess, der in m enthalten und noch nicht weiter verfeinert ist.

(v2) n sei ein wohlgeformtes Geschäftsprozessnetz. Die in n verwendeten Prozess- und Portidentifikatoren treten im Modell m noch nicht auf.

(v3) Da die Verfeinerungsregel dem Elementarprozess p das Prozessnetz n als Verfeinerung zuweist, muss n die externe Schnittstelle von p vollständig realisieren. Dies ist gewährleistet, wenn eine Abbildung $a : Pt_n \to Pt_p \cup \{\bot\}$ existiert, die jedem Eingabeport von p mindestens einen externen Eingabeport von n und jedem Ausgabeport von p genau einen externen Ausgabeport von n als Urbild zuordnet. Bild und Urbild seien dabei jeweils entweder vom gleichen Typ, oder das Bild sei ungetypt und mit dem allgemeinsten Nachrichtentyp s_{all} initialisiert.

(v4) Nach der strukturellen Dekomposition von p zu einem Netz n ist p im verfeinerten Modell m' kein Elementarprozess mehr. Damit auch in m' die Konsistenz der Kanäle über die Verfeinerungsebenen hinweg gewährleistet ist, müssen Kommunikationsverbindungen, die zwischen p und anderen Prozessen des Modells bestehen, auch für das verfeinernde Prozessnetz n von p realisiert sein. Die ursprüngliche Menge der Kanäle muss in m' also um eine Menge von Kanälen ergänzt werden, die entsprechende Kanalverbindungen auch für das verfeinernde Netz n von p herstellen.

Die ausgehenden Kanäle von p seien auf den Verfeinerungsebenen von p durch eine Menge von Kanälen C_{out} realisiert. C_{out} enthalte für jeden ausgehenden Kanal (out, in) von p einen entsprechenden verfeinernden Kanal $(\tilde{out}, in)$, dessen Zielport ebenfalls in ist. Der Quellport $\tilde{out}$ dieses Kanals ist ein Ausgabeport der externen Schnittstelle von n, der durch die Funktion a dem Quellport out als Verfeinerung zugewiesen wird.

Analog seien die eingehenden Kanäle von p auf den Verfeinerungsebenen realisiert durch eine Menge von Kanälen C_{in}. C_{in} enthalte für jeden eingehenden Kanal (out, in) von p mindestens einen entsprechenden verfeinernden Kanal $(out, \tilde{in})$, dessen Quellport ebenfalls out ist und dessen Zielport $\tilde{in}$ durch die Funktion a dem Zielport in als Verfeinerung zugewiesen ist. Weist die Funktion a dem Zielport in mehrere Eingabeports von n als Urbilder zu, so enthalte C_{in} einen entsprechenden Kanal für jeden dieser Eingabeports.

(v5) Für jeden der neuen Kanäle in $C_{out} \cup C_{in}$ seien die Nachrichtentypen der beteiligten Ports miteinander konsistent.

Sind diese Vorbedingungen erfüllt, so verfeinert diese Regel das wohlgeformte Geschäftsprozessmodell m zu einem Modell m', indem die Menge der Prozesse im Modell um P_n und die Menge der Kanäle um $C_n \cup C_{in} \cup C_{out}$ erweitert wird. Dabei werden p die Prozesse aus n als Verfeinerung zugewiesen (n1). Die Prozesse aus n selbst sind dagegen in m' nicht weiter verfeinert (n1). Darüber hinaus wird die Schnittstelle von p vollständig von entsprechenden Ports der externen Schnittstelle von n realisiert (n2).

Das durch die Anwendung der Verfeinerungsregel entstehende Geschäftsprozessmodell m' ist wohlgeformt, da es die Bedingungen (M1) bis (M8) aus Abschnitt 3.3.3 erfüllt.

(M1) *Baumstruktur der Verfeinerungsbeziehung der Prozesse im Geschäftsprozessmodell*

Die Verfeinerungsregel erweitert das Modell um die neuen Elementarprozesse P_n, die genau einem abstrakten Prozess p im Modell als Verfeinerung zugeordnet werden (n1). Die Baumstruktur des Modells bleibt somit erhalten.

(M2) *Portverfeinerung konsistent mit Prozessverfeinerung*

Vorbedingung (v3) und Nachbedingung (n2) stellen sicher, dass die Schnittstelle von p durch die externe Schnittstelle des verfeinernden Prozessnetzes n vollständig realisiert wird. Da die Prozesse aus P_n selbst Elementarprozesse in m' sind, werden ihre Ports in m' nicht weiter verfeinert. Port- und Prozessverfeinerung bleiben somit auch im verfeinerten Modell m' miteinander konsistent.

(M3) *Konkretisierung der Sorten bei der Portverfeinerung*

Die Konkretisierung der Sorten bei den neuen Portverfeinerungsbeziehungen wird ebenfalls durch Vorbedingung (v3) gewährleistet.

(M4) *Kompatibilität der Porttypen der Kanäle*

Vorbedingung (v5) stellt sicher, dass jeder der neuen Kanälen des Modells zwei Ports verbindet, deren Nachrichtentypen zueinander kompatibel sind.

4.3 Transformationsregeln für Geschäftsprozessmodelle

(M5) *Keine vertikalen Kanäle im Modellbaum*

m ist wohlgeformt und enthält daher keine vertikalen Kanäle (v0). C_{out} und C_{in} enthalten ausschließlich Kanäle, die bereits bestehende Kanäle des ursprünglichen Modells m verfeinern. Folglich ist auch keiner der Kanäle aus C_{out} und C_{in} vertikal im verfeinerten Modell orientiert. Ferner enthält C_n ausschließlich Kanäle, die alle auf derselben Abstraktionsebene im Geschäftsprozessmodell m liegen.

(M6) *Konsistenz der Kanäle über die Verfeinerungsebenen hinweg*

Vorbedingung (v4) stellt sicher, dass die Kanäle auch im verfeinerten Modell m' über die Verfeinerungsebenen hinweg konsistent sind.

(M7) *Belegung der Eingabeports eindeutig je Prozessnetz im Modell*

C_{out} umfasst genau diejenigen Kanäle, welche die ausgehenden Kanäle von p in m auf der Ebene des verfeinernden Prozessnetzes n von p in m' realisieren. Vorbedingung (v3) weist jedem Ausgabeport out von p genau einen Ausgabeport des verfeinernden Prozessnetzes n als Urbild zu. Der Zielport in eines ausgehenden Kanals (out, in) von p ist daher auf der Ebene des verfeinernden Prozessnetzes n ebenfalls in genau einem Kanal gebunden. Die Eingabeports In_m bleiben also auch im verfeinerten Modell auf jeder möglichen Verfeinerungsebene jeweils eindeutig belegt.

Da das ursprüngliche Modell m wohlgeformt ist, ist jeder der Eingabeports in von p auf jeder möglichen Verfeinerungsebene in m eindeutig belegt, also durch höchstens einen eingehenden Kanal (in, out) gebunden. C_{in} umfasst genau diejenigen Kanäle, welche die eingehenden Kanäle von p in m auf der Ebene des verfeinernden Prozessnetzes n in m' realisieren. Folglich ist auch jeder der externen Eingabeports von n durch höchstens einen eingehenden Kanal belegt.

(M8) *Zyklenfreiheit des Geschäftsprozessmodells*

Vorbedingungen (v0) und (v2) stellen sicher, dass m und n wohlgeformt (und damit auch zyklenfrei) und die in m und n verwendeten Identifikatorenmengen disjunkt sind. Das durch die strukturelle Dekomposition entstandene verfeinerte Geschäftsprozessmodell m' ist dann ebenfalls zyklenfrei. Diese Aussage beweisen wir im Detail in Anhang A.2.

Die semantische Korrektheit des Modells bleibt erhalten, wenn zusätzlich gilt

$$A_{m'}(n, K(n), p) \subseteq B_p$$

Die Verfeinerungsregel zur strukturellen Dekomposition eines elementaren Prozesses im Geschäftsprozessmodell arbeitet auf der Blattebene des Modellbaumes und kann daher unmittelbar angewendet werden.

Methodisch gesehen ist die strukturelle Dekomposition eines elementaren Prozesses im Geschäftsprozessmodell immer auch mit einer Modellierungsentscheidung verbunden, da es in nahezu jeder Modellierungssituation verschiedene Möglichkeiten gibt, einen Prozess weiter zu verfeinern. Nicht jede dieser Möglichkeiten erweist sich jedoch im weiteren Verlauf der Modellierung gleichermaßen als praktikabel. Dies liegt unter anderem daran, dass durch die Dekomposition eines Prozesses in sein verfeinerndes Prozessnetz gleichzeitig auch die Gliederung des verfeinernden Teilbaumes im Geschäftsprozessmodell vorgegeben wird. Modellbäume, deren Prozessnetze auf der Blattebene gleichwertig sind, können sich dabei in ihrer hierarchischen Struktur erheblich unterscheiden. Welche innere Struktur des Modellbaumes bei der Modellierung praktikabel ist, ist teilweise abhängig vom Kontext und der Zielsetzung der Modellierungsaufgabe.

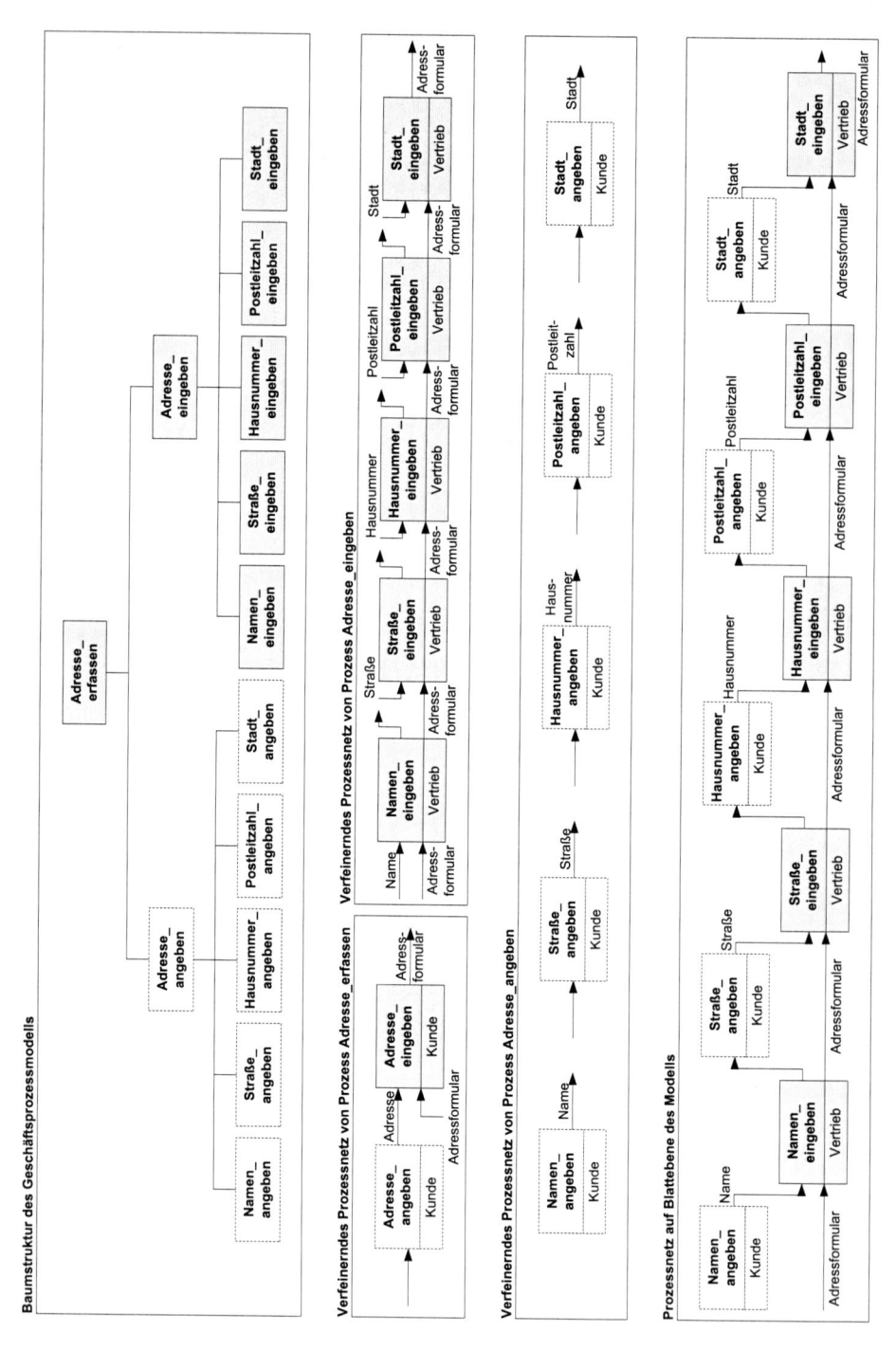

Abbildung 4.56: Dekomposition in nicht zusammenhängendes Prozessnetz

4.3 Transformationsregeln für Geschäftsprozessmodelle

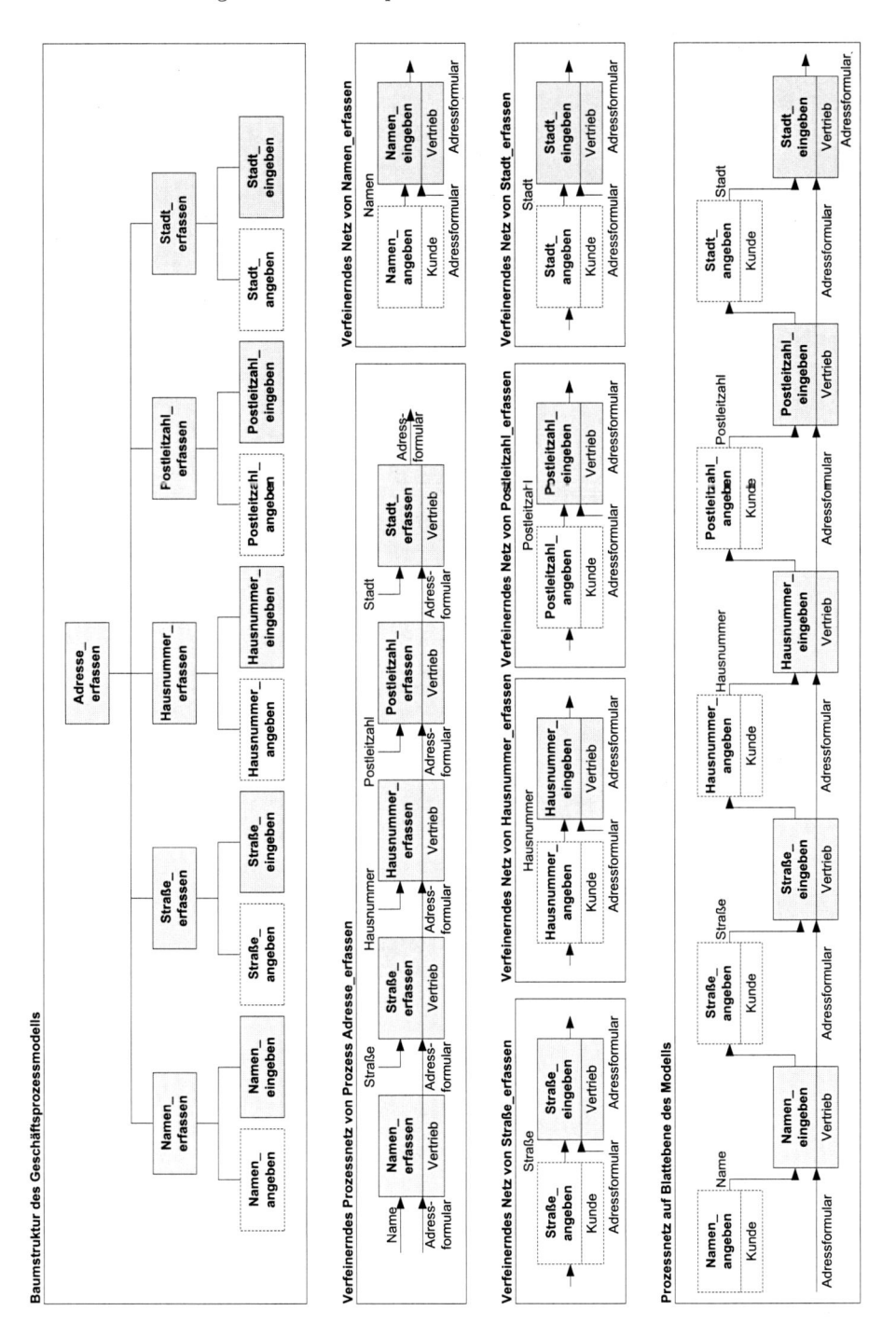

Abbildung 4.57: Dekomposition in zusammenhängende Prozessnetze

Abbildungen 4.56 und 4.57 veranschaulichen diesen Sachverhalt anhand eines Beispiels. Dabei verfeinern wir jeweils den abstrakten Prozess *Adresse_erfassen* über zwei weitere Ebenen im Modellbaum. Beide Geschäftsprozessmodelle stimmen sowohl in ihrem abstraktesten Element als auch in ihrem Prozessnetz auf der Blattebene des jeweiligen Modellbaumes überein (siehe unterstes Teilbild in jeder der beiden Abbildungen). Hinsichtlich ihrer hierarchischen Struktur unterscheiden sich die beiden Geschäftsprozessmodelle jedoch voneinander (vergleiche jeweils das erste Teilbild der Abbildungen 4.56 und 4.57).

In Abbildung 4.56 zerfällt das abstrakteste Element auf der ersten Verfeinerungsebene im Modellbaum in ein Prozessnetz, das die beiden Teilprozesse *Adresse_angeben* und *Adresse_eingeben* umfasst. Zwischen diesen beiden Prozessen wird ein komplexer Nachrichtentyp ausgetauscht. Die Komplexität der damit verbundenen Kommunikation ist in diesem Prozessnetz jedoch noch gekapselt und wird erst auf der zweiten Verfeinerungsebene des Modellbaumes explizit dargestellt. Wie in Abschnitt 3.3 festgelegt werden dabei die Ports vom komplexen Nachrichtentyp *Adresse* jeweils interpretiert als eine Menge von Ports mit einfacheren Nachrichtentypen, welche dann entsprechend verfeinert werden.

Jeder der beiden verfeinernden Prozesse von *Adresse_erfassen* ist auch selbst zu einem Prozessnetz weiter verfeinert. Das verfeinernde Prozessnetz von *Adresse_angeben* ist dabei nicht zusammenhängend. Folglich ist die zwischen den einzelnen Teilprozessen des Netzes bestehende logische Ablauffolge nicht mehr offensichtlich. Sie wird lediglich im Gesamtnetz auf der Blattebene des Modellbaumes wieder deutlich. Dadurch wird eine modulare Weiterentwicklung des Geschäftsprozessmodells erschwert.

Im Gegensatz dazu zerfällt im Modell aus Abbildung 4.56 das abstrakteste Element auf der ersten Verfeinerungsebene im Modellbaum in fünf Prozesse. Jeder dieser Prozesse wird wiederum im Modell weiter verfeinert zu einem einfachen, zusammenhängenden Prozessnetz.

4.3.2.10 Substitution eines elementaren Prozesses durch ein Modell

Ein weiterer bottom-up im Modellbaum orientierter Verfeinerungsschritt ist das Verschmelzen von zwei bestehenden Geschäftsprozessmodellen. Dabei wird ein Elementarprozess p des Geschäftsprozessmodells m durch das abstrakteste Element p_{sub} eines separat entwickelten Geschäftsprozessmodells sub substituiert, wobei dieses Modell sub als Verfeinerung von p_{sub} in das Geschäftsprozessmodell m eingefügt wird (vgl. Abbildung 4.58). Darüber hinaus wird das neue Teilmodell sub durch entsprechend zu definierende Kanäle über die verschiedenen Verfeinerungsebenen hinweg in den Verhaltenskontext des ursprünglichen Geschäftsprozessmodells integriert.

Abbildung 4.59 beschreibt auf mathematische Weise eine Verfeinerungsregel, mittels der ein Elementarprozess eines bestehenden Geschäftsprozessmodells durch ein separat entwickeltes Geschäftsprozessmodell substituiert wird.

In der Grundidee ähnelt diese Verfeinerungsregel der Regel zur strukturellen Dekomposition, die wir in Abschnitt 4.3.2.9 eingeführt haben, sodass wir die textuelle Beschreibung der Verfeinerungsregel entsprechend knapp halten können.

Damit diese Regel zwei wohlgeformte Geschäftsprozessmodelle zu einem Geschäftsprozessmodell integriert, das ebenfalls wohlgeformt ist, müssen einige Vorbedingungen erfüllt sein.

4.3 Transformationsregeln für Geschäftsprozessmodelle

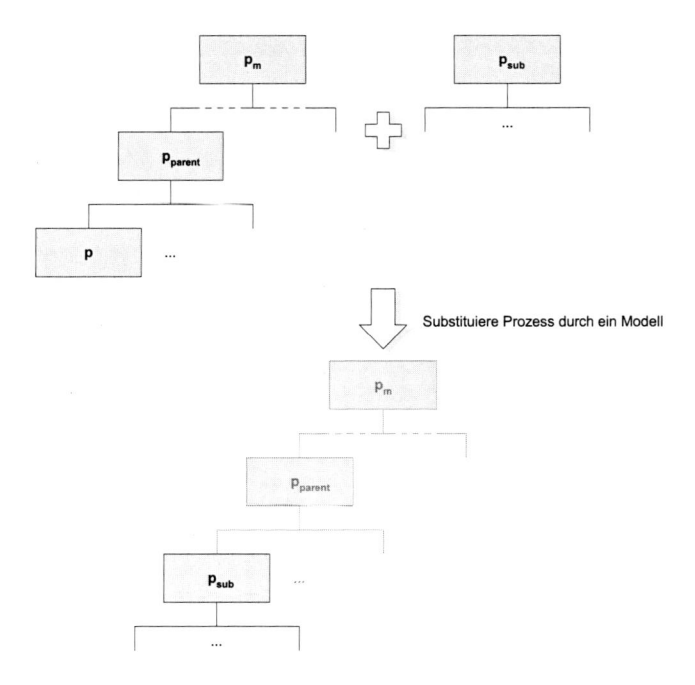

Abbildung 4.58: Substituieren eines Prozesses durch ein Modell

(v0) m sei ein wohlgeformtes Geschäftsprozessmodell.

(v1) p sei ein Geschäftsprozess, der in m enthalten und noch nicht weiter verfeinert ist. Dabei sei p nicht das abstrakteste Element von m.

(v2) sub sei ebenfalls ein wohlgeformtes Geschäftsprozessmodell. Die in sub verwendeten Prozess- und Portidentifikatoren treten im Modell m noch nicht auf.

(v3) Das abstrakteste Element p_{sub} des einzufügenden Modells sub realisiert mindestens die Schnittstelle des zu ersetzenden Prozesses p.

(v4) Bestehen Kanalverbindungen zwischen Ports des zu ersetzenden Prozesses p und anderen Prozessen im Modell m, so müssen diese im verfeinerten Modell auch für das abstrakteste Element p_{sub} des einzufügenden Modells realisiert sein. Ferner sind die Kanalverbindungen von p über die Verfeinerungsebenen von sub hinweg transitiv fortzuschreiben. C_{out} bzw. C_{in} enthalten jeweils diese Realisierungen der ausgehenden bzw. eingehenden Kanäle von p für das einzufügende Modell sub.

(v5) Für jeden der neuen Kanäle in $C_{out} \cup C_{in}$ seien die Nachrichtentypen der beteiligten Ports zueinander konsistent.

Sind diese Vorbedingungen erfüllt, so verschmilzt diese Regel die beiden wohlgeformten Geschäftsprozessmodelle m und sub und verfeinert dabei das ursprüngliche Modell m zu einem Modell m'. Dabei wird die Menge der Prozesse in m um den Prozess p verringert und um die Menge P_{sub} der Prozesse von sub erweitert.

Ferner wird die Menge der Kanäle von m um die Menge der Kanäle, an denen p beteiligt war, reduziert und um die Menge der Kanäle von sub erweitert. Darüber hinaus wird die Menge

---
Substituiere Prozess durch ein Modell

$(v0)$ $m = (P_m, C_m, p_m, Ref_m, Abs_m) \in \mathbb{MP}$ wohlgeformt

$(v1)$ $p, p_{parent} \in P_m$
  $p \in Ref_m(p_{parent})$
  $Ref_m(p) = \emptyset$

$(v2)$ $sub = (P_{sub}, C_{sub}, p_{sub}, Ref_{sub}, Abs_{sub}) \in \mathbb{MP}$ wohlgeformt
  $P_{sub} \cap P_m = \emptyset$
  $Pt_{sub} \cap Pt_m = \emptyset$

$(v3)$ $\exists\, a : Pt_{p_{sub}} \longrightarrow Pt_p \cup \{\bot\}$,
  $a\,|_{In_{p_{sub}} \to In_p}$ surjektiv, $a\,|_{Out_{p_{sub}} \to Out_p}$ surjektiv und injektiv :
  $\forall\, pt \in Pt_{p_{sub}},\ a(pt) \neq \bot\ :\ Sort(a(pt)) = s_{all} \lor Sort(a(pt)) = Sort(pt)$

$(v4)$ $C_{out} = \{(\tilde{out}, in) \in Out_{sub} \times In_m \mid \exists\, \ddot{out} \in Out_{p_{sub}},\ out \in Out_p :$
  $a(\ddot{out}) = out \land (out, in) \in C_m \land [\tilde{out} = \ddot{out} \lor (\tilde{out}, \ddot{out}) \in (Abs_{sub})^*]\}$
  $C_{in} = \{(out, \tilde{in}) \in Out_m \times In_{sub} \mid \exists\, \ddot{in} \in In_{p_{sub}},\ in \in In_p :$
  $a(\ddot{in}) = in \land (out, in) \in C_m \land [\tilde{in} = \ddot{in} \lor (\tilde{in}, \ddot{in}) \in (Abs_{sub})^*]\}$

$(v5)$ $\forall (out, in) \in C_{out} \cup C_{in}$:
  $Sort(out) = Sort(in) \lor Sort(out) = s_{all} \lor Sort(in) = s_{all}$

$m \rightsquigarrow m' = (P_m \cup P_{sub} \setminus \{p\}, C_m \cup C_{sub} \cup C_{in} \cup C_{out} \setminus C_p, p_m, Ref_{m'}, Abs_{m'})$ wobei

$(n1)$ $Ref_{m'}(\tilde{p}) = \begin{cases} Ref_m(p_{parent}) \cup \{p_{sub}\} \setminus \{p\} & \text{für } \tilde{p} = p_{parent} \\ Ref_{sub}(\tilde{p}) & \text{für } \tilde{p} \in P_{sub} \\ Ref_m(\tilde{p}) & \text{für } \tilde{p} \in P_m \setminus \{p, p_{parent}\} \end{cases}$

$(n2)$ $Abs_{m'}(pt) = \begin{cases} Abs_m(a(pt)) & \text{für } pt \in Pt_{p_{sub}} \\ Abs_{sub}(pt) & \text{für } pt \in Pt_{sub} \setminus Pt_{p_{sub}} \\ Abs_m(pt) & \text{für } pt \in Pt_m \setminus Pt_p \end{cases}$

$(n3)$ $C_p = \{(out, in) \in Out_m \times In_m \mid out \in Out_p \lor in \in In_p\}$

Abbildung 4.59: Verfeinerungsregel „Substituiere Prozess durch ein Modell"

der Kanäle von m ergänzt um diejenigen Kanäle, die das Modell sub über alle Verfeinerungsebenen hinweg so in den Kontext von m einbinden, dass sie den Verbindungskanälen des ursprünglichen Prozesses p entsprechen (n3).

In der hierarchischen Struktur des Modells wird p im verfeinernden Prozessnetz von p_{parent} durch p_{sub} ersetzt. Außerdem wird die Baumstruktur von m' um den Modellbaum von sub erweitert (n1).

Schließlich werden in den Portverfeinerungsbeziehungen alle Auftreten der Ports von p durch die entsprechenden Ports von p_{sub} substituiert. Für alle anderen Ports von sub, um die m' erweitert wurde, übernimmt die Funktion $Abs_{m'}$ die entsprechenden Ergebniswerte der Abstraktionsfunktion Abs_{sub} des eingefügten Geschäftsprozessmodells (n2).

Das durch die Anwendung der Verfeinerungsregel entstehende Geschäftsprozessmodell m' ist wohlgeformt, da es die Bedingungen (M1) bis (M8) aus Abschnitt 3.3.3 erfüllt.

(M1) *Baumstruktur der Verfeinerungsbeziehung der Prozesse im Geschäftsprozessmodell*

   Im verfeinerten Modellbaum wurde der Elementarprozess p durch das abstrakteste Element p_{sub} des neuen Teilbaumes ersetzt (n1). Die Baumstruktur des Modells bleibt somit erhalten.

4.3 Transformationsregeln für Geschäftsprozessmodelle

(M2) *Portverfeinerung konsistent mit Prozessverfeinerung*

Vorbedingung (v3) und Nachbedingung (n2) stellen sicher, dass die Schnittstelle von p durch die Schnittstelle von p_{sub} vollständig realisiert wird. Alle anderen Portverfeinerungsbeziehungen in m und sub werden auf das verfeinerte Modell m' übertragen.

(M3) *Konkretisierung der Sorten bei der Portverfeinerung*

Ferner stellt Vorbedingung (v3) sicher, dass bestehende Typisierungen der Ports von p auch für die substituierten Ports im Prozess p_{sub} erhalten bleiben.

(M4) *Kompatibilität der Porttypen der Kanäle*

Vorbedingung (v5) stellt sicher, dass jeder der neuen Kanäle des Modells zwei Ports verbindet, deren Nachrichtentypen miteinander konsistent sind.

(M5) *Keine vertikalen Kanäle im Modellbaum*

sub ist wohlgeformt und enthält daher keine vertikalen Kanäle (v2). Ebenso ist m wohlgeformt, enthält also auch keine vertikalen Kanäle (v0). C_{out} und C_{in} enthalten ausschließlich Kanäle, die bereits bestehende Kanäle des ursprünglichen Modells m ersetzen bzw. verfeinern. Folglich ist auch keiner der Kanäle aus C_{out} und C_{in} vertikal im verfeinerten Modell orientiert.

(M6) *Konsistenz der Kanäle über die Verfeinerungsebenen hinweg*

Vorbedingung (v4) stellt sicher, dass die Kanäle auch im verfeinerten Modell m' über die Verfeinerungsebenen hinweg konsistent sind.

(M7) *Belegung der Eingabeports eindeutig je Prozessnetz im Modell*

C_{out} umfasst genau diejenigen Kanäle, welche die ausgehenden Kanäle von p in m für das neu eingefügte Teilmodell sub realisieren. C_{in} ist analog als Ersatz für die eingehenden Kanäle von p definiert.

Die Begründung der eindeutigen Belegung der Eingabeports verläuft analog zu Verfeinerungsregel 4.3.2.9.

(M8) *Zyklenfreiheit des Geschäftsprozessmodells*

Die Substitution eines Elementarprozesses durch ein wohlgeformtes Modell lässt sich zurückführen auf das Ersetzen eines Elementarprozesses p durch einen neuen Elementarprozess $\tilde{p}$ und dessen anschließende strukturelle Dekomposition zu einem wohlgeformten Geschäftsprozessnetz n. Bei Bedarf kann jeder der Prozesse von n in einem nächsten Schritt ebenfalls durch strukturelle Dekomposition weiter verfeinert werden zu einem Geschäftsprozessnetz. Durch geeignetes Wiederholen der strukturellen Dekomposition lässt sich so sukzessive das ursprüngliche Modell m so lange um verfeinernde Prozessnetze erweitern, bis der neue Teilbaum sub vollständig in einer top-down orientierten Vorgehensweise nach m übertragen wurde.

Da die strukturelle Dekomposition die Zyklenfreiheit eines Geschäftsprozessmodells erhält, bleibt die Zyklenfreiheit folglich auch bei der Substitution eines Prozesses durch ein wohlgeformtes Modell erhalten.

Gilt zusätzlich zu den in der Verfeinerungsregel beschriebenen Bedingungen noch

$B_{p_{sub}} \subseteq B_p$

und sind die Modelle sub und m semantisch korrekt, so ist darüber hinaus auch das verfeinerte Modell m' semantisch korrekt.

In der Modellierungspraxis kommt diese Verfeinerungsregel zur Anwendung, wenn nach einer modularen Geschäftsprozessmodellierung in den einzelnen Systembereichen die entstandenen separaten Modelle zu einer Verhaltensbeschreibung des Gesamtsystems integriert werden sollen.

Um die Eindeutigkeit der Prozess- und der Portidentifikatoren im Modell zu erhalten, müssen die Identifikatorenmengen der zu verschmelzenden Geschäftsprozessmodelle disjunkt sein. Gegebenenfalls kann dies durch Umbenennung der Bezeichner in einem der Modelle erreicht werden. Dies ist insbesondere dann erforderlich, wenn mehrere Kopien des Submodells in das gleiche Gesamtmodell integriert werden sollen.

4.3.3 Pragmatische Modifikationen von Geschäftsprozessmodellen

In der Modellierungspraxis kommt es gelegentlich vor, dass während der Modellierung Geschäftsprozessmodelle entstehen, die ungünstig strukturiert sind. Ungünstige Modellstrukturen liegen beispielsweise dann vor, wenn die Glass-Box-Sicht eines Prozesses sehr viele oder aber nur sehr wenige verfeinernde Prozesse umfasst. Ferner ist eine Struktur ungünstig gewählt, wenn zwischen den einzelnen Teilbäumen eines Geschäftsprozessmodells sehr viele kausale Abhängigkeiten bestehen. Dieser Fall tritt beispielsweise auf, wenn im Laufe des Modellierungsvorgehens neue kausale Abhängigkeiten erkannt und in das Modell eingefügt werden, die den Modellierern zunächst nicht bewusst waren.

Durch strukturelle Kompression und Expansion werden Geschäftsprozessmodelle umstrukturiert. Die Kompression substituiert einen abstrakten Prozess im Modell durch sein verfeinerndes Prozessnetz, wodurch die Tiefe des betroffenen Unterbaumes im Modell um eine Abstraktionsebene verringert wird. Das Netz, dem der zu eliminierende Prozess angehört, wird dabei um die Glass-Box-Sicht dieses Prozesses erweitert.

Analog lagert die strukturelle Expansion eine Menge von Prozessen eines Netzes auf die nächstfeinere Abstraktionsebene aus. Der betroffene Unterbaum des Modells wird also um eine Abstraktionsebene erweitert. Im ursprünglichen Netz werden dabei die ausgelagerten Prozesse durch einen neu eingefügten abstrakten Prozess repräsentiert. Die ausgelagerten Prozesse realisieren die Glass-Box-Sicht des neu eingefügten abstrakten Prozesses.

Durch die strukturelle Kompression wird die Strukturinformation des Modells reduziert. Dabei wird der betroffene Modellausschnitt flacher. Im Gegensatz dazu fügt die strukturelle Expansion Strukturinformation zum Modell hinzu. Die Kombination dieser beiden Regeln erlaubt eine weit gehend freie Umstrukturierung der Prozesse im Modell.

4.3.3.1 Strukturelles Komprimieren eines Modells

Abbildung 4.60 zeigt die strukturelle Kompression eines Geschäftsprozessmodells an einem Beispiel. Dabei wird der Prozess p_{child} aus dem verfeinernden Geschäftsprozessnetz seines Elternprozesses p_{parent} eliminiert und durch sein eigenes verfeinerndes Prozessnetz ersetzt, welches die Prozesse $p_{grandchild1}, \ldots, p_{grandchildn}$ umfasst. Im ursprünglichen Modell trägt der zu eliminierende Prozess p_{child} zur Realisierung der Schnittstelle von p_{parent} bei, da der Eingabeport $in^1_{p_{child}}$ dem Eingabeport $in^1_{p_{parent}}$ als Portverfeinerung zugeordnet ist. Da der Eingabeport $in^1_{p_{child}}$ im transformierten Modell m' nicht mehr enthalten ist, muss der verfeinernde Port $in^1_{p_{grandchild1}}$ von $in^1_{p_{child}}$ daher dem Eingabeport $in^1_{p_{parent}}$ unmittelbar als Portverfeinerung zugewiesen werden. Darüber hinaus wird der bei p_{child} eingehende Kanal ($out^1_{p_{source}}, in^1_{p_{child}}$) aus dem Modell entfernt.

4.3 Transformationsregeln für Geschäftsprozessmodelle

glass box business process p_{parent} = {
  input ports $in^1_{p_{child}}$ $\dashrightarrow$ $in^1_{p_{parent}}$
  ...
}

glass box business process p_{child} = {
  input ports $in^1_{p_{grandchild}}$ $\rightsquigarrow$ $in^1_{p_{child}}$
  ...
}

p_{source} — $out^1_{p_{source}} : s$ / $in^1_{p_{parent}} : s_{all}$ → p_{parent}

p_{source} — $out^1_{p_{source}} : s$ / $in^1_{p_{child}} : s$ → p_{child}

p_{source} — $out^1_{p_{source}} : s$ / $in^1_{p_{grandchild1}} : s$ → $p_{grandchild1}$

⇩ Komprimiere Modell

glass box business process p_{parent} = {
  input ports $in^1_{p_{grandchild1}}$ $\rightsquigarrow$ $in^1_{p_{parent}}$
  ...
}

p_{source} — $out^1_{p_{source}} : s$ / $in^1_{p_{parent}} : s_{all}$ → p_{parent}

p_{source} — $out^1_{p_{source}} : s$ / $in^1_{p_{grandchild1}} : s$ → $p_{grandchild1}$

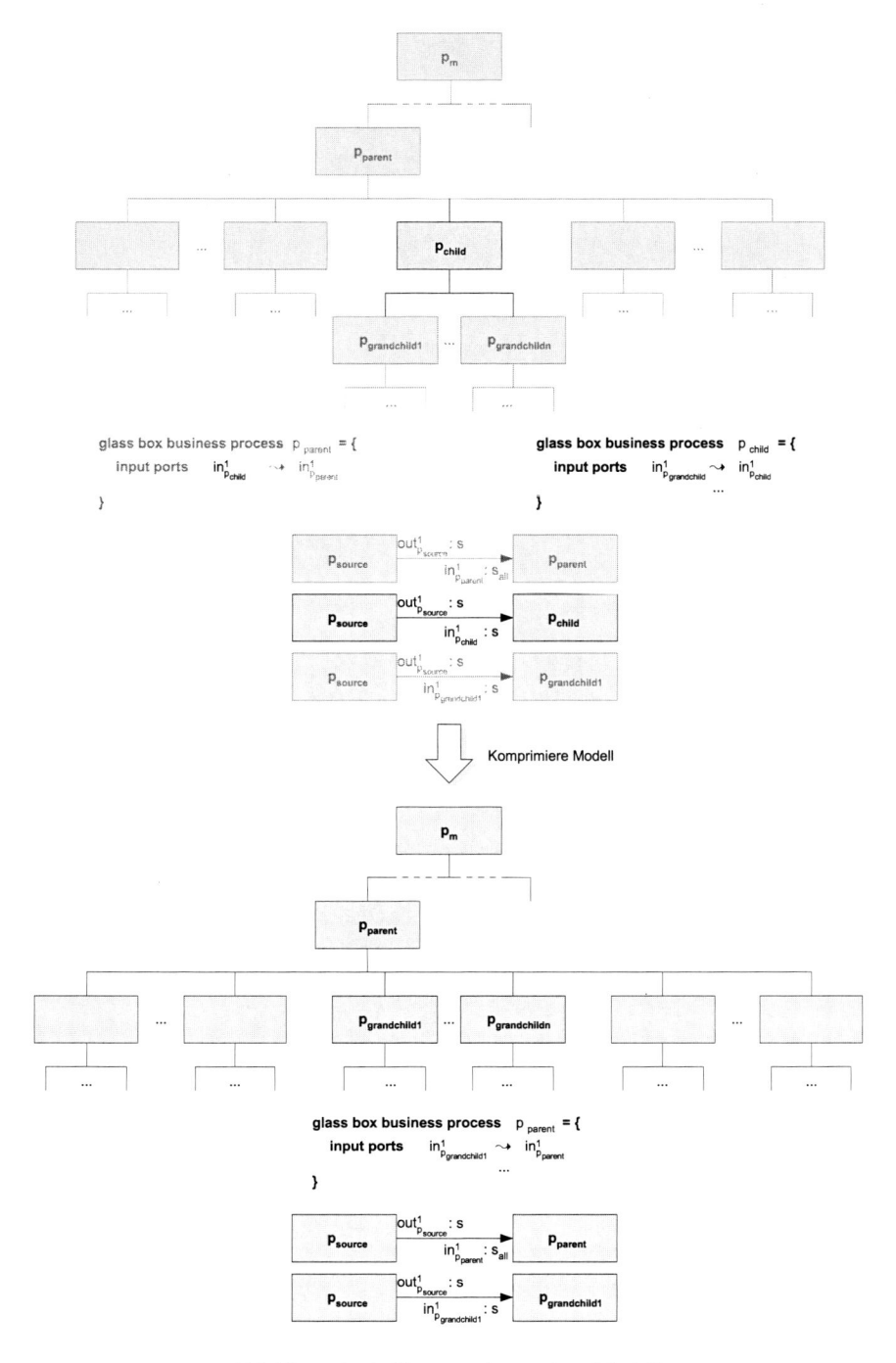

Abbildung 4.60: Komprimieren eines Modells

Eine formale Beschreibung der Verfeinerungsregel für die strukturelle Kompression ist in Abbildung 4.61 dargestellt.

Komprimiere Modell

(v0) $m = (P_m, C_m, p_m, Ref_m, Abs_m) \in \mathbb{MP}$ wohlgeformt

(v1) $p_{parent}, p_{child} \in P_m$

$p_{parent} \neq p_{child}$

$p_{child} \in Ref_m(p_{parent})$

$Ref_m(p_{child}) = P_n \neq \emptyset$

(v2) $\exists\, a : Pt_n \rightarrow Pt_{p_{parent}} \cup \{\bot\}$ wobei

$$a(pt) = \begin{cases} Abs_m(Abs_m(pt)) & \text{für } pt \in Pt_n \wedge Abs_m(Abs_m(pt)) \neq \bot \\ \bot & \text{sonst} \end{cases}$$

$m \rightsquigarrow m' = (P_m \setminus \{p_{child}\}, C_m \setminus C_{p_{child}}, p_m, Ref_{m'}, Abs_{m'})$ wobei

(n1) $Ref_{m'}(\tilde{p}) = \begin{cases} Ref_m(p_{parent}) \cup Ref_m(p_{child}) \setminus \{p_{child}\} & \text{für } \tilde{p} = p_{parent} \\ Ref_m(\tilde{p}) & \text{für } \tilde{p} \in P_{m'} \setminus \{p_{parent}\} \end{cases}$

(n2) $Abs_{m'}(pt) = \begin{cases} a(pt) & \text{für } pt \in Pt_n \\ Abs_m(pt) & \text{für } pt \in Pt'_m \setminus Pt_n \end{cases}$

(n3) $C_{p_{child}} = \{c \in C_m \mid Source(c) \in Out_{p_{child}} \vee Sink(c) \in In_{p_{child}}\}$

Abbildung 4.61: Transformationsregel „Komprimiere Modell"

Damit die Verfeinerungsregel angewendet werden kann und ein wohlgeformtes Geschäftsprozessmodell m' erzeugt, müssen die folgenden Vorbedingungen erfüllt sein.

- (v0) m sei ein wohlgeformtes Geschäftsprozessmodell.

- (v1) p_{parent} und p_{child} seien zwei verschiedene Prozesse im Modell m. p_{child} sei im verfeinernden Prozessnetz von p_{parent} enthalten. Ferner sei p_{child} im Modell zu einem Prozessnetz verfeinert, das die Prozesse P_n umfasst.

- (v2) a bezeichne eine Funktion, welche die Ports von p_{parent} unmittelbar mit den Ports der verfeinernden Prozesse von p_{child} in Beziehung setzt. Portverfeinerungsbeziehungen, die in m zwischen Ports von p_{parent} und Ports von p_{child} bestehen, werden dabei realisiert durch Ports der verfeinernden Prozesse P_n von p_{child}.

Sind diese Vorbedingungen erfüllt, transformiert diese Regel das ursprüngliche Modell m zu einem Modell m', indem die Menge der Prozesse im Modell um den Prozess p_{child} verringert wird. Ferner werden alle Kanäle, an denen Ports von p_{child} beteiligt sind, aus dem transformierten Modell m' entfernt (n3).

Des Weiteren wird in der hierarchischen Struktur des Modells die Verfeinerung von p_{parent} um p_{child} reduziert und um die Menge der verfeinernden Prozesse P_n von p_{child} erweitert (n1). Die Portverfeinerungsbeziehungen werden ebenfalls angepasst. Dabei ordnen wir denjenigen Ports von p_{parent}, die im ursprünglichen Modell durch Ports von p_{child} verfeinert wurden, entsprechende Urbilder im verfeinernden Prozessnetz n von p_{child} als Portverfeinerung zu.

Das durch die Anwendung der Transformationsregel entstehende Geschäftsprozessmodell m' ist wohlgeformt, da es die Bedingungen (M1) bis (M8) aus Abschnitt 3.3.3 erfüllt.

(M1) *Baumstruktur der Verfeinerungsbeziehung der Prozesse im Geschäftsprozessmodell*

Aus der Baumstruktur des Modells wird ein nicht elementarer Prozess p_{child} eliminiert. Alle Prozesse aus dem Unterbaum von p_{child} rutschen dadurch jeweils auf die

4.3 Transformationsregeln für Geschäftsprozessmodelle

nächsthöhere Abstraktionsebene im Modellbaum (n1). Die Baumstruktur des Modells bleibt dabei erhalten.

(M2) *Portverfeinerung konsistent mit Prozessverfeinerung*

Vorbedingung (v2) und Nachbedingung (n2) stellen sicher, dass auch im transformierten Modell die Portverfeinerungsbeziehungen konsistent mit der Prozessverfeinerung sind.

(M3) *Konkretisierung der Sorten bei der Portverfeinerung*

Aus den Portverfeinerungsbeziehungen werden lediglich Zwischenschritte eliminiert. An der Konkretisierung der Nachrichtentypen von den abstrakteren zu den konkreteren Modellebenen ändert sich dadurch jedoch nichts.

(M6) *Konsistenz der Kanäle über die Verfeinerungsebenen hinweg*

Da m ein wohlgeformtes Geschäftsprozessmodell ist, enthält es für alle Kanäle, an denen der Prozess p_{child} beteiligt ist, entsprechende Kanäle im Prozessnetz der verfeinernden Glass-Box-Sicht von p_{child}. Folglich bleibt die Kanalverfeinerung konsistent, wenn wir den Prozess p_{child} und alle damit verbundenen Kanäle aus dem Geschäftsprozessmodell entfernen.

(M*) Die Menge der Kanäle und die Typisierung der bereits im Modell vorhandenen Ports werden durch die Transformationsregel nicht verändert. Die Eigenschaften (M4), (M5), (M7) und (M8) gelten daher trivialerweise auch für das transformierte Geschäftsprozessmodell.

Ist das ursprüngliche Geschäftsprozessmodell m semantisch korrekt, so konkretisiert das Verhalten des verfeinernden Geschäftsprozessnetzes n das Prozessverhalten des abstrakten Prozesses p_{child}. Durch die Transformationsregel verschieben sich die Prozesse des verfeinernden Geschäftsprozessnetzes n von p_{child} im Modell nach oben in das verfeinernde Geschäftsprozessnetz $\tilde{n}$ von p_{parent}. Die zwischen den Prozessen P_n und anderen Prozessen des Modells bestehenden Kanäle bleiben dabei unverändert erhalten.

Sind die Prozesse aus P_n ausschließlich durch solche Kanäle mit den Prozessen $P_{\tilde{n}}$ des verfeinernden Prozessnetzes $\tilde{n}$ von p_{parent} verbunden, die im ursprünglichen Modell m eine Kanalverfeinerung der Ein- und Ausgabekanäle von p_{child} darstellen, so ist das transformierte Modell m' automatisch auch semantisch korrekt.

Andernfalls ändert sich durch die Anwendung der Transformationsregel die Kompositionsstruktur der Verhaltensfunktionen im verfeinernden Geschäftsprozessnetz $\tilde{n}$ des Prozesses p_{parent} im Modell m'. In diesem Fall bleibt die semantische Korrektheit des Modells unter der Transformationsregel erhalten, wenn zusätzlich zu den in der Transformationsregel beschriebenen Bedingungen noch die Eigenschaft

$$[\exists c = (out, in) \in C_m \ : \ out \in O_n \ \wedge \ Abs_m(out) = \bot \ \vee \ in \in I_n \ \wedge \ Abs_m(in) = \bot]$$
$$\Rightarrow \ A_{m'}(\tilde{n}, K_{m'}(\tilde{n}), p_{parent}) \subseteq B_{p_{parent}}$$

erfüllt ist. Dabei bezeichne $n = GlassBox(p_{child})$ das verfeinernde Geschäftsprozessnetz von p_{child} im ursprünglichen Modell m und $\tilde{n} = GlassBox'(p_{parent})$ das verfeinernde Geschäftsprozessnetz von p_{parent} im transformierten Modell m'.

Die strukturelle Kompression eines Prozessnetzes ist immer dann möglich, wenn für einen Prozess im Modell eine verfeinernde Glass-Box-Sicht definiert ist. Ausgenommen ist dabei lediglich eine Kompression, bei der die Wurzel des Geschäftsprozessmodells eliminiert und durch ihre verfeinernden Prozesse ersetzt würde, da das transformierte Modell sonst kein eindeutig bestimmtes abstraktestes Element mehr hätte.

4.3.3.2 Strukturelles Expandieren eines Modells

Die strukturelle Expansion bewirkt eine Transformation eines Geschäftsprozessmodells, die zur strukturellen Kompression invers ist. Dabei wird eine Teilmenge der Prozesse eines verfeinernden Prozessnetzes auf eine Abstraktionsebene feinerer Granularität ausgelagert. Auf der ursprünglichen Verfeinerungsebene werden diese Prozesse durch einen neu einzufügenden Prozess ersetzt, der als abstrakter Prozess das durch die ausgelagerten Prozesse gebildete Geschäftsprozessnetz repräsentiert. Die strukturelle Expansion fügt also einem bestehenden Geschäftsprozessmodell Strukturinformation hinzu.

Das Beispiel in Abbildung 4.62 veranschaulicht die strukturelle Expansion eines Geschäftsprozessmodells. Dabei werden die Prozesse p_{child1} bis p_{childn} aus dem verfeinernden Prozessnetz von p_{parent} ausgelagert und in diesem Netz durch den Prozess p ersetzt. p selbst wird im transformierten Modell m' durch die ausgelagerten Prozesse p_{child1} bis p_{childn} weiter verfeinert.

Im ursprünglichen Modell war der mit s typisierte Eingabeport $in^1_{p_{child1}}$ von einem der auszulagernden Prozesse dem noch ungetypten Eingabeport $in^1_{p_{parent}}$ von p_{parent} als Portverfeinerung zugeordnet. Damit die Portverfeinerung konsistent mit der Prozessverfeinerung bleibt, muss daher in m' ein Portverfeinerungsschritt zwischengeschaltet werden. Entsprechend legen wir den mit s typisierten Port in^1_p als Portverfeinerung von $in^1_{p_{parent}}$ fest und $in^1_{p_{child1}}$ als Portverfeinerung von in^1_p.

Der Eingabeport $in^1_{p_{parent}}$ ist im ursprünglichen Modell durch einen Kanal mit dem Ausgabeport $out^1_{p_{source}}$ des Prozesses p_{source} verbunden. Dieser Kanal wird im ursprünglichen Modell verfeinert durch die Kanalverbindung $(out^1_{p_{source}}, in^1_{p_{child1}})$. Um auch im transformierten Geschäftsprozessmodell m' die Konsistenz der Kanäle über die verschiedenen Verfeinerungsebenen hinweg zu gewährleisten, erweitern wir das Modell m' um den Kanal $(out^1_{p_{source}}, in^1_p)$.

Abbildung 4.63 beschreibt auf mathematische Weise die Transformationsregel für die strukturelle Expansion eines Geschäftsprozessmodells.

Damit ein wohlgeformtes Geschäftsprozessmodell durch strukturelle Expansion in ein ebenfalls wohlgeformtes Modell überführt wird, müssen die folgenden Voraussetzungen erfüllt sein.

(v0) m sei ein wohlgeformtes Geschäftsprozessmodell.

(v1) p_{parent} sei ein Prozess, der in m enthalten und bereits weiter verfeinert ist.

(v2) p sei ein Prozess, der nicht in m enthalten ist.

(v3) P_n bezeichne diejenige Teilmenge der verfeinernden Prozesse $Ref_m(p_{parent})$, die auf die nächstfeinere Abstraktionsebene des Modellbaumes ausgelagert werden soll.

(v4) Damit das durch die strukturelle Expansion entstehende Geschäftsprozessmodell wohlgeformt ist, müssen ferner die Ports derjenigen Prozesse, die von der Regel unmittelbar betroffen sind, über die drei von der Regel berührten Abstraktionsebenen hinweg einander zugeordnet werden. Zum einen realisiert dabei der neu eingefügte Prozess p denjenigen Teil der Schnittstelle von p_{parent}, der bisher durch die auszulagernden Prozesse umgesetzt wurde. Zum anderen müssen die auszulagernden Prozesse nach Durchführung der strukturellen Expansion die Schnittstelle des neu eingefügten Prozesses p realisieren. Die Verkettung dieser beiden neuen Stufen der Portverfeinerung in m' muss dabei genau diejenige Portverfeinerung realisieren, die in m zwischen den beiden ursprünglichen Verfeinerungsebenen $Pt_{p_{parent}}$ und Pt_n bestanden hat. Darüber hinaus soll auch in m' die Konkretisierung der mit den Ports assoziierten Nachrichtentypen bei der Portverfeinerung erhalten bleiben.

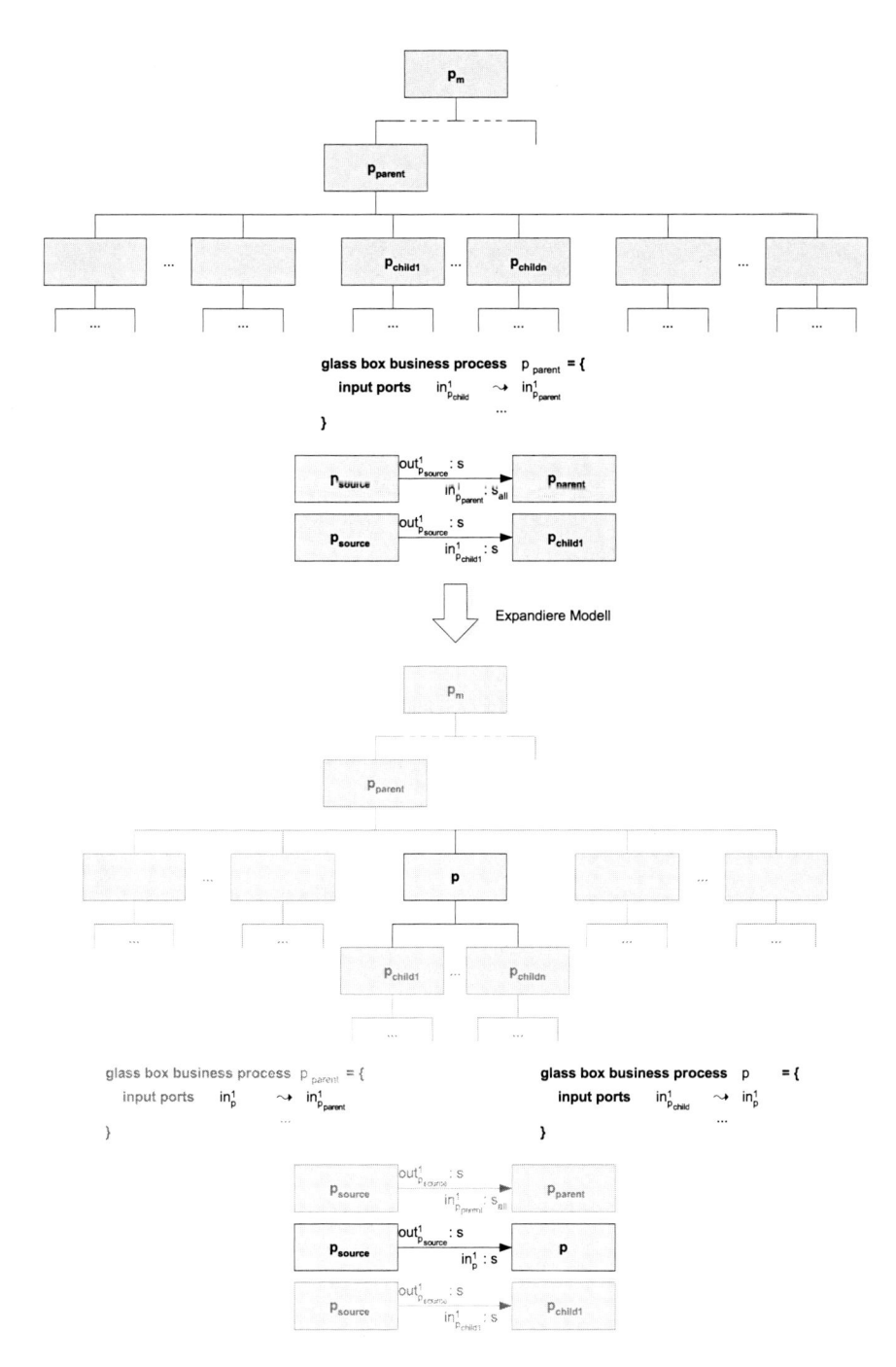

4.3 Transformationsregeln für Geschäftsprozessmodelle

Abbildung 4.62: Strukturelles Expandieren eines Modells

> **Expandiere Modell**
>
> (v0) $m = (P_m, C_m, p_m, Ref_m, Abs_m) \in \mathbb{MP}$ wohlgeformt
> (v1) $p_{parent} \in P_m$
> $Ref_m(p_{parent}) \neq \emptyset$
> (v2) $p \in \mathbb{P} \setminus P_m$
> $Pt_p \cap Pt_m = \emptyset$
> (v3) $P_n \subseteq Ref_m(p_{parent}), P_n \neq \emptyset$
> (v4) $\tilde{Pt} = Abs_m[Pt_n]$
> $\exists \, a1 : Pt_p \longrightarrow \tilde{Pt} \cup \{\bot\}$,
> $a1|_{In_p \to \tilde{Pt} \cap In_{p_{parent}}}$ surjektiv, $a1|_{Out_p \to \tilde{Pt} \cap Out_{p_{parent}}}$ surjektiv und injektiv,
> $a2 : Pt_n \longrightarrow Pt_p \cup \{\bot\}$,
> $a2|_{In_n \to In_p}$ surjektiv, $a2|_{O_n \to Out_p}$ surjektiv und injektiv :
> $\forall \, pt \in Pt_n, Abs_m(pt) \neq \bot$:
> $a1(a2(pt)) = Abs_m(pt) \land Sort(a2(pt)) \in \{Sort(pt), Sort(Abs_m(pt))\}$
> $\forall \, pt \in Pt_n, Abs_m(pt) = \bot$:
> $a1(a2(pt)) = \bot \land Sort(a2(pt)) \in \{Sort(pt), s_{all}\}$
> (v5) $C_p = \{(out', in) \in Out_p \times In_m \mid$
> $\exists (out, in) \in C_m : out \in Out_{p_{parent}} \land a1(out') = out\} \cup$
> $\{(out, in') \in Out_m \times In_p \mid$
> $\exists (out, in) \in C_m : in \in In_{p_{parent}} \land a1(in') = in\}$
> (v6) $\forall (out, in) \in C_p$:
> $Sort(out) = Sort(in) \lor Sort(out) = s_{all} \lor Sort(in) = s_{all}$
>
> ---
>
> $m \leadsto m' = (P_m \cup \{p\}, C_m \cup C_p, p_m, Ref_{m'}, Abs_{m'})$ wobei
>
> (n1) $Ref_{m'}(\tilde{p}) = \begin{cases} Ref_m(p_{parent}) \cup \{p\} \setminus P_n & \text{für } \tilde{p} = p_{parent} \\ P_n & \text{für } \tilde{p} = p \\ Ref_m(\tilde{p}) & \text{für } \tilde{p} \in P_{m'} \setminus \{p_{parent}, p\} \end{cases}$
>
> (n2) $Abs_{m'}(pt) = \begin{cases} a1(pt) & \text{für } pt \in Pt_p \\ a2(pt) & \text{für } pt \in Pt_n \\ Abs_m(pt) & \text{für } pt \in Pt_m \setminus Pt_n \end{cases}$

Abbildung 4.63: Transformationsregel „Expandiere Modell"

(v5) C_p bezeichne die Menge der Kanäle, welche die von p_{parent} ausgehenden bzw. empfangenen Kanäle auf derjenigen Verfeinerungsebene im Modell widerspiegeln, die den neuen Prozess p enthält.

(v6) Für jeden der neuen Kanäle in C_p seien die Nachrichtentypen der beteiligten Ports zueinander konsistent.

Sind diese Vorbedingungen erfüllt, so transformiert diese Regel das ursprüngliche Modell m zu einem Modell m', indem die ausgelagerten Prozesse P_n in der Glass-Box-Sicht von p_{parent} durch den neuen Prozess p ersetzt werden. p selbst wird dabei im Modell durch eben diese ausgelagerten Prozesse P_n verfeinert (n1). Ferner werden die Ports von p_{parent}, p und P_n einander so zugeordnet, dass die Verkettung der neuen Stufen der Portverfeinerung die Verfeinerungsbeziehungen des ursprünglichen Modells realisiert (n2). Die Menge der Kanäle schließlich wird gegenüber m um C_p erweitert.

Das durch die Anwendung der Transformationsregel entstehende Geschäftsprozessmodell m' ist wohlgeformt, da es die Bedingungen (M1) bis (M8) aus Abschnitt 3.3.3 erfüllt.

4.3 Transformationsregeln für Geschäftsprozessmodelle

(M1) *Baumstruktur der Verfeinerungsbeziehung der Prozesse im Geschäftsprozessmodell*

In der Baumstruktur werden die Prozesse P_n als Verfeinerung des neuen Prozesses p auf die nächstfeinere hierarchische Ebene ausgelagert. Auf ihrer ursprünglichen Verfeinerungsebene werden die Prozesse P_n dabei durch den neuen Prozess p ersetzt. Der neue Prozess p wird genau dem abstrakteren Prozess p_{parent} als Verfeinerung zugeordnet (n1). Die Baumstruktur des Modells bleibt somit erhalten.

(M2) *Portverfeinerung konsistent mit Prozessverfeinerung*

Vorbedingung (v4) und Nachbedingung (n2) stellen sicher, dass auch im transformierten Modell die Portverfeinerungsbeziehungen konsistent mit der Prozessverfeinerung sind.

(M3) *Konkretisierung der Sorten bei der Portverfeinerung*

Darüber hinaus stellt Vorbedingung (v4) sicher, dass die mit den Ports assoziierten Nachrichtentypen bei der Portverfeinerung im Modell konkretisiert werden.

(M4) *Kompatibilität der Porttypen der Kanäle*

Vorbedingung (v6) stellt sicher, dass jeder der neuen Kanäle des Modells zwei Ports verbindet, deren Nachrichtentypen zueinander kompatibel sind.

(M5) *Keine vertikalen Kanäle im Modellbaum*

Das Modell wird ausschließlich um solche Kanäle erweitert, die jeweils eine bereits in m bestehende Kanalverbindung von p_{parent} verfeinern. Da m wohlgeformt ist (v0), verläuft keine dieser ursprünglichen Kanalverbindungen vertikal im Modellbaum, und damit auch keiner der neuen Kanäle (v5).

(M6) *Konsistenz der Kanäle über die Verfeinerungsebenen hinweg*

Vorbedingung (v5) stellt sicher, dass die Kanalverfeinerung über die verschiedenen Ebenen des Modells hinweg gewährleistet bleibt.

(M7) *Belegung der Eingabeports eindeutig je Prozessnetz im Modell*

C_p umfasst genau diejenigen Kanäle, welche diejenigen aus- bzw. eingehenden Kanäle von p_{parent} verfeinern, deren Start- bzw. Zielport in m' durch Ports von p verfeinert werden. Da das ursprüngliche Modell wohlgeformt ist (v0), ist jeder der Eingabeports von p_{parent} auf jeder möglichen Verfeinerungsebene in m eindeutig belegt, also durch höchstens einen eingehenden Kanal (in, out) gebunden. Folglich ist auch jeder der Eingabeports von p durch höchstens einen eingehenden Kanal in C_p gebunden.

Vorbedingung (v4) und Nachbedingung (v2) weisen jedem Ausgabeport out von p_{parent} genau einen Ausgabeport von p als Urbild zu. Daher ist der Zielport in eines ausgehenden Kanals (out, in) von p_{parent} auf der Ebene des verfeinernden Prozesses p ebenfalls durch genau einen Kanal belegt. Folglich bleiben die Eingabeports auch im transformierten Modell eindeutig belegt.

(M8) *Zyklenfreiheit des Geschäftsprozessmodells*

Jeder der neuen Kanäle repräsentiert auf der neu entstandenen Verfeinerungsebene lediglich eine Kanalverbindung, die nicht nur auf der nächstfeineren, sondern auch auf der nächstabstrakteren Ebene im Modell bereits existiert. Dadurch ist sichergestellt, dass durch die neuen Kanäle keine Zyklen entstehen, sofern das ursprüngliche Modell selbst auch zyklenfrei war.

Um die semantische Korrektheit des Modells unter der Transformationsregel zu erhalten, muss zusätzlich zu den in der Transformationsregel beschriebenen Bedingungen noch die Konkretisierung der Mengen von Verhaltensfunktionen über die verschiedenen Abstraktionsebenen des Geschäftsprozessmodells hinweg gewährleistet sein. Dies ist der Fall, wenn die Eigenschaft

$$A_{m'}(n, K_{m'}(n), p) \subseteq B_p \ \land \ A_{m'}(\tilde{n}, K_{m'}(\tilde{n}), p_{parent}) \subseteq B_{p_{parent}}$$

erfüllt ist. Dabei bezeichnen $n = GlassBox'(p)$ bzw. $\tilde{n} = GlassBox'(p_{parent})$ die verfeinernden Prozessnetze von p bzw. p_{parent} im transformierten Modell m'.

Neben den Transformationsregeln 4.3.3.1 und 4.3.3.2 für die Umstrukturierung von Geschäftsprozessmodellen sehen wir noch weitere Transformationsregeln vor, mittels derer bereits getroffene Modellierungsentscheidungen wieder rückgängig gemacht werden können. Im Folgenden stellen wir exemplarisch einige ausgewählte Regeln zum Löschen von Modellelementen vor. Diese Regeln können bei Bedarf entsprechend erweitert werden.

4.3.3.3 Löschen eines Prozesses aus einem Modell

Das Löschen eines Prozesses aus einem Modell verläuft weit gehend analog zum Löschen eines Prozesses aus einem Netz, das wir in Abschnitt 4.2.3.4 eingeführt haben. Abbildung 4.64 beschreibt die entsprechende Transformationsregel auf mathematische Weise.

──── Lösche Prozess aus Modell ────

$(v0) \ m = (P_m, C_m, p_m, Ref_m, Abs_m) \in \mathbb{MP}$ wohlgeformt
$(v1) \ p = (In_p, Out_p, B_p) \in P_m$
$\qquad Ref_m(p) = \varnothing$
$(v2) \ \nexists c \in C_m \ : \ Source(c) \in Out_p \ \lor \ Sink(c) \in In_p$
$(v3) \ \forall \, pt \in Pt_p \ : \ Abs_m(pt) = \bot$

$m \leadsto m' = (P_m \setminus \{p\}, C_m, p_m, Ref_{m'}, Abs_{m'})$ wobei
$(n1) \ Ref_{m'}(\tilde{p}) = \begin{cases} Ref_m(\tilde{p}) \setminus \{p\} & \text{für } p \in Ref_m(\tilde{p}) \\ Ref_m(\tilde{p}) & \text{sonst} \end{cases}$
$(n2) \ \forall \, pt \in Pt_{m'} \ : \ Abs_{m'}(pt) = Abs_m(pt)$

Abbildung 4.64: Transformationsregel „Lösche Prozess aus Modell"

p sei ein Elementarprozess eines wohlgeformten Modells m. Damit p aus m gelöscht werden kann, muss sichergestellt sein, dass kein Port von p mehr in Kanälen des Modells gebunden ist. Ferner darf kein Port von p einem anderen Port des Modells als Verfeinerung zugewiesen sein.

Sind diese Bedingungen erfüllt, so kann p aus der Menge des Prozesse des Modells eliminiert werden. Verfeinert p im ursprünglichen Modell m einen Prozess p_{parent}, so wird p im transformierten Modell m' aus der Menge der verfeinernden Prozesse dieses Elternprozesses p_{parent} gelöscht (n1). Ferner wird die Funktion $Abs_{m'}$ gegenüber Abs_m in ihrer Signatur eingeschränkt, stimmt jedoch im Rahmen ihres Gültigkeitsbereiches mit Abs_m überein (n2).

Die Transformationsregel löscht einen Elementarprozess aus der Baumstruktur des Geschäftsprozessmodells. Alle anderen Aspekte des Modells bleiben dabei unverändert erhalten. Folglich erfüllt das durch die Transformation entstandene Modell m' trivialerweise ebenfalls die in Abschnitt 3.3.3 eingeführten Bedingungen (M1) bis (M8) und ist daher wohlgeformt.

War das ursprüngliche Geschäftsprozessmodell m semantisch korrekt, so ist darüber hinaus automatisch auch das transformierte Geschäftsprozessmodell m' semantisch korrekt, da

4.3 Transformationsregeln für Geschäftsprozessmodelle

die Mengen der Verhaltensfunktionen der im Modell verbleibenden Prozesse nicht verändert werden.

Der von der Transformationsregel gelöschte Prozess p muss ein Elementarprozess im Modell sein. Das Löschen von Prozessen aus einem Modell ist daher eine bottom-up im Modellbaum orientierte Operation.

4.3.3.4 Löschen eines Kanals aus einem Modell

Abbildung 4.65 beschreibt auf mathematische Weise die Transformationsregel zum Löschen eines Kanals aus einem Modell.

Lösche Kanal aus Modell
$(v0)$ $m = (P_m, C_m, p_m, Ref_m, Abs_m) \in \mathbb{MP}$ wohlgeformt
$(v1)$ $c \in C_m$
$(v2)$ $\nexists \tilde{c} \in C_m \ : \ Source(\tilde{c}) = Abs_m(Source(c)) \land Sink(\tilde{c}) = Abs_m(Sink(c))$

$m \leadsto m' = (P_m, C_m \setminus \{c\}, p_m, Ref_m, Abs_m)$

Abbildung 4.65: Transformationsregel „Lösche Kanal aus Modell"

Im Gegensatz zum Löschen von Prozessen aus einem Modell werden Kanäle top-down-orientiert aus einem Modell entfernt. Dieser Unterschied ist im Wohlgeformtheitskriterium (M6) begründet, in welchem wir fordern, dass die Kanäle über die Verfeinerungsebenen eines Modells hinweg konsistent sind. Damit durch das Löschen eines Kanals c ein wohlgeformtes Geschäftsprozessmodell m in ein ebenfalls wohlgeformtes Modell m' übergeht, darf c keinen anderen Kanal in m verfeinern (v2).

Ist diese Bedingung erfüllt, kann c aus der Menge der Kanäle des Modells eliminiert werden.

Die Baumstruktur des Modells, die Typisierung der Ports und die Abstraktionsbeziehungen zwischen den Ports im Modell werden durch die Transformationsregel nicht verändert. Ferner wird das Modell nicht um neue Kanäle erweitert. Die Bedingungen (M1) bis (M8) gelten daher trivialerweise auch für das transformierte Geschäftsprozessmodell m'.

Gehören der Quell- und der Zielprozess des zu eliminierenden Kanals c im ursprünglichen Geschäftsprozessmodell m der Glass-Box-Sicht des gleichen abstrakten Prozesses p an, so verändert die Transformationsregel im transformierten Modell m' die Kompositionsstruktur der Verhaltensfunktionen im verfeinernden Geschäftsprozessnetz n' von p. War das ursprüngliche Geschäftsprozessmodell m semantisch korrekt, so ist auch das verfeinernde Geschäftsprozessmodell m' semantisch korrekt, wenn zusätzlich zu den in der Transformationsregel beschriebenen Bedingungen noch die Eigenschaft

$$[\exists p \in P_m \ : \ \{p_{source}, p_{sink}\} \subseteq Ref_m(p)] \Rightarrow A_{m'}(n', K_{m'}(n'), p) \subseteq B_p$$

erfüllt ist.

4.3.3.5 Löschen eines elementaren Prozessnetzes aus einem Modell

Die Transformationsregel für das Löschen eines elementaren Prozessnetzes aus einem Geschäftsprozessmodell beschreiben wir in Abbildung 4.66 auf mathematische Weise. Wir

---
Lösche Netz aus Modell

$(v0)$ $m = (P_m, C_m, p_m, Ref_m, Abs_m) \in \mathbb{MP}$ wohlgeformt
$(v1)$ $p_{parent} \in P_m$
$(v2)$ $n = (P_n, C_n, I_n, O_n) = GlassBox(p_{parent})$
$\quad \forall\, p \in P_n \;:\; Ref_m(p) = \varnothing$
$(v3)$ $\nexists\, c \in C_m \setminus C_n \;:\; Source(c) \in O_n \;\vee\; Sink(c) = I_n$

$m \leadsto m' = (P_m \setminus P_n, C_m \setminus C_n, p_m, Ref_{m'}, Abs_{m'})$ wobei

$(n1)$ $Ref_{m'}(\tilde{p}) = \begin{cases} \varnothing & \text{für } \tilde{p} = p_{parent} \\ Ref_m(p) & \text{für } \tilde{p} \in P_{m'} \setminus \{p_{parent}\} \end{cases}$

$(n2)$ $\forall\, pt \in Pt_{m'} \;:\; Abs_{m'}(pt) = Abs_m(pt)$

Abbildung 4.66: Transformationsregel „Lösche Netz aus Modell"

bezeichnen ein Prozessnetz als elementar im Modell, wenn keiner der Prozesse des Netzes im Modell weiter verfeinert ist.

Damit das elementare Prozessnetz n aus einem wohlgeformten Modell m gelöscht werden kann, darf kein Port der externen Schnittstelle von m durch einen Kanal mit der Umgebung von n in m verbunden sein.

Ist diese Vorbedingung erfüllt, können die Prozesse P_n und die Kanäle C_n des elementaren Netzes n aus dem Modell eliminiert werden. Im transformierten Modell m' wird dadurch der ehemalige Elternprozess p_{parent} von n selbst zum Elementarprozess (n1). Darüber hinaus wird die Funktion $Abs_{m'}$ gegenüber Abs_m in ihrer Signatur eingeschränkt, stimmt jedoch im Rahmen ihres Gültigkeitsbereiches mit Abs_m überein (n2).

Die Transformationsregel löscht eine Menge von Elementarprozessen aus der Baumstruktur des Geschäftsprozessmodells, sowie die zwischen diesen Prozessen bestehenden Kanalverbindungen. Alle anderen Aspekte des Modells bleiben unverändert erhalten. Das durch die Transformation entstandene Modell m' erfüllt daher ebenfalls die in Abschnitt 3.3.3 eingeführten Bedingungen (M1) bis (M8) und ist somit wohlgeformt.

Durch die Transformationsregel wird aus dem Geschäftsprozessmodell ein komplettes Geschäftsprozessnetz eliminiert, dessen Prozesse lauter Elementarprozesse in m sind. Die Mengen von Verhaltensfunktionen der im Modell verbleibenden Geschäftsprozesse werden durch die Transformationsregel jedoch nicht verändert. War das ursprüngliche Geschäftsprozessmodell m semantisch korrekt, so ist folglich automatisch auch das transformierte Geschäftsprozessmodell m' semantisch korrekt.

4.4 Zusammenfassung

In Kapitel 3 haben wir für die Modellierung von Geschäftsprozessen Beschreibungstechniken eingeführt, die umfassender formalisiert und damit aussagekräftiger sind als andere heute verfügbare Beschreibungstechniken für Geschäftsprozesse.

Die Verwendung von präzise definierten und formal fundierten Beschreibungstechniken ist eine Grundvoraussetzung dafür, dass die erstellten Modelle klar in ihrer Bedeutung und frei von Widersprüchen sind. Eine Garantie dafür, dass die mit diesen Beschreibungstechniken

4.4 Zusammenfassung

dokumentierten Modelle gut und aussagekräftig sind, bietet die formale Fundierung der Beschreibungstechniken allerdings nicht. Vielmehr können auch präzise Beschreibungstechniken, wenn sie auf unsystematische Weise verwendet werden, zu chaotischen und daher wenig nützlichen Modellen führen. Eine wohldefinierte Beschreibungstechnik entfaltet ihr volles Potenzial und ihre ganze Stärke daher erst dann, wenn zusätzlich systematische Entwicklungsschritte angegeben werden, welche die effektive Verwendung der Beschreibungstechniken vorgeben.

In diesem Kapitel haben wir an einer Auswahl von wichtigen und praxisrelevanten Modellierungsschritten demonstriert, auf welche Weise sich Veränderungen an modellierten Geschäftsprozessen, Geschäftsprozessnetzen und Geschäftsprozessmodellen in Form von Transformationsregeln realisieren lassen, welche die syntaktische Wohlgeformtheit der Modelle aufrechterhalten. Ergänzend wurden zusätzliche Bedingungen angegeben, die darüber hinaus auch die semantische Korrektheit von Geschäftsprozessmodellen bei solchen Transformationen gewährleisten.

Wird ein Modell konsequent und ausschließlich durch derart fundierte Transformationsregeln verfeinert bzw. modifiziert, so liegt dem Modellierer zu jedem Zeitpunkt ein Modell vor, das in sich konsistent, widerspruchsfrei und hinsichtlich der Bedeutung der im Modell dargestellten Elemente eindeutig ist. Modelle dieser Qualität bilden nicht nur eine wichtige Kommunikationsgrundlage für Systementwickler und Anwendungsspezialisten, die im Rahmen der Erfassung, Analyse und Definition von Anforderungen intensiv zusammenarbeiten und miteinander kommunizieren. Durch ihre hohe Präzision und Aussagekraft stellen diese Modelle darüber hinaus eine gute Ausgangsbasis für die späteren Phasen des Softwareentwicklungsprozesses dar.

Kapitel 5

Zusammenfassung und Ausblick

> In theory, there is no difference
> between theory and practice.
> In practice, there is.
>
> *Jan L.A. van de Snepscheut*

Bei der Entwicklung von betrieblichen Informationssystemen bilden Geschäftsprozessmodelle eine wichtige Grundlage für die Kommunikation zwischen den Anwendungsspezialisten und späteren Systembenutzern auf der einen Seite und den Systementwicklern auf der andere Seite. In dieser Arbeit haben wir Beschreibungstechniken für Geschäftsprozesse eingeführt, die eine anschauliche Darstellungsweise mit einer formal definierten Semantik verbinden und dadurch eine leicht verständliche, aber dennoch präzise Dokumentation von Geschäftsprozessen ermöglichen.

Im Folgenden fassen wir die wichtigsten Ergebnisse kurz zusammen und skizzieren mögliche Erweiterungen der vorliegenden Arbeit.

5.1 Ergebnisse

Um eine klare Vorstellung der Kernelemente der Geschäftsprozessmodellierung zu gewinnen, haben wir zunächst die grundlegenden Konzepte Geschäftsprozess, Geschäftsprozessnetz und Geschäftsprozessmodell mittels entsprechender Definitionen der abstrakten Syntax eingeführt. Einfachstes Element und damit Ausgangspunkt der Beschreibungstechniken ist dabei der Geschäftsprozess an sich. Mehrere Geschäftsprozesse lassen sich durch Kommunikationskanäle zu einem komplexeren Geschäftsprozessnetz komponieren. Durch eine hierarchische Verfeinerungsbeziehung zwischen einem abstrakten Geschäftsprozess und einem detaillierteren Geschäftsprozessnetz, das die Realisierung des abstrakten Geschäftsprozesses genauer beschreibt, lassen sich Mengen von Geschäftsprozessen und Geschäftsprozessnetzen strukturieren zu einem hierarchischen Geschäftsprozessmodell, das in verschiedene Abstraktionsebenen gegliedert ist.

So wie nicht jede Ansammlung von Wörtern einen sinnvollen Satz ergibt, bildet auch nicht jede beliebige Kombination von Geschäftsprozessen ein in sich stimmiges und aussagekräftiges Geschäftsprozessnetz bzw. Geschäftsprozessmodell. Daher haben wir auf der Ebene der abstrakten Syntax Wohlgeformtheitskriterien bzw. Kontextbedingungen für Geschäftsprozessnetze und Geschäftsprozessmodelle festgelegt, die sicherstellen, dass die möglichen Kombinationen eine sinnvolle Bedeutung ergeben. Diese Wohlgeformtheitskriterien sind auf formale Weise definiert, sodass sie durch eine geeignete Werkzeugunterstützung zu einer automatischen Konsistenzsicherung umgesetzt werden können.

Um die zugrunde liegenden mathematischen Definitionen zu kapseln und weit gehend vor den Modellierern zu verbergen, haben wir über der abstrakten Syntax eine grafische Notation eingeführt, welche die auf mathematische Weise definierten Konzepte anschaulich repräsentiert. Diese grafische Darstellungsweise haben wir ergänzt durch textuelle Annotationen zu den einzelnen Geschäftsprozessen, die wahlweise textuell, mathematisch oder als eine Kombination von textuellen und mathematischen Elementen formuliert sein können. Dadurch kann der Präzisionsgrad einer Annotation jeweils auf den aktuellen Kenntnisstand abgestimmt werden, welcher zu dem zugehörigen Geschäftsprozess bereits erarbeitet wurde.

Damit die Bedeutung der mit unseren Beschreibungstechniken modellierten Geschäftsprozesse, Geschäftsprozessnetze und Geschäftsprozessmodelle zweifelsfrei festgelegt ist, haben wir diesen Konzepten darüber hinaus eine formale Semantik zugewiesen, welche wir ebenfalls auf mathematische Weise beschrieben haben. Analog zu den Definitionen der abstrakten Syntax ergibt sich die Semantik eines Geschäftsprozessnetzes durch eine geeignete Komposition der Semantik der einzelnen Geschäftsprozesse, die in diesem Geschäftsprozessnetz enthalten sind. Die Semantikdefinition der Verfeinerungsbeziehung zwischen einem abstrakten Geschäftsprozess und seinem verfeinernden Geschäftsprozessnetz innerhalb eines Geschäftsprozessmodells wiederum setzt die Semantik des verfeinernden Geschäftsprozessnetzes durch eine geeignete Abstraktion mit der Semantik des abstrakten Geschäftsprozesses in Beziehung. Basierend auf diesen Festlegungen haben wir schließlich ein Geschäftsprozessmodell als genau dann semantisch korrekt definiert, wenn der Informationsgehalt in diesem Geschäftsprozessmodell von den abstrakteren zu den konkreteren Modellebenen hin zunimmt und das mögliche Systemverhalten dabei immer weiter determiniert wird.

Ergänzend zu den Beschreibungstechniken für Geschäftsprozesse haben wir ein Rollenmodell definiert, das eine flexible Verbindung zwischen den einzelnen Geschäftsprozessen und ihren ausführenden Einheiten herstellt. Durch dieses zwischengeschaltete Rollenmodell bleiben die im Geschäftsprozessmodell dokumentierten Ablaufstrukturen weit gehend unabhängig von personellen oder strukturellen Änderungen der Organisation, welche die Geschäftsprozesse ausführt. Ferner ist diese Zuordnung von Rollen zu den einzelnen Geschäftsprozessen des Geschäftsprozessmodells ein wichtiger Schritt beim Übergang von der Anforderungsdefinition zum Systementwurf.

Durch ihre formale Fundierung und die auf mathematische Weise definierten Konsistenzbedingungen sind die in dieser Arbeit eingeführten Beschreibungstechniken erheblich präziser als andere heute verbreitete grafische Beschreibungstechniken für Geschäftsprozesse. Da die zugrunde liegende mathematische Komplexität durch eine einfache grafische Darstellung gekapselt wird, bleiben die Beschreibungstechniken dennoch anschaulich und auch für Personen ohne Modellierungserfahrung gut verständlich. Diese Kombination von hoher Präzision und Aussagekraft einerseits und guter Verständlichkeit und Lesbarkeit andererseits macht die mit diesen Beschreibungstechniken erstellten Modelle nicht nur zu einem idealen Medium für die Kommunikation zwischen den an der Systementwicklung beteiligten Personengruppen, sondern auch zu einer guten Grundlage für die späteren Phasen des Softwareentwicklungsprozesses.

Typischerweise sind praxisnahe Geschäftsprozessmodelle sehr umfangreich und komplex, so-

5.1 Ergebnisse

dass sie nicht auf einmal, sondern sukzessive und inkrementell erstellt werden. Um eine systematische schrittweise Modellierung zu ermöglichen, haben wir eine Reihe von Transformationsregeln über unseren Beschreibungstechniken eingeführt. Dieser Regelkatalog fokussiert Verfeinerungsregeln, welche ein bestehendes Modell um zusätzliche Informationen erweitern und dabei das durch das Modell beschriebene System genauer determinieren. Ergänzt werden diese Verfeinerungsregeln durch Regeln für mehr pragmatisch ausgerichtete Modifikationen, mit deren Hilfe bereits getroffene Modellierungsentscheidungen, die sich im Nachhinein als ungünstig herausgestellt haben, korrigiert werden können.

Die Transformationsregeln bewegen sich auf der Ebene der abstrakten Syntax von Geschäftsprozessen, Geschäftsprozessnetzen bzw. Geschäftsprozessmodellen. Alle diese Transformationsregeln haben wir präzise auf mathematische Weise so definiert, dass sie die syntaktische Korrektheit des jeweils transformierten Geschäftsprozesses, Geschäftsprozessnetzes bzw. Geschäftsprozessmodells aufrechterhalten. Darüber hinaus haben wir die Transformationsregeln für Geschäftsprozessmodelle um zusätzliche Bedingungen erweitert, bei deren Einhaltung neben der syntaktischen auch die semantische Korrektheit des modifizierten Geschäftsprozessmodells gewährleistet bleibt.

Erst durch die formale Fundierung einer Beschreibungstechnik und der darüber definierten Konsistenzbedingungen wird es überhaupt möglich, die intendierte Handhabung dieser Beschreibungstechnik auf präzise Weise in Form von Transformationsregeln festzulegen. Idealerweise legen diese Transformationsregeln nicht nur die erlaubten Veränderungen des Modells fest, sondern stellen gleichzeitig sicher, dass bei der Regelanwendung die Konsistenz des Modells gewahrt bleibt. Solcherart definierte Transformationsregeln bilden somit die Grundlage für die systematische inkrementelle Entwicklung eines umfangreichen, komplexen Modells, das in jedem Entwicklungsstadium in sich konsistent und widerspruchsfrei ist.

Die heute etablierten Modellierungsansätze für Geschäftsprozesse definieren weder derartige Konsistenzbedingungen noch die entsprechenden Transformationsregeln in ausreichendem Umfang und mit der erforderlichen Präzision. Stattdessen bleibt es weit gehend der Disziplin des Modellierers überlassen, dafür zu sorgen, dass die einzelnen Modellelemente korrekt zusammenhängen und insgesamt ein sinnvolles Ganzes ergeben. Da Geschäftsprozessmodelle in der Praxis meist sehr umfangreich und komplex sind, ist es ohne ein geeignetes Regelwerk und eine entsprechende Werkzeugunterstützung kaum möglich, die Konsistenz eines solchen Modells über dessen gesamten Entwicklungsprozess hinweg aufrechtzuerhalten. Dennoch bieten die verfügbaren Modellierungswerkzeuge zwar vielseitige Zeichenfunktionalität, aber nur wenig oder gar keine Unterstützung für eine umfassende Konsistenzsicherung schon während der Modellerstellung. In der Folge treten Inkonsistenzen in einem Modell erst bei dessen Simulation oder seiner prototypischen Realisierung zu Tage, also typischerweise erst relativ spät im Modellierungsprozess. Da das Modell in dieser Phase meist bereits groß und komplex ist, sind Änderungen daran entsprechend aufwändig und kostenintensiv.

Wir haben in dieser Arbeit wichtige praxisrelevante Modellierungsschritte ausgewählt und diese in Transformationsregeln umgesetzt, welche das bearbeitete Modell auf die gewünschte Weise verändern und dabei sicherstellen, dass auch das veränderte Modell in sich konsistent ist. Diese Transformationsregeln haben wir so detailliert und präzise auf formale Weise angegeben, dass sie unmittelbar in ein Modellierungswerkzeug umgesetzt werden können. Die vorliegende Arbeit leistet somit einen wichtigen Beitrag zur Weiterentwicklung der heute verfügbaren Modellierungswerkzeuge, weg von reinen Zeichenhilfsmitteln und hin zu mächtigen Werkzeugen, welche die systematische Entwicklung von präzisen und in sich konsistenten Modellen effektiv unterstützen.

5.2 Ausblick

Der heutige State-of-the-Art der Geschäftsprozessmodellierung weist in verschiedenen Bereichen Verbesserungspotenzial auf. Wir haben in dieser Arbeit den fundamentalen Aspekt der Beschreibungstechniken fokussiert, da sich ohne adäquate Beschreibungstechniken Geschäftsprozesse nicht sinnvoll dokumentieren und damit auch kaum zielgerichtet nutzen lassen. Die Definition der Beschreibungstechniken bildet somit eine wichtige Grundlage für weitere Arbeiten im Bereich der Geschäftsprozessmodellierung.

Wir greifen im Folgenden die Thematiken der Werkzeugunterstützung, der methodischen Vorgehensweise für die Modellierung von Geschäftsprozessen sowie der systematischen Einbindung der Anwendungsspezialisten und späteren Systembenutzer auf. Dabei skizzieren wir, wie die Ergebnisse der vorliegenden Arbeit in diesen Bereichen genutzt und weiterentwickelt werden können.

5.2.1 Werkzeugunterstützung

Im Rahmen von Softwareentwicklungsprojekten müssen bei der Erstellung praxisrelevanter Geschäftsprozessmodelle meist umfangreiche Mengen von Informationen systematisch erfasst, auf strukturierte Weise dokumentiert und über einen längeren Zeitraum hinweg immer wieder aktualisiert und ergänzt werden. Ohne eine geeignete Werkzeugunterstützung ist schon die reine Manipulation derartig großer Datenmengen extrem aufwändig. Weiterführende Aufgaben wie beispielsweise die Konsistenzprüfung des Modells sind dagegen rein manuell nicht mehr zu bewältigen [JBR1999].

Die in dieser Arbeit eingeführten Beschreibungstechniken für Geschäftsprozesse bilden die Grundlage für ein Modellierungswerkzeug, das in seiner Funktionalität über ein reines Zeichenhilfsmittel deutlich hinausgeht. Damit auch die Spezialisten des Anwendungsbereiches, die meist über wenig oder gar keine Modellierungserfahrung verfügen, die für sie relevanten Modelle verstehen oder sogar selbst erstellen können, muss ein solches Modellierungswerkzeug nach außen hin die grafische Syntax der Beschreibungstechniken präsentieren. Werkzeugintern sollte die konkrete Syntax dagegen mit der abstrakten Syntax der Beschreibungstechniken hinterlegt sein, auf deren Basis auch die Konsistenzbedingungen für Geschäftsprozessnetze und Geschäftsprozessmodelle definiert sind. Komplexe, aber automatisierbare Routineaufgaben wie die Konsistenzsicherung sollten dabei vom Modellierungswerkzeug übernommen werden, damit der Modellierer sich auf diejenigen Aspekte der Modellierung konzentrieren kann, welche die Kreativität und das analytische Denkvermögen eines menschlichen Bearbeiters erfordern.

Wie oft und wann ein Geschäftsprozessmodell im Verlauf des Entwicklungsprozesses einen in sich konsistenten Stand haben soll, hängt von der Projektsituation ab und lässt sich daher nicht allgemein gültig festlegen. Das eine Extrem fordert, dass das Geschäftsprozessmodell zu jeder Zeit in sich konsistent sein muss, damit es stets als aussagekräftige Kommunikationsgrundlage und präzise definierte Ausgangsbasis für weitere Entwicklungsschritte zur Verfügung steht. Diese Forderung schränkt jedoch den Handlungsspielraum bei der Modellierung stark ein und stößt daher insbesondere bei erfahrenen Modellierern unter Umständen auf Widerstand. Als anderes Extrem gelten während der Modellerstellung keinerlei Restriktionen, sodass die Modellierer ihrer Kreativität freien Lauf lassen können. In diesem Fall wird erst das fertige Modell konsolidiert und in ein wohlgeformtes Modell überführt. Gerade bei größeren Modellen kann eine solche nachträgliche Konsolidierung allerdings extrem aufwändig werden.

5.2 Ausblick 203

Wir empfehlen daher, das eigentliche Grundmodell gemäß der restriktiveren Modellierungsvariante zu erstellen. Das bedeutet, dass beispielsweise Teilmodelle, die als kurzfristige Kommunikationsgrundlage oder zum schnellen Vergleich möglicher Strukturierungsalternativen skizziert werden, nicht zwingend alle Konsistenzbedingungen erfüllen müssen und daher schnell und unkompliziert mit relativ wenig Aufwand erstellt werden können. Alle Diagramme, die längerfristig aufgehoben bzw. von mehreren Personen diskutiert oder gar weiterverwendet werden, sollten dagegen die festgelegten Konsistenzbedingungen erfüllen, um Unklarheiten und daraus resultierende Missverständnisse von vornherein zu vermeiden.

Die in dieser Arbeit eingeführten Transformationsregeln über den Beschreibungstechniken bilden die Grundlage für eine Werkzeugunterstützung der restriktiven Modellierungsvariante, bei der das erarbeitete Geschäftsprozessmodell zu jedem Zeitpunkt des Entwicklungsprozesses in sich konsistent ist. Jede dieser Transformationsregeln erlaubt eine kontrollierte Veränderung des Modells, welche gleichzeitig die Konsistenz des Modells aufrechterhält.

Über den gesamten Softwareentwicklungsprozess hinweg wird eine Vielzahl von Modellen erstellt. Jedes dieser Modelle fokussiert unterschiedliche Aspekte des zu beschreibenden Systems. Entsprechend wird jeder Modelltyp in einer für seinen speziellen Verwendungszweck angemessenen Notation dokumentiert. Wünschenswert wäre die Integration der verschiedenen Beschreibungstechniken auch auf formaler Basis, um die dokumentierten Informationen auch zwischen verschiedenen Modelltypen austauschen zu können. Nützlich wäre auch eine automatisierte Konsistenzprüfung über die verschiedenen Modelltypen hinweg. Erste theoretische Vorarbeiten für eine formale Integration unterschiedlicher Beschreibungstechniken wurden beispielsweise in [Rum1996] geleistet. Auch die UML bemüht sich in ihrer neuen Version 2.0 um eine vermehrte Integration der einzelnen Notationen, jedoch derzeit überwiegend noch auf informeller Ebene [OMG2004]. Bis zu einer zufrieden stellenden Integration der verschiedenen Beschreibungstechniken auf einer gemeinsamen formalen Basis ist in diesem Bereich also noch einiges an Grundlagenarbeit zu leisten.

5.2.2 Methodische Vorgehensweise bei der Geschäftsprozessmodellierung

Die Modellierung der Geschäftsprozesse bringt im Rahmen der Softwareentwicklung nur dann mit vertretbarem Aufwand den gewünschten Nutzen, wenn sie auf systematische Weise durchgeführt und in den gesamten Entwicklungsprozess eingebettet wird. Benötigt wird daher eine Methode für die geschäftsprozessorientierte Anforderungsdefinition für betriebliche Informationssysteme.

Kaum eine der heute verbreiteten Entwicklungstechniken stellt ausreichende Richtlinien für eine systematische Erstellung von Geschäftsprozessmodellen und für deren methodische Verwendung im Entwicklungsprozess zur Verfügung. Die meisten Methodenbeschreibungen geben lediglich an, welche größeren Zwischenergebnisse im Entwicklungsprozess erarbeitet werden sollen. In welchen Schritten und nach welchen Gesichtspunkten diese Zwischenergebnisse zu erstellen und zu strukturieren sind, wird dagegen in der Regel nicht zufrieden stellend erklärt. Die Systemanalytiker und Entwickler müssen daher hinsichtlich der Vorgehensweise bei der Modellierung weit gehend auf ihre Intuition und gesammelte Projekterfahrung zurückgreifen. Als Folge davon ist die Qualität der erarbeiteten Modelle meist stark personenabhängig vom jeweiligen Bearbeiter. Ausnahmen sind hier jedoch die Methoden PROMET [Öst1995] und OOGPM [OWS+2003], welche beide die systematische Entwicklung von Geschäftsprozessmodellen fokussieren.

Die Ansätze zur Geschäftsprozessmodellierung aus der Betriebswirtschaft (beispielsweise [Dav1993a, HC1993, Lew1999]) fokussieren in der Regel eine partielle Unternehmensmodellierung, die zumeist auf rein informelle Darstellungsweisen abgestützt wird. Auch hier ist oft wenig methodische Hilfestellung verfügbar. Professionelle Beratungshäuser verfügen allerdings wenigstens teilweise über hochwertige, gut dokumentierte Prozesshandbücher zur Geschäftsprozessmodellierung und dem Business Engineering (zum Beispiel [CSC1994], sowie [Wei1995] als Vorstufe einer Prozessdokumentation), halten deren Inhalte aus Wettbewerbsgründen aber streng geheim. Systematische Modellierungsmethoden stellen jedoch in Business-Engineering-Projekten die Ausnahme dar. Ad hoc entwickelte Arbeitsweisen dominieren in vielen Projekten. Entsprechend liegt die Quote der fehl schlagenden Business-Engineering-Projekte bei über 50% [JEJ1995].

Im Rahmen einer geschäftsprozessorientierten Anforderungsdefinition sind drei wesentliche Aufgaben zu bewältigen. Ein erster großer Schritt ist die Erfassung der Geschäftsprozesse. In ihrem Rahmen werden die für ein konkretes Entwicklungsprojekt relevanten Geschäftsprozesse identifiziert, modelliert und strukturiert. Ein weiterer Schritt beschäftigt sich mit der Analyse der dokumentierten Geschäftsprozesse. Dabei werden insbesondere Schwachstellen und Verbesserungspotenzial in den Geschäftsprozessen ermittelt sowie verschiedene Möglichkeiten zur Optimierung aufgedeckt und evaluiert. Darauf aufbauend werden die unter den gegebenen Rahmenbedingungen optimalen Prozessstrukturen ausgewählt, konsolidiert und zu einem Soll-Konzept der Geschäftsprozesse des betrachteten Systems zusammengefügt. Der Übergang zwischen den genannten Hauptaufgaben bei der Entwicklung der geschäftsprozessorientierten Anforderungsdefinition sollte dabei kontinuierlich und ohne logische Brüche erfolgen.

Sowohl [Öst1995] als auch [OWS+2003] setzen sich intensiv mit der systematischen Erfassung von Geschäftsprozessen auseinander. Beide verfolgen einen im Wesentlichen top-down-orientierten Entwicklungsansatz. Ausgehend von einer groben Vorstellung der Ziele und der Struktur des betrachteten Systems werden dabei die wichtigsten Geschäftsprozesse identifiziert, sukzessive detailliert und Schritt für Schritt dokumentiert.

Von der theoretischen Warte aus betrachtet wirkt diese Vorgehensweise systematisch, gut strukturiert und auch sonst durchaus adäquat. In der Praxis stößt der rein top-down-orientierte Modellierungsansatz bei der Erfassung der Geschäftsprozesse jedoch sehr schnell an seine Grenzen.

Der Grund dafür liegt darin, dass das Wissen über die strategischen Ziele und die Geschäftsprozesse einer Organisation typischerweise auf viele verschiedene Köpfe verteilt ist. Das obere Management kennt und gestaltet die Ziele der Organisation, ist jedoch wenig bis gar nicht informiert über die Gestaltung und Abwicklung der Prozesse, die diese Ziele umsetzen. Als Verbindungsstück zwischen oberem Management und der ausführenden Ebene kennt das mittlere Management die Ziele des Organisationsbereiches. Ferner verfügt es über einen gewissen Überblick über die Prozesse des eigenen Verantwortungsbereiches sowie deren Einbettung in einen bereichsübergreifenden Kontext. Die Anwendungsspezialisten der ausführenden Ebene schließlich kennen ihre eigenen Tätigkeiten, haben jedoch üblicherweise keine Vorstellung ihrer Einbettung in einen größeren Gesamtprozess.

Jede der genannten Personengruppen deckt also schwerpunktmäßig einen anderen Teilbereich der Abstraktionsebenen des Geschäftsprozessmodells ab als die anderen beiden Personengruppen. Bei realen Modellierungsprojekten wird dabei meist relativ schnell deutlich, dass die im Modell dokumentierten Informationen in denjenigen Bereichen, bei denen die Sichtweisen verschiedener Personen oder Personengruppen aufeinander treffen, Brüche und Inkonsistenzen

5.2 Ausblick

aufweisen. Daher sind sowohl top-down als auch bottom-up im Modell orientierte Konsolidierungsschritte erforderlich, um das Modell in sich konsistent zu gestalten.

Die Aufgabenbereiche der Geschäftsprozessoptimierung und der Soll-Konzeption der Geschäftsprozesse werden in [OWS+2003] lediglich erwähnt, aber nicht im Detail behandelt. [Öst1995] ist hier ausführlicher und beschreibt mit der Leistungsanalyse einen Ansatz zur Evaluierung des Nutzens, den ein bestimmter Geschäftsprozess für den Prozesskunden erbringt. Ebenfalls diskutiert wird die Verwendung betriebswirtschaftlicher Kennzahlen für die Prozessbewertung, wie beispielsweise Prozesskosten oder Durchlaufzeiten.

Basierend auf unseren Praxiserfahrungen in Business-Reengineering-Projekten schlagen wir ergänzend eine Optimierungsstrategie vor, deren Grundzüge wir in [Thu1999] skizziert haben. Dabei steht eine kritische Betrachtung der dokumentierten Prozessstrukturen im Vordergrund, die in vielen Fällen ein ebenso einfaches wie effektives Mittel für die Ermittlung von Verbesserungspotenzial in den modellierten Geschäftsprozessen darstellt. Beispielsweise finden sich insbesondere in historisch gewachsenen Prozessstrukturen immer wieder Zwischenergebnisse, die zwar erstellt, aber von niemandem wirklich weiterverarbeitet werden. Kandidaten für Verbesserungspotenzial sind auch Geschäftsprozesse, an deren Ausführung sehr viele verschiedene Akteure beteiligt sind bzw. die viel Kommunikation zwischen unterschiedlichen Organisationseinheiten beinhalten. Aufschlussreich ist oft auch eine optische Trennung der Managementprozesse innerhalb eines Geschäftsprozesses von denjenigen Prozessen, welche die eigentliche Leistung des Geschäftsprozesses erbringen. Hier werden oft künstliche Sequenzialisierungen oder andere Verzögerungen in der Abwicklung des Geschäftsprozesses deutlich, die durch die reinen Daten- bzw. Produktabhängigkeiten zwischen den leistungserbringenden Prozessen nicht zu begründen sind, sondern durch unverhältnismäßig hohen oder nicht optimal organisierten Verwaltungsaufwand verursacht werden.

Neben den in der Prozessstruktur begründeten Schwächen sammeln wir darüber hinaus Schwachstellenbeschreibungen und Verbesserungsvorschläge der Spezialisten des Anwendungsbereiches. Die Gesamtmenge der auf diese Weise zusammengetragenen Schwachstellen strukturieren wir in Gruppen von gleich oder ähnlich gearteten Aspekten. Darüber hinaus analysieren wir die identifizierten komplexeren Schwachstellen, um bloße Symptome von den eigentlichen Problemursachen zu trennen. Nützlich sind dabei Analyse- und Problemlösungstechniken, wie sie beispielsweise in [Van1988] beschrieben werden. Durch diese Separierung von Symptomen und Problemursachen reduziert sich die Menge der tatsächlich erforderlichen Veränderungsmaßnahmen üblicherweise auf einen Bruchteil der ursprünglich identifizierten Problembeschreibungen.

Empfehlenswert ist es, die erarbeiteten Veränderungsmaßnahmen und insbesondere auch die daraus resultierenden neuen Geschäftsprozesse zunächst in Pilotprojekten zu erproben, bevor sie als ein Bestandteil der Anforderungsdefinition an ein zu entwickelndes Softwaresystem festgeschrieben werden. Derartige Pilotprojekte dienen dabei nicht nur der Validierung der neuen Prozessstrukturen sondern helfen auch, die betroffenen Mitarbeiter behutsam mit den Änderungen vertraut zu machen, welche die neuen Prozessstrukturen und die zu entwickelnde Softwareunterstützung in ihrem Arbeitsalltag bewirken werden.

5.2.3 Systematische Einbindung der späteren Systembenutzer

Die Einführung eines betrieblichen Informationssystems bringt für die Mitarbeiter eines Unternehmens in der Regel weit reichende Veränderungen mit sich. Für viele der Mitarbeiter sind diese Veränderungen a priori nicht einschätzbar. Verunsicherung und unternehmensinterne Widerstände gegen das neue oder geplante Softwaresystem sind häufig die Folge. Andererseits sind jedoch gerade die von der Systemeinführung unmittelbar betroffenen Mitarbeiter diejenigen Personen eines Unternehmens, die als einzige die vom Softwaresystem zu unterstützenden Arbeitsabläufe hinreichend detailliert kennen, um sie ausreichend genau beschreiben zu können. Ferner stammen auch die späteren Systembenutzer wenigstens teilweise aus den Reihen dieser Mitarbeiter. Da sie täglich mit den betrachteten Arbeitsabläufen konfrontiert sind, haben diese Mitarbeiter meist konkrete Vorstellungen von Schwächen und Verbesserungspotenzial der bestehenden Geschäftsprozesse. Darüber hinaus können nur die späteren Ausführenden beurteilen, ob die neu gestalteten Prozesse und deren Softwareunterstützung wirklich den Erfordernissen des Arbeitsalltags angemessen sind.

Die Mitarbeiter des Unternehmens sind folglich eine nicht ersetzbare Informationsquelle für die Erfassung der bestehenden Prozessstrukturen einerseits und von Anforderungen an das zu erstellende Softwaresystem andererseits. Der Grad ihrer Kooperationsbereitschaft ist in vielen Fällen ausschlaggebend für den Erfolg oder Misserfolg eines Projektes zur Entwicklung und Einführung eines betrieblichen Informationssystems. Den sozialen und psychologischen Aspekten, die im Umfeld von Softwareentwicklungsprojekten insbesondere zwischen den Systementwicklern und den betroffenen Mitarbeitern auftreten, kommt daher eine große Bedeutung zu.

Viele der heute verbreiteten Softwareentwicklungsmethoden weisen auf die Wichtigkeit weicher Faktoren wie Kommunikation, Motivation und Teammanagement für den Erfolg von Entwicklungsprojekten hin. Wie mit diesen weichen Faktoren sinnvoll umgegangen werden kann, wird dabei in den Methodenbeschreibungen allerdings nicht erläutert. Einige Ansätze des Business Reengineerings thematisieren dagegen explizit die Bedeutung der beteiligten Menschen für den Erfolg von Reengineering-Projekten. Sie geben im Wesentlichen Leitfäden vor, die das Involvieren der Betroffenen in die Reengineering-Maßnahmen erleichtern und somit die Akzeptanz der geplanten Veränderungen auf breiter Basis sichern sollen (siehe unter anderem [AS1995, Bur1995, ZR1995, LPG1998, Lew1999]). In den Geistes- und Wirtschaftswissenschaften existiert darüber hinaus eine Vielfalt an allgemeiner Literatur zu diesen Themenbereichen, beispielsweise [Van1988, Wat1999, DL2002, DFLV2002, KM2002].

Wir skizzieren in [Thu1997b, Thu1999] typische Probleme und Konfliktsituationen, die bei der Nutzerpartizipation im Rahmen von Softwareentwicklungsprojekten ebenso wie beim Business Reengineering auftreten. Darüber hinaus beschreiben wir Maßnahmen, mit denen diese Konfliktsituationen bewältigt werden können. Ferner zeigen wir Strategien auf, welche die von einem solchen Projekt betroffenen Anwendungsspezialisten zur konstruktiven Mitarbeit motivieren und so den Grundstein legen für das spätere Commitment der Anwendungsspezialisten hinsichtlich der erarbeiteten Lösungen.

Insgesamt ist in der Literatur also eine Reihe von methodischen Vorarbeiten zu den einzelnen Teilaufgaben der geschäftsprozessorientierten Anforderungsdefinition verfügbar. Eine Integration und Erweiterung dieser Arbeiten zu einem methodischen Leitfaden für die geschäftsprozessorientierte Anforderungsdefinition steht jedoch noch aus und ist als eine weiterführende Arbeit zu leisten.

Anhang A

Ergänzende Beweise

A.1 Zyklenfreiheit eines Modells äquivalent zur Zyklenfreiheit der Netze im Modell

Behauptung

Ein Geschäftsprozessmodell, das die Bedingungen (M1) bis (M6) erfüllt, ist genau dann zyklenfrei, wenn für jedes beliebige Teilmodell dieses Geschäftsprozessmodells die Prozesse und Kanäle auf der Blattebene dieses Teilmodells ein zyklenfreies Prozessnetz bilden.

m zyklenfrei $\Leftrightarrow$ Für jedes beliebige Teilmodell sub von m ist das
Prozessnetz n auf der Blattebene von sub zyklenfrei.

Beweis

Der Beweis der Teilfolgerung $\Rightarrow$ der zu zeigenden Äquivalenzaussage ist trivial: Wenn das gesamte Geschäftsprozessmodell zyklenfrei ist, so sind automatisch auch alle in ihm enthaltenen Geschäftsprozessnetze zyklenfrei.

Für den Beweis von Teilfolgerung $\Leftarrow$ der zu zeigenden Äquivalenzaussage führen wir zunächst das Konzept der *durchgängigen Kanalfolge* ein. Unter einer durchgängigen Kanalfolge C_{Chain} der Länge k verstehen wir eine Menge von k Kanälen, die sich so sortieren lässt, dass der Zielprozess eines jeden Kanals mit dem Quellprozess des nachfolgenden Kanals übereinstimmt.

Formal definieren wir eine durchgängige Kanalfolge C_{Chain} der Länge k wie folgt

$$C_{Chain} \subseteq \mathbb{C}, \quad |C_{Chain}| = k \in \mathbb{N}$$

wobei gelte

$\exists$ Indizierung $i = (i_0, \ldots, i_k)$ der Kanäle in C_{Chain} mit $\{i_0, \ldots, i_k\} = \{0, \ldots, k\}$:
$\forall j,\ 0 \leq j \leq k-1\ \exists p \in P_{Chain}\ :\ Sink(c_j) \in In_p\ \wedge\ Source(c_{j+1}) \in Out_p$

Dabei bezeichne P_{Chain} die Menge der Quell- bzw. Zielprozesse der Kanäle in C_{Chain}, also

$$P_{Chain} = \{p \in \mathbb{P} \mid \exists c \in C_{Chain}\ :\ Source(c) \in Out_p\ \vee\ Sink(c) \in In_p\}$$

Stimmt für eine durchgängige Kanalfolge der Quellprozess des ersten Kanals mit dem Zielprozess des letzten Kanals überein, so beschreibt diese Kanalfolge einen Zyklus.

Ein Geschäftsprozessmodell ist genau dann zyklenfrei, wenn es keine durchgängige Kanalfolge umfasst, die einen Zyklus beschreibt. Analoges gilt für Geschäftsprozessnetze.

Wenn wir zu jeder durchgängigen Kanalfolge C_{Chain} eines Geschäftsprozessmodells m ein Teilmodell sub definieren können, dessen zugehöriges Prozessnetz n auf der Blattebene von sub diese durchgängige Kanalfolge vollständig enthält, so ist Teilfolgerung $\Leftarrow$ der zu zeigenden Äquivalenzaussage erfüllt. Denn dann würde die Menge $\mathfrak{Sub}_m$ der Teilmodelle von m auch ein entsprechendes Teilmodell für jede durchgängige Kanalfolge von m enthalten. Wären für alle Teilmodelle aus $\mathfrak{Sub}_m$ die zugehörigen Prozessnetze auf Blattebene zyklenfrei, so wären damit auch automatisch alle durchgängigen Kanalfolgen von m zyklenfrei und damit auch das Modell m selbst.

Teilfolgerung $\Leftarrow$ der zu zeigenden Äquivalenzaussage beweisen wir daher, indem wir zu einer beliebigen durchgängigen Kanalfolge C_{Chain} eines Geschäftsprozessmodells m ein Teilmodell sub von m angeben, dessen zugehöriges Prozessnetz n auf der Blattebene von sub diese Kanalfolge C_{Chain} und die zugehörigen Prozesse P_{Chain} vollständig enthält.

Ein solches Teilmodell $sub = (P_{sub}, C_{sub}, p_{sub}, Ref_{sub}, Abs_{sub})$ definieren wir wie folgt (siehe Abbildung A.1).

$$P_{sub} = P_{Chain} \cup$$
$$\{p \in P_m \mid \exists p_{parent} \in P_m, p_{child} \in P_{Chain} :$$
$$p_{child}, p \in Ref_m(p_{parent})\} \cup$$
$$\{p \in P_m \mid \exists p_{descendant} \in P_{Chain} :$$
$$(p_{descendant}, p) \in Parent^*_{P_m}\}$$

$$C_{sub} = C_{Chain}$$

$$p_{sub} = p_m$$

$$Ref_{sub} : P_{sub} \longrightarrow \mathcal{P}(P_{sub}) \text{ wobei}$$

$$Ref_{sub}(p) = \begin{cases} Ref_m(p) & \text{falls } Ref_m(p) \subseteq P_{sub} \\ \varnothing & \text{sonst} \end{cases}$$

$$Abs_{sub} : Pt_{sub} \longrightarrow Pt_{sub} \cup \{\bot\}, \text{ wobei}$$

$$Abs_{sub}(pt) = Abs_m(pt)$$

Dabei beschreibe

$$Parent_{P_m} \subseteq P_m \times P_m \text{ mit}$$

$$(p_{child}, p_{parent}) \in Parent_{P_m} \Leftrightarrow p_{child} \in Ref_m(p_{parent})$$

die Abstraktionsrelation zwischen den Prozessen des Geschäftsprozessmodells. $Parent^*_{P_m}$ bezeichne die transitive Hülle von $Parent_{P_m}$ (vergleiche Abschnitt 3.3.3).

P_{sub} enthält also alle Prozesse aus P_{Chain} sowie zu jedem der Prozesse aus P_{Chain} dessen Geschwister und Vorfahren hinsichtlich der Verfeinerungsbeziehung Ref_m. Da m nach Voraussetzung die Bedingung (M5) erfüllt, stehen die Prozesse aus P_{Chain} hinsichtlich Ref_m in keiner Verfeinerungsbeziehung zueinander.

$$\nexists p1, p2 \in P_{Chain} : (p1, p2) \in Parent^*_{P_m} \lor (p2, p1) \in Parent^*_{P_m}$$

A.1 Zyklenfreiheit eines Modells äquivalent zur Zyklenfreiheit der Netze im Modell

Geschäftsprozessmodell m

Prozessnetz mit durchgängiger Kanalfolge C_{Chain}

p11 → p122 → p2 → p31 → p322

Teilmodell sub

Prozessnetz n auf Blattebene von sub

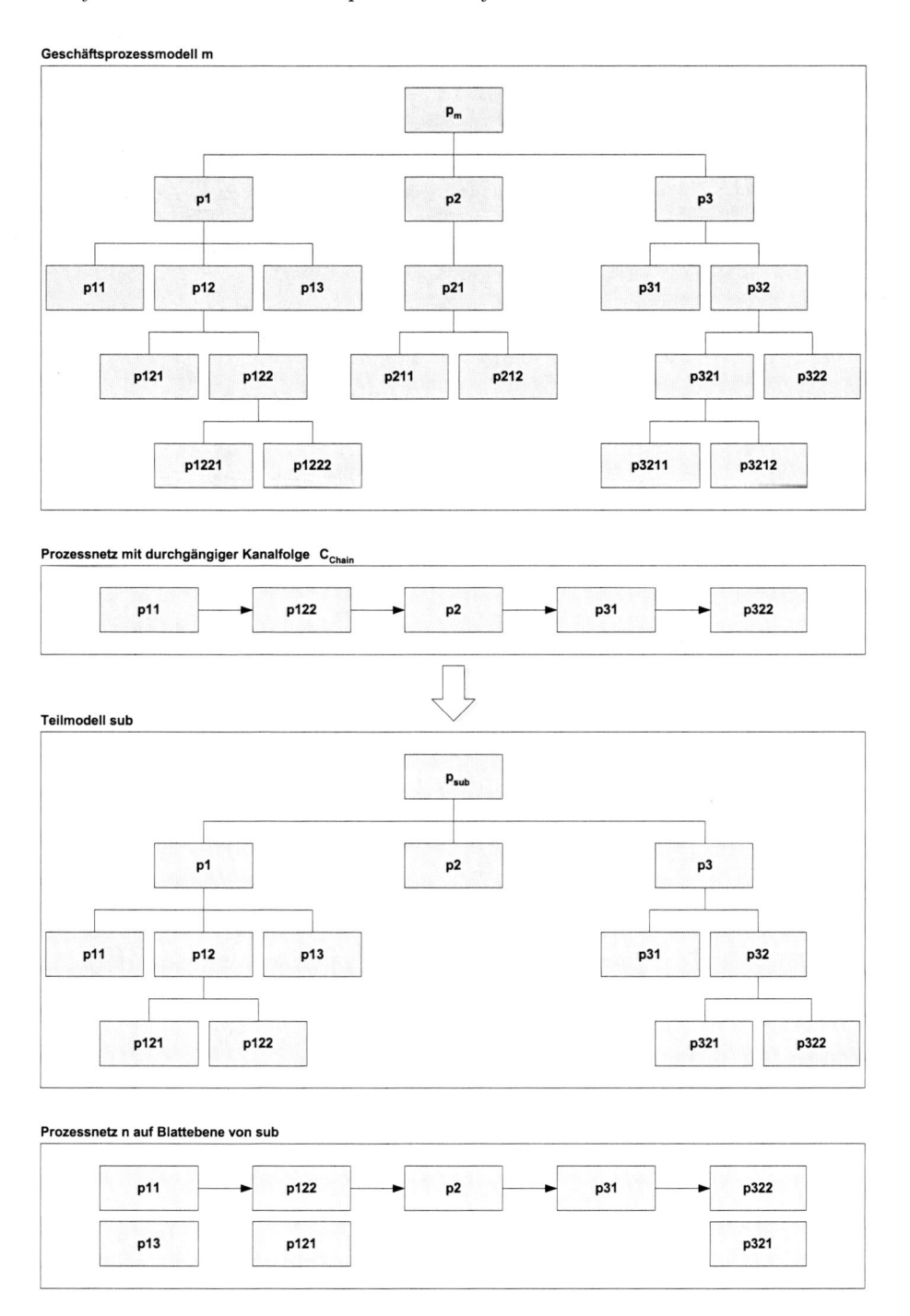

Abbildung A.1: Extrahieren eines Teilmodells zu einer durchgängigen Kanalfolge

Folglich enthält P_{sub} keinen Prozess, der einen Prozess aus P_{Chain} hinsichtlich Ref_m bzw. Ref_{sub} weiter verfeinert. Die Prozesse aus P_{Chain} stellen also Elementarprozesse von P_{sub} dar.

$$\forall p \in P_{Chain} : Ref_{sub}(p) = \varnothing$$

Die Prozesse und Kanäle auf der Blattebene von sub bilden ein Prozessnetz n mit

$$P_m = \{p \in P_{sub} \mid Ref_{sub}(p) = \varnothing\}$$
$$C_n = \{c \in C_{sub} \mid Source(c) \in Out_n \land Sink(c) \in In_n\}$$
$$I_n = \bigcup_{p \in P_n} In_p \setminus Sinks(C_n)$$
$$O_n = \{out \in \bigcup_{p \in P_n} Out_n \mid \nexists c \in C_{sub} : Source(c) = out \lor$$
$$\exists c \in C_{sub} \setminus C_n : Source(c) = out)\}$$

Da alle Prozesse aus P_{Chain} Elementarprozesse in P_{sub} sind, gilt $P_{Chain} \subseteq P_n$ und damit auch $C_{Chain} = C_n$. n umfasst also vollständig die durchgängige Kanalfolge C_{Chain} des Geschäftsprozessmodells m. □

A.2 Zyklenfreiheit bei struktureller Dekomposition

Im Folgenden zeigen wir, dass das verfeinerte Geschäftsprozessmodell m', das durch strukturelle Dekomposition gemäß der Verfeinerungsregel aus Abbildung 4.55 entsteht, zyklenfrei ist. Für den Beweis dieser Behauptung ist eine andere Darstellungsweise der Bedingungen (N4) für die Zyklenfreiheit eines Prozessnetzes bzw. (M8) für die Zyklenfreiheit eines Prozessmodells hilfreich.

Hierfür definieren wir zunächst die Vorgänger- und Nachfolgerbeziehungen der Prozesse in einem Geschäftsprozessnetz bzw. -modell. Seien dazu P eine Menge von Prozessen und C eine Menge von Kanälen zwischen den Ports der Prozesse aus P. Dann seien für $i \in \mathbb{N}$

$$Pred^i : P \longrightarrow \mathcal{P}(P)$$
$$Succ^i : P \longrightarrow \mathcal{P}(P)$$

Abbildungen, die zu einem Prozess $p \in P$ die Menge seiner i-ten Vorgänger- bzw. Nachfolgerprozesse hinsichtlich der Kanalmenge C ermitteln. Dabei seien

$$Pred^1(p) = \{\tilde{p} \in P \mid \exists c \in C : Source(c) \in Out_{\tilde{p}} \land Sink(c) \in In_p\}$$
$$Succ^1(p) = \{\tilde{p} \in P \mid \exists c \in C : Source(c) \in Out_p \land Sink(c) \in In_{\tilde{p}}\}$$

und für $i \geq 2$

$$Pred^i(p) = \{\tilde{p} \in P \mid$$
$$\exists c \in C, \bar{p} \in Pred^{i-1}(p) : Source(c) \in Out_{\tilde{p}} \land Sink(c) \in In_{\bar{p}}\}$$
$$Succ^i(p) = \{\tilde{p} \in P \mid$$
$$\exists c \in C, \bar{p} \in Succ^{i-1}(p) : Source(c) \in Out_{\bar{p}} \land Sink(c) \in In_{\tilde{p}}\}$$

Schließlich bezeichnen

$$Pred^* : P \longrightarrow \mathcal{P}(P)$$
$$Succ^* : P \longrightarrow \mathcal{P}(P)$$

A.2 Zyklenfreiheit bei struktureller Dekomposition

mit

$$Pred^*(p) = \bigcup_{i=1}^{\infty} Pred^i(p)$$
$$Succ^*(p) = \bigcup_{i=1}^{\infty} Succ^i(p)$$

die Mengen aller gegebenenfalls auch transitiven Vorgänger bzw. Nachfolger von p hinsichtlich der Menge der Kanäle C.

Ein Prozessnetz $n = (P_n, C_n, I_n, O_n)$ ist zyklenfrei, wenn gilt:

$$\forall p \in P_n : Pred_n^* \cap Succ_n^* = \emptyset$$

Analog ist ein Geschäftsprozessmodell $m = (P_m, C_m, p_m, Ref_m, Abs_m)$ zyklenfrei, wenn gilt:

$$\forall p \in P_m : Pred_m^* \cap Succ_m^* = \emptyset$$

Voraussetzung

Es gelten die Vor- und Nachbedingungen der Verfeinerungsregel zur strukturellen Dekomposition eines Prozesses, wie sie in Abbildung 4.55 festgelegt sind. Insbesondere gilt also, dass das ursprüngliche Modell m und das verfeinernde Prozessnetz n zyklenfrei sind.

$$\forall \tilde{p} \in P_m : Pred_m^*(\tilde{p}) \cap Succ_m^*(\tilde{p}) = \emptyset$$
$$\forall \tilde{p} \in P_n : Pred_n^*(\tilde{p}) \cap Succ_n^*(\tilde{p}) = \emptyset$$

Darüber hinaus gilt, dass P_m und P_n disjunkt sind, also

$$P_m \cap P_n = \emptyset$$

Aufgrund der Definitionen von $Pred^*$ und $Succ^*$ gilt daher

$$\forall \tilde{p} \in P : Pred^*(\tilde{p}) \subseteq P \land Succ^*(\tilde{p}) \subseteq P$$

und damit auch

$$\forall \tilde{p} \in P_m' : Pred_m^*(\tilde{p}) \cap Succ_n^*(\tilde{p}) = \emptyset \land Pred_n^*(\tilde{p}) \cap Succ_m^*(\tilde{p}) = \emptyset$$

Behauptung

Das durch die strukturelle Dekomposition entstehende Modell m' ist zyklenfrei.

$$\forall \tilde{p} \in P_m' : Pred_{m'}^*(\tilde{p}) \cap Succ_{m'}^*(\tilde{p}) = \emptyset$$

Beweis

Durch die Verfeinerungsregel zur strukturellen Dekomposition des Prozesses p wird die Menge der Kanäle des verfeinernden Prozessmodells m' gegenüber der des ursprünglichen Modells m um die Kanäle aus $C_n \cup C_{in} \cup C_{out}$ erweitert. Diese Kanäle verbinden entweder zwei Prozesse des Prozessnetzes n, oder einen unmittelbaren Vorgängerprozess von p mit einem Prozess aus P_n, oder einen Prozess aus P_n mit einem unmittelbaren Nachfolgerprozess von p. Folglich weist die Verfeinerungsregel den unmittelbaren Vorgängerprozessen von p zusätzliche neue Nachfolgerprozesse und den unmittelbaren Nachfolgerprozessen von p zusätzliche neue Vorgängerprozesse zu.

Für den Beweis der Behauptung treffen wir hinsichtlich der Prozesse P'_m des neuen Modells m' eine Fallunterscheidung und beweisen die Behauptung für jeden dieser Fälle jeweils separat.

1. Fall: $\tilde{p} = p$

Zunächst betrachten wir den Prozess p selbst. Die Mengen der Vorgänger- und Nachfolgerprozesse von p selbst werden durch die Verfeinerungsregel nicht verändert. Es gilt also

$$Pred^*_{m'}(p) = Pred^*_m(p) \quad \wedge \quad Succ^*_{m'}(p) = Succ^*_m(p)$$

und somit

$$Pred^*_{m'}(p) \cap Succ^*_{m'}(p) = \emptyset$$

2. Fall: $\tilde{p} \in NotRel_m = P_m \setminus (Pred^*_m(p) \cup Succ^*_m(p) \cup \{p\})$

$NotRel_m$ enthält alle Prozesse des Modells m, die in m weder Vorgänger- noch Nachfolgerprozesse von p darstellen, und auch nicht den Prozess p selbst. Es gilt also

$$\forall \tilde{p} \in NotRel_m : (\{\tilde{p}\} \cup Succ^*_m(\tilde{p})) \cap (\{p\} \cup Pred^*_m(p)) = \emptyset \quad \wedge$$
$$(\{\tilde{p}\} \cup Pred^*_m(\tilde{p})) \cap (\{p\} \cup Succ^*_m(p)) = \emptyset$$

da sonst $\tilde{p} \in Pred^*_m(p)$ bzw. $\tilde{p} \in Succ^*_m(p)$ wäre.

Alle Prozesse aus P_m, die durch die Verfeinerungsregel zusätzliche neue Nachfolgerprozesse erhalten, sind jedoch Vorgängerprozesse von p. Entsprechend wird kein Prozess aus $NotRel_m$ durch die Verfeinerungsregel um Nachfolgerprozesse ergänzt. Analog sind alle Prozesse aus P_m, die durch die Verfeinerungsregel zusätzliche neue Vorgängerprozesse erhalten, selbst Vorgängerprozesse von p. Folglich wird auch kein Prozess aus $NotRel_m$ durch die Verfeinerungsregel um Vorgängerprozesse ergänzt.

Es gilt also für alle $\tilde{p} \in NotRel_m(p)$

$$Pred^*_{m'}(\tilde{p}) = Pred^*_m(\tilde{p}) \quad \wedge \quad Succ^*_{m'}(\tilde{p}) = Succ^*_m(\tilde{p})$$

und somit

$$Pred^*_{m'}(\tilde{p}) \cap Succ^*_{m'}(\tilde{p}) = \emptyset$$

3. Fall: $\tilde{p} \in P_n$

Ein Prozess $\tilde{p}$ des neu zum Modell hinzugefügten Prozessnetzes n hat im erweiterten Modell m' die gleichen Vorgänger- bzw. Nachfolgerprozesse wie im ursprünglichen Netz n, sowie zusätzlich die Vorgänger- bzw. Nachfolgerprozesse von p im ursprünglichen Modell m. Es gilt also für alle $\tilde{p} \in P_n$

$$Pred^*_{m'}(\tilde{p}) \subseteq Pred^*_m(\tilde{p}) \cup Pred^*_n(\tilde{p}) \quad \wedge \quad Succ^*_{m'}(\tilde{p}) \subseteq Succ^*_m(\tilde{p}) \cup Succ^*_n(\tilde{p})$$

und somit

$$\begin{aligned}
&Pred^*_{m'}(\tilde{p}) \cap Succ^*_{m'}(\tilde{p}) \\
\subseteq\ &(Pred^*_m(\tilde{p}) \cup Pred^*_n(\tilde{p})) \cap (Succ^*_m(\tilde{p}) \cap Succ^*_n(\tilde{p})) \\
=\ &(Pred^*_m(\tilde{p}) \cap Succ^*_m(\tilde{p})) \cup (Pred^*_m(\tilde{p}) \cap Succ^*_n(\tilde{p})) \cup \\
&(Pred^*_n(\tilde{p}) \cap Succ^*_m(\tilde{p})) \cup (Pred^*_n(\tilde{p}) \cap Succ^*_n(\tilde{p})) \\
=\ &\emptyset \cup \emptyset \cup \emptyset \cup \emptyset \\
=\ &\emptyset
\end{aligned}$$

A.2 Zyklenfreiheit bei struktureller Dekomposition

4. Fall: $\tilde{p} \in Pred_m^*(p)$

Für einen Vorgängerprozess $\tilde{p}$ von p bleibt die Menge seiner Vorgängerprozesse unter der Verfeinerungsregel unverändert erhalten. Die Menge der Nachfolgerprozesse von $\tilde{p}$ in m' kann dagegen zusätzlich zu den ursprünglichen Nachfolgerprozessen von $\tilde{p}$ in m auch Prozesse aus dem neu hinzugefügten Prozessnetz n enthalten. Es gilt also für alle $\tilde{p} \in Pred_m^*(p)$

$$Pred_{m'}^*(\tilde{p}) = Pred_m^*(\tilde{p}) \quad \wedge \quad Succ_{m'}^*(\tilde{p}) \subseteq Succ_m^*(\tilde{p}) \cup P_n$$

und somit

$$\begin{aligned}
& Pred_{m'}^*(\tilde{p}) \cap Succ_{m'}^*(\tilde{p}) \\
\subseteq\ & Pred_m^*(\tilde{p}) \cap (Succ_m^*(\tilde{p}) \cup P_n) \\
=\ & (Pred_m^*(\tilde{p}) \cap Succ_m^*(\tilde{p})) \cup (Pred_m^*(\tilde{p}) \cap P_n) \\
=\ & \emptyset \cup \emptyset \\
=\ & \emptyset
\end{aligned}$$

5. Fall: $\tilde{p} \in Succ_m^*(p)$

Für einen Nachfolgerprozess $\tilde{p}$ von p kann die Menge seiner Vorgängerprozesse zusätzlich zu den ursprünglichen Vorgängerprozessen von $\tilde{p}$ in m Prozesse aus dem neu hinzugefügten Prozessnetz n enthalten. Dagegen bleibt die Menge der Nachfolgerprozesse von $\tilde{p}$ unter der Verfeinerungsregel unverändert erhalten. Es gilt also für alle $\tilde{p} \in Succ_m^*(p)$

$$Pred_{m'}^*(\tilde{p}) \subseteq Pred_m^*(\tilde{p}) \cup P_n \quad \wedge \quad Succ_{m'}^*(\tilde{p}) = Succ_m^*(\tilde{p})$$

und somit

$$\begin{aligned}
& Pred_{m'}^*(\tilde{p}) \cap Succ_{m'}^*(\tilde{p}) \\
\subseteq\ & (Pred_m^*(\tilde{p}) \cup P_n) \cap Succ_m^*(\tilde{p}) \\
=\ & (Pred_m^*(\tilde{p}) \cap Succ_m^*(\tilde{p})) \cup (P_n \cap Succ_m^*(\tilde{p})) \\
=\ & \emptyset \cup \emptyset \\
=\ & \emptyset
\end{aligned}$$

Somit sind auch für jeden Prozess des verfeinerten Modells m' die Mengen seiner Vorgänger- und Nachfolgerprozesse disjunkt. m' ist also zyklenfrei. □

Anhang B

Verzeichnis der grafischen Symbole

B.1 Geschäftsprozessmodellierung

Interner Prozess mit getypten Eingabe- und Ausgabeports

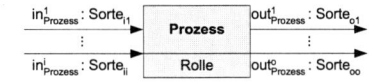

$in^1_{Prozess}$: $Sorte_{i1}$ → | Prozess | → $out^1_{Prozess}$: $Sorte_{o1}$
⋮
$in^i_{Prozess}$: $Sorte_{ii}$ → | Rolle | → $out^o_{Prozess}$: $Sorte_{oo}$

Externer Prozess mit getypten Eingabe- und Ausgabeports

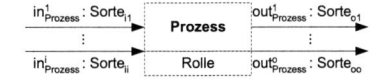

$in^1_{Prozess}$: $Sorte_{i1}$ → | Prozess | → $out^1_{Prozess}$: $Sorte_{o1}$
⋮
$in^i_{Prozess}$: $Sorte_{ii}$ → | Rolle | → $out^o_{Prozess}$: $Sorte_{oo}$

Interner Prozess, Portidentifikatoren unterdrückt

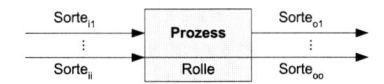

$Sorte_{i1}$ → | Prozess | → $Sorte_{o1}$
⋮
$Sorte_{ii}$ → | Rolle | → $Sorte_{oo}$

Interner Prozess, Portidentifikatoren und Rolle unterdrückt

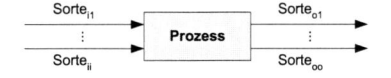

$Sorte_{i1}$ → | Prozess | → $Sorte_{o1}$
⋮
$Sorte_{ii}$ → | | → $Sorte_{oo}$

Interner Prozess, Portidentifikatoren, Sorten und Rolle unterdrückt

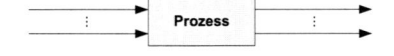

→ | Prozess | →
⋮ ⋮
→ | | →

Prozessnetz: Prozesse, Verbindungskanäle und Ein-/Ausgabeports

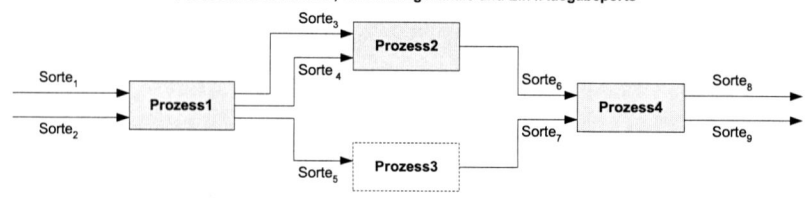

- $Sorte_1$, $Sorte_2$ → **Prozess1**
- **Prozess1** → $Sorte_3$, $Sorte_4$ → **Prozess2**
- **Prozess1** → $Sorte_5$ → **Prozess3**
- **Prozess2** → $Sorte_6$ → **Prozess4**
- **Prozess3** → $Sorte_7$ → **Prozess4**
- **Prozess4** → $Sorte_8$, $Sorte_9$

Prozessmodell: Verfeinerungsbeziehung zwischen den Prozessen

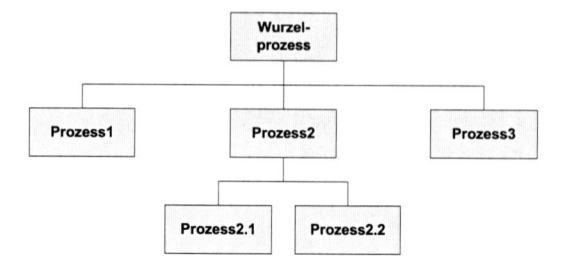

- **Wurzelprozess**
  - **Prozess1**
  - **Prozess2**
    - **Prozess2.1**
    - **Prozess2.2**
  - **Prozess3**

B.2 Daten- und ER-Modellierung

Klasse und Attribute

- Klasse
  - Schlüsselattribut
  - Attribut 1
  - Attribut 2

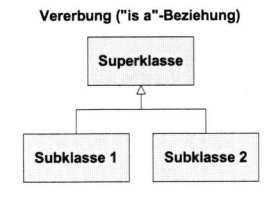

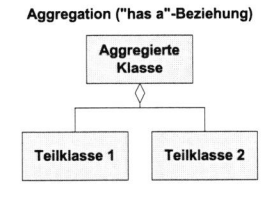

Vererbung ("is a"-Beziehung)

- Superklasse
  - Subklasse 1
  - Subklasse 2

Aggregation ("has a"-Beziehung)

- Aggregierte Klasse
  - Teilklasse 1
  - Teilklasse 2

Gerichtete Assoziation

Klasse 1 ◄ Assoziation Klasse 2

Kardinalitätsbeziehung zwischen Instanzen

Klasse 1 —1 ———— *— Klasse 2

```
*      endlich viele
1      genau eine
0..1   keine oder eine
1..*   mindestens eine,
       höchstens endlich viele
0..*   keine oder endlich viele
unbeschriftete
Kantenenden   Kardinalität eins
```

Anhang C

Verzeichnis der mathematischen Symbole

$\mathbb{A}$	Grundmenge der Akteure
a	Akteur
$A : \mathbb{NP} \times \mathcal{P}(\mathbb{NB}) \times \mathbb{P} \to \mathcal{P}(\mathbb{B})$	
	Abstraktionsoperator, der zu einem Geschäftsprozess aus dessen verfeinerndem Geschäftsprozessnetz n und der Menge der Verhaltensfunktionen dieses Netzes durch entsprechende Einschränkung die Menge der abstrahierten Verhaltensfunktionen des abstrakten Geschäftsprozesses ableitet
A_m	Abstraktionsoperator A, angewendet im Kontext eines Geschäftsprozessmodells m
$Abs : Pt \to Pt \cup \{\bot\}$	
	Abstraktionsbeziehung zwischen den Ports eines Geschäftsprozessmodells
Abs_m	Abstraktionsbeziehung zwischen den Ports im Geschäftsprozessmodell m
Abs_{sub}	Abstraktionsbeziehung zwischen den Ports im Teilmodell sub
$\mathbb{B}$	Grundmenge der Verhaltensfunktionen
b	Verhaltensfunktion
B	Menge von Verhaltensfunktionen
b_n	Verhaltensfunktion des Geschäftsprozessnetzes n
B_n	Menge der Verhaltensfunktionen des Geschäftsprozessnetzes n
b_p	Verhaltensfunktion des Geschäftsprozesses p
B_p	Menge der Verhaltensfunktionen des Geschäftsprozesses p
$\mathbb{C}$	Grundmenge der Kanäle
c	Kanal
C	Menge von Kanälen
C_m	Menge der Kanäle im Geschäftsprozessmodell m
C_n	Menge der internen Kanäle im Geschäftsprozessnetz n

C_{sub}	Menge der Kanäle im Teilmodell sub
$Child_{P_m}$	Menge der im Geschäftsprozessmodell m enthaltenen Paare aus Eltern-Kind-Geschäftsprozessen
$Child^*_{P_m}$	Transitive Hülle von $Child_{P_m}$
$Child_{R_\rho}$	Menge der im Rollenmodell ρ enthaltenen Paare aus Eltern-Kind-Rollen
$Child^*_{R_\rho}$	Transitive Hülle von $Child_{R_\rho}$
CP_m	Menge der im Geschäftsprozessmodell m durch Kanäle verbundenen Prozesspaare
CP^*_m	Transitive Hülle von CP_m
CP_n	Menge der im Geschäftsprozessnetz n durch Kanäle verbundenen Prozesspaare
CP^*_n	Transitive Hülle von CP_n
$Enacts \subseteq \mathbb{A} \times \mathbb{R}$	Zuordnung von Rollen zu Akteuren
$\mathbb{F}$	Grundmenge der Semantikfunktionen
f_n	Semantikfunktion des Geschäftsprozessnetzes n
F_n	Menge der Semantikfunktionen des Geschäftsprozessnetzes n
f_p	Semantikfunktion des Geschäftsprozesses p
F_p	Menge der Semantikfunktionen des Geschäftsprozesses p
$GlassBox : P_m \rightarrow \mathcal{P}(P_m) \times \mathcal{P}(C_m) \times \mathcal{P}(In_m) \times \mathcal{P}(Out_m)$	Abbildung eines abstrakten Geschäftsprozesses auf sein verfeinerndes Geschäftsprozessnetz im Kontext eines Geschäftsprozessmodells m
I	Menge von Zielen (Eingabeports) eines Geschäftsprozessnetzes
I_n	Menge der Ziele (Eingabeports) des Geschäftsprozessnetzes n
$\mathbb{In}$	Grundmenge der Eingabeports
In	Menge von Eingabeports
In_m	Menge der Eingabeports im Geschäftsprozessmodell m
In_n	Menge der Eingabeports im Geschäftsprozessnetz n
in	Bezeichner für einen Eingabeport
in^i_p	i-ter Eingabeport des Geschäftsprozesses p
In_p	Menge der Eingabeports des Geschäftsprozesses p
$K : \mathbb{NP} \rightarrow \mathcal{P}(\mathbb{NB})$	Kompositionsoperator, der aus einem Geschäftsprozessnetz n das entsprechende Gesamtverhalten B_n ableitet
K_m	Kompositionsoperator K, angewendet im Kontext eines Geschäftsprozessmodells m
$\mathbb{MP}$	Grundmenge der Geschäftsprozessmodelle
$\mathbb{MR}$	Grundmenge der Rollenmodelle
m	Geschäftsprozessmodell

m'	Geschäftsprozessmodell, das durch die Anwendung einer Transformationsregel aus m hervorgeht
$\mathbb{NB}$	Grundmenge der Verhaltensfunktionen der Geschäftsprozessnetze
$\mathbb{NP}$	Grundmenge der Geschäftsprozessnetze
n	Geschäftsprozessnetz
n'	Geschäftsprozessnetz, das durch die Anwendung einer Transformationsregel aus n hervorgeht
O	Menge von Quellen (Ausgabeports) eines Geschäftsprozessnetzes
O_n	Menge der Quellen (Ausgabeports) des Geschäftsprozessnetzes n
$\mathbb{O}\text{ut}$	Grundmenge der Ausgabeports
Out	Menge von Ausgabeports
Out_m	Menge der Ausgabeports im Geschäftsprozessmodell m
Out_n	Menge der Ausgabeports im Geschäftsprozessnetz n
out	Bezeichner für einen Ausgabeport
out_p^o	o-ter Ausgabeport des Geschäftsprozesses p
Out_p	Menge der Ausgabeports des Geschäftsprozesses p
$\mathbb{P}$	Grundmenge der Geschäftsprozesse
P	Menge von Geschäftsprozessen
p	Geschäftsprozess; im Kontext eines Geschäftsprozessmodells dessen abstraktestes Element
p'	Geschäftsprozess, der durch die Anwendung einer Transformationsregel aus p hervorgeht
p_m	Abstraktestes Element im Geschäftsprozessmodell m
$p_m[p \rightarrow p']$	Substitution des abstraktesten Geschäftsprozesses p_m des Geschäftsprozessmodells m im transformierten Geschäftsprozessmodell m' durch p' genau dann, wenn p_m durch die Transformationsregel in p' überführt wurde
p_{sink}	Zielprozess eines Kanals
p_{source}	Quellprozess eines Kanals
p_{sub}	Abstraktestes Element im Teilmodell sub
P_m	Menge der Geschäftsprozesse im Geschäftsprozessmodell m
P_n	Menge der Geschäftsprozesse im Geschäftsprozessnetz n
P_{sub}	Menge der Geschäftsprozesse im Teilmodell sub
$Parent_{P_m}$	Menge der im Geschäftsprozessmodell m enthaltenen Paare aus Kind-Eltern-Geschäftsprozessen
$Parent^*_{P_m}$	Transitive Hülle von $Parent_{P_m}$
$Parts : \mathbb{R} \rightarrow \mathcal{P}(\mathbb{R})$	Dekomposition von Rollen in feiner granulare Rollen in einem Rollenmodell
$Parts_\rho$	Dekomposition von Rollen in feiner granulare Rollen im Rollenmodell ρ

$\mathbb{P}t$	Grundmenge der Ports
pt	Port
pt_{sink}	Zielport eines Kanals
pt_{source}	Quellport eines Kanals
Pt_m	Menge der Ports im Geschäftsprozessmodell m
Pt_n	Menge der Ports im Geschäftsprozessnetz n
Pt_p	Menge der Ports des Geschäftsprozesses p
$\mathbb{R}$	Grundmenge der Rollen
r	Rolle; im Kontext eines Rollenmodells dessen abstraktestes Element
r_{child}	Verfeinernde Rolle in einem Rollenmodell
r_{parent}	Abstrakte Rolle in einem Rollenmodell
R	Menge von Rollen
R_ρ	Menge der Rollen im Rollenmodell ρ
$Ref : P \rightarrow \mathcal{P}(P)$	Verfeinerungsbeziehung zwischen den Geschäftsprozessen eines Geschäftsprozessmodells
Ref_m	Verfeinerungsbeziehung zwischen den Geschäftsprozessen im Geschäftsprozessmodell m
Ref_{sub}	Verfeinerungsbeziehung zwischen den Geschäftsprozessen im Teilmodell sub
$Ref_m[p \rightarrow p']$	Verfeinerungsbeziehung im verfeinerten Geschäftsprozessmodell m', wobei jedes Auftreten des Prozesses p in der Verfeinerungsbeziehung Ref_m des ursprünglichen Geschäftsprozessmodells m durch die Verfeinerung p' von p substituiert wird
$Role : \mathbb{P} \rightarrow \mathbb{R}$	Zuordnung von Geschäftsprozessen zu Rollen
$\mathbb{S}$	Grundmenge der Nachrichtentypen (Datensorten)
s	Nachrichtentyp (Datensorte)
s_{all}	Allgemeinster Nachrichtentyp in $\mathbb{S}$, der alle Nachrichten aus $\mathbb{S}$ beinhaltet
$Sink : \mathbb{C} \rightarrow \mathbb{I}n$	Projektion eines Kanals auf seinen Zielport
$Sink(C_n)$	Punktweise Anwendung von $Sink$ auf jeden Kanal $c \in C_n$
$Sort : Pt \rightarrow \mathbb{S}$	Typisierung eines Ports
$Source : \mathbb{C} \rightarrow \mathbb{O}ut$	Projektion eines Kanals auf seinen Quellport
$Source(C_n)$	Punktweise Anwendung von $Source$ auf jeden Kanal $c \in C_n$
sub	Teilmodell eines wohlgeformten Geschäftsprozessmodells

$T_m : \mathbb{MP} \to \mathbb{MP}$
    Transformationsregel für Geschäftsprozessmodelle

$T_n : \mathbb{NP} \to \mathbb{NP}$
    Transformationsregel für Geschäftsprozessnetze

$T_p : \mathbb{P} \to \mathbb{P}$ Transformationsregel für Geschäftsprozesse

$Timeout_C : \mathbb{C} \to \mathbb{N}$
    Assoziation eines Kanals mit seiner maximalen Nachrichtenübertragungszeit

$Timeout_P : \mathbb{P} \to \mathbb{N}$
    Assoziation eines Geschäftsprozesses mit seiner maximalen Bearbeitungszeit

w Abstrakteste Rolle eines Rollenmodells

w_ρ Abstrakteste Rolle im Rollenmodell ρ

ρ Rollenmodell

$\bigotimes\limits_{\substack{in_p \in In_p \\ Sort(in_p^i) \rightsquigarrow s}}$ Kreuzprodukt über den Sorten der Ports in In_p, wobei die Sorte des i-ten Eingabeports in_p^i durch die Sorte s ersetzt wird

$\bigotimes\limits_{\substack{out_p \in Out_p \\ Sort(out_p^o) \rightsquigarrow s}}$ Kreuzprodukt über den Sorten der Ports in Out_p, wobei die Sorte des o-ten Ausgabeports out_p^o durch die Sorte s ersetzt wird

Anhang D

Glossar

Abhängigkeit zweier Geschäftsprozesse
Zwei durch einen Kanal miteinander verbundene Geschäftsprozesse bezeichnen wir als voneinander abhängig, da der Vorgängerprozess irgendwann während seiner Abarbeitung eine Nachricht erzeugt und an den Nachfolgerprozess weiterleitet. Dabei verbinden wir mit der Abhängigkeit jedoch nicht zwangsläufig die Vorstellung einer zeitlichen Synchronisation der beiden Prozesse. Gegebenenfalls kann also der Nachfolgerprozess mit seiner Ausführung bereits beginnen, bevor der Vorgängerprozess abgeschlossen ist.

Akteur
Konkrete ausführende Einheit eines bestimmten Geschäftsvorfalls; Ein Akteur kann ein bestimmter Mensch bzw. eine Menschengruppe, eine physische Maschine, ein Softwaresystem oder eine Kombination dieser Elemente sein. Akteure werden durch Rollen klassifiziert. Zwischen Rollen und Akteuren besteht eine n:m-Beziehung. Das heißt, eine Rolle kann von einem oder mehreren Akteuren eingenommen werden. Gleichzeitig können jedem Akteur mehrere Rollen zugewiesen sein.

Aktivität
Einfache Tätigkeit, vergleichbar mit einem Mini-Geschäftsprozess

Architektur
Interne Struktur eines Systems; Die Architektur gliedert ein System in einzelne Komponenten und definiert, auf welche Weise diese Komponenten zusammenwirken. Insbesondere beschreibt die Architektur also auch die zwischen den Komponenten bestehenden Schnittstellen sowie die Verteilung der Systemfunktionalität auf die einzelnen Komponenten.

Black-Box-Sicht
Beschreibung der Außenwirkung eines Modellgegenstandes, also beispielsweise die Schnittstelle und das nach außen sichtbare Verhalten eines Geschäftsprozesses

Business Engineering, Business Reengineering
Ganzheitliche Neu- oder Umgestaltung eines Unternehmens bzw. einer Organisation; Wichtigste Ziele dabei sind, die Kundenorientierung und den Kundennutzen der Organisation zu erhöhen sowie die Effektivität und die Effizienz der Leistungserbringung durch die Organisation zu verbessern.

Business Process Reengineering
Optimierung und Neugestaltung von Geschäftsprozessen; wesentlicher Bestandteil des Business Reengineerings

Dekomposition
  Zerlegung eines Modellgegenstandes in Modellelemente von feinerer Granularität

Elementarprozess, Elementarer Geschäftsprozess
  Geschäftsprozess, der in einem Geschäftsprozessmodell nicht weiter verfeinert wird

Ende-zu-Anfang-Beziehung zweier Geschäftsprozesse
  Kausale Abhängigkeit zweier Geschäftsprozesse, die eine Sequenzialisierung der beiden Geschäftsprozesse erzwingt; Die Ausführung des Nachfolgerprozesses beginnt dabei erst, nachdem der Vorgängerprozess vollständig abgearbeitet wurde.

Gesamtsystem
  System und dessen relevante Umgebung

Geschäftsprozess
  Muster für einen Arbeitsablauf in einem System

Geschäftsprozessmodell
  Mehrere Geschäftsprozesse, deren kausale Abhängigkeiten sowie die zwischen den Geschäftsprozessen bestehenden Verfeinerungsbeziehungen

Geschäftsprozessnetz
  Mehrere Geschäftsprozesse und die zwischen ihnen bestehenden kausalen Abhängigkeiten

Geschäftsvorfall
  Instanz eines Geschäftsprozesses; Dabei wird ein Geschäftsprozess auf konkreten Geschäftsobjekten (z.B. konkreten Datenwerten) durch konkrete Akteure ausgeführt.

Gieriger Geschäftsprozess
  Geschäftsprozess, der zu jedem Zeitpunkt möglichst viele seiner Ausgaben berechnet; Liegt erst ein Teil der Eingaben vor, erzeugt der Geschäftsprozess gegebenenfalls also lediglich eine Teilbelegung seiner Ausgabeports.

Glass-Box-Sicht
  Beschreibung der internen Struktur eines Modellgegenstandes; beispielsweise die Dekomposition eines abstrakten Geschäftsprozesses in sein verfeinerndes Geschäftsprozessnetz

Hardware-/Softwaresystem
  Rechenanlagen nebst betrieblichem Informationssystem und Peripheriegeräten und/oder Maschinen einschließlich ihrer Steuerungssoftware

Kanal
  Kommunikationsweg, über den Informationen oder Material von einem Geschäftsprozess zu seinem Nachfolgerprozess geleitet wird; Jeder Nachrichtenaustausch über einen Kanal bedingt eine kausale Abhängigkeit zwischen den beiden Geschäftsprozessen, die durch diesen Kanal verbunden sind.

Komponente
  Struktureller Bestandteil eines Systems, der einen Teil des Systemverhaltens realisiert; Das Konzept der Komponente ist weit gehend gleichbedeutend mit dem Konzept des Akteurs. Komponenten betonen jedoch den Strukturaspekt, während Akteure mehr die aktive Ausführung des Systemverhaltens hervorheben.

Mitte-zu-Mitte-Beziehung zweier Geschäftsprozesse
Kausale Abhängigkeit zweier Geschäftsprozesse, die durch den Nachrichtenaustausch über einen Verbindungskanal dieser beiden Geschäftsprozesse bedingt ist; Dabei müssen die beiden kausal voneinander abhängigen Geschäftsprozesse nicht notwendigerweise sequenziell ablaufen. Stattdessen kann der Nachfolgerprozess seine Abarbeitung bereits beginnen, bevor die Nachricht des Vorgängerprozesses vollständig über den Kanal bei ihm eingegangen ist.

Modell
Schematische Darstellung ausgewählter Aspekte eines bestimmten Ausschnittes der realen Welt
auch: Kurzform für Geschäftsprozessmodell

Nachricht
Information oder Material, das zwischen Geschäftsprozessen ausgetauscht wird

Netz
Kurzform für Geschäftsprozessnetz

Prozess
Kurzform für Geschäftsprozess

Rolle
Klasse von konkreten Akteuren; Das Konzept der Rolle kapselt dabei eine Menge von Verhaltensmustern und die für dieses Verhalten erforderlichen Eigenschaften, wie Fähigkeiten oder Entscheidungsbefugnisse. Zwischen Rollen und Akteuren besteht eine n:m-Beziehung. Das heißt, eine Rolle kann von einem oder mehreren Akteuren eingenommen werden und jedem Akteur können mehrere Rollen zugewiesen sein.

System
In einem Software- oder Business-Engineering-Projekt betrachteter und zu gestaltender Geschäftsbereich

Systemumgebung
Umfeld des eigentlich betrachteten Systems, mit dem das System interagiert, das jedoch nicht der Kontrolle des Systems unterliegt

Szenario
Exemplarischer Ablauf, beschrieben durch den Nachrichtenaustausch zwischen den Akteuren eines Systems in seiner zeitlichen Reihenfolge

Transformation
Beliebige Veränderung eines Modells

Umgebung
Kurzform für Systemumgebung

Unabhängigkeit zweier Geschäftsprozesse
Zwei Geschäftsprozesse, die weder unmittelbar noch transitiv durch Kanäle miteinander verbunden sind, bezeichnen wir als voneinander unabhängig. Voneinander unabhängige Geschäftsprozesse können zeitlich parallel oder in beliebiger Reihenfolge abgewickelt werden.

Use Case
Folge von Interaktionen zwischen Akteuren und einem System; Das Konzept des Use Cases hat sich in vielen objektorientierten Methoden etabliert, insbesondere auch in der UML.

Verfeinerung
Erweiterung eines Modells um neue Informationen, die das modellierte System entsprechend genauer beschreiben

Workflow
Koordinierte Ausführung einer Reihe von Aufgaben durch unterschiedliche Verarbeitungseinheiten

Workflow Management
Computergestützte Vorgangssteuerung

Literaturverzeichnis

[AL1988] M. Abadi und L. Lamport. The Existence of Refinement Mappings. Technischer Bericht, Digital, Palo Alto, 1988.

[AS1995] D. Andrews und S. Stalick. BPR Project Management – A Radical Approach to Project Team Organization. *American Programmer*, 8(6):44–49, Juni 1995.

[BD1992] A.-P. Bröhl und W. Dröschel, Hrsg. *Das V-Modell '92*. Oldenbourg-Verlag, München, 1992.

[BDD+1993] M. Broy, F. Dederichs, C. Dendorfer, M. Fuchs, T. Gritzner und R. Weber. The Design of Distributed Systems – An Introduction to FOCUS. Technischer Bericht TUM-I9202-2, SFB-Bericht Nr. 342/2-2/92 A, Technische Universität München, München, Januar 1993.

[BEP+2000] M. Broy, H. Ehler, B. Paech, B. Rumpe und V. Thurner. *Software Engineering: Schlüssel zu Prozeßbeherrschung und Informationsmanagement – Ein Management Primer*. TCW-Report. TCW Transfer-Centrum GmbH, München, 2000.

[BHH+1997] R. Breu, U. Hinkel, C. Hofmann, C. Klein, B. Paech, B. Rumpe und V. Thurner. Towards a Formalization of the Unified Modelling Language. In M. Aksit und S. Matsuoka, Hrsg., *ECOOP'97: European Conference on Object Oriented Programming, LNCS 1241*, Seiten 344–366. Springer-Verlag, Berlin, 1997.

[BJR1997] G. Booch, I. Jacobson und J. Rumbaugh. *Unified Method Language – Notation Guide, Version 1.1 c*. Rational Software Corporation, Santa Clara, CA., Juli 1997.

[Boe1986] B. Boehm. A Spiral Model of Software Development and Enhancement. *Software Engineering Notes*, 11(4), 1986.

[Boo1994] G. Booch. *Object-Oriented Analysis and Design with Applications*. Benjamin Cummings, 1994.

[Boo2002] G. Booch. Growing the UML. *Software and Systems Modeling*, 1(2):157–160, Dezember 2002.

[BPM2003] BPMI Business Process Management Initiative. Business Process Modeling Notation, Working Draft 1.0. www.bpmi.org, August 2003.

[BRJ1999] G. Booch, J. Rumbaugh und I. Jacobson. *The Unified Modeling Language – User Guide, Version 1.3*. The Addison-Wesley Object Technology Series. Addison-Wesley, Reading, Mass., 1999.

[Bro1993] M. Broy. (Inter-)Action Refinement: The Easy Way. In F. Bauer, M. Broy, E. Dijkstra, D. Gries und C. Hoare, Hrsg., *Program Design Calculi, NATO ASI Series F: Computer and System Sciences, Vol. 118*, Seiten 121–158. Springer-Verlag, 1993.

[Bro2003] M. Broy. Unifying Models and Engineering Theory of Composed Software Systems. In M. Broy und M. Pizka, Hrsg., *Models, Algebras and Logic of Engineering Software*, Bd. 191 der Reihe *NATO Science Series, Series III: Computer and Systems Sciences*, Kapitel 1, Seiten 1–41. IOS Press, 2003.

[BS2001] M. Broy und K. Stoelen. *Specification and Development of Interactive Systems: Focus on Streams, Interfaces, and Refinement.* Springer-Verlag, Berlin, 2001.

[Bur1995] R. Burlton. Business People Reengineering. *American Programmer*, 8(6):24–35, Juni 1995.

[Bur1997] R. Burkhardt. *UML – Unified Modeling Language: Objektorientierte Modellierung für die Praxis.* Addison-Wesley-Longman, Bonn, 1997.

[BV1996] J. Becker und G. Vossen. Geschäftsprozeßmodellierung und Workflow-Management: Eine Einführung. In G. Vossen und J. Becker, Hrsg., *Geschäftsprozeßmodellierung und Workflow-Management – Modelle, Methoden, Werkzeuge*, Kapitel 1, Seiten 17–26. International Thomson Publishing Company, Bonn, Albany, 1996.

[CAB+1994] D. Coleman, P. Arnold, S. Bodoff, C. Dollin, H. Gilchrist, F. Hayes und P. Jeremaes. *Object-Oriented Development – The Fusion Method.* Object-Oriented Series. Prentice-Hall International, Inc., Englewood Cliffs, New Jersey, 1994.

[CKO1992] B. Curtis, M. Kellner und J. Over. Process Modeling. *Communications of the ACM*, 35(9):75–90, September 1992.

[Con1994] S. Conger. *The New Software Engineering.* Wadsworth Publishing Company, Belmont, California, 1994.

[CSC1994] Computer Sciences Corporation. *Catalyst – Business Change Through Information Technology, Books 1–16*, 1994.

[Dav1993a] T. Davenport. *Process Innovation – Reengineering Work through Information Technology.* Harvard Business School Press, Boston, Mass., 1993.

[Dav1993b] A. Davis. *Software Requirements – Objects, Functions, and States.* Prentice-Hall International, Inc., Englewood Cliffs, New Jersey, 1993.

[DeM1979] T. DeMarco. *Structured Analysis and System Specification.* Prentice-Hall International, Inc., Englewood Cliffs, New Jersey, 1979.

[DFLV2002] K. Doppler, H. Fuhrmann, B. Lebbe-Waschke und B. Voigt. *Unternehmenswandel gegen Widerstände — Change Management mit den Menschen.* Campus-Verlag, Frankfurt, März 2002.

[DG1996] G. Dinkhoff und V. Gruhn. Entwicklung Workflow-Management-geeigneter Software-Systeme. In G. Vossen und J. Becker, Hrsg., *Geschäftsprozeßmodellierung und Workflow-Management – Modelle, Methoden, Werkzeuge*,

	Kapitel 23, Seiten 405–421. International Thomson Publishing Company, Bonn, Albany, 1996.
[DGSZ1994]	G. Dinkhoff, V. Gruhn, A. Saalmann und M. Zielonka. Business Process Modelling in the Workflow-Management Environment LEU. In P. Loucopoulos, Hrsg., *ER'94: Business Modelling and Re-Engineering, 13th International Conference on the Entity-Relationship Approach, LNCS*, Seiten 46–63. Springer-Verlag, Berlin, 1994.
[Dic1995]	B. Dickinson. The Clothes have no Emperor – Or, How to Smell Rotten Reengineering in Denmark. *American Programmer*, 8(6):16–23, Juni 1995.
[DL2002]	K. Doppler und C. Lauterburg. *Change Management – Den Unternehmenswandel gestalten*. Campus-Verlag, Frankfurt, 2002.
[DW2000]	W. Dröschel und M. Wiemers, Hrsg. *Das V-Modell '97: Der Standard für die Entwicklung von IT-Systemen mit Anleitung für den Praxiseinsatz*. Oldenbourg-Verlag, München, 2000.
[EG1991]	W. Emmerich und V. Gruhn. FUNSOFT Nets: A Petri-Net based Software Process Modeling Language. In C. Ghezzi und G. Roman, Hrsg., *Proc. 6th ACM/IEEE Int. Workshop on Software Specification and Design (IWSSD)*, Seiten 175–184. IEEE Computer Society Press, Como, Italy, 1991.
[FF1997]	C. Francalanci und A. Fuggetta. Integrating Conflicting Requirements in Process Modeling: a Survey and Research Directions. *Information and Software Technology*, 39:205–216, 1997.
[FS1991]	O. Ferstl und E. Sinz. Ein Vorgehensmodell zur Objektmodellierung betrieblicher Informationssysteme im Semantischen Objektmodell (SOM). In *Bamberger Beiträge zur Wirtschaftsinformatik, Nr. 5*. Universität Bamberg, Juli 1991.
[FS1993]	O. Ferstl und E. Sinz. Geschäftsprozeßmodellierung. *Wirtschaftsinformatik*, 35:589–592, 1993.
[FS1996]	O. Ferstl und E. Sinz. Geschäftsprozeßmodellierung im Rahmen des Semantischen Objektmodells. In G. Vossen und J. Becker, Hrsg., *Geschäftsprozeßmodellierung und Workflow-Management – Modelle, Methoden, Werkzeuge*, Kapitel 3, Seiten 47–61. International Thomson Publishing Company, Bonn, Albany, 1996.
[FS1997]	M. Fowler und K. Scott. *UML Distilled – Applying the Standard Object Modeling Language*. Addison-Wesley Longman, Inc., Reading, Mass., 1997.
[GS1979]	C. Gane und T. Sarson. *Structured Systems Analysis: Tools and Techniques*. Prentice-Hall Software Series. Prentice-Hall, Inc., Englewood Cliffs, New Jersey, 1979.
[HC1993]	M. Hammer und J. Champy. *Reengineering the Corporation*. Harper Collins Books, New York, 1993.
[HF1992]	W. Humphrey und P. Feiler. Software Process Development and Enactment: Concepts and Definitions. Technischer Bericht SEI-92-TR-4, Software Engineering Institute, Carnegie Mellon University, Pittsburgh, Penn., 1992.

[Hoa1985]   C. Hoare. *Communicating Sequential Processes*. Series in Computer Science. Prentice-Hall International, Inc., Englewood Cliffs, New Jersey, 1985.

[IDS2003]   IDS Scheer. Breites Lösungsspektrum für Business Process Management – ARIS 6 Collaborative Suite, Version 6.2. www.ids-scheer.com, Juni 2003.

[ITU1999]   ITU International Telecommunication Union. Message Sequence Charts – ITU-T Recommendation Z.120, 1999.

[Jac1992]   I. Jacobson. *Object-Oriented Software Engineering – A Use Case Driven Approach*. Addison-Wesley Publishing Company, Reading, Mass., 1992.

[Jae1995]   P. Jaeschke. Realisierung von effizienten Geschäftsprozessen. In *Informationstechnik und Organisation – Planung, Wirtschaftlichkeit und Qualität*, Bd. 47 der Reihe *German Chapter of the ACM*, Seiten 153–170. B.G. Teubner Verlag, Stuttgart, 1995.

[Jae1996]   P. Jaeschke. Geschäftsprozeßmodellierung mit INCOME. In G. Vossen und J. Becker, Hrsg., *Geschäftsprozeßmodellierung und Workflow-Management – Modelle, Methoden, Werkzeuge*, Kapitel 8, Seiten 141–162. International Thomson Publishing Company, Bonn, Albany, 1996.

[Jar1999]   M. Jarke. Towards Systematic Usage of Scenarios, Use Cases and Scenes. In *Wirtschaftsinformatik WI'99*. Springer-Verlag, 1999.

[JBR1999]   I. Jacobson, G. Booch und J. Rumbaugh. *The Unified Software Development Process*. Addison Wesley Longman Inc., Reading, Mass., 1999.

[JEJ1995]   I. Jacobson, M. Ericsson und A. Jacobson. *The Object Advantage – Business Process Reengineering with Object Technology*. Addison-Wesley Publishing Company, Wokingham, England, 1995.

[Kah1974]   G. Kahn. The Semantics of a Simple Language for Parallel Programming. In *Information Processing, IFIP'74*. North-Holland, 1974.

[Kaz1998]   J. Kazmeier. *Modellierung soziotechnischer Systeme im Requirements Engineering bei betrieblicher Software*. Dissertation, Technische Universität München, 1998.

[Kel1978]   R. Keller. Denotational Models for Parallel Programs with Indeterminate Operators. In E. Neuhold, Hrsg., *Formal Description of Programming Conepts*, Seiten 337–366. North-Holland, 1978.

[Kin2003]   E. Kindler. On the Semantics of EPCs: A Framework for Resolving the Vicious Circle. In M. Nüttgens und F. Rump, Hrsg., *EPK 2003: Geschäftsprozessmanagement mit Ereignisgesteuerten Prozessketten*, Seiten 7–18. Gesellschaft für Informatik, Bonn, 2003.

[KL1998]   V. Kavakli und P. Loucopoulos. Goal-Driven Business Process Analysis Application in Electricity Deregulation. In B. Pernici und C. Thanos, Hrsg., *CAiSE*98: Conference on Advanced Information Systems Engineering, LNCS 1413*, Seiten 305–324. Springer-Verlag, Berlin, Juni 1998.

[KM2002]   C. Kostka und A. Mönch. *Change Management — 7 Methoden für die Gestaltung von Veränderungsprozessen.* Pocket Power. Carl Hanser Verlag, München und Wien, 2. Auflage, 2002.

[KNS1992]   G. Keller, M. Nüttgens und A.-W. Scheer. Semantische Prozeßmodellierung auf der Grundlage "Ereignisgesteuerter Prozeßketten" (EPK). Technischer Bericht 89, Universität des Saarlandes, Institut für Wirtschaftsinformatik, Saarbrücken, Januar 1992.

[Koh1996]   C. Kohl. Objektorientierte Analysekonzepte in der Unternehmensmodellierung. In G. Vossen und J. Becker, Hrsg., *Geschäftsprozeßmodellierung und Workflow-Management – Modelle, Methoden, Werkzeuge*, Kapitel 4, Seiten 63–79. International Thomson Publishing Company, Bonn, Albany, 1996.

[Kra1996]   H. Krallmann. *Systemanalyse im Unternehmen – Geschäftsprozeßoptimierung, partizipative Vorgehensmodelle, objektorientierte Analyse.* Oldenbourg-Verlag, München, 2. Auflage, 1996.

[Krü2000]   I. Krüger. *Distributed System Design with Message Sequence Charts.* Dissertation, Technische Universität München, 2000.

[Kue1995]   P. Kueng. Ein Vorgehensmodell zur Einführung von Workflow-Systemen. In *Informationstechnik und Organisation – Planung, Wirtschaftlichkeit und Qualität*, Bd. 47 der Reihe *German Chapter of the ACM*, Seiten 185–203. B.G. Teubner Verlag, Stuttgart, 1995.

[Lew1999]   E. Lewis. Managing the Risks of Reengineering to Achieve Enterprise Excellence for the 21st Century. In C. Khoong, Hrsg., *Reengineering in Action – The Quest for World-Class Excellence*, Seiten 431–447. Imperial College Press, London, 1999.

[LNO+1989]   G. Lausen, T. Németh, A. Oberweis, F. Schönthaler und W. Stucky. The INCOME Approach for Conceptual Modeling and Rapid Prototyping of Information Systems. In *1st Nordic Conference on Advanced Systems Engineering.* Stockholm, 1989.

[LPG1998]   V. Lullies, M. Pastowsky und S. Grandke. Geschäftsprozesse optimieren – ohne Diktat der Technik. *Harvard Business Manager*, 2 1998.

[Mie2002]   C. Mielke. *Geschäftsprozesse: UML-Modellierung und Anwendungsgenerierung.* Spektrum Akademischer Verlag, Heidelberg, 2002.

[NR1969]   P. Naur und B. Randell. *Software Engineering.* Nato Science Committee, 1969.

[NR2002]   M. Nüttgens und F. Rump. Syntax und Semantik Ereignisgesteuerter Prozessketten (EPK). In *PROMISE 2002: Prozessorientierte Methoden und Werkzeuge für die Entwicklung von Informationssystemen, GI Lecture Notes in Informatics, Vol. P-21*, Seiten 64–77. Gesellschaft für Informatik, Bonn, 2002.

[OMG1998]   OMG Object Management Group. Unified Modeling Language – Specification, Version 1.2. www.omg.org, 1998.

[OMG2004]   OMG Object Management Group. Unified Modeling Language Specification, Version 2.0. www.omg.org/uml, Februar 2004.

[OR2004] M. Owen und J. Raj. BPMN and Business Process Management – Introduction to the New Business Process Modeling Standard. www.bpmi.org, Februar 2004.

[Öst1995] H. Österle. *Business Engineering – Prozeß- und Systementwicklung*, Bd. 1. Springer-Verlag, Berlin, 1995.

[OWS+2003] B. Oestereich, C. Weiss, C. Schröder, T. Weilkiens und A. Lenhard. *Objektorientierte Geschäftsprozessmodellierung mit der UML*. Dpunkt-Verlag, Heidelberg, 2003.

[Pae2000] B. Paech. *Aufgabenorientierte Softwareentwicklung – Modellierung und Gestaltung von Unternehmen, Arbeit und Software*. Springer-Verlag, Berlin, Heidelberg, 2000.

[Pau2003] L. Paulson. *Introduction to Isabelle*. Computer Laboratory, University of Cambridge, Camebridge, 2003.

[Pet1962] C. Petri. *Kommunikation mit Automaten*. Dissertation, Institut für Instrumentelle Mathematik, Bonn, 1962.

[Pon1996] M. Pont. *Software Engineering with C++ and CASE Tools*. Addison-Wesley Publishing Company Inc., Reading, Mass., 1996.

[Por1985] M. Porter. How Information Gives You Competitive Advantage. *Harvard Business Review*, 63(4):149–160, 1985.

[PR1997] J. Philipps und B. Rumpe. Refinement of Information Flow Architectures. In M. Hinchey, Hrsg., *ICFEM'97*. IEEE CS Press, 1997.

[PRW1996] A. Picot, R. Reichwald und R. Wigand. *Die grenzenlose Unternehmung – Information, Organisation und Management*. Gabler-Verlag, Wiesbaden, 2. Auflage, 1996.

[RAC+1998] C. Rolland, C. B. Achour, C. Cauvet, J. Ralyté, A. Sutcliffe, N. Maiden, M. Jarke, P. Haumer, K. Pohl, E. Dubois und P. Heymans. A Proposal for a Scenario Classification Framework. *Requirements Engineering Journal*, 3(1):23–47, 1998.

[RBP+1991] J. Rumbaugh, M. Blaha, W. Premerlani, F. Eddy und W. Lorensen. *Object-Oriented Modeling and Design*. Prentice-Hall International, Inc., London, 1991.

[RJB1998] J. Rumbaugh, I. Jacobson und G. Booch. *The Unified Modeling Language Reference Manual*. The Addison-Wesley Object Technology Series. Addison-Wesley Publishing Company, Reading, Mass., 1998.

[Roy1970] W. Royce. Managing the Development of Large Software Systems. In *Proceedings of WESTCON*. San Francisco, 1970.

[RS1995] M. Rusinkiewicz und A. Sheth. Specification and Execution of Transactional Workflows. In W. Kim, Hrsg., *Modern Database Systems*, Seiten 592–620. Addison-Wesley, Reading, MA, 1995.

[RT1998] B. Rumpe und V. Thurner. Refining Business Processes. In H. Kilov, M. Lynch, B. Rumpe und I. Simmonds, Hrsg., *Proceedings of the 7th OOPSLA Workshop on Behavioral Semantics of OO Business and System Specifications*. Technische Universität München, Oktober 1998.

[Rum1996]   B. Rumpe. *Formale Methodik des Entwurfs verteilter objektorientierter Systeme*. Herbert Utz Verlag Wissenschaft, München, 1996.

[Sch1991]   A.-W. Scheer. *Architektur integrierter Informationssysteme – Grundlagen der Unternehmensmodellierung*. Springer-Verlag, Berlin, 2. Auflage, 1991.

[Sch2001]   A.-W. Scheer. *ARIS – Modellierungsmethoden, Metamodelle, Anwendungen*. Springer-Verlag, Berlin, 4. Auflage, 2001.

[Sch2002]   A.-W. Scheer. *ARIS – Vom Geschäftsprozess zum Anwendungssystem*. Springer-Verlag, Berlin, 4. Auflage, 2002.

[SGI2003]   SGI The Standish Group International, Inc. What are Your Requirements? 2003 Chaos Top 10. www.standishgroup.com, Dezember 2003.

[Sie1991]   H.-J. Siegert. *Betriebssysteme: Eine Einführung*. Oldenbourg-Verlag, Berlin, 3. Auflage, 1991.

[SJ1996]   A.-W. Scheer und W. Jost. Geschäftsprozeßmodellierung innerhalb einer Unternehmensarchitektur. In G. Vossen und J. Becker, Hrsg., *Geschäftsprozeßmodellierung und Workflow-Management – Modelle, Methoden, Werkzeuge*, Kapitel 2, Seiten 29–46. International Thomson Publishing Company, Bonn, Albany, 1996.

[SLJR1994]   K. Spurr, P. Layzell, L. Jennison und N. Richards, Hrsg. *Computer Support for Co-operative Work*. John Wiley & Sons, Chichester, 1994.

[Smi1776]   A. Smith. *The Wealth of Nations*. 1776.

[SNI1995a]   Siemens Nixdorf Informationssysteme AG, München. *GRADE V2.0 – Benutzerhandbuch*, März 1995.

[SNI1995b]   Siemens Nixdorf Informationssysteme AG, München. *GRAPES V3 – Sprachbeschreibung*, März 1995.

[Som1996]   I. Sommerville. *Software Engineering*. International Computer Science Series. Addison-Wesley Longman Limited, Harlow, England, 5. Auflage, 1996.

[Spi1998]   K. Spies. *Eine Methode zur formalen Modellierung von Betriebssystemkonzepten*. Dissertation, Technische Universität München, 1998.

[Sta1973]   H. Stachowiak. *Allgemeine Modelltheorie*. Springer-Verlag, Wien, 1973.

[Tay1911]   F. W. Taylor. *Principles of Scientific Management*. Harper & Row, New York, 1911.

[Thu1997a]   V. Thurner. Business Process Modeling in Software Development. In J.-P. Tolvanen und A. Winter, Hrsg., *CAiSE'97, 4th Doctoral Consortium on Advanced Information Systems Engineering*. Universität Koblenz-Landau, Institut fü Informatik, Koblenz, Germany, Juni 1997.

[Thu1997b]   V. Thurner. "Making it Their Idea" – A Case Study: Customer Participation and Commitment in BPR. In N. Callaos, C. Khoong und E. Cohen, Hrsg., *SCI'97 World Multiconference on Systemics, Cybernetics and Informatics, Vol. 2*, Seiten 112–119. International Institute of Informatics and Systemics IIIS, Orlando, Florida, Juli 1997.

[Thu1998]   V. Thurner. A Formally Founded Description Technique for Business Processes. In B. Krämer, N. Uchihira, P. Croll und S. Russo, Hrsg., *PDSE'98 Symposium on Parallel and Distributed Systems Engineering*, Seiten 254–261. IEEE Computer Society, Los Alamitos, California, April 1998.

[Thu1999]   V. Thurner. Customer Participation and Commitment in BPR. In C. Khoong, Hrsg., *Reengineering in Action – The Quest for World-Class Excellence*, Seiten 289–307. Imperial College Press, London, 1999.

[TUM2003]   Isabelle. isabelle.in.tum.de, Dezember 2003.

[Van1988]   A. VanGundy. *Techniques of Structured Problem Solving*. Van Nostrand Reinhold, New York, 2. Auflage, 1988.

[vdADK2002]   W. van der Aalst, J. Desel und E. Kindler. On the Semantics of EPCs: A Vicious Circle. In M. Nüttgens und F. Rump, Hrsg., *EPK 2002: Geschäftsprozessmanagement mit Ereignisgesteuerten Prozessketten*, Seiten 71–79. Gesellschaft für Informatik, Bonn, 2002.

[vE1993]   W. von Eiff. Geschäftsprozeßorientierter Einsatz von Cax-Technologien. *Office Management*, 41(6):18–23, 1993.

[War1994]   B. Warboys. Reflections on the Relationship between BPR and Software Process Modeling. In P. Loucopoulos, Hrsg., *ER'94: Business Modeling and Re-Engineering*, Seiten 1–9. Springer-Verlag, Berlin, Dezember 1994.

[Wat1999]   P. Watzlawick. *Wir wirklich ist die Wirklichkeit? – Wahn, Täuschung, Verstehen*. Piper-Verlag, München, 25. Auflage, 1999.

[Wei1995]   M. Weiß. Methodenkonzept GP BRE. Siemens-Nixdorf, 1995.

[Win1993]   G. Winskel. *The Formal Semantics of Programming Languages – An Introduction*. Foundations of Computing Science. MIT Press, 1993.

[WTB1995]   Softwaretechnik – Beitrag zum Bericht „Forschung und Innovation für Bayerns Zukunft". München, 1995.

[ZR1995]   R. Zahniser und D. Rizzo. Software Process Reengineering – Getting to "Level 3" with Teamwork. *American Programmer*, 8(6):36–43, Juni 1995.